Roger Martin du Gard

4224

Les Thibault

III

L'ÉTÉ 1914

Gallimard

L'ÉTÉ 1914

I

Jacques, fatigué, raidissait le cou pour ne pas perdre la pose. Il n'osait bouger que les prunelles. Il enveloppa son bourreau d'un coup d'œil rancunier.

Paterson, en deux bonds, avait reculé jusqu'au mur. La palette au poing, le pinceau levé, il inclinait successivement la tête à droite, puis à gauche, et considérait avec application sa toile, posée à trois mètres de lui, sur le chevalet. Jacques songea : « Quelle chance il a, d'avoir sa peinture! » Son regard s'abaissa jusqu'à son bracelet-montre : « J'ai mon article à finir avant ce soir. Il s'en fiche bien, l'animal! »

La chaleur était étouffante. Une lumière impitoyable tombait du vitrage. Bien que cette ancienne cuisine fût juchée au dernier étage d'un immeuble voisin de la cathédrale, et qui dominait la ville, on ne voyait ni le lac ni les Alpes. Rien que le face-à-face avec le ciel de juin, d'un bleu aveuglant.

Dans le fond de la pièce, sous le plafond en pente, deux paillasses s'allongeaient, côte à côte, à même le carrelage. Des hardes pendaient à des clous. Sur le fourneau rouillé, sur le bandeau de la hotte, sur l'évier, s'entassaient, pêle-mêle, les objets les plus disparates : une cuvette d'émail, une paire de souliers, une boîte à cigares remplie de tubes de couleurs vides, un blaireau tout raidi de mousse sèche, de la vaisselle, deux roses fanées dans un verre, une pipe. A terre, des toiles, retournées, s'appuyaient contre les murs.

L'Anglais était nu jusqu'à la ceinture. Il serrait les

dents et respirait par le nez, très fort, comme s'il avait couru.

— « Pas facile... », murmura-t-il, sans tourner la tête.

Son torse blanc d'homme du Nord luisait de sueur. Les muscles tressaillaient sous la finesse de la peau. La maigreur creusait un triangle d'ombre au bas de la cage thoracique. Sous l'étoffe amincie du vieux pantalon, l'attention contractée faisait trembler les tendons des jambes.

— « Et plus une bribe de tabac », soupira-t-il à mi-voix.

Les trois cigarettes que Jacques, en arrivant, avait sorties du fond d'une poche, le peintre les avait fumées, coup sur coup, à larges bouffées, dès le début de la séance. Son estomac, en vacance depuis la veille, lui causait des tiraillements ; mais il en avait l'habitude. « Quelle lumière dans ce front », songea-t-il. « Aurai-je assez de blanc ? » Il jeta un coup d'œil vers le tube de céruse qui gisait à terre, aplati comme un ruban de métal. Il devait déjà une centaine de francs à Guérin, le marchand de couleurs ; heureusement, Guérin, un ancien anarchiste, récemment converti au socialisme, était un bon camarade.

Sans quitter le portrait des yeux, Paterson grimaçait comme s'il eût été seul. Son pinceau ébaucha dans l'air une arabesque. Brusquement, son œil bleu se tourna vers Jacques ; il pointa sur le front de son compagnon un regard de pie voleuse, inhumain à force d'intensité.

« Il me regarde exactement comme il ferait d'une pomme dans un compotier », se dit Jacques, amusé. « Si seulement je n'avais pas cet article à finir... »

Lorsque Paterson avait timidement proposé d'entreprendre ce portrait, Jacques n'avait pas osé dire non. Depuis des mois, le peintre, trop pauvre pour payer des modèles, et incapable de rester vingt-quatre heures sans manier ses pinceaux, usait son talent à de complaisantes natures mortes. Mais Paterson avait dit : « Quatre, cinq séances au plus... » ; or, aujourd'hui, dimanche, c'était le neuvième jour que Jacques, rongeant son frein, s'obligeait à monter régulièrement, à la fin de la matinée, en haut de la vieille ville, pour des poses qui ne duraient jamais moins de deux heures!

Fébrilement, Paterson s'était mis à frotter son pinceau sur la palette. Une seconde encore, pliant sur les jarrets à la façon d'un plongeur qui éprouve l'élasticité du tremplin, il s'immobilisa, l'œil tendu vers Jacques. Et, soudain, le bras raide, il se fendit comme un escrimeur, pour écraser sur un point très précis de la toile une touche de lumière, une seule ; après quoi, il recula de nouveau jusqu'au mur, les yeux plissés, dodinant la tête et soufflant comme un chat fâché. Puis, il se retourna vers le patient, et sourit enfin :

— « Il y a tant de force, cher, dans ces sourcils, dans cette tempe, dans ces cheveux plantés sur le front! Pas facile!... »

Il posa palette et pinceaux sur l'évier et, pivotant sur lui-même, il alla s'étendre tout de son long sur l'une des paillasses.

— « Assez pour ce matin! »

Jacques, délivré, s'ébroua.

— « Je peux voir?... Oh! mais, tu as beaucoup avancé, aujourd'hui! »

Jacques était vu de trois quarts, assis. Le portrait s'arrêtait aux genoux. L'épaule gauche fuyait en perspective ; l'épaule droite, le bras et le coude droits venaient avec vigueur en avant. La main musclée, largement ouverte sur la cuisse, faisait, au bas de la toile, une tache claire, vivante. La tête, quoique levée en pleine lumière penchait légèrement vers l'épaule gauche, comme entraînée par la masse de la chevelure et du front. Le jour tombait de gauche. Une moitié du visage restait dans l'ombre, mais, par suite de l'inclinaison de la tête, tout le front se trouvait éclairé. La mèche sombre, à reflets roux, qui le barrait de gauche à droite, augmentait encore, par contraste, la luminosité de la chair. Paterson avait particulièrement bien rendu la qualité des cheveux, plantés bas, durs et drus comme de l'herbe. La forte mâchoire s'appuyait sur le col blanc, entrouvert. Un pli d'amertume, qui donnait au visage une sévérité farouche ennoblissait la grande bouche, aux lèvres mal dessinées.

Sous la ligne tourmentée des sourcils, le regard, tapi dans
le clair-obscur, était, à souhait, franc et volontaire, mais
avec une expression trop hardie, effrontée, qui n'était
pas ressemblante. Paterson venait de s'en apercevoir.
Il avait bien exprimé, dans l'ensemble, la force massive
qui émanait du front, des épaules, des os maxillaires ;
mais il désespérait de jamais pouvoir fixer ces nuances
de méditation, de tristesse et d'audace, qui se succédaient, sans se mêler, dans le regard mobile.

— « Tu viendras encore demain, n'est-ce pas ? »
— « S'il le faut », dit Jacques, sans enthousiasme.

Paterson s'était soulevé pour fouiller les poches d'un
imperméable accroché au-dessus du lit. Il éclata d'un
rire frais :

— « Mithoerg se méfie : il ne confie plus jamais du
tabac dans ses poches. »

Dès que Paterson riait, il redevenait aussitôt le boy
malicieux qu'il avait dû être, cinq ou six ans plus tôt,
lorsqu'il avait rompu avec sa famille puritaine et s'était
échappé d'Oxford pour venir vivre en Suisse.

— « Dommage », murmura-t-il avec humour, « pour
ton dimanche, je t'aurais volontiers offert une cigarette,
cher !... »

Il se privait plus aisément de nourriture que de tabac ;
et de tabac que de couleurs. Au reste, il ne manquait
jamais bien longtemps ni de couleurs, ni de tabac, ni
même de nourriture.

Ils formaient, à Genève, un vaste groupement de
jeunes révolutionnaires sans ressources, plus ou moins
affiliés aux organisations existantes. De quoi vivaient-
ils ? Ils vivaient. Quelques-uns, comme Jacques, intellectuels privilégiés, collaboraient à des journaux, à des
revues. D'autres, ouvriers spécialistes venus de divers
coins du monde, typographes, dessinateurs, horlogers,
trouvaient tant bien que mal à gagner leur pain, et ils
le partageaient à l'occasion, avec leurs camarades sans
emploi. Mais la plupart d'entre eux n'avaient aucun
travail fixe. Ils s'employaient, au hasard, à des besognes
obscures et mal payées, qu'ils abandonnaient dès qu'ils
avaient un peu d'argent en poche. Parmi eux, beaucoup

d'étudiants au linge élimé, qui vivotaient en donnant
des leçons, en faisant des recherches de bibliothèque, de
menus travaux de laboratoire. Heureusement, ils ne se
trouvaient jamais tous ensemble dans la misère. Il suffisait de quelque bourse garnie pour assurer un peu de
pain et de charcuterie, un café chaud, un paquet de cigarettes, à ceux qui, ce jour-là, erraient les poches vides.
L'entraide allait de soi. On s'habitue à ne manger qu'une
fois par jour, et n'importe quoi, lorsqu'on est jeune et
qu'on vit en groupe, avec les mêmes curiosités, les mêmes
certitudes, la même passion sociale, la même espérance.
Certains, comme Paterson, s'amusaient à prétendre que
l'irritation d'un estomac exagérément libre communi-
quait au cerveau une profitable griserie. C'était plus
qu'une boutade. La sobriété de leur régime contribuait
à entretenir cette surexcitation spirituelle, dont bénéfi-
ciaient les interminables conciliabules qu'ils tenaient
à toute heure, dans les squares, dans les cafés, dans leurs
chambres de garni, au *Local* surtout, où ils se réunis-
saient pour se transmettre les nouvelles apportées par les
révolutionnaires étrangers, pour confronter leurs expériences, leurs doctrines, pour travailler, tous ensemble,
avec la même ferveur, à l'édification de la société future.

Jacques, debout devant le miroir à barbe, rajustait
son col et sa cravate.

— « Tu n'es pas pressé, cher... Où vas-tu si vite ? »
murmura Paterson.

Il gisait, à demi nu, les bras écartés, en travers du lit.
Il avait de grêles poignets de fille et des mains d'homme,
des chevilles minces et de vrais pieds d'Anglais. La tête
était petite ; les cheveux d'un blond gris, collés par la
transpiration, prenaient sous le vitrage l'éclat patiné
des vieux vermeils. Dans ses yeux, un peu trop lumineux
pour être très expressifs, l'ingénuité semblait toujours
en lutte contre la détresse.

— « J'avais tant de choses à te dire », fit-il nonchalamment. « D'abord, hier soir, tu as quitté trop tôt le
Local... »

— « J'étais fatigué... On tourne en rond, on répète
toujours les mêmes choses... »

— « Oui... Pourtant, la discussion est venue à être vraiment excitante, cher... Je t'ai regretté. Le Pilote a fini par répondre à Boissonis. Oh! quelques mots seulement : mais de ces mots qui donnent — comment dites-vous ? — la viande de poule ! »

L'accent trahissait une antipathie sourde. Jacques avait bien des fois remarqué l'espèce d'admiration haineuse que l'Anglais portait à Meynestrel — au « Pilote » ainsi qu'on l'appelait. Il ne s'en était jamais expliqué avec le peintre. Il était, lui, profondément attaché à Meynestrel ; il ne l'aimait pas seulement comme un ami : il le vénérait comme un maître.

Il se tourna avec vivacité :

— « Quels mots ? Qu'est-ce qu'il a dit ? »

Paterson ne répondit pas tout de suite. Il considérait le plafond et souriait bizarrement.

— « C'est à la fin, brusquement... Beaucoup, comme toi, étaient partis... Il a laissé parler Boissonis, tu sais, de son air qui n'écoute pas... Brusquement, il s'est penché vers Alfreda, qui était comme toujours assise à ses pieds, et il a dit la chose, très vite, sans regarder personne... Attends, que je me rappelle bien... Il a dit à peu près comme ça : « *Nietzsche, il a supprimé la notion de Dieu. Il a mis à la place la notion Homme. C'est rien ça ; c'est seulement une première étape. L'athéisme, il doit maintenant avancer beaucoup plus loin : il doit supprimer aussi la notion Homme.* »

— « Eh bien, quoi ? » fit Jacques, avec un léger mouvement des épaules.

— « Attends... Boissonis, alors, a demandé : « *Pour la remplacer par quoi ?* » Le Pilote a souri, tu sais, à sa façon — terrible... — Et il a déclaré, très fort : « *Par rien !* »

Jacques, lui aussi, sourit, pour se dispenser de répondre. Il avait chaud, il était las d'avoir posé, il était pressé de retourner à son travail ; il n'avait surtout aucune envie de discuter métaphysique avec ce brave Paterson. Cessant de sourire, il dit seulement :

— « C'est une âme d'une incontestable noblesse, Pat'! »

L'Anglais se souleva sur un coude, et regarda Jacques au visage :

— « Par rien! C'est tout de même une chose... *absolutely monstruous!... Don't you think so* [1]*?* »

Comme Jacques se taisait, il se laissa retomber sur le lit :

— « Quelle a pu être la vie du Pilote, cher? Je m'interroge là-dessus, toujours. Pour en être arrivé à cette... à cette dessiccation, je pense qu'il a fallu passer par quels épouvantables chemins? respirer quel air de poison?... Dis-moi, Thibault », enchaîna-t-il presque aussitôt, sans changer de ton, mais en se tournant de nouveau vers Jacques, « je voulais de longtemps te demander une certaine chose, à toi qui les connais bien tous les deux : est-ce que tu crois qu'Alfreda est contente, avec son Pilote? »

Jacques s'avisa qu'il ne s'était jamais posé la question. A tout prendre, elle n'était pas si déraisonnable. Mais elle était délicate à résoudre ; et une intuition confuse lui conseillait de ne pas s'aventurer sur ce terrain avec l'Anglais. Il acheva de nouer sa cravate et fit, des épaules, un geste prudemment évasif.

Paterson, d'ailleurs, ne parut pas vexé par ce silence. Il s'était allongé de nouveau. Il demanda :

— « Tu viendras ce soir à la conférence de Janotte? »

Jacques saisit la diversion :

— « Pas bien certain... J'ai d'abord à finir un travail, pour *le Fanal*... Si ça marche, je passerai au *Local* vers six heures. » Il avait mis son chapeau. « Peut-être à ce soir, Pat'! »

— « Tu ne m'as pas répondu pour Alfreda », dit alors Paterson, en se dressant sur son séant.

Jacques avait déjà ouvert la porte. Il se retourna :

— « Je ne sais pas », fit-il, après une imperceptible hésitation. « Et pourquoi ne serait-elle pas heureuse? »

---

1. « Absolument monstrueuse... Tu ne trouves pas? »

II

Il était plus d'une heure et demie. Genève s'attardait au déjeuner dominical. Le soleil tombait droit sur la place du Bourg-de-Four, réduisant l'ombre à un liséré violâtre au pied des maisons.

Jacques traversa en biais la place déserte. Le bruissement de la fontaine troublait seul le silence. Jacques marchait vite, tête baissée, le soleil sur la nuque, les yeux brûlés par l'asphalte miroitant. Bien qu'il ne redoutât pas outre mesure la chaleur de l'été genevois — cette chaleur blanche et bleue, implacable et saine, jamais molle, rarement torride — il fut agréablement surpris de trouver un peu d'ombre en longeant les échoppes de l'étroite rue de la Fontaine.

Il réfléchissait à son article : un commentaire, en quelques pages, du dernier volume de Fritsch, pour la « Revue des Livres » du *Fanal suisse.* Les deux tiers étaient déjà écrits ; mais le début était entièrement à reprendre. Peut-être devrait-il commencer par cette citation d'un passage de Lamartine, qu'il avait recopié, l'avant-veille, à la Bibliothèque : *Il y a deux patriotismes. Il y en a un qui se compose de toutes les haines, de tous les préjugés, de toutes les grossières antipathies que les peuples, abrutis par des gouvernements intéressés à les désunir, nourrissent les uns contre les autres... Il en est un autre qui se compose au contraire de toutes les vérités, de tous les droits, que les peuples ont en commun...* La pensée était juste, certes, et généreuse ; mais la forme... « Hé », songea-t-il en souriant, « verbiage quarante-huitard peut-être... Mais n'est-ce pas encore, à peu de chose près, notre vocabulaire ?... Sauf exception », se dit-il, aussitôt. « Ce n'est pas du tout, par exemple, le vocabulaire du Pilote... » Meynestrel le fit penser à la question de Pat'. Alfreda était-elle heureuse ? Il n'aurait osé répondre ni oui ni non. Les femmes... Peut-on jamais savoir, avec les femmes ?... Le souvenir de son expérience avec Sophia Cammerzinn lui traversa l'esprit. Il ne pensait guère à elle depuis qu'il avait quitté Lausanne et la pension du père Cammerzinn. Les premiers temps elle était venue plusieurs fois à Genève, pour lui. Puis elle avait cessé ses visites. Pourtant, il l'avait toujours accueillie joyeusement. Avait-elle fini par comprendre qu'il n'éprouvait aucune sorte d'attachement pour elle ? Un regret l'effleura... Étrange créature... Il ne l'avait pas remplacée.

Il hâta le pas. Il lui fallait descendre jusqu'au Rhône. Il habitait de l'autre côté de l'eau, place Grenus : un quartier pauvre, tout en ruelles et en taudis. Dans un angle de cette place, dont le centre était occupé par un urinoir, un garni de trois étages, l'*Hôtel du Globe*, dissimulait sa façade lépreuse. Au-dessus de la porte basse, une mappemonde de verre s'allumait le soir en manière d'enseigne. Contrairement aux autres hôtels du quartier, on n'y logeait pas de prostituées. La maison était tenue par deux célibataires, les frères Vercellini, inscrits depuis des années au parti socialiste. Toutes les chambres, ou presque, étaient louées à des militants, qui payaient peu et quand ils le pouvaient : jamais les frères Vercellini n'avaient mis un locataire à la porte, faute d'argent ; mais il leur arrivait d'expulser un suspect, car ces milieux de réfractaires attiraient à la fois les meilleurs et les pires.

La chambre de Jacques était en haut de l'hôtel ; exiguë mais propre. Par malheur, l'unique croisée s'ouvrait sur le palier ; les bruits, les odeurs, aspirés par la cage de l'escalier, s'engouffraient indiscrètement dans la pièce. Pour pouvoir travailler tranquille, il fallait tenir la fenêtre close et allumer l'ampoule du plafond. Le mobilier était suffisant : un lit étroit, une armoire, une table et une chaise ; au mur, un lavabo. La table était petite et toujours encombrée. Jacques, pour écrire, s'asseyait généralement sur son lit, un atlas sur les genoux en guise de pupitre.

Il travaillait depuis une demi-heure lorsqu'on frappa à sa porte trois petits coups espacés.

— « Entre », cria-t-il.

Une frimousse échevelée parut dans l'entrebâillement. C'était le petit Vanheede, l'albinos. Lui aussi, l'an dernier, en même temps que Jacques, il avait quitté Lausanne pour Genève, et il habitait aussi au *Globe.*

— « Pardon... Je vous dérange, Baulthy? » Il était de ceux qui continuaient à désigner Jacques par son ancien pseudonyme littéraire, bien que Jacques, depuis la mort de son père, signât maintenant ses articles de son vrai nom.

— « J'ai vu Monier au *Café Landolt.* Le Pilote l'avait chargé de deux commissions pour vous ; la première, ça est qu'il a besoin de vous voir, et qu'il vous attendra, chez lui, jusqu'à cinq heures ; la seconde, ça est que votre article ne passera pas cette semaine au *Fanal* ; inutile que vous le remettiez ce soir. »

Jacques posa ses deux paumes sur les feuillets épars devant lui, et appuya sa tête à la muraille.

— « Bonne affaire! » fit-il, soulagé. Mais aussitôt il songea : « Vingt-cinq francs que je ne toucherai pas cette semaine... » Les fonds étaient bas.

Vanheede, souriant, s'approcha du lit :

— « Ça venait mal? Sur quoi est-ce que ça est, votre article? »

— « Sur le livre de Fritsch : *l'Internationalisme.* »

— « Eh bien? »

— « Au fond, vois-tu, je ne sais pas trop moi-même ce qu'il faut en penser... »

— « Du livre? »

— « Du livre... et de l'internationalisme. »

Les sourcils de Vanheede, à peine visibles sur son front, se contractèrent.

— « Fritsch est un sectaire », reprit Jacques. « Et puis, il me semble qu'il confond plusieurs choses, de valeurs très différentes : l'idée de Nation, l'idée d'État, l'idée de Patrie. D'où cette impression qu'il pense faux, même quand il dit des choses qui paraissent justes. »

Vanheede écoutait, les yeux plissés. Ses cils incolores cachaient le regard ; une moue abaissait les commissures des lèvres. Il recula jusqu'à la table, et, repous sant un peu les dossiers, les objets de toilette, les livres, il s'assit.

Jacques continuait, sur un ton hésitant :

— « Pour Fritsch et ses pareils, l'idéal internationaliste implique d'abord la suppression de l'idée de Patrie. Est-ce nécessaire ? Est-ce fatal ?... Pas si certain que ça ! »

Vanheede leva sa main de poupée :

— « La suppression du patriotisme, en tout cas ! Comment imaginer la révolution dans le seul cadre étroit d'un pays ? La révolution, la vraie, la nôtre, ça est une œuvre internationale ! et qui doit être réalisée partout à la fois, par toutes les majorités ouvrières du monde ! »

— « Oui. Mais tu vois : tu fais toi-même une distinction entre le patriotisme et l'idée de patrie. »

Vanheede secouait obstinément sa petite tête surmontée d'une touffe de cheveux frisés, presque blancs :

— « Ça est la même chose, Baulthy. Voyez ce qu'a fait le XIXᵉ siècle : en exaltant partout le patriotisme, le sentiment de la patrie, il a fortifié le principe des États nationaux, et il a semé la haine entre les peuples, et il a travaillé pour de nouvelles guerres ! »

— « D'accord. Mais ce ne sont pas les patriotes, ce sont les nationalistes du XIXᵉ siècle, qui dans chaque pays, ont faussé la notion de patrie. A un attachement sentimental, légitime, inoffensif, ils ont substitué un culte, un fanatisme agressif. Condamner ce nationalisme-là, oui, sans aucun doute ! Mais doit-on, comme le fait Fritsch, rejeter en même temps le sentiment de la patrie ? cette réalité humaine, pour ainsi dire physique, charnelle ? »

— « Oui ! Pour être un vrai révolutionnaire, il faut d'abord rompre toutes les attaches, extirper de soi... »

— « Prends garde », interrompit Jacques, « tu penses au révolutionnaire, au révolutionnaire type que tu veux être, et tu perds de vue l'homme, l'homme en général, tel qu'il est donné par la nature, par la réalité, par la vie... D'ailleurs, ce patriotisme sentimental dont je parle, pourrait-on vraiment le supprimer ? Je n'en suis pas sûr. L'homme a beau faire : il est d'un climat. Il a son tempérament d'origine. Il a sa complexion ethnique. Il tient à ses usages, aux formes particulières de la civilisation qui l'a façonné. Où qu'il soit, il garde sa langue. Attention! C'est très important : le problème de la patrie n'est peut-être, au fond, qu'un problème de langage! Où qu'il soit, où qu'il aille, l'homme continue à penser avec les mots, avec la syntaxe de son pays... Regarde autour de nous! Nos amis de Genève, tous ces déportés volontaires, qui croient de bonne foi avoir répudié leur sol natal, et former une authentique colonie internationale! Regarde-les, d'instinct, se chercher, se rejoindre, s'agglomérer en autant de petits clans italien, autrichien, russe... Des petits clans indigènes, fraternels, *patriotiques*. Toi-même, Vanheede, avec tes Belges!... »

L'albinos tressaillit. Ses prunelles d'oiseau de nuit se fixèrent sur Jacques avec une lueur de reproche, puis disparurent de nouveau sous la frange des cils. Sa disgrâce physique accentuait encore l'humilité de ses attitudes. Mais son silence lui servait surtout à protéger sa foi, plus ferme que sa pensée, et qui, sous des apparences timides, était étrangement sûre d'elle-même. Personne, même Jacques, même le Pilote, n'avait de véritable influence sur Vanheede.

— « Non, non », poursuivit Jacques, « l'homme peut s'expatrier, mais il ne peut pas se *dépatrier*. Et ce patriotisme-là n'a rien de foncièrement incompatible avec notre idéal de révolutionnaires internationalistes!... Alors, je me demande s'il n'est pas imprudent de s'attaquer comme fait Fritsch, à ces éléments qui sont essentiellement humains, qui représentent des forces. Je me demande même s'il ne serait pas nuisible d'en dépouiller l'homme de demain. » Il se tut quelques secondes, puis, sur un autre ton, indécis, comme embarrassé de scrupules : « Je le pense, et pourtant je n'ose pas l'écrire. Surtout dans un compte rendu de quelques pages. C'est tout un livre qu'il faudrait faire, pour éviter les malentendus. » Il se tut de nouveau, et, soudain : « D'ailleurs, ce livre, je ne l'écrirai pas non plus... Parce

que, après tout, je ne suis sûr de rien! Est-ce qu'on sait?
L'homme *dépatrié* n'est pas inconcevable. L'homme
s'adapte. Peut-être finirait-il par s'accommoder de
cette mutilation... »

Vanheede se détacha de la table et fit spontanément
un pas vers Jacques. Sur son visage d'aveugle errait
une expression de joie angélique :

— « Il y trouvera de telles compensations! »

Jacques sourit. C'est pour de semblables élans qu'il
chérissait le petit Vanheede.

— « Maintenant, je vous laisse », dit l'albinos.

Jacques continuait à sourire. Il regarda Vanheede
gagner la porte à pas sautillants, faire un petit signe
d'adieu et quitter sans bruit la chambre.

Quoique rien ne l'obligeât plus à terminer son article — peut-être même à cause de cela — il se remit
avec entrain au travail.

Il écrivait encore lorsqu'il entendit sonner quatre
heures dans le vestibule. Meynestrel l'attendait. Il sauta
du lit. A peine debout, il s'aperçut qu'il avait faim.
Mais il ne pouvait prendre le temps de s'arrêter en ville.
Il avait encore, au fond d'un tiroir, deux sachets de
chocolat pulvérisé qui se délayait instantanément dans
l'eau chaude. Justement, sa lampe à alcool était re-
garnie de la veille. Tandis qu'il se lavait la figure et
les mains, l'eau bouillait déjà dans la petite casserole.
Il but, en se brûlant, son bol de chocolat, et partit en
hâte.

III

Meynestrel habitait assez loin de la place Grenus,
dans ce quartier de Carouge qu'avaient adopté beaucoup de révolutionnaires, principalement les réfugiés
russes. C'était une banlieue sans caractère, au bord

de l'Arve, au-delà de la plaine de Plainpalais. Des entrepreneurs qui avaient besoin d'espace, marchands de bois ou de charbon, fondeurs, carrossiers, parqueteurs, ornemanistes, y avaient installé leurs chantiers : le long des rues larges et aérées, leurs hangars alternaient avec des îlots de vieilles maisons, des jardins mutilés et des terrains à lotir.

L'immeuble où logeait le Pilote s'élevait au coin du quai Charles-Page et de la rue de Carouge, à l'entrée du Pont-Neuf : une longue bâtisse de trois étages, jaunasse, plate et sans balcons, mais qui, sous le soleil d'été, prenait des tons savoureux de crépi italien. Des nuées de mouettes passaient devant les fenêtres, et s'ébattaient sur les berges de l'Arve, dont le cours rapide mais peu profond se donnait des airs de torrent en couvrant d'écume ses rochers à fleur d'eau.

Meynestrel et Alfreda occupaient au fond d'un couloir, un appartement de deux pièces, séparées par une étroite entrée. L'une, la moins grande, servait de cuisine ; l'autre, de chambre et de bureau.

Près de la fenêtre ensoleillée dont les persiennes étaient closes, Meynestrel, penché sur une petite table volante, travaillait en attendant l'arrivée de Jacques. D'une écriture menue, fébrile, pleine d'abréviations, il jetait sur des feuillets de papier pelure quelques brèves notes, qu'Alfreda se chargeait de déchiffrer, et qu'elle tapait ensuite, à l'aide d'une vieille machine à écrire.

Pour l'instant, le Pilote était seul. Alfreda venait de quitter la chaise où elle s'asseyait toujours, une chaise basse, placée tout contre celle de Meynestrel. Profitant d'un arrêt dans le travail de son maître, elle était allée dans la cuisine faire couler le robinet pour emplir une carafe d'eau fraîche. L'odeur acidulée d'une compote de pêches, qui mijotait à feu doux sur le gaz, flottait dans l'air chaud : ils se nourrissaient presque exclusivement de laitage, de légumes et de fruits cuits.

— « Freda ! »

Elle acheva de rincer le filtre à café qu'elle tenait à la main, le mit à égoutter, et s'essuya vivement les doigts.

— « Freda ! »

— « Oui... »

Elle se hâta de revenir vers lui, et vint se rasseoir sur la chaise basse.

— « Où étais-tu donc, petite fille ? » murmura Meynestrel en mettant la main sur la nuque brune, inclinée. La question n'appelait aucune réponse. Il l'avait posée d'une voix rêveuse, sans interrompre son travail.

Le visage levé, elle souriait. Son regard était chaud, fidèle et calme. Ses prunelles, largement dilatées, exprimaient le désir de tout voir, de tout comprendre, de tout aimer ; mais il n'y perçait jamais la moindre lueur d'insistance ni de curiosité. Elle semblait née pour contempler et pour attendre. Dès que Meynestrel se mettait, pour elle, à penser tout haut (ce qu'il faisait sans cesse), elle se tournait vers lui et semblait écouter avec ses yeux. Parfois, quand la pensée était subtile, elle approuvait d'un battement des cils. Cette présence toute proche, silencieuse et constamment attentive, c'était tout ce dont Meynestrel avait besoin ; mais de cela, maintenant, il avait besoin autant que d'air pour vivre.

Elle n'avait que vingt-deux ans : elle était de quinze ans plus jeune que lui. Personne n'aurait su dire au juste comment ils s'étaient rencontrés, ni quelle sorte d'union les liait, sous les apparences de leur vie commune. Ils étaient arrivés ensemble à Genève, l'année précédente. Meynestrel était Suisse. Elle, on la savait d'origine sud-américaine, bien qu'elle ne fît guère allusion à sa famille ni à son enfance.

Meynestrel continuait à griffonner. Sa figure mince — encore allongée par une barbe noire, taillée courte et en pointe — se penchait en avant. Le front étroit et comme serré aux tempes saillait dans la lumière. Sa main gauche s'attardait sur la nuque d'Alfreda. Immobile, l'échine courbée, la jeune femme se prêtait à cette caresse avec la frémissante immobilité d'une chatte.

Sans déplacer la main, Meynestrel s'arrêta d'écrire, regarda dans le vague, et secoua négativement la tête :

— « Danton disait : *Nous voulons mettre dessus ce qui est en dessous, et dessous ce qui est en dessus.* Ça, petite fille c'est un mot de politicien. Ce n'est pas un mot de socialiste révolutionnaire. Louis Blanc, Proudhon, Fourier, Marx n'auraient jamais dit ça. »

Elle tourna les yeux vers lui. Mais il ne la regardait pas. Son visage, levé maintenant vers le haut de la fenêtre où les persiennes laissaient passer un rai de soleil, restait impassible. Les traits étaient réguliers, mais étrangement dénués de vie. Le teint, sans être maladif, était grisâtre, comme si le sang, sous la peau, eût été incolore ; les lèvres, sous la moustache noire coupée ras, étaient exactement du même ton que la chair. Toute la vitalité se trouvait concentrée dans les yeux : ils étaient petits et bizarrement rapprochés ; les prunelles, très noires, occupaient toute la place libre dans la fente des paupières, laissant à peine paraître le blanc ; leur éclat avait une intensité presque insoutenable, et cependant il n'en émanait aucune chaleur. Ce regard sans nuances, uniquement lucide, et toujours tendu, semblait-il, à la limite de l'attention, n'était pas tout à fait celui d'un homme : il subjuguait et irritait ; il faisait penser au regard pénétrant, sauvage, mystérieux, de certains animaux, de certains singes.

— « ... les syllogismes de l'idéologie individualiste », murmura-t-il, d'un trait, comme s'il achevait une pensée intérieure.

La voix était sans force, tout unie. Il parlait presque toujours par phrases brèves, sibyllines, qu'il semblait pousser devant lui, d'une haleine pauvre mais inépuisable. La façon dont il liait dans un souffle, en détachant néanmoins chacune des syllabes, une suite de mots glissants tels que « syllogismes de l'idéologie individualiste » rappelait la virtuosité d'un violoniste qui rassemble dans le même coup d'archet une cascade de doubles croches.

— « Le socialisme de classe n'est pas le socialisme », continua-t-il. « Renverser l'ordre des classes, c'est seulement substituer un mal à un autre, une oppression à une oppression. Toutes les classes actuelles souffrent. Le régime du profit, la tyrannie de la concurrence, l'individualisme exaspéré, assujettissent aussi le patronat. Seulement, il ne le comprend pas. » Par deux fois, il se toucha la poitrine en toussotant, et il prononça, très vite : « Fondre largement, dans une société sans classes, par une nouvelle organisation du travail, tous les éléments sains, indistinctement : voilà ce qu'il faut, petite fille... »

Puis il se remit à écrire.

Le nom de Meynestrel était lié aux débuts de l'aviation. A la fois pilote et ingénieur-mécanicien, il était de ceux auxquels la S. A. S. avait fait appel lors de la création de l'usine de Zurich, et plusieurs dispositifs, encore en usage, portaient son nom. A cette époque, ses essais successifs pour survoler les Alpes l'avaient signalé à l'attention du grand public. Mais, blessé à la jambe dans l'accident qui lui avait fait manquer son raid de Zurich-Turin (et où peu s'en était fallu qu'il ne trouvât la mort), il avait renoncé au pilotage. Puis, à la suite des grèves de la S. A. S., au cours desquelles il avait délibérément déserté son bureau de technicien pour prendre part au mouvement ouvrier, il avait brusquement quitté la Suisse. Qu'était-il devenu ? Était-ce en Europe orientale qu'il avait passé ces années d'absence ? Il était très au courant des questions russes, et il avait eu plusieurs fois l'occasion de montrer qu'il se débrouillait assez bien parmi les dialectes slaves ; mais il connaissait aussi les choses d'Asie Mineure et d'Espagne. Il avait eu certainement des rapports personnels avec la plupart des personnages influents du monde révolutionnaire d'Europe ; il était même en correspondance suivie avec nombre d'entre eux ; mais, dans quelles circonstances, dans quel dessein, les avait-il approchés ? Il parlait d'eux avec un mélange déroutant de précision et de vague, toujours à propos d'autre chose, pour apporter un supplément d'information dans un débat d'ordre général, et lorsqu'il citait un mot typique qu'il semblait avoir entendu, un événement dont il semblait avoir été témoin, jamais il ne se donnait la peine d'expliquer la part qu'il avait prise à l'affaire. Ses allusions étaient toujours incidentes ;

le ton, lorsqu'il s'agissait de faits, de doctrines, d'individus, était sérieux et documenté, mais évasif jusqu'à la blague, dès qu'il s'agissait de lui.

Et, pourtant, il donnait l'impression de s'être toujours trouvé présent là où il s'était passé quelque chose ; ou, du moins, de savoir mieux que personne ce qui s'était réellement passé tel jour, à tel endroit, et d'avoir, sur l'événement, une vue particulière qui lui permettait d'en tirer des déductions inattendues et irréfutables.

Pourquoi était-il venu à Genève ? « Pour être tranquille », avait-il dit, un jour. Pendant les premiers mois, il avait vécu en sauvage, fuyant les réfugiés autant que les membres du Parti suisse, passant ses journées dans les bibliothèques, avec Alfreda, à lire, à annoter les œuvres des doctrinaires de la Révolution, sans autre but, semblait-il, que de parfaire sa culture politique.

Puis, un jour, Richardley, un jeune militant genevois, avait réussi à l'amener au *Local*, où se réunissait chaque soir un groupe assez disparate de révolutionnaires suisses et étrangers. Ce milieu lui avait-il été sympathique ? Il n'y avait pas ouvert la bouche, mais il y était revenu de lui-même, le lendemain. Et très vite, sa forte personnalité s'était imposée. Dans ce groupement de théoriciens momentanément condamnés à l'inaction, au bavardage, la vigueur de cet esprit critique, cette compétence jamais en défaut et qui semblait le fruit de l'expérience plutôt que celui de la lecture ou de la compilation, cet instinct qui ramenait toutes les questions sur le plan du concret et qui tendait toujours à assigner des buts pratiques à la pensée révolutionnaire, cet art qu'il avait, dans les problèmes sociaux les plus enchevêtrés, de dégager aussitôt l'essentiel et de le résumer en quelques formules frappantes — lui avaient assuré, sur tous, un ascendant exceptionnel. En quelques mois il était devenu le centre, l'animateur, de ce groupement ; certains eussent dit « le chef ». Il y venait quotidiennement, sans que s'éclaircît le mystère dont il s'entourait, mystère d'un homme qui veut prendre du recul, qui se réserve, qui « se prépare ».

— « Viens par ici », dit Alfreda en faisant entrer Jacques dans la cuisine. « Il travaille. »

Jacques s'épongeait le front.

— « Si ça te tente ? » proposa-t-elle, en montrant la carafe sous le filet d'eau de l'évier.

— « Je crois bien ! »

Le verre qu'elle emplit se couvrit aussitôt de buée. Elle se tenait devant lui, la carafe à la main, dans cette attitude humble et serviable qui lui était habituelle. Son visage mat, à peine poudré, son nez camus, sa bouche d'enfant qui se gonflait comme une fraise mûre lorsqu'elle joignait les lèvres, ses yeux légèrement fendus vers les tempes, et cette frange noire, raide, lustrée, qui lui mangeait le front jusqu'aux sourcils, la faisaient ressembler à une poupée japonaise, fabriquée en Europe. « Peut-être aussi à cause de son kimono bleu », songea-t-il. Alors, tout en buvant, la question de Pat' lui revint en mémoire : « Est-ce que tu crois qu'Alfreda est contente, avec son Pilote ? » Il dut s'avouer qu'il ne la connaissait guère, bien qu'elle assistât à ses conversations avec Meynestrel. Il avait pris l'habitude de la considérer, moins comme un être vivant, que comme un accessoire domestique — plus exactement, comme un fragment de Meynestrel. Il s'avisa, pour la première fois, de la gêne légère qu'il éprouvait quand il se trouvait seul avec Alfreda.

— « Encore un ? »

— « Volontiers. »

Son chocolat lui avait donné soif. Il réfléchit qu'il n'avait pas déjeuné et qu'il avait une alimentation absurde. Puis, brusquement, une idée saugrenue lui passa par la tête : « Ai-je seulement éteint ma lampe à alcool ? » Il fit appel à sa mémoire. Mais ses souvenirs restaient incertains.

La voix du Pilote retentit à travers la cloison :

— « Freda ! »

— « Oui... »

Elle sourit et regarda Jacques avec un clin d'œil amusé, complice, qui semblait dire : « Quel grand enfant capricieux j'ai là ! »

— « Viens », dit-elle.

Meynestrel s'était levé. Il se tenait, à contre-jour, devant la fenêtre dont il venait d'entrouvrir les persiennes. Un rayon de soleil entrait dans la chambre, éclairait le grand lit bas, les murs nus, la table où rien ne traînait que le stylo et quelques feuillets rassemblés.

Debout dans son pyjama de coton gris, Meynestrel paraissait grand. Le corps était svelte, assez étroit du buste ; les épaules, pourtant, avaient tendance à se voûter. Ses yeux perçants se fixèrent sur ceux de Jacques, tandis qu'il lui tendait la main.

— « Je t'ai dérangé, mais nous serons plus tranquilles ici qu'à *la Parlote*... Tiens, petite fille, voilà du travail pour toi », ajouta-t-il en passant à Alfreda un volume marqué d'un signet.

Docile, elle prit sa machine, s'accroupit sur le parquet, le dos contre le lit, et commença son pianotage.

Meynestrel et Jacques s'assirent auprès de la table. Le visage du Pilote était devenu soucieux. Il s'appuya au dossier de sa chaise, et allongea sa jambe. (Son accident lui avait laissé au genou droit une raideur qui, certains jours, le faisait boiter légèrement.)

— « Une histoire embêtante », fit-il, en guise de préambule. « *Quelqu'un* m'a écrit. Il y en a deux, paraît-il, dont nous devons nous méfier. *Primo :* Guittberg. »

— « Guittberg ? » s'écria Jacques.

— « *Secundo :* Tobler. »

Jacques se taisait.

— « Ça te surprend ? »

— « Guittberg ? » répéta Jacques.

— « Voilà la lettre », continua Meynestrel, en tirant une enveloppe de la poche de son pyjama. « Lis. »

— « Oui », murmura Jacques, après avoir lu posément la lettre, qui constituait un long et froid réquisitoire, non signé.

— Tu sais la place que Guittberg et Tobler ont prise dans le mouvement croate. Ils viendront à Vienne, pour le Congrès. Il importe donc de savoir quelle confiance on peut avoir en eux. C'est grave. Je ne veux alerter personne avant d'être sûr. »

— « Oui », dit encore Jacques. Il faillit ajouter : « Que comptez-vous faire ? » Mais il se retint. Bien que ses rapports avec Meynestrel fussent empreints d'une certaine camaraderie, il conservait d'instinct certaines distances.

Comme s'il avait prévu la question, Meynestrel prit la parole.

— « *Primo...* » (Il poussait jusqu'à la manie le souci d'être clair, et commençait fréquemment ses phrases par un *Primo* net et cassant — qui, d'ailleurs, n'était pas toujours suivi d'un *Secundo*.) « *Primo :* pour avoir une certitude, un seul moyen : l'enquête sur place. A Vienne. Une enquête menée sans tapage. Par quelqu'un qui n'attire pas l'attention. De préférence quelqu'un qui ne soit inscrit à aucun parti... Mais », continua-t-il en regardant Jacques avec insistance, « quelqu'un de sûr. Je veux dire dont le jugement offre des garanties. »

— « Oui », dit Jacques, surpris et secrètement flatté. Il songea aussitôt, sans déplaisir : « Fini, de poser... Tant pis pour Pat'. » Puis, une seconde fois, la pensée de sa lampe à alcool lui revint à l'esprit.

Il y eut quelques secondes de silence, pendant lesquelles on n'entendit plus que le cliquetis de la machine et le murmure lointain de source que faisait l'eau courante sur l'évier.

— « Tu acceptes ? » fit Meynestrel.

Jacques acquiesça d'un bref mouvement de tête.

— « Il faudra partir dans deux jours », reprit Meynestrel. « Le temps de réunir les pièces. Et rester à Vienne tout le temps nécessaire. Quinze jours, s'il le faut. »

Alfreda leva un instant les yeux vers Jacques, qui, sans répondre, inclinait de nouveau la tête ; puis elle reprit son travail.

Meynestrel poursuivit.

— « A Vienne, tu as Hosmer qui t'aidera. »

Il s'interrompit : on venait de frapper à la porte d'entrée.

— « Va voir, petite fille... Si Tobler a vraiment reçu

de l'argent », dit-il en se tournant vers Jacques, « Hosmer doit le savoir. »

Hosmer était un ami de Meynestrel. Il était Autrichien et vivait à Vienne. Jacques l'avait connu, l'année d'avant, à Lausanne, où Hosmer était venu passer quelques jours. Cette rencontre lui avait laissé une impression profonde. C'était la première fois qu'il s'était trouvé en contact avec un de ces révolutionnaires cyniquement opportunistes, indifférents aux moyens, pour qui le but final est vraiment l'unique objectif, et qui sont insensibles à la honte de revêtir au besoin des uniformes provisoires, pourvu que leurs compromissions servent, si peu que ce soit, la cause de la révolution.

Alfreda revint et annonça :

— « C'est Mithoerg. »

Meynestrel se tourna vers Jacques et grommela :

— « Nous en reparlerons tout à l'heure, à *la Parlote*... Entre, Mithoerg », fit-il, en élevant la voix.

Mithoerg portait de grandes lunettes rondes sous des sourcils en arc de cercle qui lui donnaient une expression constamment alarmée. Le visage était charnu, les traits mous, un peu bouffis, comme ceux d'un noctambule qui n'a pas dormi son content.

Meynestrel s'était levé :

— « Qu'est-ce qui t'amène, Mithoerg ? »

Le regard de Mithoerg fit le tour de la pièce, se posa sur le Pilote, sur Jacques, puis sur Alfreda.

— « C'est le Janotte qui vient d'arriver au *Local* », expliqua-t-il.

« Non », se dit Jacques, « je ne suis pas bien sûr d'avoir soufflé la mèche. Après avoir rempli mon bol, très possible que j'aie replacé la casserole sur le réchaud, sans l'éteindre... J'ai vidé le bol et je suis parti... La mèche flambait peut-être encore... » Il se taisait, l'œil fixe.

— « Janotte tenait beaucoup à vous voir avant sa conférence de ce soir », poursuivit Mithoerg. « Mais il est si tellement éreinté du voyage... Il supporte mal la chaleur... »

— « Trop de crinière... », murmura Alfreda.

— « Aussi est-il allé un peu dormir... Mais il a voulu que je vous porte son meilleur salut. »

— « Très bien, très bien... », fit Meynestrel, d'une voix de fausset tout à fait inattendue. « Mon petit Mithoerg, nous nous en foutons inexprimablement, de Janotte... N'est-ce pas, petite fille?... » Tout en parlant, il avait posé le bras sur l'épaule charnue d'Alfreda, et sa main caressait les cheveux de la jeune femme.

— « Le connais-tu? » demanda Alfreda, en tournant malicieusement les yeux dans la direction de Jacques.

Jacques n'écoutait pas. Il cherchait en vain dans sa mémoire quelque détail précis qui pût le rassurer. Il croyait bien avoir posé la casserole à terre. Alors, sans doute avait-il aussi soufflé la flamme, et remis le bouchon? Pourtant...

— « Il a une tignasse de vieux lion blanchi », continuait Alfreda en riant. « Ce champion de l'anticléricalisme s'est fait la tête d'un organiste de cathédrale! »

— « Zzzt, petite fille... », gronda doucement Meynestrel.

Mithoerg, décontenancé, souriait un peu jaune. Ses cheveux hérissés lui donnaient facilement l'air de quelqu'un qui va se mettre en colère. Il s'y mettait, d'ailleurs, assez souvent.

Il était d'origine autrichienne. Cinq années auparavant, pour se dérober au service militaire, il avait quitté Salzbourg, où il commençait ses études de pharmacie. Installé en Suisse, d'abord à Lausanne, puis à Genève, il y avait achevé ses études professionnelles et travaillait régulièrement, quatre jours par semaine, dans un laboratoire. Mais la sociologie l'occupait plus que la chimie. Doué d'une prodigieuse mémoire, il avait tout lu, tout retenu, tout rangé en ordre dans sa tête carrée. On pouvait le consulter comme un manuel. Ses camarades, et Meynestrel tout le premier, ne s'en faisaient pas faute. Il était un théoricien de la violence. Au demeurant, sensible, sentimental, timide et malheureux.

— « Le Janotte, il a déjà promené sa conférence un peu partout », reprit-il posément. « Il est très fort ren-

seigné sur l'Europe. Il vient de Milano. En Autriche,
il a passé deux jours près de Trotsky. Ce qu'il raconte
est curieux. Nous avons le plan, après sa conférence,
de l'emmener au *Café Landolt*, pour le faire raconter.
Vous viendrez, n'est-ce pas ? » fit-il en regardant Meynestrel, puis Alfreda. Il ajouta, tourné vers Jacques :
« Et toi ? »

— « Au *Landolt*, oui, peut-être », dit Jacques, « mais
à la conférence, non ! » Son obsession l'avait rendu nerveux ; et puis, bien qu'il fût affranchi depuis longtemps
de toute croyance religieuse, l'anticléricalisme des autres
l'agaçait presque toujours. « Rien que le titre a je ne
sais quoi de puérilement agressif : *Les preuves de l'in-
existence de Dieu !* » Il sortit de sa poche un papier vert
qui ressemblait à un prospectus. « Et sa déclaration-
programme ! » s'écria-t-il, en haussant les épaules. Il
lut avec emphase : « *Je me propose de vous soumettre
un système de l'Univers qui rende définitivement inutile
tout recours à l'hypothèse d'un Principe spirituel...* »

— « Facile de moquer sur le style », interrompit Mithoerg, en roulant des yeux ronds. (Quand il s'animait,
ses glandes salivaires sécrétaient avec surabondance,
et ses paroles s'accompagnaient d'un bruit d'éclabous-
sure.) « Je suis d'accord que ces choses pourraient être
en meilleure philosophie rationnelle. Mais je ne crois
pas inutile de dire ces choses, de les redire. C'est véritablement par superstition que les clergés, pendant
des siècles, ont eu la domination sur les hommes. Sans
les religions, les hommes n'auraient pas eu si longtemps
l'acceptation de la misère. Ils seraient depuis longtemps
révoltés. Et libres ! »

— « C'est possible », concéda Jacques, en froissant le
programme, et en le lançant avec gaminerie par l'entrebâillement des persiennes. « Et il est possible aussi
que ce genre de laïus soulève ce soir des applaudisse-
ments, comme à Vienne, comme à Milan... Et je ne
méconnais pas ce qu'il y a de touchant dans ce besoin
de comprendre et de s'affranchir qui rassemble, malgré
la chaleur, dans une atmosphère enfumée, irrespirable,
plusieurs centaines d'hommes et de femmes, qui se-

raient tellement, tellement mieux, assis au bord du lac, à regarder la nuit, les étoiles... Mais, moi, consacrer ma soirée à écouter ça, non : au-dessus de mes forces ! »

Sa voix, aux derniers mots, avait brusquement fléchi. Il venait de se représenter, avec tant de précision, les flammes tordant les papiers épars sur sa table et gagnant le rideau de la fenêtre, que sa gorge s'était serrée. Meynestrel, Alfreda et Mithoerg lui-même qui n'était pas particulièrement observateur, le regardèrent, surpris.

— « Maintenant, au revoir », dit-il brièvement.

— « Tu ne viens pas au *Local* avec nous ? » demanda Meynestrel.

Jacques avait déjà mis la main sur le bouton de la porte.

— « Il faut d'abord que je passe chez moi », jeta-t-il.

Dans la rue de Carouge, il se mit à courir. Au rond-point de Plainpalais, il vit un tram qui démarrait, et s'élança sur la plate-forme. Mais, à l'arrêt des quais, pris d'impatience, il sauta de la voiture et gagna le pont au pas gymnastique.

Ce fut seulement lorsqu'il déboucha de la rue des Étuves, et qu'il aperçut le décor familier de la place Grenus, l'urinoir, la paisible façade du *Globe*, que cette terreur panique s'évanouit comme par enchantement. « Suis-je bête ! », songea-t-il.

Il se rappelait maintenant qu'il avait coiffé la mèche avec le bouchon de cuivre, et même qu'il s'était brûlé le bout des doigts. Il sentait encore la cuisson au gras du pouce et regarda son doigt pour y trouver la trace de la brûlure. Le souvenir, cette fois, était à ce point précis, indubitable, qu'il ne prit même pas la peine de grimper les trois étages pour en vérifier l'exactitude. Tournant les talons, il redescendit vers le Rhône.

Du pont, la vieille ville, harmonieusement étagée, depuis son soubassement de verdure qui baignait dans l'eau, jusqu'aux tours de Saint-Pierre, se découpa de-

vant lui sur le fond bleu des Alpes. Il se répétait : « Est-ce
bête !... » La disproportion entre l'insignifiance de l'aventure et le trouble où elle l'avait jeté restait pour lui une
énigme. Il se rappelait d'autres exemples. Ce n'était
pas la première fois qu'il était pareillement le jouet de
son imagination. « Comment puis-je, à ces moments-là,
perdre aussi complètement tout contrôle sur moi-
même ? » se demanda-t-il. « Avec quelle étrange, quelle
maladive complaisance, je cède à l'inquiétude ! Pas
seulement à l'inquiétude : *au scrupule...* »

Essoufflé, trempé de sueur, il gravit à petits pas, sans
les voir, ces ruelles familières, sombres et fraîches, coupées de paliers et de perrons, qui montaient à l'assaut
de la cité, entre d'anciennes maisons à échoppes de
bois.

Il se trouva dans la rue Calvin sans s'être aperçu du
chemin. Elle suivait la ligne de faîte ; solennelle et triste,
elle portait bien son nom. L'absence de boutiques, l'ali-
gnement des façades en pierre grise, sévères et dignes,
les existences austères qu'on imaginait derrière ces
hautes croisées, éveillaient l'idée d'un puritanisme cossu.
Au fond de cette perspective chagrine, l'apparition
ensoleillée de la place Saint-Pierre, avec son fronton,
sa colonnade et ses vieux tilleuls, s'offrait comme une
récompense.

IV

« Dimancne », songea Jacques, en voyant des femmes,
des enfants, sur le parvis de la cathédrale. « Dimanche,
et déjà le 28 juin... Pour peu que mon enquête en Autriche dure dix ou quinze jours... Et tout ce qui reste
à faire avant le Congrès ! »

Comme tous ses camarades, en cet été de 1914, il
attendait beaucoup des résolutions qu'allait prendre,
sur les grands problèmes de l'Internationale, le Congrès
socialiste qui devait se réunir à Vienne le 23 août.

Il envisageait sans déplaisir la mission que le Pilote venait de lui confier. Il aimait l'activité : c'était une façon de pouvoir s'aimer lui-même sans remords. Et puis, il n'était pas fâché de s'éloigner pendant quelques jours ; d'échapper à ces interminables réunions, à ces débats en champ clos.

Lorsqu'il était à Genève, il ne pouvait s'empêcher de venir, tous les jours, ou presque, finir sa journée au *Local*. Certains soirs, il ne faisait qu'entrer, serrer quelques mains, et sortir. D'autres jours, après avoir erré de groupe en groupe, il se retirait avec Meynestrel dans la pièce du fond ; c'était ses meilleurs jours. (Précieux instants d'intimité qui lui faisaient bien des envieux : car ceux qui avaient derrière eux des années de vie militante, ceux qui avaient « fait de l'action révolutionnaire », comprenaient mal que le Pilote pût préférer la compagnie de Jacques à la leur.) Le plus souvent, il s'attardait au milieu de ses camarades. Silencieux, un peu distant, il demeurait, en général, hors de la discussion. Quand il y prenait part, il y montrait une largeur de vues, un désir de compréhension, de conciliation, une qualité d'esprit, qui donnaient aussitôt à l'entretien un tour inhabituel.

Il retrouvait dans cette petite assemblée cosmopolite, comme dans tous les groupements analogues, les deux types de révolutionnaires : les *apôtres* et les *techniciens*.

Ses sympathies naturelles le portaient vers les *apôtres* — qu'ils fussent socialistes, communistes ou anarchistes. Il se sentait spontanément à l'aise avec ces mystiques généreux dont la révolte avait la même origine que la sienne : une native sensibilité à l'injustice. Tous rêvaient, comme lui, de construire sur les ruines du monde actuel une société juste. Leur vision de l'avenir pouvait différer dans le détail, mais leur espoir était le même : un ordre nouveau, de paix, de fraternité. Comme Jacques — et c'est en cela qu'il se sentait si proche d'eux —, ils étaient très jaloux de leur noblesse intérieure ; un instinct secret, un sens de la grandeur, les poussaient à s'élever au-dessus d'eux-mêmes, à se surpasser. Au fond, ce qui les attachait à l'idéal révolutionnaire, c'était d'y trouver, comme lui, un motif exaltant de vivre. En cela, ces apôtres demeuraient malgré eux des individualistes : bien qu'ils eussent voué leur existence au triomphe d'une cause collective, ce que, inconsciemment, ils goûtaient surtout dans cette capiteuse atmosphère de combat et d'espérance, c'était de sentir décuplées leur puissance personnelle, leurs possibilités ; c'était de libérer leur tempérament, en se consacrant à une œuvre immense, qui les dépassât.

Mais, ses préférences pour les idéalistes n'empêchaient pas Jacques de reconnaître que, abandonnés à leur seule ferveur, ils se fussent sans doute indéfiniment agités en vain. Le vrai ferment, le levain de la pâte révolutionnaire était sécrété par une minorité : les *techniciens*. Ceux-ci élevaient des revendications précises, et préparaient des réalisations concrètes. Leur culture révolutionnaire était étendue et sans cesse nourrie d'éléments neufs. Leur fanatisme se donnait des buts limités, classés par ordre d'importance, et qui n'étaient pas chimériques. Dans l'atmosphère d'idéologie exaltée qu'entretenaient les apôtres, ces techniciens représentaient la foi agissante.

Jacques ne se classait précisément dans aucune de ces catégories. Ceux dont il différait le moins, c'était, évidemment, les *apôtres* ; mais, la clarté de son esprit, ou, du moins, son goût des distinctions nettes, son penchant pour les objectifs définis, le sens juste qu'il avait des situations, des individus, des rapports, eussent pu faire de lui, avec quelque application, un assez bon *technicien*. Qui sait ? Peut-être même, aidé par les circonstances, eût-il pu devenir un *chef* ? Ce qui distinguait les *chefs*, n'était-ce pas d'allier, aux qualités politiques des techniciens, l'ardeur mystique des apôtres ? Les quelques chefs révolutionnaires qu'il avait approchés possédaient tous ce double privilège : la compétence (plus exactement, une vue des réalités, à la fois si générale et si perspicace qu'ils étaient, en toutes éventualités, capables d'indiquer aussitôt ce qu'il fallait faire pour répondre aux événements et modifier leur cours) ; l'ascendant (une force attractive, qui leur assurait, d'emblée, une prise directe sur les hommes, et, semblait-il, sur les choses elles-mêmes, sur les faits). Or, Jacques n'était dépourvu ni de clairvoyance ni d'autorité ; il jouissait même d'un don de sympathie, d'un pouvoir d'entraînement, assez exceptionnels, et, s'il n'avait jamais cherché à développer ces dispositions, c'est que, à de rares exceptions près, il éprouvait une répugnance instinctive à l'idée d'influencer le développement, le mode d'activité, des êtres.

Il réfléchissait souvent à l'étrangeté de sa position dans ce groupe genevois. Elle lui apparaissait fort différente selon qu'il la considérait par rapport à la collectivité, ou par rapport aux individus.

Par rapport au groupement, son attitude était généralement passive. Est-ce à dire que son action fût nulle ? Certes pas. Et c'est bien là ce qui l'étonnait le plus. Il se trouvait, par la force des choses, avoir assumé un rôle, et un rôle assez ingrat : celui d'expliquer, de justifier, certaines valeurs, certaines acquisitions de l'humanisme, certaines formes d'art et de vie, que tous, autour de lui, appelaient « bourgeoises », et qu'ils avaient sommairement condamnées, en bloc. Lui, il ne parvenait pas — bien qu'il fût, autant que ses camarades, persuadé que, dans le domaine de la civilisation, la bourgeoisie avait atteint le terme de sa mission historique — il ne parvenait pas à accepter la suppression systématique et radicale de cette culture bourgeoise dont il se sentait encore tout pénétré. Il mettait à la défendre dans ce qu'elle avait de meilleur, d'éternel, une sorte d'aristocratisme intellectuel, très français, qui irritait profondément ses interlocuteurs, mais qui les contraignait parfois, sinon à reviser leurs jugements, du moins à atténuer la forme péremptoire de leurs verdicts. Peut-être aussi éprouvaient-ils, plus ou moins consciemment, une secrète satisfaction à compter dans leurs rangs ce transfuge, qu'ils savaient foncièrement acquis au même idéal social qu'eux, et dont la présence parmi eux semblait apporter, à l'idée d'une révolution inévitable et nécessaire, la consécration de ce monde, à l'effondrement duquel ils s'étaient voués.

Par rapport aux individus — dans le tête-à-tête — son action personnelle prenait une tout autre ampleur. Après avoir éveillé, au début, un peu de méfiance, il avait pris — et, naturellement, sur les meilleurs — un manifeste ascendant moral. Sous sa réserve, sous la distinction de ses sentiments et de ses manières, ils trouvaient un foyer de chaleur humaine, qui faisait fondre leurs raideurs et réchauffait leur confiance. Ils ne traitaient pas tout à fait Jacques comme ils faisaient entre eux : en camarade d'équipe. Ils apportaient dans leurs relations avec lui une nuance d'intimité, d'affection. Ils lui confiaient leurs hésitations, leurs scrupules. Ils allaient, certains soirs, jusqu'à lui confesser ce qu'ils tenaient le plus caché à tous : leurs égoïsmes, leurs tares, leurs défaillances d'hommes. Près de lui, ils prenaient même conscience d'eux-mêmes, et retrempaient leurs forces. Ils lui demandaient conseil comme s'il eût possédé, sur le plan de la vie intérieure, cette vérité qu'il cherchait pour lui-même, partout, depuis toujours. Et, ce faisant, ils lui infligeaient, sans s'en douter, une cruelle contrainte : en conférant à sa personne, à ses paroles, plus de portée qu'il n'eût voulu, ils l'obligeaient à se surveiller sans cesse, à se taire, à ne pas laisser voir ses déceptions, ses incertitudes, ses découragements ; ils lui assignaient une responsabilité qui créait autour de lui une zone isolante, qui le rejetait impitoyablement à sa solitude. Et il en souffrait parfois jusqu'au désespoir. « D'où vient ce prestige immérité ? » se demandait-il. Il se souvenait alors de la marotte d'Antoine : « Nous sommes des Thibault... Il y a en nous on ne sait quoi, qui s'impose... » Mais il échappait vite à ces pièges de l'orgueil : bien trop conscient, hélas ! de ses faiblesses, pour admettre qu'une force mystérieuse pût rayonner de lui.

v

Le *Local* — que les familiers de Meynestrel nommaient généralement *la Parlote* — était discrètement installé en plein cœur de la haute ville, dans la vieille rue des Barrières, le long de la cathédrale.

Vu de l'extérieur, l'immeuble semblait désaffecté. C'était une de ces bâtisses décrépites comme il en subsistait encore quelques-unes dans ce quartier décent. La façade, à trois étages, était enduite d'un crépi rosâtre, lézardé, rongé de salpêtre, et percé de fenêtres à guillotine, sans volets, dont les vitres poussiéreuses semblaient celles d'un logis abandonné. La maison était séparée de la rue par une cour étroite, ceinte de murs et pleine de détritus, de ferrailles, de gravats, entre lesquels un gros sureau avait poussé. La grille d'entrée n'existait plus. Ses deux piliers de pierre étaient reliés entre eux par un bandeau de zinc, formant enseigne, où se lisait encore : *Fonderie de cuivre.* La fonderie avait depuis longtemps déménagé, mais elle avait conservé la maison pour y entreposer ses produits.

C'est derrière cet immeuble inhabité que se dissimulait *le Local.* Il occupait un bâtiment séparé, d'un étage, situé dans une seconde cour et invisible de la rue ; on y accédait par le passage voûté qui traversait de part en part l'ancienne fonderie. Le rez-de-chaussée du bâtiment était en anciennes remises. Monier, l'homme à tout faire, y habitait. L'étage comprenait quatre pièces en enfilade, desservies par un couloir obscur. Celle du fond — un étroit cabinet — était, grâce à Alfreda, devenue quelque chose comme le bureau personnel du Pilote. Les trois autres, assez spacieuses, servaient de lieux de réunion. Dans chacune s'alignaient une douzaine de chaises, des bancs, quelques tables où l'on pouvait consulter des journaux et des revues ; car on trouvait au *Local*, non seulement toute la presse socialiste d'Europe, mais aussi la plupart de ces intermittents périodiques révolutionnaires, qui publiaient parfois coup sur coup plusieurs numéros de propagande, puis subissaient des éclipses de six mois ou de deux ans, parce que leurs caisses étaient vides ou leurs rédacteurs emprisonnés.

Dès que Jacques eut franchi le passage voûté, et qu'il eut pénétré dans l'arrière-cour, la rumeur des discussions qui s'échappait par les fenêtres ouvertes de l'étage l'avertit qu'il y avait du monde, aujourd'hui, à *la Parlote*.

Au bas de l'escalier, trois hommes causaient avec animation, en une langue qui n'était ni l'espagnol ni l'italien. C'était trois espérantistes convaincus. L'un d'eux, Charpentier, professeur à Lausanne, venu ce jour-là pour entendre la conférence de Janotte, dirigeait une revue assez répandue dans les milieux révolutionnaires : *l'Espérantiste du Léman*. Il ne manquait pas une occasion d'affirmer qu'un des premiers besoins du monde international était un dialecte universel ; que l'adoption de l'espéranto, commun auxiliaire de toutes les langues nationales, faciliterait entre les hommes les échanges spirituels et matériels ; et il aimait à s'appuyer sur l'auguste autorité de Descartes, qui, dans une lettre privée, avait très précisément émis le vœu d'une *langue universelle, fort aysée à apprendre, à prononcer et à escrire, et, ce qui est le principal, qui ayderoit au jugement...*

Jacques serra la main des trois hommes et gravit les marches.

A quatre pattes sur le palier, Monier remettait en ordre une collection du *Vorwärts*. De sa profession, il était garçon de café. A vrai dire, bien qu'il portât, en toute saison et à toute heure, un gilet échancré sur un plastron de celluloïd, il travaillait rarement de son métier : il se contentait, tous les mois, de faire, dans une brasserie, une semaine d'extra, qui lui assurait des loisirs, pendant lesquels il se consacrait exclusivement « à la Révolution ». Il s'employait à toutes les tâches avec une égale ardeur : au ménage, aux courses, à la polycopie, au classement des périodiques.

Dans la pièce d'entrée, dont la porte était grande ouverte sur l'escalier, Alfreda et Paterson causaient, seuls, debout près de la fenêtre. Avec l'Anglais — Jacques en avait déjà fait la remarque — la jeune femme renonçait volontiers à son rôle d'assistante muette ; elle paraissait retrouver auprès de lui une personnalité que par timidité peut-être, elle dissimulait ailleurs. Alfreda

portait sous son bras la serviette de Meynestrel, et
tenait à la main une brochure dont elle lisait, à mi-voix,
un passage à Paterson, qui, la pipe au bec, écoutait
distraitement. Il examinait le visage penché, la frange
noire, l'ombre que les cils allongeaient sur la joue,
l'extraordinaire éclat de ce teint mat, et sans doute
songeait-il : « Peindre cette chair... » Ils ne s'aperçurent,
ni l'un ni l'autre, que Jacques passait devant eux.

Dans la seconde pièce, les habitués étaient nombreux.
Près de la porte, le père Boissonis était assis, le ventre
sur les cuisses. Autour de lui, Mithoerg, Guérin et Charchowsky, le bouquiniste, se tenaient debout.

Boissonis serra la main de Jacques, sans s'interrompre :

— « Mais... mais !... Qu'est-ce que cela prouve ? Toujours la même chose : insuffisance de dynamisme insurrectionnel... Pourquoi ? Déficience de pensée ! » Il rejeta
le buste en arrière et sourit, une main sur chaque genou.

Tous les jours, il arrivait dans les premiers. Il adorait
la discussion. C'était un Français, un ancien professeur
de sciences naturelles à la Faculté de Bordeaux, que
ses études d'anthropologie avaient amené à l'anthropo-
sociologie ; la hardiesse de son enseignement avait fini
par le rendre suspect à l'Université, et il était venu se
fixer à Genève. Il présentait ceci d'étrange qu'il avait
la tête volumineuse et le visage tout petit. Un large
front dégarni, d'amples bajoues, plusieurs mentons
superposés, constituaient autour de sa physionomie
une zone de viande superflue, au centre de laquelle, en
un espace restreint, les traits de la figure se trouvaient
rassemblés : deux yeux pétillants, chargés de malice et
de bonté ; un nez court, aux narines ouvertes, flaireur
et vorace ; des lèvres charnues, constamment prêtes à
sourire. Toute la vie du gros homme semblait concentrée
dans ce minuscule masque vivant, perdu comme une
oasis dans ce désert de graisse exsangue.

— « Je l'ai dit, je le répète », continua-t-il en passant
avec gourmandise la langue sur ses lèvres, « la lutte,
c'est d'abord sur le front philosophique qu'il faut la
porter ! »

Mithoerg roulait des yeux désapprobateurs derrière ses lunettes. Il secoua sa tête hérissée :

— « Action et pensée doivent rester conjointes! »

— « Voyez ce qui s'est passé en Allemagne, au XIXᵉ siècle... », commença Charchowsky.

Le père Boissonis tapotait ses cuisses :

— « Mais... justement! » fit-il, riant déjà du plaisir d'avoir raison. « Prenons l'exemple des Allemands... »

Jacques savait d'avance tout ce qu'ils allaient dire ; seule variait la disposition des objections et des arguments comme celle des pions sur un échiquier.

Au centre de la pièce, debout, Zelawsky, Périnet, Saffrio et Skada, formaient un quatuor animé. Jacques s'approcha d'eux.

— « Tout s'enchaîne, tout se tient si bien dans le système capitaliste! » déclarait Zelawsky, un Russe à longues moustaches couleur de chanvre.

— « C'est pour cela qu'il suffit d'attendre, mon cher Sergueï Pavlovitch », murmura le juif Skada, en détachant ses mots avec une douceur obstinée. « L'écroulement du monde bourgeois se fera de lui-même... »

Skada était un israélite d'Asie Mineure, d'une cinquantaine d'années. Très myope, il portait sur un nez busqué, olivâtre, des lunettes dont les verres étaient épais comme des lentilles de télescope. Il était laid : des cheveux crépus, courts et collés sur un crâne ovoïde ; d'énormes oreilles ; mais un regard chaud, pensif, et d'une tendresse inépuisable. Il menait une existence d'ascète. Meynestrel appelait Skada : « le méditatif Asiate ».

— « Comment va? » fit une voix de basse profonde, tandis qu'une main de portefaix s'abattait sur l'épaule de Jacques. « Chodement, hé? »

Quilleuf venait d'entrer. Il fit le tour des groupes, distribuant ses bourrades et ses poignées de main : « Comment va? » il n'attendait jamais le traditionnel : « Et toi? » Hiver comme été, il répondait d'avance : « Chodement, hé? » (Pour qu'il songeât à modifier la formule, il fallait au moins de la neige dans les rues.)

— « L'écroulement est peut-être lointain, mais il est

i-né-vi-ta-ble », répéta Skada. « Le temps travaille pour nous. C'est zela qui permettra de mourir sans regret... » Ses paupières flasques s'abaissèrent ; et un sourire, qui ne s'adressait à personne, qui n'était qu'un reflet de sa certitude, fit onduler lentement l'une contre l'autre comme deux couleuvres les lèvres de sa bouche largement fendue.

Jean Périnet approuvait, à petits coups de tête décidés :

— « Oui, le temps travaille!... Partout! Même en France. »

Il parlait vite et haut, sur un ton clair ; il disait avec ingénuité tout ce qui lui traversait l'esprit. Son accent parisien mettait une note amusante dans ces réunions cosmopolites. Il pouvait avoir vingt-huit ou trente ans. Le type du jeune ouvrier d'Ile-de-France : un regard éveillé, une ombre de moustache, un nez spirituel, un air propre et sain. Il était le fils d'un fabricant de meubles du faubourg Saint-Antoine. Tout jeune, pour une histoire de femmes, il avait quitté sa famille, connu la misère, fréquenté des milieux anarchistes, fait de la prison. Recherché par la police de Lyon à la suite d'une bagarre, il avait passé la frontière. Jacques l'aimait bien. Les étrangers le tenaient un peu à distance, déconcertés par son rire facile, par ses saillies, blessés surtout par la fâcheuse habitude qu'il avait de dire, en parlant d'eux : « L'engliche... », « Le macaroni... », « Le choucroutard... » Il n'y voyait rien de désobligeant : lui-même ne se traitait-il pas de « parigot » ?

Il se tourna vers Jacques, comme pour le prendre à témoin :

— « En France, même dans les milieux industriels et de patrons, la nouvelle génération a flairé le vent. Elle sent, au fond, que c'est fini ; qu'elle ne gardera pas indéfiniment l'assiette au beurre ; que, bientôt, le sol, les mines, les usines, les grandes compagnies, les moyens de transport, enfin tout, ça doit fatalement faire retour à la masse, à la communauté des travailleurs... Les jeunes le savent. N'est-ce pas, Thibault ? »

Zelawsky et Skada se tournèrent vivement pour

interroger Jacques du regard, comme si la question était d'une exceptionnelle urgence, et qu'ils attendissent l'avis de Jacques pour prendre une détermination de la dernière gravité. Jacques sourit. Non, certes, qu'il attachât moins d'importance qu'eux à ces indices de la transformation sociale ; mais il était moins pénétré qu'eux de l'utilité de ces conversations.

— « C'est vrai », concéda-t-il. « Chez beaucoup de jeunes bourgeois français, je crois que la foi dans l'avenir du capitalisme est secrètement ébranlée. Ils profitent encore du système ; ils espèrent même que ça durera autant qu'eux ; mais ils n'ont plus « bonne conscience »... Seulement, c'est tout. N'en concluons pas trop vite qu'ils sont prêts à désarmer. Je pense au contraire, qu'ils défendront chèrement leurs privilèges. Ils sont encore diablement solides! D'abord, ils bénéficient de cette chose déconcertante : l'acceptation tacite de la majorité des bougres qu'ils exploitent! »

— « Et puis », dit Périnet, « c'est eux qui tiennent encore dans leurs pattes tous les postes de commande. »

— « Non seulement ils les tiennent en fait », reprit Jacques. « Mais, pour l'instant, ils ont presque un certain droit à les détenir... Car, enfin, où trouverait-on...? »

— « *Souvenirs d'un Prolétaire!* » rugit brusquement Quilleuf. Il s'était arrêté, au fond de la pièce, devant la table où Charchowsky, le bouquiniste, chargé des fonctions de bibliothécaire, exposait chaque soir les journaux, les périodiques, les livres récemment parus. On ne voyait que sa nuque penchée et ses épaules massives, qu'il soulevait en ricanant.

Jacques acheva sa phrase :

— « ... où trouverait-on, du jour au lendemain, en nombre suffisant, des hommes instruits, spécialisés capables de prendre leur place? Pourquoi souris-tu, Serguëi? »

Zelawsky, depuis un instant, enveloppait Jacques d'un regard amusé et affectueux.

— « Dans chaque Français », dit-il, en dodelinant de la tête, « il y a un sceptique qui ne dort jamais que d'un demi-œil... »

Quilleuf s'était retourné d'un coup de reins. Il parcourut du regard les divers groupes et vint droit vers Jacques, brandissant un livre broché, tout neuf.

— « *Émile Pouchard : " Souvenirs d'enfance d'un prolétaire "*... Qu'est-ce que c'est, ça, hé ? »

Il riait, écarquillant les yeux, avançant son mufle de bon vivant, et regardant successivement les autres au visage, avec une indignation comique, qu'il exagérait un peu, pour la rigolade.

— « Encore un camarade à la manque, hé ?... Un jean-foutre à " problèmes " ?... Un plumitif qui vient déposer sa littérature le long du prolétariat ? »

On l'appelait tantôt « Le Tribun » et tantôt « Le Gnaf ». Il était né en Provence. Après avoir navigué, des années, dans la marine marchande, après avoir exercé vingt métiers dans tous les ports de la Méditerranée, il avait échoué à Genève. Son échoppe de cordonnier était toujours encombrée de militants sans travail, qui trouvaient là, aux heures où le *Local* était fermé, l'hiver, du feu ; l'été, du coco frais ; et, en toutes saisons, du tabac et des discours.

Sa voix chantante de Méridional possédait une vertu entraînante, dont il tirait, d'instinct, un parti prodigieux. Dans les réunions publiques, il lui arrivait, en fin de séance, après être demeuré deux heures à se tortiller sur son banc, de bondir tout à coup à la tribune, et, sans rien apporter de neuf, simplement en prêtant aux idées des autres la magie de son verbe truculent, d'emporter en quelques périodes l'adhésion générale, et de faire voter des motions sur lesquelles de plus subtils orateurs n'avaient pu réunir la majorité. Le difficile était alors d'arrêter cette généreuse incontinence : car, l'explosion de son lyrisme, la sonorité de sa voix, ce fluide qu'il sentait naître de lui et s'épandre dans la salle, lui procuraient une jouissance physique d'une intensité telle qu'il ne s'en trouvait jamais rassasié.

Il feuilletait le bouquin, parcourant des yeux les têtes de chapitre, et traînant son gros index sur les lignes comme un enfant qui épelle :

—« *...Joies familiales...Chaleur du foyer...* Ah! putain! »

Il ferma le livre, et, d'un geste précis de joueur de boule, pliant les jarrets, balançant le bras, il lança le volume jusque sur la table.

— « Tiens », fit-il, s'adressant de nouveau à Jacques, « je veux aussi écrire mes mémoires, pourquoi pas? J'en ai eu, moi, des joies familiales! J'en ai, des souvenirs d'enfance! de quoi en prêter à ceux qui n'en ont pas! »

D'autres groupes, attirés par les éclats de voix, se rapprochaient : les galéjades du Tribun avaient le mérite d'aérer, de temps à autre, l'atmosphère de ces discussions en vase clos.

Il dévisagea son public en plissant les yeux, et commença très habilement, à voix basse, confidentielle :

— « L'Estaque, à Marseille, tout le monde connaît ça, pas vrai? Eh bé, nous, on habitait à six, au fond d'une ruelle de l'Estaque. Deux chambres, qui auraient tenu toutes les deux dans la moitié de celle-ci. Et l'une était sans fenêtre... Le père se levait, à la bougie, dans le froid du petit jour, et il me tirait des tas de chiffons où je dormais avec mes frères, *pourquoi* qu'il ne voulait pas qu'on roupille quand il était réveillé? Le soir, très tard, il rentrait, à moitié saoul, harassé, le malheureux, d'avoir roulé des tonneaux sur les quais du port. La mère, toujours malade, comptait sou à sou. Elle tremblait devant lui autant que nous. Elle aussi, toute la journée, elle était dehors à faire je ne sais quoi, des ménages en ville... Moi, comme j'avais eu l'honneur d'être fait le premier, j'étais responsable des trois gosses. Et je tapais dessus, fallait voir, *pourquoi* qu'ils m'exaspéraient, avec leurs pleurnicheries, leur morve au nez, leurs disputes... Pas même du rata chaud une fois par jour! Un quignon de pain, un oignon, une douzaine d'olives, quelquefois un bout de lard. Jamais un bon morceau, jamais une bonne parole, jamais une distraction, jamais rien. Du matin au soir dans la rue, à traîner, à se flanquer des piles pour une orange pourrie trouvée dans le ruisseau... On allait renifler les coquilles des veinards qui se gobergeaient d'oursins, sur le trottoir, avec un verre de blanc... A treize ans, on courait déjà les gamines, derrière les palissades des terrains vagues... Ah! putain!

Mes joies familiales!... Le froid, la faim, l'injustice, l'envie, la révolte... On m'avait mis apprenti chez un forgeron, qui me payait en coups de pied dans les fesses. Toujours quelque brûlure de fer rouge aux mains, et la tête cuite par la braise de la forge, et les bras rompus à tirer sur le soufflet!... » Il avait élevé le ton ; sa voix vibrait de plaisir et de défi. D'un coup d'œil, il passa rapidement son assistance en revue : « Moi aussi, j'en ai à raconter des souvenirs d'enfance! »

Jacques croisa le regard amusé de Zelawsky. Le Russe leva doucement la main vers Quilleuf et demanda :

— « Comment es-tu venu au Parti ? »

— « C'est vieux », dit Quilleuf. « Au service, j'étais marin. J'ai eu la veine d'avoir dans ma chambrée deux types qui *savaient*, et qui faisaient de la propagande. J'ai commencé à lire, à me renseigner. D'autres aussi. On se prêtait des bouquins, on discutait... On se faisait les dents, quoi... Au bout de six mois, on était déjà toute une équipe... Quand je suis sorti de là, j'avais compris : j'étais un homme... »

Il se tut ; puis, regardant devant lui, dans le vague :

— « Toute une équipe nous étions... Toute une bande de *durs*... Qu'est-ce qu'ils sont devenus ? Ils n'écrivent pas leurs *Souvenirs*, ceux-là !... Comment va, mes belles ? » s'écria-t-il, galamment tourné vers deux jeunes femmes qui approchaient. « Chodement, hé ? »

Le cercle s'élargit pour faire place aux nouvelles venues, deux camarades suisses, Anaïs Julian et Emilie Cartier. L'une était institutrice ; l'autre, infirmière à la Croix-Rouge. Elles habitaient le même logement et venaient généralement ensemble aux réunions. Anaïs, l'institutrice, parlait plusieurs langues et publiait dans les journaux des traductions d'articles révolutionnaires étrangers.

Elles étaient fort différentes d'aspect. La cadette, Emilie, était petite, brune, charnue, sa figure, encadrée par le voile bleu qui lui allait si bien et qu'elle ne quittait guère, avait une roseur lactée de baby anglais. Toujours enjouée, un peu coquette, des gestes vifs, des reparties promptes, mais sans pointes. Ses malades l'adoraient.

Quilleuf aussi. Il la poursuivait de taquineries semi-paternelles. Il expliquait, avec un sérieux inimitable : « Ce n'est pas qu'elle soit belle, mais, peuchère, elle *s'arringe bieng!* »

L'autre, Anaïs, brune également, avait la face colo-rée, les pommettes osseuses, une tête chevaline, un peu revêche. Mais, de l'une et de l'autre, émanait la même impression d'équilibre, de force interne : cette noblesse que confère aux êtres le parfait accord de ce qu'ils pen-sent avec ce qu'ils sont et ce qu'ils font.

La conversation avait repris.

Le méditatif Skada parlait de la justice :

— « ... Introduire toujours plus de justice autour de soi », prêchait-il avec sa douceur insinuante. « C'est zela, zela qui importe, pour la pacification entre les hommes. »

— « Ouatte! » lança Quilleuf. « Ta justice, je marche à fond pour! Ça fait pas question!... Mais faudrait tout de même pas trop compter là-dessus pour établir la paix dans le monde : y a pas plus chicanier, plus batailleur, qu'un type entiché de justice! »

— « Rien de durable sans amour », murmura le petit Vanheede, qui venait de s'arrêter près de Jacques. « La paix, ça est une œuvre de foi... de foi et de charité... » Il demeura quelques secondes immobile ; puis il s'éloigna, un sourire énigmatique aux lèvres.

Jacques aperçut Paterson et Alfreda qui traversaient la pièce en continuant à mi-voix leur causerie. Ils se dirigeaient nonchalamment vers l'autre salle, où devait se trouver Meynestrel. La jeune femme paraissait toute menue à côté de l'Anglais. Long et flexible, la pipe à la bouche, il s'inclinait vers elle en marchant. Ses traits affinés, son visage clair rasé de très près, la coupe de ses vêtements, si usés qu'ils fussent, lui donnaient toujours l'air plus soigné que ses camarades. Au passage, Alfreda leva vers le groupe de Jacques son regard profond, où parfois, comme en ce moment, brillait une étincelle inattendue, un feu secret qui semblait la vouer à quelque destin héroïque.

Paterson sourit à Jacques. Il avait un air animé, heureux, qui le rajeunissait encore :

— « Richardley m'a passé tout ça », cria-t-il avec gaminerie, en tendant à Jacques un demi-paquet de tabac. « Fais-toi une cigarette, Thibault!... Non?... Tu as tort... » Il aspira une bouffée qu'il laissa voluptueusement sortir par ses narines : « Je t'assure, cher : c'est une chose très vraiment dilectable, le tabac!... »

Jacques les regarda s'éloigner, en souriant. Puis, à son tour, machinalement, il se dirigea vers la porte par où il venait de les voir disparaître. Mais il s'arrêta sur le seuil, et s'accouda au chambranle.

La voix de Meynestrel arrivait jusqu'à lui, sèche, coupante, avec une inflexion sarcastique à la fin des phrases.

— « Bien entendu! Je n'oppose pas aux « réformes » un *non* de principe! La lutte pour les réformes peut être, dans certains pays, une plate-forme de combat. Le mieux-être obtenu par le prolétariat, peut, en élevant son niveau, contribuer, dans une certaine mesure, à accroître son éducation révolutionnaire. Mais vos « réformistes » s'imaginent que les réformes sont *le* seul moyen d'atteindre le but. Ce n'est qu'*un* moyen, parmi beaucoup d'autres! Vos réformistes s'imaginent que les lois sociales, les conquêtes économiques augmentent nécessairement le dynamisme du prolétariat en même temps que son mieux-être... C'est à voir! Ils s'imaginent que les réformes suffiront à faire naître l'heure où le prolétariat n'aura plus qu'un signe à faire pour que le pouvoir politique lui tombe automatiquement dans les mains. C'est à voir!... Pas d'enfantement, sans passer par les grandes douleurs! »

— « Pas de révolution sans crise violente, sans *Wirbelsturm* [1] », fit une voix. (Jacques reconnut le timbre germanique de Mithoerg.)

— « Vos réformistes se trompent lourdement », reprit Meynestrel. « Se trompent doublement : *primo*, parce qu'ils surestiment le prolétariat ; *secundo*, parce qu'ils surestiment le capital. Le prolétariat est encore très loin du degré de maturité qu'ils lui prêtent. Il n'a ni assez

1. « Cyclone. »

de cohésion ni assez de conscience de classe ni assez...
et cætera — pour passer à l'offensive, et conquérir le
pouvoir! Quant au capital, vos réformistes s'imaginent,
parce qu'il cède du terrain, qu'il se laissera grignoter,
de réformes en réformes, jusqu'au bout. Absurde! Sa
volonté contre-révolutionnaire, ses forces de résistance,
sont intactes. Son machiavélisme ne cesse de préparer
la contre-offensive. Croyez-vous qu'il ne sait pas ce
qu'il fait, en consentant à ces réformes qui lui concilient
les officiels du parti, qui divisent la classe ouvrière en
établissant des différenciations entre les travailleurs?
Et cætera... Bien entendu, je sais que le capital est profondément divisé, à l'intérieur ; je sais que, en dépit de
certaines apparences, les antagonismes capitalistes vont
s'accentuant! Raison de plus pour penser que, avant de
se laisser déposséder, le capital jouera toutes ses cartes.
Toutes! Et l'une de celles sur lesquelles, à tort ou à raison, il compte le plus, c'est la guerre! La guerre, qui
doit lui rendre, d'un coup, tout le terrain que les conquêtes sociales lui ont fait perdre! La guerre, qui doit lui
permettre de désunir, et d'anéantir le prolétariat!...
Primo, le désunir : parce que le prolétariat n'est pas
encore unanimement inaccessible aux sentiments patriotiques ; une guerre opposerait d'importantes fractions prolétariennes nationalistes aux fractions fidèles
à l'Internationale... *Secundo*, l'anéantir : parce que, des
deux côtés du front, la majeure partie des travailleurs
serait décimée sur les champs de bataille, et que le reste
serait, ou bien démoralisé, dans le pays vaincu ; ou bien
facile à paralyser, à endormir, dans le pays vainqueur...»

VI

« Ce Quilleuf! » dit, auprès de Jacques, Sergueï
Zelawsky.

Il avait vu Jacques s'écarter du groupe, et il l'avait
rejoint.

— « C'est drôle comme ça reste en nous, ces choses qui arrivent dans l'enfance... N'est-ce pas ? » Il paraissait plus distrait encore que de coutume. « Et toi, Thibault », demanda-t-il, « comment es-tu devenu... (Au moment de donner à Jacques le qualificatif de « révolutionnaire », il hésita) : comment es-tu venu avec nous ? »

— « Oh! moi! » fit Jacques ; et son demi-sourire, le léger retrait du buste éludaient la question.

— « Moi », reprit aussitôt Zelawsky, avec l'élan d'un timide heureux de céder pour une fois à la tentation de parler de lui, « moi, je sais bien comment les choses se sont enchaînées, peu à peu, dès ma fuite du collège... Mais, je crois, j'étais déjà très préparé... Le premier choc était fait beaucoup plus tôt... Dans ma petite enfance... »

Il penchait le nez vers le sol et considérait ses mains, qu'il nouait et dénouait en parlant ; deux mains blanches, un peu potelées, dont les doigts courts étaient carrés du bout. De près, la peau de son visage était finement fripée au creux des tempes, autour des yeux. Il avait un long nez aux narines couchées, un nez en bec-de-corbin, dont le mouvement de proue se trouvait encore accentué par la ligne oblique des sourcils et le profil fuyant du front. Ses moustaches blondes, de dimensions inaccoutumées, semblaient faites de soie floche, de verre filé, d'une matière inconnue, impondérable : elles ondulaient au vent avec la légèreté d'une écharpe, avec la souplesse de ces barbes vaporeuses qu'on voit à certains poissons d'Extrême-Orient.

Il avait doucement poussé Jacques jusqu'au fond de la chambre, derrière la table aux périodiques, où ils étaient seuls.

— « Moi », reprit-il, sans le regarder, « mon père, il était directeur d'une grande usine qu'il avait bâtie dans la propriété de famille, à six verstes de Gorodnia. Je me rappelle tout, très bien... Je n'y pense jamais, tu sais », fit-il, en relevant la tête, et en posant sur Jacques son regard caressant. « Pourquoi, ce soir ?... »

Jacques avait une façon d'écouter, patiente, sérieuse, discrète, qui lui attirait toujours les confidences. Zelawsky sourit davantage :

— « Tout ça est amusant, n'est-ce pas ? Je me rappelle la grande maison, et Foma, le jardinier, et le petit village des ouvriers, à l'entrée des bois... Je me rappelle très bien, tout enfant, avec ma mère, une cérémonie qui devait recommencer chaque année — pour la fête de mon père, peut-être ? C'était dans la cour de l'usine, et mon père se tenait debout, seul, devant une table, et il y avait un gros tas de roubles sur un plateau. Et tous les ouvriers défilaient devant lui, un après l'un, silencieux, le dos courbe. Et, à chaque, mon père donnait une pièce. Et eux, donc, l'un après l'autre ils prenaient sa main et ils la baisaient... Oui, en ce temps-là, nous étions comme ça, en Russie ; et je suis sûr que, dans certaines provinces, ça est encore, oui, aujourd'hui en 1914... Mon père était très grand homme, très large d'épaules ; il se tenait toujours très droit, et il me faisait peur. Peut-être aux ouvriers aussi... Je me rappelle, après le repas de dix heures, dans le vestibule, quand mon père nous quittait pour aller à l'usine, et qu'il avait mis sa pelisse et son bonnet, je le voyais toujours prendre son pistolet, qui était dans le tiroir. Il l'enfonçait, comme ça, d'un coup, dans la poche! Et il ne sortait jamais sans la canne, une grosse canne de plomb, très lourde, que moi j'avais difficile à lever ; et lui donc, pfuit! il la faisait tourner entre deux doigts, en sifflotant... » Amusé lui-même par l'évocation de ces détails, il sourit : « Mon père était très fort homme », continua-t-il après une courte pause. « Il me faisait peur à cause de ça, mais je l'aimais à cause de ça. Et tous les ouvriers étaient pareils comme moi. Ils avaient peur, parce qu'il était dur, despote, cruel même s'il faut. Mais ils l'aimaient aussi, parce qu'il était fort. Et puis il était justicier ; sans pitié, mais très justicier! »

Il s'arrêta de nouveau, comme effleuré d'un tardif scrupule ; mais, rassuré par l'attention de Jacques, il poursuivit :

— « Et puis, un jour, tout a été dérangé à la maison. Des gens sont entrés, sortis, en uniforme. Mon père n'est pas rentré manger avec nous. Ma mère n'a pas voulu s'asseoir à table. Les portes battaient. Les domes-

tiques couraient dans les galeries. Ma mère ne quittait
pas la fenêtre de l'étage.. J'entendais dire : grève, bagarre, charge de police... Et tout à coup on a fait des
cris, en bas. Alors, j'ai passé ma tête entre deux balus-
trades de l'escalier, et j'ai vu une longue civière, toute
sale de boue et de neige, et dessus, qu'est-ce que je vois ?
mon père couché, la pelisse déchirée, le crâne nu... mon
père tout petit, coquillé sur lui-même, un bras pendant...
Je me suis mis à crier. On m'a jeté une serviette sur la
tête, et on m'a poussé dans un autre côté de la maison,
au milieu des femmes de service, qui récitaient des
prières devant l'icône, et qui se bavardaient comme des
pies... A la fin, je comprenais, moi aussi... C'étaient les
ouvriers, ceux que j'avais vus défiler devant mon père
et lui baiser la main, avec le dos si courbe, c'était les
ouvriers, les mêmes, qui, ce jour-là, eh bien, ils avaient
eu assez de baiser la main et de recevoir des roubles...
Et ils avaient cassé les machines, et ils étaient devenus
les plus forts ! Oui, les ouvriers ! Plus forts que le père ! »
Il ne souriait plus. Il lissait du bout des doigts la
pointe de sa longue moustache, et regardait Jacques
en dessous, d'un air solennel :
— « Ce jour-là, mon cher, tout a été changé donc
pour moi : je n'étais plus partisan de mon père, j'étais
partisan des ouvriers... Oui, c'est ce jour-là... Pour la
première fois, j'ai compris comme c'est grand, comme
c'est beau, un peuple d'hommes courbes qui relèvent
le dos ! »
— « Ils avaient tué ton père ? » demanda Jacques.
Zelawsky éclata de rire, comme un gamin :
— « Non, non... des contusions bleues, tu sais, rien,
presque rien... Seulement, après ça, mon père, il n'a
plus été directeur. Il n'est plus jamais retourné à
l'usine. Il a vécu chez nous, avec la vodka, et il tour-
mentait toujours ma mère, les domestiques, les paysans...
Moi, on m'avait mis au collège, à la ville. Je ne venais
plus à la maison... Et, deux ou trois ans après, ma mère
m'a écrit, un jour, qu'il fallait prier et avoir du chagrin,
parce que le père était mort. » Il était redevenu grave.
Il ajouta, très vite, comme pour lui seul : « Mais moi,

déjà, je ne priais plus... Et c'est bientôt ensuite que je me suis alors sauvé... »

Ils demeurèrent quelques minutes silencieux.

Jacques, les yeux baissés, songeait brusquement à son enfance. Il revoyait l'appartement de la rue de l'Université ; il sentait le relent des tapis, des tentures, l'odeur spéciale et chaude du cabinet de travail paternel, quand il rentrait de l'école, le soir... Il revoyait la vieille Mⁱˡᵉ de Waize, trottinant dans le couloir, et Gise, Gise gamine, avec son visage rond et ses beaux yeux fidèles... Il revoyait les classes, les études, les récréations... Il se rappelait l'amitié de Daniel, la suspicion des maîtres, la folle équipée de Marseille, et le retour à la maison avec Antoine, et son père qui les attendait, en redingote, debout, sous le lustre de l'antichambre... Et puis les temps maudits, le pénitencier, sa cellule, la promenade quotidienne sous la surveillance du gardien... Un frisson involontaire lui passa entre les épaules. Il releva les paupières, respira un grand coup et regarda autour de lui.

— « Tiens », fit-il, en s'arrachant de l'angle où ils étaient, et en se secouant comme un chien qui sort de l'eau, « voilà Prezel ! »

Ludwig Prezel et sa sœur Cœcilia venaient d'entrer. Ils cherchaient à s'orienter parmi les groupes, comme des nouveaux venus peu familiarisés avec les lieux. En apercevant Jacques, ils levèrent ensemble la main, et s'avancèrent calmement vers lui.

Ils étaient de même taille, bruns tous deux, et se ressemblaient étrangement. L'un et l'autre portaient, sur un cou rond, un peu massif, une tête d'antique, aux traits immobiles mais d'un vigoureux relief ; une tête stylisée, qui paraissait moins construite par la nature que composée d'après un canon : l'arête du nez prolongeait la ligne verticale du front, sans aucun fléchissement à la hauteur des orbites. Le regard parvenait mal à animer ce masque de statue : à peine si les yeux de Ludwig avaient un éclat plus vivant que ceux de sa sœur, qui ne réflétaient jamais un sentiment humain.

— « Nous sommes revenus hier », expliqua Cœcilia.

— « De Munich ? » dit Jacques en serrant les mains tendues.

— « De München, de Hambourg, de Berlin. »

— « Et, le mois dernier, nous étions en Italie, à Milano », ajouta Prezel.

Un petit homme brun, aux épaules inégales, qui passait à ce moment, s'arrêta, le visage illuminé.

— « A Milano ? » fit-il, avec un large sourire qui montrait de belles dents de cheval. « Tu as vu les camarades de l'*Avanti* ? »

— « Mais oui... »

Cœcilia tourna la tête :

— « Tu es de là-bas ? »

L'Italien fit un signe affirmatif qu'il répéta plusieurs fois en riant.

Jacques présenta :

— « Le camarade Saffrio. »

Saffrio avait, pour le moins, une quarantaine d'années. Il était petit, trapu, légèrement contrefait. Deux admirables yeux noirs, veloutés et brillants, éclairaient son visage.

— « J'ai connu ton parti italien avant 1910 », déclara Prezel. « C'était, pour dire, un des plus misérables. Et maintenant voilà : nous avons vu les grèves de la Semaine rouge ! Incroyable progrès ! »

— « Oui ! Quelle force ! Quel courage ! » s'écria Saffrio.

— « L'Italie », reprit Prezel, sur un ton sentencieux, « elle a certainement beaucoup tiré exemple de la méthode organisatrice de la social-démocratie allemande. Aussi la classe ouvrière italienne, elle est aujourd'hui en-rassemblée, et même bien en-disciplinée : vraiment prête à courir en avant ! Surtout : le prolétariat paysan est plus fort là-bas que partout autre part. »

Saffrio riait de plaisir :

— « Cinquante-neuf députés à nous, à la Chambre. Et notre presse ! Notre *Avanti* ! Plus de quarante-cinq mille tirages pour chaque numéro ! Quand est-ce que tu étais chez nous ? »

— « En avril et mai. Pour le congrès d'Ancône. »

— « Tu connais Serrati ? Vella ? »

— « Serrati, Vella, Bacci, Moscallegro, Malatesta... »

— « Et notre grand Turati ? »

— « *Ach!* Un réformiste, celui-là ! »

— « Et Mussolini ? Pas réformiste, lui ! Un vrai ! Tu le connais ? »

— « Oui », fit laconiquement Prezel, avec une imperceptible moue, que Saffrio ne remarqua pas.

L'Italien reprit :

— « Nous avons habité ensemble à Lausanne, Benito et moi. Il attendait l'amnistie pour pouvoir retourner chez nous... Et, toutes les fois qu'il vient en Suisse, il passe me voir. Cet hiver encore... »

— « *Ein Abenteurer* [1] », murmura Cœcilia.

— « Il est de Romagne, comme moi », poursuivait Saffrio, en promenant sur tous son regard rieur, où frémissait une petite pointe d'orgueil. « Un Romagnol, un ami de quand on était bambin, un frère... Son père était tavernier, à six kilomètres de chez moi... Je l'ai bien connu... Un des premiers internationalistes romagnols ! Il fallait que tu l'entendes, dans sa taverne, crier contre les calotins, les patriotes ! Et comme il était fier de son fils ! Il disait : " Benito et moi, si un jour, nous voulons, c'est assez pour écraser toutes les canailles du régime ! " Et ses yeux brillaient, juste comme ceux de Benito... Quelle force il a dans les yeux, Benito ! N'est-ce pas ? »

— « *Ja, aber er gibt ein wenig an* », murmura Cœcilia, en se tournant vers Jacques, qui sourit.

Le visage de Saffrio se rembrunit :

— « Qu'est-ce qu'elle a dit de Benito ? »

— « Elle a dit : *Er gibt an*... Il fait un peu d'épate, il en met plein la vue... », expliqua Jacques.

— « Mussolini ? » s'écria Saffrio. Il jeta sur la jeune fille un regard courroucé. « Non ! Mussolini est un vrai, un pur ! Depuis toujours antiroyaliste, antipatriote, anticlérical. Et même un grand *condottiere* !... Le vrai conducteur révolutionnaire !... Et toujours positif, réaliste... L'action d'abord, la doctrine, après !... A Forli,

1. « Un aventurier. »

pendant les grèves, il était comme le diable, dans la rue, dans les meetings, partout! Et il sait parler, lui! Pas de creux discours! « Faites ceci, faites cela! » Ah! qu'il était content quand on avait bien dévissé les rails pour arrêter un train! Tout ce qui a été fait d'énergique contre l'expédition de Tripoli, c'est par son journal, c'est par lui! En Italie, il est notre âme de lutte! A l'*Avanti*, c'est lui qui souffle tous les journaux aux masses la *furia* révolutionnaire! Le gouvernement du roi n'a pas d'autre adversaire grand comme lui! Si le socialisme est devenu tout d'un coup si fort chez nous, peut-être c'est *principalemente* par l'action de Benito! Oui! On l'a bien vu ce mois... La Semaine rouge! Comme il a sauté sur l'occasion!... Ah! *per Bacco*, si seulement on avait écouté son journal! Quelques jours de mieux, toute l'Italie était en flammes! Si la *Confederazione* du Travail n'avait pas eu peur, et n'avait pas coupé la grève, c'était le commencement de la guerre civile, c'était le croulement de la monarchie! C'était la Révolution italienne!... Chez nous, Thibault, en Romagne, les camarades, un soir, ont fait la proclamation de la République! *Si, si!* » Il tournait volontairement le dos à Cœcilia et à Prezel ; il ne s'adressait qu'à Jacques. Il sourit de nouveau, et mit dans sa voix une sorte de sévérité caressante : « Prends bien garde, Thibault, de tout croire ce que tu entends! »

Puis il haussa doucement les épaules, et s'éloigna, sans un salut aux deux Allemands.

Il y eut un court silence.

Alfreda et Paterson avaient laissé ouverte la porte de la salle où se tenait Meynestrel. On ne l'apercevait pas ; mais, bien qu'il n'élevât jamais le ton, par instants l'on entendait sa voix.

— « Et chez vous », demanda Zelawsky à Prezel, « les choses vont bien ? »

— « En Allemagne ? Toujours encore mieux! »

— « Chez nous », déclara Cœcilia, « il y a vingt-cinq ans, c'était seulement un million de socialistes. Et, il y a dix ans, deux millions. Et, aujourd'hui, c'est quatre millions! »

Elle parlait sans hâte, sans presque remuer les lèvres, mais sur un ton provocant, et son regard pesant se posait successivement sur Jacques et sur le Russe. Jacques pensait toujours, en la regardant, à la Junon d'Homère, Héra *aux-yeux-de-vache*.

— « Ça ne fait pas de doute », dit-il d'une voix conciliante. « La social-démo a réalisé depuis vingt-cinq ans un immense effort constructif. Le génie organisateur, dont ses chefs ont fait preuve, est quelque chose de prodigieux... Ce qu'on peut se demander, peut-être, c'est si l'esprit révolutionnaire n'est pas en train — comment dire ? — de s'atténuer peu à peu dans le parti allemand... Justement, en vertu de cet effort uniquement dirigé vers l'*organisation*... »

Prezel prit la parole :

— « L'esprit révolutionnaire ?... Non, non : sois bien tranquille là-dessus! D'abord organiser, pour être une force!... Chez nous, il n'y a pas seulement idéologie, il y a réalisme. Et c'est le meilleur!... Si la paix a été gardée en Europe ces dernières années, je veux dire surtout en 1911 et 1912, par qui est-ce ? Et si aujourd'hui on peut espérer qu'une grande guerre européenne est évitée pour longtemps, c'est grâce à qui ? au prolétariat allemand! Tout le monde le sait. Tu dis : l'effort constructif de la social-démocratie. C'est plus encore que tu ne crois. C'est une construction monumentale. C'est devenu véritablement un État dans l'État. Mais comment ? Beaucoup par la puissance de notre action parlementaire. Au Reichstag, notre influence ne cesse de monter encore. Si demain les pangermanistes se permettaient un coup comme celui d'Agadir, ce ne serait plus seulement les deux cent mille manifestants du parc de Treptlow qui protesteraient, mais la totalité des députés socialistes du Reichstag! Et avec eux toute la gauche de notre pays! »

Sergueï Zelawsky écoutait attentivement :

— « Pourtant, vos députés, quand on a fait la nouvelle loi des armements, ils ont voté *pour*! »

— « Pardon », fit Cœcilia, en levant l'index.

Son frère l'interrompit :

— « *Ach!* il faut comprendre la tactique, Zelawsky! », dit-il, en souriant avec hauteur. « Tu as deux choses tout à fait différentes là-dedans : tu as *die Militärvorlage*, la loi d'armements militaires, et tu as *die Wehrsteuer*, la loi qui donnait des crédits pour réaliser cette loi militaire. Les social-démocrates, ils ont d'abord voté *contre* la loi militaire ; et ensuite, quand la loi militaire a été votée par le Reichstag malgré eux, alors ils ont voté *pour* la loi des crédits. Et voilà où c'était la bonne tactique... Pourquoi?... Parce que, dans cette loi, était une chose absolument nouvelle dans le *Reich*, une chose très capitale pour nous : un direct impôt d'Empire sur les grosses richesses! Ça, il allait prendre l'occasion! Parce que c'est une vraie nouvelle conquête sociale pour le prolétariat!... Maintenant, comprends-tu? Et, la preuve que nos députés restent fermes contre le *militarismus*, c'est que, toutes les fois qu'ils peuvent combattre la politique extérieure impérialiste du Chancelier, ils combattent unanimement! »

— « C'est vrai », concéda Jacques. « Pourtant... »
Il eut une hésitation.

— « Pourtant? » questionna Zelawsky, intéressé.

— « Pourtant! » fit Cœcilia.

— « Eh bien... que voulez-vous... J'ai eu l'occasion, à Berlin, d'approcher vos députés socialistes du Reichstag ; et j'ai eu l'impression que leur lutte contre le militarisme restait assez platonique, en somme... Je ne parle pas de Liebknecht, bien sûr, mais des autres. La plupart répugnent visiblement à attaquer le mal dans ses racines, à combattre franchement l'esprit de subordination des masses allemandes devant la chose militaire... J'ai eu l'impression — comment dire? — qu'ils restaient malgré tout terriblement *Allemands*... persuadés de la mission historique du prolétariat, cela va sans dire ; mais persuadés surtout de la mission historique du prolétariat *allemand*! Et fort loin de pousser leur internationalisme et leur antimilitarisme jusqu'au point où on les pousse en France. »

— « Naturellement », dit Cœcilia ; et ses paupières, un instant, voilèrent son regard.

— « Naturellement », répéta Prezel, sur un ton de supériorité agressive.

Zelawsky se hâta d'intervenir :

— « Vos démocraties bourgeoises », observa-t-il en souriant avec finesse, « elles acceptent des socialistes dans leurs parlements, justement parce qu'elles savent bien qu'un socialiste de gouvernement n'est plus jamais un vrai dangereux socialiste... »

A l'autre extrémité de la pièce, Mithoerg, Charchowsky et le père Boissonis s'étaient levés et s'approchaient.

Prezel et Cœcilia leur serrèrent la main.

Zelawsky secouait doucement la tête, souriant toujours :

— « Sais-tu ce que je pense ? » dit-il, en se tournant cette fois vers Jacques. « Je pense que, pour rendre esclaves les masses, eh bien, vos régimes démocratiques, vos républiques, vos monarchies avec parlement, c'est peut-être des instruments aussi terribles et plus malins, sans en avoir l'air, que notre honteux tsarisme... »

— « Aussi », déclara brutalement Mithoerg, qui avait entendu, « le Pilote avait raison l'autre soir, quand il a dit : " La lutte jusqu'au sang contre la démocratie, voilà la chose première pour l'activité révolutionnaire ! "»

— « Pardon », objecta Jacques. « D'abord, le Pilote ne visait que la Russie, la révolution en Russie, et ce qu'il a dit, c'est que la révolution russe ne devait pas commencer par une démocratie bourgeoise, mais être, d'emblée, prolétarienne... Ensuite, n'exagérons pas : on peut tout de même faire du travail utile à l'intérieur d'une démocratie... Un homme comme Jaurès... Tout ce que les socialistes ont déjà obtenu en France et, plus encore, en Allemagne... »

— « Non », dit Mithoerg. « La révolution, et puis l'émancipation à l'intérieur d'une démocratie, c'est deux ! En France, les chefs sont devenus à moitié bourgeois. Ils ont perdu le vrai sens révolutionnaire ! »

— « Nous allons écouter un peu ce qui se raconte à côté », interrompit Boissonis, en clignant malicieusement les yeux vers la porte ouverte.

— « Meynestrel est là ? » demanda Prezel.

— « Tu ne l'entends pas ? » dit Mithoerg.

Ils se turent pour prêter l'oreille. Le timbre de Meynestrel s'élevait, monocorde, distinct.

Zelawsky avait glissé son bras sous celui de Jacques :

— « Allons écouter, nous aussi... »

VII

Jacques vint se placer aux côtés de Vanheede, qui, les mains jointes, les paupières mi-closes, s'était adossé à un rayonnage poussiéreux où Monier entassait d'anciens tracts.

— « Et moi », disait Trauttenbach — un Allemand, un Juif blond roux et frisé, qui habitait généralement à Berlin, mais qui venait souvent à Genève — « je ne crois pas que vous pouvez faire jamais du bon travail par les moyens légaux! C'est des façons timides, pour les intellectualistes! »

Il se tournait vers Meynestrel, quêtant un signe d'approbation. Mais le Pilote, assis au centre du groupe à côté d'Alfreda, se balançait sur sa chaise, le regard fixe et lointain.

— « Distinguons! » fit Richardley, un grand garçon aux cheveux noirs taillés en brosse. (C'était autour de lui que, trois années auparavant, ce groupement cosmopolite s'était constitué, et, jusqu'à la venue de Meynestrel, il en avait été l'animateur. De lui-même, d'ailleurs, il s'était effacé devant la supériorité du Pilote, auprès duquel, depuis lors, il jouait, avec intelligence et dévouement, le rôle de second.) « Autant de pays, autant de réponses à faire... Dans certains pays démocratiques comme la France, comme l'Angleterre, on peut admettre que le mouvement révolutionnaire progresse par des moyens légaux... Provisoirement! » Il avançait toujours le menton, en parlant : un menton pointu, volontaire. Son visage rasé, au front blanc serti de cheveux noirs, était assez agréable au premier coup d'œil ; cependant, ses prunelles de jais manquaient de douceur, ses lèvres minces se terminaient aux commissures par un trait aigu comme une incision, et sa voix avait une désagréable sécheresse.

— « Le difficile », énonça Charchowsky, « c'est de savoir à quel moment il faut passer de l'action légale à l'action violente, insurrectionnelle. »

Skada leva son nez busqué :

— « Quand la vapeur pousse trop fort, le chapeau saute tout seul du samovar ! »

Des rires fusèrent, des rires farouches : ce que Vanheede appelait « leurs rires de cannibales ».

— « Bravo l'Asiate ! » cria Quilleuf.

— « Tant que l'économie capitaliste dispose des pouvoirs », fit observer Boissonis, en passant sa petite langue sur ses lèvres roses, « la revendication populaire des libertés démocratiques ne peut guère faire progresser la vraie révolu... »

— « Bien entendu ! » jeta Meynestrel, sans même un coup d'œil vers le vieux professeur.

Il y eut un silence.

Boissonis voulut reprendre la parole :

— « L'histoire est là... Voyez ce qui s'est passé pour... »

Cette fois, ce fut Richardley qui l'interrompit :

— « Eh bien, oui, l'histoire ! L'histoire nous autorise-t-elle à croire qu'on peut *prévoir*, qu'on peut fixer par avance le déclenchement d'une révolution ? Non ! Un beau jour, le samovar saute... Le dynamisme des forces populaires échappe aux pronostics. »

— « C'est à voir ! » lança Meynestrel, d'un ton sans réplique.

Il se tut, mais tous ceux qui avaient l'habitude de ses façons surent qu'il se préparait à parler.

Dans les réunions, il suivait silencieusement son idée, et demeurait longtemps avant de se mêler au débat. Il se contentait d'interrompre de temps en temps les discoureurs par un énigmatique : « C'est à voir ! » ou par un évasif et désarmant : « Bien entendu ! » qui, venant de tout autre, eussent produit un effet comique, mais l'acuité du regard, la dureté de la voix, cette volonté, cette réflexion tendues, que l'on devinait en lui, ne disposaient guère à sourire, et forçaient l'attention de ceux-là mêmes que rebutaient ses manières tranchantes.

— « Il ne faut pas confondre... », précisa-t-il soudain. « *Prévoir!* Peut-on prévoir une révolution? Qu'est-ce que ça veut dire? »

Tous écoutaient. Il allongea devant lui sa jambe malade et toussota. Sa main, qui faisait penser à une serre, et dont les doigts restaient souvent à demi fermés comme s'ils eussent tenu une balle invisible, se souleva, effleura la barbe, et vint s'appuyer contre sa poitrine :

— « Il ne faut pas confondre *révolution* et *insurrection*. Il ne faut pas confondre *révolution* et *situation révolutionnaire*... Toute *situation révolutionnaire* n'engendre pas nécessairement *révolution*. Même si elle engendre *insurrection*... Exemple : en 1905, en Russie : d'abord, situation révolutionnaire ; ensuite, insurrection ; mais pas révolution. » Il se recueillit quelques secondes : « Richardley dit : " Pronostics. " Qu'est-ce que ça veut dire? Prévoir, avec précision, le moment où une situation sera devenue *révolutionnaire*, c'est difficile. Néanmoins, l'action prolétarienne, en s'exerçant sur une situation *pré*-révolutionnaire, peut favoriser, peut précipiter, le développement d'une situation révolutionnaire. Mais, ce qui en fait la déclenche, c'est presque toujours un événement extérieur à elle, inattendu, plus ou moins imprévisible ; je veux dire : dont la date ne saurait être fixée d'avance. »

Il avait mis un coude sur le dossier qu'occupait Alfreda, et posé son visage sur son poing. Une minute, ses yeux de visionnaire lucide, fixèrent, intensément, un point éloigné.

— « Il s'agit de considérer les choses telles qu'elles sont. Dans la réalité. Dans la pratique. » (Il avait une manière à lui, stridente comme un choc de cymbales, de prononcer ce mot : « pratique ».) « Exemple : la Russie... Toujours revenir aux exemples! aux faits! Il n'y a que ça qui puisse nous apprendre quelque chose. Nous ne

sommes pas dans la mathématique. En matière de révolution, c'est comme en médecine : il y a la théorie ; et
puis il y a la pratique. Et il y a même encore autre chose :
l'art... Passons... » (Il eut, avant de poursuivre, un
sourire bref vers Alfreda, comme s'il la jugeait seule
capable de goûter la digression.) « En 1904, en Russie,
avant la guerre de Mandchourie, il y avait situation
pré-révolutionnaire. Situation pré-révolutionnaire qui
pouvait, qui devait, amener une situation révolutionnaire. Mais comment ? Etait-il possible de prévoir comment ? Non. Quantité d'abcès pouvaient crever. Il y
avait la question agraire. Il y avait la question juive.
Il y avait les histoires de Finlande, de Pologne. Il y avait
l'antagonisme russo-nippon en Orient. Impossible de
deviner quel serait l'élément inattendu qui transforme-
rait la situation pré-révolutionnaire en situation révolutionnaire... Et, brusquement, cet inattendu s'est produit. Une camarilla d'aventuriers spéculateurs a réussi
à prendre assez d'influence sur le tsar, pour le jeter dans
la guerre d'Extrême-Orient, à l'insu et contre la politique de son ministre des Affaires étrangères. Qui pouvait prévoir ça ? »

— « On pouvait prévoir que la concurrence russo-
japonaise en Mandchourie provoquerait fatalement un
conflit », observa doucement Zelawsky.

— « Mais qui pouvait dire que ce conflit éclaterait
en 1905 ? Et qu'il éclaterait, non pas à propos de la
Mandchourie, mais à propos de la Corée ?... Voilà un
exemple de ce qu'est l'*élément nouveau*, qui transforme
une situation pré-révolutionnaire en situation révolutionnaire... Il a fallu, à la Russie, cette guerre, ces défaites... Alors seulement, on a vu la situation devenir
révolutionnaire, et se développer jusqu'à l'*insurrection*...
L'insurrection — mais pas la *révolution*! Pas la révolution prolétarienne! Pourquoi ? Parce que le passage de
la situation révolutionnaire à l'insurrection, c'est une
chose ; mais le passage de l'insurrection à la révolution,
c'en est une autre... N'est-ce pas, petite fille ? » ajouta-
t-il, à mi-voix.

A plusieurs reprises, en parlant, il avait penché le

front, d'un mouvement rapide, pour consulter le visage
de la jeune femme. Il se tut, sans regarder personne. Il
semblait moins réfléchir à ce qu'il venait de dire que
considérer dans l'absolu cet ensemble doctrinal où il
aimait à se mouvoir, sans jamais perdre de vue le rapport entre la théorie et la réalité, entre l'idéal révolutionnaire et telle ou telle situation donnée. Ses yeux étaient
fixes. A ces moments-là, sa vitalité semblait vraiment
toute concentrée dans la flamme sombre du regard ; et
ce regard, si peu humain, éveillait l'idée d'un feu caché,
brûlant sans trêve au-dedans de lui, consumant l'être,
se nourrissant de sa substance.

Le père Boissonis, que les théories révolutionnaires
intéressaient plus que la révolution, rompit le silence :

— « Oui! Bon! D'accord! Difficile de prévoir le passage de la situation pré-révolutionnaire à la situation
révolutionnaire... Mais, mais... Lorsque cette situation
révolutionnaire est créée, est-ce qu'il ne devient pas
possible de prévoir la révolution ? »

— « Prévoir! » coupa Meynestrel, agacé. « Prévoir...
L'important n'est pas tant de prévoir... L'important
c'est de préparer, de hâter ce passage d'une situation
révolutionnaire à la révolution! Tout dépend alors des
facteurs *subjectifs* : l'aptitude des chefs et de la classe
révolutionnaire à l'action révolutionnaire. Et cette
aptitude-là, c'est à nous tous, formations d'avant-garde,
qu'il appartient de la porter au maximum, par tous les
moyens. Quand cette aptitude est suffisante, alors on
peut hâter le passage à la révolution! Alors on peut
diriger les événements! Alors oui, si vous voulez, on
peut *prévoir*! »

Il avait articulé ces dernières phrases d'une haleine,
en baissant la voix, et avec une telle vélocité que, pour
beaucoup de ces étrangers, elles avaient été mal intelli-
gibles. Il se tut, renversa légèrement la tête, sourit
brièvement et ferma les yeux.

Jacques, qui était demeuré debout, aperçut près de
la fenêtre une chaise vacante, et il alla s'y asseoir. (Jamais il ne participait mieux à la vie collective que lorsqu'il pouvait ainsi, sans rompre le contact, fuir le coude

à coude, et reprendre, à l'écart, possession de lui-même :
alors, il ne se sentait plus seulement solidaire, mais fraternel.) Bien calé sur sa chaise, les bras croisés, la tête
au mur, il laissa un moment son regard errer sur le
groupe qui, après une minute de détente, se tournait
de nouveau vers Meynestrel. Les attitudes étaient diverses, mais passionnément attentives... Comme il les
aimait, tous ces hommes qui avaient fait à l'idéal révolutionnaire le don total d'eux-mêmes, et dont il connaissait en détail les existences combatives et traquées!
Il pouvait s'opposer idéologiquement à quelques-uns
d'entre eux, souffrir de certaines incompréhensions, de
certaines rudesses : il les aimait tous, parce que tous, ils
étaient « purs ». Et il était fier d'être aimé d'eux : car ils
l'aimaient, malgré ses différences, parce qu'ils sentaient
bien que, lui aussi, il était « pur »... Une émotion sou-
daine embua son regard. Il cessa de les voir, de les distinguer les uns des autres ; et, pendant un instant, cette
réunion de hors-la-loi, venus des quatre coins de l'Europe, ne fut plus à ses yeux qu'une image de cette humanité malmenée, qui avait pris conscience de son asservissement et qui, s'insurgeant enfin, rassemblait toutes ses
énergies pour rebâtir un monde.

La voix du Pilote s'éleva dans le silence :

— « Revenons à l'exemple russe : à la grande expérience. Il faut toujours y revenir... En 1904, pouvait-on
prévoir que la situation pré-révolutionnaire deviendrait
révolutionnaire l'année suivante, après les défaites
d'Orient? Non!... En 1905, une fois cette situation révolutionnaire créée par les circonstances, pouvait-on
savoir si la révolution, la révolution prolétarienne allait
se faire? Non! Et encore moins si elle pouvait réussir...
Les facteurs objectifs étaient excellents, caractérisés.
Mais les facteurs subjectifs étaient insuffisants... Rappelez-vous les faits. Conditions objectives, admirables!
Désastres militaires, crise politique. Crise économique :
crise du ravitaillement, disette... Et cætera... Et la température monte très vite : grèves générales, révoltes
paysannes, mutineries, *Potemkine*, insurrections de
décembre à Moscou... Pourquoi, cependant, la *révolu-*

tion n'a-t-elle pas réussi à jaillir de la *situation révolutionnaire*? A cause de l'insuffisance des facteurs *subjectifs*, Boissonis! Parce que rien n'était au point! Pas de
véritable volonté révolutionnaire! Pas de directives
nettes dans l'esprit des chefs! Pas d'entente entre eux!
Pas de hiérarchie, pas de discipline! Pas de liaison suffisante entre les chefs et les masses! Et, surtout : pas
d'union entre les masses ouvrières et les masses rurales :
aucune forte préparation révolutionnaire chez les paysans! »

— « Pourtant les moujiks... », hasarda Zelawsky.

— « Les moujiks? Ils ont bien fait un peu d'agitation
dans leurs villages, envahi les domaines seigneuriaux,
brûlé, par-ci, par-là, un château de *barine*. Entendu!
Mais qui est-ce qui a accepté de marcher contre les
ouvriers? Les moujiks! De quoi étaient composés ces
régiments, qui dans les rues de Moscou, ont sauvagement décimé, par leurs fusillades, le prolétariat révolutionnaire? De moujiks, rien que de moujiks!... Carence
de facteurs subjectifs! » répéta-t-il durement. « Quand
on sait ce qui s'est passé en décembre 1905 ; quand on
pense au temps perdu, en discussions théoriques, à l'intérieur de la social-démocratie ; quand on constate que
les chefs ne s'étaient même pas entendus sur les buts à
atteindre, même pas mis d'accord sur un plan tactique
d'ensemble ; au point que les grèves de Pétersbourg
ont bêtement cessé, juste au moment où le soulèvement
commençait à Moscou ; au point que la grève des postes
et des chemins de fer était terminée en décembre, juste
au moment où l'arrêt des communications aurait paralysé le gouvernement, et l'aurait empêché de lancer sur
Moscou les régiments qui ont écrasé net l'insurrection
— alors, on comprend bien pourquoi, dans cette Russie
de 1905, la révolution... » Il hésita, un quart de seconde,
baissa la tête vers Alfreda, et murmura très vite : «... la
révolution était d'avance *con-dam-née*! »

Richardley, qui était assis et qui, les coudes sur les
genoux, le buste penché jouait avec ses doigts, leva les
yeux, surpris :

— « D'avance condamnée? »

— « Bien entendu! » fit Meynestrel.

Il y eut un silence.

Jacques, de sa place, hasarda :

— « Mais, alors, au lieu de vouloir pousser les choses à bout, n'aurait-il pas mieux valu...? »

Meynestrel regardait Alfreda : il sourit, sans tourner les yeux vers Jacques. Skada, Boissonis, Trauttenbach Zelawsky, Prezel, donnaient des signes d'assentiment.

Jacques poursuivit :

— « Puisque le tsar avait octroyé la constitution, n'aurait-il pas mieux valu...? »

— « ... s'entendre provisoirement avec les partis bourgeois », précisa Boissonis.

— « ... profiter, pour mieux organiser méthodiquement la social-démo russe », ajouta Prezel.

— « Non, je ne pense pas comme cela », observa doucement Zelawsky. « La Russie, cela n'est pas l'Allemagne. Et je pense Lénine avait raison! »

— « Pas du tout! » s'écria Jacques. « C'est Plekhanoff qui avait raison! Après la constitution d'octobre, il ne fallait pas *prendre les armes*... Il fallait arrêter le mouvement! Consolider l'acquis! »

— « Ils ont découragé les masses », dit Skada. « Ils ont tué pour rien. »

— « C'est vrai », reprit Jacques, avec feu. « Ils auraient épargné bien des souffrances... Bien du sang versé inutilement!... »

— « Ça, c'est à voir! » fit Meynestrel, brutalement.

Il ne souriait plus.

Tous se turent, attentifs.

— « Entreprise condamnée? » reprit-il, après une courte pause. « Oui! Et dès octobre!... Mais sang inutile? Certes non!... »

Il s'était levé — ce qu'il ne faisait presque jamais lorsqu'il avait commencé à parler. Il alla jusqu'à la fenêtre, regarda distraitement au-dehors, et revint rapidement auprès d'Alfreda :

— « L'insurrection de décembre ne pouvait pas aboutir à la conquête du pouvoir. Soit! Était-ce une raison pour ne pas agir *comme si* cette conquête était possible?

Sûrement pas! D'abord, parce qu'on ne connaît l'importance des forces révolutionnaires qu'à l'épreuve, quand on a fait la révolution. Plekhanoff a tort. Il fallait *prendre les armes* après octobre. Il fallait que le sang coule!... 1905 est une étape. Une étape nécessaire : historiquement nécessaire. C'est, après la Commune, et sur une plus grande échelle, la deuxième tentative pour transformer une guerre impérialiste en révolution sociale. Le sang qui a coulé n'a pas coulé pour rien! Jusqu'en 1905, le peuple russe — le peuple, et même le prolétariat — croyait au tsar. On se signait en prononçant son nom. Mais depuis que le tsar a fait tirer sur le peuple, le prolétariat, et même beaucoup de moujiks, ont commencé à comprendre qu'il n'y avait rien à attendre du tsar, pas plus que des classes dirigeantes. Dans un pays aussi mystique, aussi arriéré, le sang était indispensable pour développer la conscience de classe... Et ce n'est pas tout. A un autre point de vue encore, au point de vue technique, technique révolutionnaire, l'expérience a été d'une importance extrême. Les chefs ont pu faire là un apprentissage sans précédent. On s'en apercevra peut-être demain! »

Il était toujours debout, l'œil brillant, ponctuant chaque phrase d'un geste des mains. Ses poignets avaient une souplesse féminine, et sa gesticulation, par la façon menue et serpentine qu'il avait de tortiller les doigts, évoquait l'Orient, les danseuses du Cambodge, les Hindous qui charment les serpents.

Il caressa l'épaule d'Alfreda et se rassit :

— « On s'en apercevra peut-être demain », répétat-il. « L'Europe d'aujourd'hui, comme la Russie de 1905, est nettement dans une situation pré-révolutionnaire. Les antagonismes du monde capitaliste travaillent l'Europe. La prospérité n'est qu'illusoire... Mais quand, comment, surgira le fait nouveau? Quel sera-t-il? Crise économique? Crise politique? Guerre? Révolution à l'intérieur d'un État? Quand, comment, se formera la situation révolutionnaire?... Bien malin qui peut le *prévoir*!... Peu importe, d'ailleurs. Le facteur nouveau surgira! Et ce qui importe, c'est, ce jour-là, *d'être prêts!*

Dans la Russie de 1905, le prolétariat n'était pas prêt! C'est pourquoi tout a échoué. Le prolétariat d'Europe est-il prêt? Ses chefs sont-ils prêts?... Non! Est-ce que la solidarité entre les fractions de l'Internationale est suffisante? Non! Est-ce que l'union entre les chefs du prolétariat est assez forte pour être efficace? Non!... Croit-on que le triomphe de la révolution sera jamais possible sans une stricte concentration des forces révolutionnaires de tous les pays?... Ils ont bien fondé ce *Bureau international*. Mais qu'est-ce que c'est? Guère plus qu'un organe d'information. Même pas l'embryon de ce *Pouvoir central prolétarien*, sans lequel jamais aucune action simultanée et décisive ne sera possible!... L'Internationale? Une manifestation d'unité spirituelle du prolétariat. Et ça n'est pas rien... Mais son organisation réelle est encore à créer. Tout est à faire! Son activité, comment s'exprime-t-elle? Par des congrès!... Je ne médis pas des congrès : je serai à Vienne le 23 août... Mais, en fait, rien à attendre des congrès!... Exemple : Bâle, 1912. Grandiose manifestation contre la guerre balkanique — bien entendu! Voyons maintenant les résultats. Ils ont voté, dans l'enthousiasme, des résolutions admirables. Admirable, surtout, l'habileté avec laquelle ils ont éludé le problème! et jusqu'au mot de « grève générale » dans leurs résolutions! Rappelez-vous les débats. A-t-on jamais examiné ce problème de la grève, *à fond*, comme un problème *pratique*, qui se pose différemment, selon les cas, selon les pays? Quelle devra être l'attitude positive de tel ou tel prolétariat, dans l'éventualité de telle ou telle guerre?... La guerre? Une entité. Le prolétariat? Une autre entité. Sur ces entités, nos leaders font des variations oratoires, comme le pasteur en chaire sur le bien ou sur le mal. Voilà où on en est! L'Internationale reste sur le plan des sentiments du dimanche! La fusion entre la doctrine, d'une part, et d'autre part, la conscience, la force, l'élan révolutionnaire des masses, n'est même pas commencée! »

Il se tut quelques instants.

— « Tout est à faire! » murmura-t-il pensivement. « Tout. La préparation du prolétariat suppose un effort immense et coordonné, qui est à peine ébauché jusqu'ici. J'en parlerai à Vienne. Tout est à faire », répéta-t-il encore très bas. « N'est-ce pas, petite fille? »

Il sourit, brièvement, puis son regard parcourut le cercle des auditeurs, et son front se plissa.

— « Exemple : comment se fait-il que l'Internationale n'ait pas encore son journal mensuel, ou même hebdomadaire? un *Bulletin européen*, rédigé en toutes les langues et commun à toutes les organisations ouvrières de tous les pays? J'en parlerai au Congrès... C'est la meilleure façon, pour les chefs, de donner, simultanément, une réponse uniforme à ces millions de prolétaires, qui, dans tous les pays, se posent, à peu de chose près, les mêmes questions. C'est la meilleure façon de permettre à tous les travailleurs, militants ou non, d'être renseignés avec exactitude sur la situation politique et économique du monde. C'est, dans l'état actuel, une des meilleures façons de développer davantage encore, chez l'ouvrier, le réflexe international : il faut qu'un métallurgiste de Motala ou un docker de Liverpool éprouvent indistinctement comme un événement personnel, la grève qui vient d'éclater à Hambourg, ou à San Francisco, ou à Tiflis! Le fait que chaque ouvrier, chaque paysan, en rentrant le samedi soir de son travail, trouverait sur sa table et prendrait dans sa main un papier qu'il saurait être, à la même heure, dans le monde entier, entre les mains de tous les prolétaires ; le fait qu'il pourrait y lire des nouvelles, des statistiques, des indications, des ordres du jour, qu'il saurait être lus, à la même heure, dans le monde entier, par tous ceux qui ont, comme lui, conscience du droit des masses — ce seul fait-là aurait une force éducative in-cal-cu-la-ble! Sans compter que, sur les gouvernements, l'effet serait... »

Les dernières phrases s'étaient enchaînées à une vitesse d'élocution qui les rendait difficiles à saisir. Il s'arrêta net en apercevant Janotte, le conférencier, qui entrait dans la pièce, entouré de quelques amis.

Et tous les habitués du *Local* comprirent que le Pilote ne dirait plus rien ce soir-là.

VIII

Jacques ne connaissait pas Janotte. Il était bien tel que l'avait décrit Alfreda. Trapu, un peu guindé dans des vêtements noirs de forme désuète, il traversa la pièce sur la pointe des pieds, et ses demi-courbettes, ses gestes de sacristain, s'accordaient mal à son masque solennel, que couronnait d'une blancheur fabuleuse une crinière d'animal héraldique.

Jacques s'était levé. Profitant, pour s'éclipser, du brouhaha des présentations, il se glissa dans le petit bureau du fond, afin d'y attendre Meynestrel.

Celui-ci, en effet, ne tarda pas à l'y rejoindre. Comme toujours, Alfreda l'accompagnait.

L'entretien fut court. Du dossier Guittberg-Tobler, Meynestrel sut, en quelques minutes, extraire les cinq ou six pièces sur lesquelles reposait l'accusation. Il les remit à Jacques. Il y joignit un mot pour Hosmer. Puis il formula quelques conseils généraux sur la manière pratique de commencer l'enquête.

— « Maintenant, petite fille, à la soupe! »

Prestement, Alfreda rassembla les papiers épars, et les rangea dans la serviette.

Meynestrel s'était approché de Jacques. Il le dévisagea une seconde. Sur un timbre amical, tout différent du ton qu'il avait eu pendant leur entretien, il demanda à mi-voix :

— « Qu'est-ce qui ne va pas, ce soir? »

Jacques, un peu gêné, eut un sourire surpris :

— « Mais tout va bien! »

— « Ça ne t'ennuie pas de partir pour Vienne? »

— « Au contraire. Pourquoi? »

— « Tout à l'heure, il m'avait semblé te sentir soucieux... »

— « Mais non... »

— « Un peu... exilé... »

Jacques sourit davantage.

— « Exilé », répéta-t-il. Ses épaules eurent un léger mouvement de lassitude, et le sourire s'éteignit. « Il y a des jours, où sans qu'on sache pourquoi, on se sent plus particulièrement... exilé... Vous devez bien connaître ça, Pilote ? »

Meynestrel, sans répondre, fit les deux pas qui le séparaient de la porte, et se retourna pour s'assurer que la jeune femme était prête. Il ouvrit le battant, et fit passer Alfreda devant lui.

— « Bien entendu », fit-il alors, très vite, en décochant vers Jacques un sourire bref. « On connaît ça... On connaît ça... »

Le *Local* s'était vidé. Monier rangeait les chaises et remettait un peu d'ordre. (Le samedi et le dimanche, la réunion se prolongeait, en général, jusqu'à une heure avancée de la nuit. Mais, ce soir, la plupart des habitués s'étaient donné rendez-vous, après leur dîner, salle Ferrer, pour la conférence de Janotte.)

Meynestrel avait laissé la jeune femme prendre un peu d'avance. Il avait glissé son bras sous celui de Jacques, et tirait un peu la jambe, en descendant l'escalier.

— « On est seul, mon petit... Il faut accepter ça, une fois pour toutes. » Il parlait vite et bas ; il fit une pause ; son regard glissa dans la direction d'Alfreda ; il répéta, plus bas encore : « Toujours seul. » L'accent était celui de la plus objective constatation, sans nuance de mélancolie ni de regret. Pourtant Jacques eut la certitude que le Pilote, ce soir, songeait à quelque chose de personnel.

— « Oui, je sais bien », soupira Jacques, en ralentissant le pas jusqu'à s'arrêter tout à fait, comme s'il traînait derrière lui un fardeau de pensées confuses qui entravait sa marche. « C'est la malédiction de Babel! Des hommes qui ont le même âge, la même existence, les mêmes convictions, ils peuvent jouer une journée entière à causer ensemble, à causer de la façon la plus libre, la plus sincère, sans s'être une minute compris, sans s'être seulement *rencontrés* l'espace d'une seconde!...

Nous sommes là, les uns à côté des autres, impéné-
trables... Juxtaposés, comme les galets au bord du lac...
Et je me demande si les paroles, en nous donnant l'illusion d'un accord, ne nous divisent pas plus encore qu'elles
ne nous rapprochent! »

Il releva les yeux. Meynestrel, arrêté lui aussi au bas
des marches, écoutait, silencieux, cette voix triste qui
résonnait dans le vestibule de pierre.

— « Ah! si vous saviez comme j'en ai parfois assez
des paroles! » reprit Jacques, avec une subite véhé-
mence. « Comme j'en ai assez de nos palabres! Comme
j'en ai assez, de toute cette... idéologie!... »

Meynestrel, à ce dernier mot, remua vivement la
main.

— « Évidemment. Parler ne devrait être qu'un
moyen d'agir... Mais, tant qu'on ne peut agir, c'est
déjà faire quelque chose que de parler... »

Il jeta un coup d'œil vers la cour, où Paterson et
Mithoerg, prolongeant sans doute une « palabre » com-
mencée là-haut, faisaient les cent pas en gesticulant.
Puis il braqua sur Jacques son regard aigu :

— « Patience!... La phase idéologique... Ce n'est
qu'une phase... Une phase préparatoire, nécessaire! La
rigueur doctrinale s'affermit par la controverse. Sans
théorie révolutionnaire, pas de mouvement révolutionnaire. Sans théorie révolutionnaire, pas d'avant-garde.
Pas de chefs... Notre « idéologie » t'agace... Oui : elle
paraîtra sans doute, à nos successeurs, un ridicule gaspillage de force... Est-ce notre faute? » Il murmura
très vite : « Le temps de l'action n'est pas encore venu. »

Jacques, attentif, semblait dire : « Expliquez-vous. »
Meynestrel poursuivit :

— « L'économie capitaliste tient encore bon. La
machine donne des signes d'usure, mais elle fonctionne
encore, tant bien que mal. Le prolétariat souffre et
s'agite, mais, somme toute, il ne crève pas encore de
faim. Dans ce monde boiteux, poussif, qui vit sur sa
force acquise, qu'est-ce que tu veux qu'ils foutent, tous
ces précurseurs qui attendent l'heure de l'action? Ils
parlent! Ils s'enivrent d'idéologie! Leur activité n'a

pas d'autre champ libre que celui des idées. Nous
n'avons pas encore de prise sur les choses... »

— « Ah! » fit Jacques, « la prise sur les choses! »

— « Patience, mon petit. Tout ça n'aura qu'un
temps! Les contradictions du régime s'accusent de plus
en plus. Entre les nations, les rivalités se multiplient.
La concurrence, la compétition pour les marchés, s'exas-
pèrent. Question de vie ou de mort : tout leur système
est organisé pour des marchés sans cesse plus étendus!
Comme si les marchés pouvaient s'accroître indéfiniment!... Au bout du fossé, la culbute! Le monde va
droit à la crise, à la catastrophe inévitable. Et elle sera
universelle... Attends seulement! Attends que tout soit
bien déréglé dans la vie économique du monde... Que
les machines aient davantage réduit le nombre des
salariés... Que les faillites et les ruines se précipitent,
que le travail manque partout, que l'économie capitaliste se trouve dans la situation d'une compagnie d'assurances dont tous les assurés seraient sinistrés le même
jour... Alors!... »

— « Alors?... »

— « Alors, nous sortirons de l'idéologie! Alors, le
temps des palabres sera passé! Et nous retrousserons
nos manches, parce que l'heure de l'action sera venue,
parce que nous l'aurons enfin, *la prise sur les choses!* »
Une lueur éclaira son visage et s'éteignit. Il répéta :
« Patience... patience! » Puis il tourna la tête pour chercher Alfreda des yeux. Et, machinalement, bien qu'elle
fût trop loin pour l'entendre, il marmonna : « N'est-ce
pas, petite fille?... »

Alfreda s'était approchée de Paterson et de Mithoerg.

— « Venez avec nous au *Caveau*, manger quelque
chose », proposa-t-elle à Mithoerg, sans regarder Paterson.
« N'est-ce pas, Pilote? » cria-t-elle gaiement à Maynes-
trel. (Ce qui, pour Paterson et pour Mithoerg, voulait
dire expressément : « Le Pilote paiera pour tout le
monde... »)

Meynestrel acquiesça d'un abaissement de paupières.
Elle ajouta :

— « Ensuite, nous irons tous à la salle Ferrer. »

— « Pas moi », dit Jacques. « Pas moi ! »

Le Caveau était un petit bar végétarien, situé dans un sous-sol de la rue Saint-Ours, derrière la promenade des Bastions, en plein quartier universitaire ; il était surtout fréquenté par des étudiants socialistes. Le Pilote et la jeune femme allaient souvent y dîner, les soirs où ils ne rentraient pas travailler à Carouge.

Meynestrel et Jacques partirent devant. Alfreda et les deux jeunes gens suivaient à quelques mètres.

Le Pilote avait repris la parole, de cette manière brusque qui était la sienne :

— « Nous avons encore beaucoup de chance, sais-tu, de vivre cette phase idéologique... D'être nés sur le seuil de quelque chose qui commence... Tu es trop sévère pour les camarades ! Moi, je leur pardonne tout, et même leurs palabres, à cause de leur vitalité... de leur jeunesse ! »

Une nuance de mélancolie, qui échappa à son compagnon, passa sur son visage. Il se détourna, pour vérifier si Alfreda était bien derrière eux.

Jacques, rétif, secouait obstinément la tête. Dans ses heures de découragement, il lui arrivait, en effet, de porter un jugement sévère sur les jeunes hommes qui l'entouraient. Il lui semblait que la plupart pensaient d'une façon sommaire, étroite, complaisamment intolérante et haineuse, que leur intelligence s'appliquait systématiquement à renforcer leurs conceptions, non à les élargir, à les renouveler, qu'un grand nombre d'entre eux étaient des révoltés plutôt que des révolutionnaires ; et qu'ils aimaient leur révolte plus que l'humanité.

Cependant, il se retenait de critiquer ses camarades devant le Pilote. Il dit seulement :

— « Leur jeunesse ? Mais je leur en veux, moi, de n'être pas assez... jeunes ! »

— « Pas assez ? »

— « Non ! Leur haine, notamment, c'est une réaction

de vieillard. Le petit Vanheede a raison : la vraie jeunesse n'est plus haine, mais amour. »

— « Rêveur! » prononça gravement Mithoerg, qui les avait rejoints. A travers ses lunettes, il jeta un coup d'œil oblique vers Meynestrel. « Il faut haïr pour vraiment vouloir », déclara-t-il, après une pause, en regardant cette fois devant lui, au loin. Et, presque aussitôt, il ajouta, d'un ton agressif : « De même, il a toujours fallu massacrer pour vaincre. Ainsi est-ce! »

— « Non », fit Jacques posément. « Pas de haine, pas la violence. Non! Pour ça, vous ne m'aurez jamais avec vous! »

Mithoerg l'enveloppa d'un regard sans indulgence.

Jacques s'était légèrement penché vers Meynestrel. Il attendit un instant avant de continuer. Comme Meynestrel n'intervenait pas, il se décida, presque rudement :

— « Il faut haïr! Il faut massacrer! Il faut, il faut!... Qu'en sais-tu, Mithoerg? Qu'un grand révolutionnaire réussisse à vaincre sans massacre — par l'esprit — et toutes vos conceptions de révolution violente seront changées! »

L'Autrichien marchait lourdement, un peu à l'écart. Son visage était dur. Il ne répondit pas.

— « Si, au cours de l'histoire, toutes les révolutions ont versé trop de sang », continua Jacques, après un nouveau regard vers Meynestrel, « c'est peut-être parce que ceux qui les ont faites ne les avaient pas suffisamment préparées, pensées. Elles ont toutes été plus ou moins improvisées, au jour le jour, dans la panique, par des sectaires comme nous, qui faisaient de la violence un dogme. Ils croyaient faire une révolution, et ils se contentaient d'une guerre civile... Je veux bien que la violence soit une nécessité de l'improvisation ; mais je ne vois rien d'absurde à concevoir, dans notre civilisation, une révolution d'un autre type, la révolution lente, patiemment menée par des esprits du genre Jaurès : des hommes formés à l'école de l'humanisme, ayant eu le temps de mûrir leur doctrine, d'établir un plan d'action progressif ; des opportunistes, dans le bon sens du

terme, ayant préparé la prise du pouvoir par une suite
de manœuvres méthodiques, en jouant sur tous les
tableaux à la fois, parlement, municipalités, syndicats,
mouvements d'ouvriers, grèves ; des révolutionnaires,
mais qui seraient en même temps des hommes d'État,
et qui exécuteraient leur plan, avec ampleur, autorité,
avec l'énergie tranquille que donne une pensée claire
avec la collaboration de la durée ; dans l'ordre, enfin!
et sans jamais laisser échapper la maîtrise des événements! »

— « La maîtrise des événements! » gronda Mithoerg,
avec des gestes désordonnés. « *Dummkopf* [1]! L'instau-
ration d'un régime nouveau, cela peut seulement s'imaginer sous la pression d'une catastrophe, dans un
moment de *Krampf* spasmodique collectif, où toutes
les passions sont furieuses... » (Il parlait assez couramment le français, mais avec un accent germanique,
appuyé et rugueux.) « Rien de vraiment neuf ne peut
se faire sans cet élan qui est donné par la haine. Et,
pour construire, il faut d'abord qu'un cyclone, un *Wirbelsturm*, ait tout détruit, tout nivelé jusqu'aux dern*ières*
décombres! » Il avait prononcé ces mots, tête basse,
avec une sorte de détachement qui les rendait terribles.
Il redressa le front : « *Tabula rasa! Tabula rasa!* » Et
le geste brutal de sa main semblait pulvériser les obs-
tacles, faire le vide devant lui.

Jacques fit quelques pas avant de répondre.

— « Oui », soupira-t-il, s'efforçant à demeurer calme.
« Tu vis — nous vivons tous — sur cet axiome que l'idée
de révolution est incompatible avec l'idée d'ordre. Nous
sommes tous intoxiqués par ce romantisme héroïque
sanguinaire... Mais, veux-tu que je te dise, Mithoerg?
Il y a des jours où je m'interroge là-dessus, où je me
demande à quoi tient réellement cette adhésion générale aux théories de violence... Est-ce uniquement parce
que la violence nous est indispensable pour agir avec
efficacité? Non... C'est *aussi* parce que ces théories
flattent en nous les instincts les plus bas, les plus anciens,

1. « Imbécile! »

les plus profondément enfouis dans l'homme!... Regardons-nous dans la glace... Avec quels yeux farouches, quels rictus de sauvages, quelle joie cruelle et barbare, nous feignons tous d'accepter cette violence comme une nécessité! La vérité, c'est que nous y tenons pour des motifs beaucoup moins avouables, beaucoup plus personnels : parce que nous avons tous, au fond du cœur, une revanche à prendre, une rancune à satisfaire... Et, pour savourer sans remords cet appétit de revanche, quoi de mieux que de pouvoir le justifier par la soumission à une loi fatale ? »

Mithoerg, offensé, tourna brusquement la tête :

« Moi, protesta-t-il, je... »

Jacques ne se laissa pas interrompre :

— « Attends... Je n'accuse personne. Je dis : « nous ». Je constate. Le besoin de détruire est encore plus puissant que l'espoir de construire... Pour combien d'entre nous, la révolution, avant d'être une œuvre de transformation sociale, est-elle d'abord l'occasion d'assouvir un besoin de vengeance qui trouverait une satisfaction enivrante dans la bagarre, dans l'émeute, dans la guerre civile, dans la prise brutale du pouvoir ? Quel délire de représailles, le jour où nous pourrions, par une victoire bien sanglante, imposer à notre tour notre tyrannie — la tyrannie de *notre* justice ... *Un fauteur de troubles*, Mithoerg, voilà ce qu'il y a, en plus de tout le reste, au fond de tout révolutionnaire! Ne dis pas non... Lequel de nous osera prétendre qu'il a tout à fait échappé à cette contagion capiteuse de la destruction ? Dans les meilleurs, les plus généreux, les plus capables d'abnégation, je vois, certains jours, se dresser cet énergumène ivre... »

— « Bien entendu! » coupa Meynestrel. « Mais la question est-elle bien là ? »

Jacques, vivement, se tourna pour rencontrer son regard. En vain. Il lui sembla que Meynestrel avait souri, mais il n'en fut pas sûr. Il sourit, lui aussi, mais pour un motif personnel : il venait de se rappeler ce qu'il avait dit, quelques minutes plus tôt : « J'en ai assez de toutes ces palabres! »

Mithoerg gardait les sourcils levés au-dessus de ses lunettes, et paraissait ne plus vouloir répondre.

Ils étaient parvenus à la place du Bourg-du-Four, qu'ils traversèrent en silence. La lumière du couchant empourprait les tuiles des vieux toits. L'étroite rue Saint-Léger s'ouvrait comme un couloir d'ombre. Derrière eux, Paterson et la jeune femme causaient à voix haute. On entendait leurs rires, sans distinguer leurs paroles. A plusieurs reprises, Meynestrel avait jeté, par-dessus son épaule, un coup d'œil dans leur direction.

Jacques, sans expliquer l'association de ses idées, murmura :

— « ... comme si l'individu ne pouvait pas s'embrigader, participer au groupe, à la force collective, sans abdiquer d'abord sa valeur... »

— « Quelle valeur ? » demanda l'Autrichien, dont la mimique dénotait que, entre ces paroles et les précédentes, il ne distinguait vraiment pas le rapport.

Jacques hésita :

— « Sa valeur d'homme », dit-il enfin, d'une voix basse, évasive, comme s'il redoutait de voir le débat s'engager sur ce nouveau terrain.

Il y eut un court silence. Et, soudain, la voix de Meynestrel éclata, stridente :

— « La valeur de l'homme ? »

L'interrogation, presque enjouée, restait mystérieuse, et Jacques crut y sentir une trace d'émotion. Il avait, plusieurs fois, cru distinguer dans la sécheresse de Meynestrel une nuance qui pouvait donner à penser que cette sécheresse était acquise, et qu'elle dissimulait la détresse d'un cœur sensible qui n'avait plus de découvertes à faire sur la nature de l'homme, mais qui restait très secrètement inconsolable de ses illusions perdues.

Mithoerg ne remarqua que l'enjouement du Pilote ; il se mit à rire et fit claquer contre ses dents l'ongle de son pouce :

— « En toi, Thibault, pas ça de sens politicien ! » déclara-t-il, comme pour clore la discussion.

Jacques ne put retenir un mouvement d'humeur :

— « Si c'est avoir le sens politique que de... »

Cette fois, Meynestrel interrompit :

— « Avoir le sens politique, qu'est-ce que c'est, Mithoerg ?... C'est savoir consentir à employer, dans la lutte sociale, des procédés qui, dans la vie privée, répugneraient à chacun de nous comme autant de malhonnêtetés — ou de crimes... N'est-ce pas ? »

Il avait commencé la phrase comme une boutade, et l'avait terminée sur un ton sérieux, retenu, quoique véhément. Et, maintenant, il riait silencieusement, la bouche close, soufflant à petits coups, par le nez.

Jacques fut sur le point de répondre à Meynestrel. Mais le Pilote lui en imposait toujours.

Ce fut à Mithoerg qu'il s'adressa :

— « Une vraie révolution... »

— « Une véritablement vraie révolution », gronda Mithoerg, « une révolution pour la salvation des peuples, aussi féroce qu'elle soit, elle n'a pas besoin qu'on la justificationne ! »

— « Oui ? Peu importent les moyens ? »

— « Exactement ! » renchérit Mithoerg, sans le laisser finir. « L'action, elle n'est pas sur le même chemin que tes spéculations imaginatives ! L'action, mon *Camm'rad*, ça prend l'homme par la gorge. Dans l'action, oui, il ne s'agit plus que d'une chose seule : triompher !... Pour moi, quoi que tu penses, le but, il n'est pas de prendre une revanche ! Non : le but, il est de libérer l'homme. Malgré lui, s'il faut ! A coups de fusils, s'il faut ! Avec la guillotine ! Quand tu veux sauver dans la rivière un quelqu'un qui se noie, tu commences par lui taper très fort sur la tête, pour qu'il te laisse tranquillement réussir le bon sauvetage... Le jour où la partie sera commencée véritablement, il n'y aura plus, pour moi, qu'un seul but : chasser, balayer la tyrannie capitaliste. Pour renverser un Goliath qui a cette grandeur, et qui a trouvé, lui, tous les moyens bons quand il voulait asservir les peuples, je ne suis pas si naïf de faire le difficile pour choisir mes moyens. Pour écraser la sottise et le mal, tout ce qui écrase est bon, même la sottise et le mal ! S'il faut l'injustice, s'il faut la férocité, eh bien, je suis injuste, je suis féroce! N'importe quelle arme est bonne pour moi, si elle me fait plus fort pour gagner la victoire. Dans cette guerre-là, je dis : tout est permis! Tout, absolument tout — sauf d'être battu! »

— « Non », fit Jacques avec feu. « Non! »

Il chercha le regard de Meynestrel. Mais le Pilote avait croisé les mains derrière son dos, et, les épaules basses, il marchait un peu à l'écart, le long des maisons, sans regarder autour de lui.

— « Non », reprit Jacques. (Il faillit dire : « Cette révolution-là ne m'intéresse plus. L'homme, capable de ces brutalités sanguinaires, et de les parer du nom de justice, cet homme-là, victorieux, ne retrouvera jamais sa pureté, sa dignité, son respect de l'humain, sa passion d'équité, la liberté de son esprit. Ce n'est pas pour hisser ce forcené au pouvoir que j'aspire à la révolution ...») Il dit seulement :

— « Non! Parce que cette violence que tu prônes, je sens trop bien qu'elle menace, du même coup, le domaine spirituel! »

— « Tant pis! Nous ne devons pas être rendus paralytiques par des scrupules d'intellectuels. Si ce que tu appelles le domaine spirituel doit être supprimé, si la vitalité spirituelle doit être étouffée pendant une moitié de siècle, tant pis! Je regrette, comme toi. Mais je dis : tant pis! Et, si c'est nécessaire que je sois devenu aveugle pour être vraiment agissant, eh bien, je dis : crève-moi l'œil! »

Jacques eut un mouvement de révolte :

— « Eh bien, non! Pas : tant pis... Comprends-moi, Mithoerg... » (Il s'adressait à l'Autrichien, mais c'était pour Meynestrel qu'il cherchait à préciser sa pensée.) « Ce n'est pas que j'attache moins d'importance que toi au but final. Si je m'insurge, c'est dans l'intérêt même de ce but! Une révolution accomplie dans l'injustice, dans le mensonge, dans la cruauté, ça ne serait pour l'humanité qu'une fausse réussite. Cette révolution-là, elle porterait dans l'œuf son germe de décomposition. Ce qu'elle aurait acquis par de tels moyens, ne pourrait pas être durable. Tôt ou tard, elle serait condamnée à

son tour... La violence, c'est une arme d'oppresseur!
Jamais elle n'apportera aux peuples la vraie libération.
Elle ne peut faire triompher qu'une oppression nouvelle...
Laisse-moi parler! » s'écria-t-il, agacé soudain de voir
que Mithoerg voulait l'interrompre. « La force que vous
puisez, vous autres, dans ce cynisme théorique, elle ne
m'échappe pas ; et peut-être pourrais-je faire bon
marché de mes répugnances personnelles, et même
partager ce cynisme, si je croyais en son efficacité.
Mais, justement, je n'y crois pas! J'ai la certitude
qu'aucun vrai progrès ne peut être réalisé par des
moyens vils. Exalter la violence et la haine pour ins-
taurer le règne de la justice et de la fraternité, c'est un
non-sens : c'est trahir, dès le départ, cette justice
et cette fraternité que nous voulons faire régner
sur le monde!... Non! Pense là-dessus ce que tu
voudras. Mais, pour moi, la vraie révolution, la révolution qui mérite qu'on lui voue toutes ses forces,
elle ne s'accomplira jamais dans le déni des valeurs
morales! »

Mithoerg allait riposter :

— « Incorrigible petit Jacques! » lança Meynestrel,
de cette voix de fausset qu'il prenait parfois et qui
déconcertait toujours.

Il avait assisté en spectateur à ce débat. Le heurt de
deux tempéraments l'intéressait toujours. Ces distinctions d'école entre le spirituel et le matériel, entre la
violence et la non-violence prises en soi, lui paraissaient
absurdes et vaines : le type du faux problème, de la
question mal posée. Mais à quoi bon le dire?

Jacques et Mithoerg, interloqués, se turent.

L'Autrichien se tourna vers le Pilote et scruta un
instant son visage impénétrable ; le sourire de connivence qu'il apprêtait se figea sur ses lèvres, ses traits se
rembrunirent. Il était mécontent du tour que Jacques
avait donné à la discussion, et irrité contre Jacques,
contre le Pilote, contre lui-même.

Après quelques minutes de silence, il ralentit volontairement le pas, se laissa distancer par les deux hommes,
et rejoignit Paterson et Alfreda.

Meynestrel profita de l'absence de Mithoerg pour se rapprocher de Jacques.

— « Ce que tu voudrais », dit-il, « c'est épurer la révolution, d'avance, avant qu'elle soit faite. Trop tôt! Ce serait l'empêcher de naître. »

Il fit une pause, et comme s'il eût deviné à quel point ce qu'il venait de dire heurtait la sensibilité de Jacques, il ajouta vite, avec un coup d'œil pénétrant ;

— « Mais... je te comprends très bien. »

Ils continuèrent de descendre la rue en silence.

Jacques, posément, s'efforçait de faire un retour sur lui-même. Il songeait à son éducation. « Culture classique... Formation bourgeoise... Ça donne à l'intelligence un pli qui ne s'efface pas... J'ai cru longtemps que j'étais né pour être romancier : il n'y a même pas très longtemps que je n'y pense plus. J'ai toujours été tellement plus enclin à regarder, à enregistrer, qu'à juger, qu'à conclure... Une faiblesse, évidemment, pour un révolutionnaire! », se dit-il, non sans angoisse. Il ne trichait guère avec lui-même ; du moins pas consciemment. Il ne se sentait ni inférieur ni supérieur à ses camarades : il se sentait autre ; et, à tout prendre, moins « bon instrument de révolution » qu'eux. Pourrait-il jamais, comme eux, abdiquer sa conscience personnelle, fondre sa pensée, sa volonté, dans la doctrine abstraite, dans l'action commune, d'un parti ?

Il dit brusquement, à mi-voix :

— « Conserver, défendre l'indépendance de son esprit, est-ce fatalement être inapte à l'action commune ? Et que faites-vous d'autre, vous, Pilote ? »

Meynestrel n'avait pas paru entendre. Pourtant, peu après, il murmura :

— « Valeurs individualistes... Valeurs humaines... Crois-tu que les deux termes soient synonymes ? »

Jacques restait tourné vers lui ; son silence, interrogateur, semblait inciter le Pilote à s'expliquer davantage.

Celui-ci reprit la parole, comme à regret :

— « L'humanité qui se soulève avec nous commence un prodigieux redressement, qui modifiera, pour des

siècles, non seulement la condition de l'homme par
rapport à l'homme, mais, en même temps, et d'une
façon encore inconcevable, l'homme lui-même — jusque
dans ce qu'il croit être ses instincts! »

Puis il se tut de nouveau, et parut s'enfermer dans sa
méditation.

IX

A quelques mètres en arrière, Mithoerg marchait
auprès de Paterson et d'Alfreda, sans prendre part à
leur conversation.

La jeune femme trottinait aux côtés de l'Anglais,
dont les grandes jambes faisaient un pas tandis qu'elle
en faisait deux. Elle bavardait librement, et se tenait
si près de son compagnon que, à tout instant, le coude
de Paterson lui frôlait l'épaule.

— « Quand je l'ai vu pour la première fois », disait-
elle, « c'était au moment des grèves. J'étais venue
assister à un meeting, entraînée par des amis de Zurich.
Il a pris la parole. Nous étions dans les premiers rangs.
Je le regardais. Ses yeux, ses mains... A la fin du meeting, on s'est battu. J'ai lâché mes amis, j'ai couru me
mettre auprès de lui... » (Elle semblait surprise elle-
même des souvenirs qu'elle évoquait.) « Et, depuis, je
ne l'ai pas quitté. Pas un seul jour ; pas même deux
heures de suite, je crois... »

Paterson jeta un regard vers Mithoerg, hésita et dit,
à mi-voix, sur un ton bizarre :

— « Tu es sa mascotte... »

Elle rit :

— « Pilote est plus gentil que toi, Pat'... Il ne dit pas
" mascotte ", lui. Il dit " ange gardien ".

Mithoerg n'écoutait que d'une oreille. Il poursuivait
intérieurement sa discussion avec Jacques. Il était sûr
d'avoir raison. En Jacques, il appréciait le *Camm'rad*,
et il avait même essayé de s'en faire un ami, mais il

jugeait avec sévérité le partisan. Il éprouvait en ce
moment une sourde animosité contre lui : « J'aurais dû
lui jeter ses vérités en face, une bonne fois!... Et justement devant le Pilote! » Mithoerg était de ceux que
l'intimité de Jacques avec Meynestrel déconcertait le
plus. Non qu'il en fût mesquinement jaloux : il en souffrait plutôt comme d'une injustice. Il ne doutait pas
d'avoir eu, tout à l'heure, le tacite assentiment du
Pilote. Le silence ambigu de Meynestrel lui avait causé
un vif dépit. Il souhaitait une occasion de tirer la chose
au clair, non sans un aigre désir de revanche.

Meynestrel et Jacques, qui avaient de l'avance,
s'étaient arrêtés devant l'entrée de la promenade des
Bastions. (En coupant à travers le jardin, on arrivait
directement à la rue Saint-Ours.)

Le soleil se couchait. Derrière les grilles, une buée
d'or flottait encore sur les parterres de gazon. La fin de
ce dimanche avait attiré beaucoup de flâneurs à la Promenade, qui était le *Luxembourg* de l'Université gene-
voise. Tous les bancs étaient occupés, et des grappes
animées d'étudiants déambulaient dans les allées recti-
lignes, où les hauts ombrages entretenaient un peu de
fraîcheur.

Laissant derrière lui Alfreda et l'Anglais, Mithoerg
hâta le pas pour rejoindre les deux hommes.

— « ... une conception tout de même un peu grossière
de la vie », disait Jacques : « le fétichisme de la prospérité matérielle! »

Mithoerg le toisa, et, délibérément, sans savoir de
quoi il était question, se jeta à la traverse :

— « Quoi, maintenant? Voilà, je suis sûr qu'il
reproche les « appétits matériels » des révolutionnaires! »
grogna-t-il, avec un petit ricanement de mauvais
augure.

Jacques, surpris, l'examina affectueusement. Les
sautes d'humeur de l'Autrichien le trouvaient toujours
plein d'indulgence. Il tenait Mithoerg pour un camarade éprouvé, peu démonstratif, mais d'un exceptionnel

loyalisme dans l'amitié. Il avait compris que sa rudesse
venait de sa solitude, d'une enfance malheureuse, et
d'un orgueil susceptible sous lequel Mithoerg dissimulait sans doute quelque lutte intime ou quelque faiblesse. (Jacques ne se trompait pas. Ce Germain sentimental portait en lui une détresse : il se savait laid, et
il s'exagérait maladivement cette laideur ; au point,
certains jours, de désespérer de tout.)

Complaisamment, Jacques expliqua :

— « Je disais au Pilote que beaucoup d'entre nous
ont encore une manière de penser, de sentir, de vouloir
le bonheur, qui reste formellement capitaliste... Ne
crois-tu pas ? Être révolutionnaire, qu'est-ce que c'est,
si ce n'est pas, avant tout, une attitude personnelle,
intérieure ? Si ce n'est pas, avant tout, d'avoir fait la
révolution en soi-même, de s'être purgé l'esprit des
habitudes qu'y a laissées l'ordre ancien ? »

Meynestrel jeta vers lui un coup d'œil rapide. « Purgé »,
songeait-il, amusé. « Curieux petit Jacques... Si bien
désembourgeoisé, c'est vrai... L'esprit purgé des *habitudes*, oui ! — sauf de la plus foncièrement bourgeoise
de toutes ! l'habitude de mettre l'esprit lui-même à la
base de tout ! »

Jacques poursuivait :

— « Or, je suis souvent frappé de l'importance, du
respect inconscient, que la plupart continuent à porter
aux biens matériels... »

Mithoerg, buté, l'interrompit :

— « C'est un peu vraiment facile de faire le reproche
du matérialisme au pauvre type qui crève de faim, et
qui se révolte, d'abord, pour vouloir manger ! »

— « Bien entendu », coupa Meynestrel.

Jacques concéda aussitôt :

— « Rien n'est plus légitime que cette révolte-là,
Mithoerg... Seulement, beaucoup d'entre nous ont l'air
de penser que la révolution sera faite le jour où le capitalisme aura été exproprié, et où le prolétariat aura pris
sa place... Installer d'autres profiteurs à la place de
ceux qu'on aura chassés, ça ne serait pas détruire le
capitalisme, ça serait seulement le changer de classe.

Et la révolution, ça doit être autre chose que le triomphe
d'une classe, fût-elle la plus nombreuse, fût-elle la plus
spoliée. Je veux le triomphe d'un ordre général... d'un
ordre largement humain, où tous, indistinctement... »

— « Bien entendu », fit Meynestrel.

Mithoerg grogna :

— « Le mal, c'est le profit!... Seul moteur, aujour-
d'hui, de toute l'activité humaine! Tant que nous
n'aurons pas déraciné du monde cette chose!... »

— « C'est à quoi je voulais en venir », reprit Jacques.
« Déraciner... Crois-tu que ce sera facile? Quand on
constate que, même nous, nous ne parvenons pas à
extirper de nous cette notion-là? Même nous, révolutionnaires!... »

Mithoerg, sans doute, pensait de même. Néanmoins,
il n'eut pas la bonne foi d'en convenir : il ne pouvait
résister plus longtemps à la tentation de blesser son
ami. Il dévia la question, en ricanant :

— « *Nous révolutionnaires?* Mais tu n'as jamais été
un révolutionnaire, toi! »

Jacques, dérouté par cette attaque personnelle, se
tourna machinalement vers Meynestrel. Mais le Pilote
se contentait de sourire ; et ce sourire n'avait rien du
réconfort que Jacques cherchait.

— « Quelle mouche te pique? » balbutia-t-il.

— « Un révolutionnaire », repartit Mithoerg, avec
une acrimonie qu'il ne se donnait plus la peine de dissimuler, « c'est un croyant! Voilà! Toi, tu es quelqu'un
qui réfléchit, un jour, ça, et demain, ça... Tu es quelqu'un qui a des opinions, tu n'es pas quelqu'un qui a une
croyance!... La croyance, c'est une grâce! Elle n'est pas
pour toi, *Camm'rad!* Tu ne l'as pas, jamais tu ne l'auras...
Non, non! Je te connais bien! Ce qui te plaît, à toi, c'est
de balancer d'abord d'un côté, et ensuite d'un autre...
Comme le bourgeois, sur son sofa, avec sa pipe, qui
joue, bien tranquille, avec le *contre* et avec le *pour*! Et
il est tout content de sa finesse, et il balance sur le sofa!
Toi, tout pareil, *Camm'rad!* Tu cherches, tu doutes, tu
rationalises, tu frappes ton nez à droite, à gauche, sur
les contradictions que tu fabriques du lever jusqu'au

coucher! Et tu es content de ta finesse!... Pas de
croyance!... » cria-t-il. Il s'était rapproché de Meynestrel : « N'est-ce pas, Pilote? Alors il ne doit pas
dire : « *Nous, révolutionnaires* »! »

Meynestrel eut un nouveau sourire, bref, impénétrable.

— « Quoi? Qu'est-ce que tu me reproches, Mithoerg?»
hasarda Jacques, de plus en plus désorienté. « De n'être
pas sectaire? Non. » (Son embarras tournait peu à peu
à la colère, et ce glissement ne s'opérait pas sans lui
causer une sensation de plaisir.) Il ajouta sèchement :
« Je regrette. Je viens justement de m'expliquer là-
dessus avec le Pilote. Je t'avoue que je n'ai aucune envie
de recommencer. »

— « Un dilettante, voilà ce que tu es, *Camm'rad!* »
reprit Mithoerg avec force. (Comme toujours lorsque
la passion l'entraînait, une intempestive abondance de
salive le faisait bredouiller.) « Un dilettante ratiena-
liste! Je pense : un protestant! Tout à fait un protestant!
Le libre esprit d'examiner, le libre jugement de conscience et cætera... Tu es avec nous par la sympathie,
oui : mais tu n'es pas avec nous tendu dans un seul but!
Et je pense : le Parti, il est trop empoisonné par des
comme toi! Par des timides qui hésitent toujours, et
qui veulent devenir juges de la doctrine! On vous laisse
aller avec nous. Peut-être on a tort! Votre manie de discuter rationnellement toutes les choses, elle s'attrape
comme une maladie. Et bientôt tout le monde commen-
cera à avoir des doutes, et à balancer à droite, à gauche,
au lieu de marcher droit pour la révolution!... Vous êtes
capables peut-être, une fois, de faire un acte de héros,
individuellement. Mais qu'est-ce que c'est, un acte in-
dividuel? Rien! Un vrai révolutionnaire, il doit accepter
qu'il n'est pas un héros. Il doit accepter d'être un quelqu'un perdu dans la communauté. Il doit accepter d'être
rien du tout! Il doit attendre, en patience, le signal
donné à tous ; et seulement alors, il se lève pour marcher avec nous... *Ach*, toi, philosophe, tu peux trouver
cette obédience-là méprisable pour un cerveau comme
le tien. Mais je dis : pour cette obédience-là, il faut avoir

une âme plus forte, oui, plus fidèle, plus haute, que pour être un dilettante rationaliste! Et cette force-là, c'est seulement la croyance qui la donne! Et, le vrai révolutionnaire, il a cette force, parce qu'il a la croyance, parce qu'il est tout entier croyance, sans discussion!... Oui mon *Camm'rad!* Et tu peux regarder le Pilote. Il ne dit rien, mais je sais qu'il pense avec moi... »

A ce moment, Paterson passa comme une flèche entre Mithoerg et Jacques :

— « Écoutez donc! Qu'est-ce qu'on crie? »

— « Qu'est-ce qu'il y a? » dit Meynestrel, en se tournant vers Alfreda.

Ils avaient traversé la Promenade et débouchaient dans la rue Candolle. Trois vendeurs de journaux, venant vers eux, zigzaguaient d'un trottoir à l'autre, glapissant à plein gosier :

— « Dernière édition! *Attentat politique en Autriche!* »

Mithoerg eut un sursaut :

— « En Autriche? »

Paterson s'était étourdiment élancé vers le plus proche des crieurs. Mais il fit demi-tour et revint, la main négligemment enfoncée dans la poche :

— « Je n'ai pas *assez* de monnaie... », fit-il piteusement. Et il sourit lui-même de cet euphémisme.

Mithoerg, pendant ce temps, avait acheté le journal, et le parcourait des yeux. Tous se groupèrent autour de lui.

— « *Unglaublich* [1]! » murmura-t-il, stupéfait.

Il tendit la feuille au Pilote.

Meynestrel la prit, et, de sa voix rapide qui ne trahissait aucune émotion, il lut d'abord la manchette :

— « *Ce matin, à Sarajevo, capitale de la Bosnie, province récemment annexée par l'Autriche, l'Archiduc François-Ferdinand, héritier présomptif du trône d'Autriche-Hongrie, et l'Archiduchesse, sa femme, ont été abattus tous deux à coups de revolver au cours d'une cérémonie officielle, par un jeune révolutionnaire bosniaque...* »

— « *Unglaublich!...* » répétait Mithoerg.

---

1. « Incroyable! »

x

Une quinzaine de jours plus tard, Jacques, accompagné d'un Autrichien nommé Bœhm, revenait de Vienne par le rapide de jour.

Des nouvelles graves, alarmantes, confidentiellement communiquées la veille par Hosmer, l'avaient décidé à interrompre son enquête, et à rentrer précipitamment en Suisse, pour avertir Meynestrel.

Ce dimanche-là, 12 juillet, Mithoerg, dépêché par Jacques qui redoutait d'affronter les questions de ses camarades, pénétrait vers six heures du soir dans *le Local*. Il grimpa vivement l'escalier, répondit d'un sourire hâtif aux bonjours de ses amis, et, se faufilant parmi les groupes qui encombraient les deux premières pièces, gagna directement la troisième salle où il savait trouver le Pilote.

En effet : assis à sa place habituelle, tout contre Alfreda, devant une douzaine d'auditeurs attentifs, Meynestrel parlait. Il semblait s'adresser plus particulièrement à Prezel, debout, au premier rang :

— « Anticléricalisme ? » disait-il. « Déplorable tactique ! Voyez votre Bismarck avec son fameux *Kulturkampf*. Ses persécutions n'ont servi qu'à renforcer le cléricalisme allemand... »

Mithoerg, les traits soucieux, quêtait avec insistance le regard d'Alfreda. Il put enfin lui faire signe, et, s'écartant du groupe, recula jusqu'à la fenêtre.

Prezel avait fait une objection que Mithoerg n'avait pas entendue. Diverses interruptions fusèrent. Des discussions privées provoquèrent des déplacements dans le groupe. Alfreda en profita pour se lever et rejoindre l'Autrichien.

La voix sèche de Meynestrel s'éleva de nouveau :

— « Je pense que ce n'est pas cet anticléricalisme

idiot, cher à la bourgeoisie libre penseuse du XIXe siècle, qui libérera les masses du joug des religions. Là encore, le problème est social. Les assises des religions sont sociales. De tout temps, les religions ont puisé leur principale force dans la souffrance de l'homme asservi. Les religions ont toujours profité de la misère. Le jour où ce point d'appui leur manquera, les religions perdront leur vitalité. Sur une humanité plus heureuse, les religions actuelles n'auront plus de prise... »

— « Qu'est-ce qu'il y a, Mithoerg ? » murmura Alfreda.

— « Thibault est rentré... Il veut voir le Pilote. »

— « Pourquoi n'est-il pas venu ici ? »

— « Il paraît que des choses mauvaises se passent là-bas », dit Mithoerg, sans répondre.

— « Des choses mauvaises ? »

Elle scrutait le visage de l'Autrichien. Elle songeait à la mission de Jacques à Vienne.

Mithoerg écarta les bras pour indiquer qu'il ne savait rien de précis ; et il resta, quelques secondes, les sourcils dressés, les yeux arrondis derrière ses lunettes, balançant le buste comme un jeune ours.

— « Thibault est avec Bœhm, un des miens compatriotes, qui repart demain pour Paris. Il faut absolument que le Pilote les reçoive ce soir. »

— « Ce soir ?... » Alfreda réfléchissait. « Eh bien, venez à la maison ; c'est le mieux. »

— « Bon... Convoque Richardley. »

— « Et Pat' aussi », dit-elle précipitamment.

Mithoerg, qui n'aimait pas l'Anglais, fut sur le point de dire : « Pourquoi Pat' ? » Cependant, il acquiesça d'un mouvement de paupières.

— « A neuf heures ? »

— « A neuf heures. »

La jeune femme regagna silencieusement sa chaise.

Meynestrel venait de couper la parole à Prezel par un : « Bien entendu ! » sans réplique. Il ajouta :

— « La transformation ne se fera pas en un jour. Ni en une génération. Mais les besoins religieux de l'homme

nouveau trouveront un dérivatif : un dérivatif social.
A la mystique des religions professionnelles se substi-
tuera une mystique sociale. Le problème est d'ordre
social. »

Après avoir de nouveau croisé le regard d'Alfreda,
Mithoerg s'esquiva.

Trois heures plus tard, accompagné de Bœhm et de
Mithoerg, Jacques descendait du tramway de Carouge,
et gagnait la maison de Meynestrel.

Il faisait presque nuit déjà, et le petit escalier était
obscur.

Alfreda vint ouvrir.

La silhouette de Meynestrel s'encadrait en ombre
chinoise dans la porte de la chambre éclairée. Il s'approcha vivement de Jacques, et demanda à voix basse :

— « Du nouveau ? »

— « Oui. »

— « Les accusations étaient fondées ? »

— « Sérieuses », murmura Jacques. « Surtout en ce
qui concerne Tobler... Je vous expliquerai ça... Mais,
pour l'instant, il s'agit de bien autre chose... Nous sommes
à la veille d'événements graves... » Il se tourna vers
l'Autrichien qu'il avait amené, et présenta : « Le camarade Bœhm. »

Meynestrel tendit la main.

— « Alors, camarade », fit-il avec une nuance de scepticisme dans la voix, « c'est vrai, tu nous apportes du
nouveau ? »

Bœhm le regarda posément :

— « Oui. »

C'était un Tyrolien, un montagnard de petite taille,
au visage énergique. Trente ans. Il était coiffé d'une
casquette, et portait, malgré la chaleur, un vieil imperméable jaune, posé sur ses épaules râblées.

— « Entrez », dit Meynestrel, en faisant passer les
arrivants dans la chambre, au fond de laquelle attendaient Paterson et Richardley.

Meynestrel présenta les deux hommes à Bœhm. Celui-ci s'aperçut qu'il avait gardé sa casquette ; il se troubla une seconde, et la retira. Il était chaussé de gros brodequins à clous, qui patinaient sur le parquet ciré.

Alfreda, aidée de Pat', était allée querir les chaises de la cuisine. Elle disposa des sièges en cercle autour du lit, sur lequel elle vint s'asseoir, son bloc-notes et son crayon sagement posés dans le creux de sa jupe.

Paterson s'installa à côté d'elle. A demi allongé, un coude sur le traversin, il se pencha vers la jeune femme :

— « Tu sais ce qu'on va dire ? »

Alfreda fit un geste évasif. Elle se méfiait, par expérience, de ces airs de conspirateur, qui, chez ces hommes d'action condamnés à l'inactivité, témoignaient surtout d'un désir obsédant, cent fois déçu, de pouvoir enfin donner leur mesure.

— « Pousse-toi un peu », dit familièrement Richardley, en venant s'asseoir près de la jeune femme. Dans son regard brillait à perpétuité une lueur joyeuse, presque martiale ; mais, dans cette assurance, il y avait quelques chose d'artificiel, comme une volonté préméditée d'être fort, d'être satisfait, en dépit de tout, par principe, par hygiène.

Jacques avait tiré de sa poche deux enveloppes cachetées, une grosse et une petite, qu'il remit à Meynestrel.

— « Ça, ce sont des copies de documents. Et ça, une lettre d'Hosmer. »

Le Pilote s'approcha de l'unique lampe, posée sur la table, et qui éclairait faiblement la pièce. Il décacheta la lettre, la lut, et chercha machinalement Alfreda des yeux ; puis dardant sur Jacques son regard aigu, interrogatif, il posa les deux enveloppes sur la table ; et, pour donner l'exemple, il s'assit.

Lorsqu'ils furent tous les sept installés, Meynestrel se tourna vers Jacques :

— « Alors ? »

Jacques regarda Bœhm, releva sa mèche d'un geste brusque, et s'adressa au Pilote :

— « Vous avez lu la lettre d'Hosmer... Sarajevo, le meurtre de l'Archiduc... Ça date juste de quinze jours... Eh bien, depuis quinze jours, il y a eu, en Europe, mais surtout en Autriche, une suite d'événements secrets... D'une telle importance qu'Hosmer a cru urgent d'alerter tous les centres socialistes européens. Il a dépêché des camarades à Pétersbourg, à Rome... Bulhmann est parti pour Berlin... Morelli est allé voir Plekhanoff... et aussi Lénine... »

— « Lénine est un dissident », murmura Richardley.

— « Bœhm sera demain à Paris », continua Jacques, sans répondre. « Il sera mercredi à Bruxelles, vendredi à Londres. Et moi, je suis chargé de vous mettre au courant... Parce que, vraiment, les choses ont l'air d'aller vite... Hosmer, en me quittant, m'a dit ceci, textuellement : « Explique-leur bien que, si on laisse aller les choses, avant deux ou trois mois, l'Europe peut être embarquée dans une guerre générale... »

— « Pour le meurtre d'un archiduc ? » fit encore Richardley.

— « D'un archiduc *tué par des Serbes...*, *par des Slaves...* », reprit Jacques en se tournant vers lui. « J'étais comme toi : à cent lieues de me douter... Mais là-bas, j'ai compris... Du moins, j'ai entrevu le problème... C'est d'une complexité infernale... »

Il se tut, promena ses regards autour de lui, les arrêta sur Meynestrel et demanda, avec hésitation :

— « Dois-je reprendre tout, depuis le début, tel que me l'a exposé Hosmer ? »

— « Bien entendu. »

Jacques aussitôt commença :

— « Vous connaissez les efforts autrichiens pour la création d'une nouvelle Ligue balkanique ?... Quoi ? » fit-il, en regardant Bœhm s'agiter sur sa chaise.

— « Je crois », articula Bœhm, « que pour bien expliquer les faits par les causes, la bonne méthode serait d'aller chercher les choses plus avant... »

Au mot de « méthode », Jacques avait souri. Du regard, il consulta le Pilote.

— « Nous avons toute la nuit à nous », déclara Meynestrel. Il sourit brièvement, et allongea devant lui sa jambe ankylosée.

— « Eh bien », reprit Jacques, en s'adressant à Bœhm, « vas-y, toi... Cet exposé historique, tu le feras sûrement mieux que moi. »

— « Oui », dit Bœhm, sérieux. (Ce qui fit passer un éclair de malice dans les yeux d'Alfreda.)

Il laissa glisser l'imperméable qu'il avait gardé sur ses épaules, le posa soigneusement par terre près de sa casquette, et s'avança jusque sur le bord de sa chaise, où il se tint le buste raide, les genoux joints. Ses cheveux ras lui faisaient une tête toute ronde.

— « Excusez », dit-il. « Pour le commencement, je dois prendre le point de vue de l'idéologie impérialiste. C'est pour bien expliquer ce qu'il y a dessous notre politique autrichienne... En premier », reprit-il, après quelques secondes de préparation intérieure, « il faut savoir ce que veulent les Slaves du Sud... »

— « Les Slaves du Sud », interrompit Mithoerg, « c'est-à-dire : Serbie, Monténégro, Bosnie-Herzégovine. Et aussi les Slaves de la Hongrie. »

Meynestrel, qui suivait avec la plus grande attention, fit un signe d'acquiescement.

Bœhm prit la parole :

— « Ces Slaves du Sud, ils cherchent, depuis un demi-siècle, à faire agglomération contre nous. Le noyau principal est serbe. Ils veulent se grouper autour de la Serbie pour faire un État autonomique, yougoslave. Pour ça, ils ont l'aide de la Russie. Depuis 1878, depuis le Congrès de Berlin, c'est une rancune, c'est une lutte à mort entre le panslavisme russe et l'Autriche-Hongrie. Et le panslavisme, il est tout-puissant chez les dirigeants de la Russie. Mais, sur la secrète préméditation russe et sur la responsabilité de la Russie dans les complications qui vont bientôt venir, je ne sais pas assez, je n'ose pas dire. Je veux seulement parler de mon pays. Pour l'Autriche — là, je prends le point de vue gouvernemental impérialiste — c'est juste de dire que la coalition des Slaves du Sud, c'est bien réellement un grand problème de vie. Si une nation yougoslave était instituée près de notre frontière, l'Autriche perdrait la domination des Slaves très nombreux qui font maintenant partie de l'Empire. »

— « Bien entendu », murmura machinalement Meynestrel.

Il parut regretter cette interruption involontaire et toussota.

— « Jusqu'en 1903 », reprit Bœhm, « la Serbie était sous la domination de l'Autriche. Mais, en 1903, la Serbie a fait une révolution nationaliste ; elle a posé sur son trône les Karageorgevitch, et elle a pris son indépendance. L'Autriche attendait une occasion pour sa revanche. Alors, en 1908, nous avons profité que le Japon avait tapé sur la Russie, et nous avons brutalement annexé la Bosnie-Herzégovine, qui était une province confiée à notre administration. L'Allemagne et l'Italie étaient approbatives. La Serbie était furieuse. Mais l'Europe n'a pas osé vouloir des complications. L'Autriche avait réussi par l'audace...

« Elle a voulu recommencer l'audace au moment de la première guerre balkanique, en 1912. Et elle a encore réussi par l'audace. Elle a empêché la Serbie d'avoir un port marin sur l'Adriatique. Elle a mis, entre la Serbie et la mer, un territoire autonomique, l'Albanie, pour boucher le passage de la Serbie à l'Adriatique. Et la Serbie a été, de cela, encore plus furieuse... Alors est venue la deuxième guerre balkanique. L'année dernière. Vous vous souvenez ? La Serbie avait gagné de nouveaux pays en Macédoine. L'Autriche a voulu dire non. Deux fois, elle avait réussi par l'audace. Mais, cette fois, l'Italie et l'Allemagne n'étaient pas approbatives, et la Serbie a pu tenir tête, et elle a gardé ce qu'elle avait pris... Seulement, l'Autriche est restée très humiliée de cela. Elle veut une occasion pour sa revanche. L'orgueil national, chez nous, est très fort. Notre état-major travaille pour cette revanche. Notre diplomatie travaille aussi... Thibault a parlé de la nouvelle Ligue balkanique. C'est, chez nous, le grand plan politique autrichien pour cette année. Voilà ce que c'est : une alliance projetée entre l'Autriche, la Bulgarie et la Roumanie, pour faire une nouvelle Ligue des Balkans, et qui sera dressée *contre les Slaves*. Pas seulement nos Slaves du Sud : tous les Slaves... Vous comprenez ? Cela veut dire aussi : contre la Russie ! »

Il se recueillit quelques secondes, cherchant s'il n'avait rien omis d'essentiel. Puis il se pencha interrogativement vers Jacques.

Alfreda, adossée à l'épaule de Paterson, baissa la tête pour étouffer un bâillement. Elle trouvait l'Autrichien bien consciencieux, et ce cours d'histoire, insipide.

— « Naturellement », ajouta Jacques, « chaque fois qu'on pense à l'Autriche, ne pas perdre de vue le bloc Autriche-Allemagne... L'Allemagne et son " avenir sur les mers " qui s'oppose à l'Angleterre... L'Allemagne commercialement encerclée, et qui se cherche des expansions nouvelles. L'Allemagne du *Drang nach Osten*... L'Allemagne et ses vues sur la Turquie... Couper aux Russes le chemin des Détroits... La ligne ferrée de Bagdad, le golfe Persique, les pétroles anglais, la route des Indes, et cætera, et cætera... Tout ça est lié... A l'arrière-plan, dominant tout, il faut toujours voir deux grands groupes de puissances capitalistes qui s'affrontent !... »

— « Bien entendu », fit Meynestrel.

Bœhm approuvait de la tête.

Il y eut un silence.

L'Autrichien se tourna vers le Pilote, et demanda avec sérieux :

— « C'est bien ? »

— « Très clair ! » déclara Meynestrel, d'une voix nette.

Les éloges du Pilote étaient rares, et tous, sauf Bœhm, en furent surpris. Alfreda changea brusquement d'avis et considéra l'Autrichien avec plus d'attention.

— « Maintenant », reprit Meynestrel, en regardant Jacques et en se renversant un peu en arrière, « voyons ce que dit Hosmer, et quels sont les faits nouveaux. »

— « Faits nouveaux ? » commença Jacques. « A vrai dire, non... Pas encore... Indices... »

Il redressa le buste, d'un mouvement rapide qui fit

disparaître son front dans l'ombre ; la lueur jaune de
la lampe éclairait le bas du visage, la mâchoire saillante,
la grande bouche aux plis soucieux :

— « Indices graves, et qui laissent prévoir, à brève
échéance peut-être, les faits nouveaux... Je résume :
Du côté serbe, exaspération profonde, populaire, à la
suite de ces brimades répétées contre les aspirations
nationales... Du côté russe, tendance manifeste à soutenir les revendications des Slaves — cela est si vrai,
que, dès l'assassinat de l'Archiduc, le gouvernement
russe, entièrement dominé par les influences de l'état-
major et des castes nationalistes, a laissé dire par ses
ambassadeurs qu'il se poserait résolument en protec-
teur de la Serbie. Hosmer l'a su par des renseignements
venus de Londres... Du côté autrichien, mortification
cuisante des sphères gouvernementales, à la suite du
dernier échec, et graves inquiétudes sur l'avenir. Comme
dit Hosmer, c'est avec cette charge explosive de haines,
de rancunes, d'appétits, que nous glissons maintenant
dans l'inconnu... L'inconnu, il commence au coup de
théâtre du 28 juin : le guet-apens de Sarajevo... Sarajevo, ville bosniaque... Sarajevo, où après six ans
d'annexion autrichienne, la population est restée fidèle
à la Serbie... Hosmer, lui, n'est pas éloigné de croire
que certains dirigeants officiels de la Serbie ont aidé,
plus ou moins directement, à préparer l'attentat. Mais
c'est difficile à prouver... Pour le gouvernement autrichien, ce meurtre, qui soulève l'indignation de l'opinion
européenne, se présente aussitôt comme une occasion
inespérée. Prendre la Serbie en faute! Lui régler son
compte, une fois pour toutes! Relever le prestige de
l'Autriche, et, du même coup, boucler, sans délai, cette
nouvelle Ligue balkanique qui doit assurer l'hégémonie
autrichienne dans l'Europe centrale! Il faut reconnaître
que, pour des hommes d'État, c'est assez tentant!
Aussi, à Vienne, les dirigeants n'hésitent pas. On impro-
vise aussitôt un programme d'action.

« Le premier point, c'est d'établir la complicité de la
Serbie dans l'attentat. Vienne ordonne sur-le-champ
une enquête officielle à Belgrade et dans tout le royaume

serbe. Il faut, coûte que coûte, des preuves. Cependant, jusqu'ici, ce premier point du programme paraît avoir fait fiasco. A peine si l'on a pu trouver quelques noms d'officiers serbes mêlés au mouvement anti-autrichien de la Bosnie. Malgré les ordres pressants qu'ils ont reçus, les enquêteurs n'ont pu conclure à la culpabilité du gouvernement serbe. Naturellement, leur rapport a été étouffé. On l'a soigneusement caché aux journalistes. Hosmer a pu s'en procurer les conclusions. Elles sont là », ajouta-t-il, en posant la main sur la grosse enveloppe restée sur la table, et dont la lampe éclairait les cachets rouges.

Le regard songeur de Meynestrel se fixa un instant sur l'enveloppe, et revint à Jacques, qui continuait :

— « Qu'a fait le gouvernement autrichien ? Il a passé outre. Ce qui suffirait à prouver qu'il poursuit un but secret. Il a laissé croire, il a laissé imprimer, que la complicité de la Serbie était un fait acquis. La presse officielle n'a pas cessé de triturer l'opinion. L'assassinat était d'ailleurs facile à exploiter. Mithoerg et Bœhm pourront vous le dire : là-bas, la personne de l'héritier était sacrée aux yeux du peuple. A l'heure actuelle, pas un Autrichien, pas un Hongrois, qui ne soit convaincu que le meurtre de Sarajevo est le résultat d'une conjuration encouragée par le gouvernement serbe, et peut-être par le gouvernement russe, pour protester contre l'annexion de la Bosnie ; pas un, qui ne se sente offensé et qui ne souhaite une vengeance. C'est bien ce qu'on voulait en haut lieu. Dès le lendemain de l'attentat, on a tout fait pour exaspérer cet amour-propre national ! »

— « Qui, *on ?* » questionna Meynestrel.

— « Les hommes au pouvoir. Principalement le ministre des Affaires étrangères, Berchtold. »

Bœhm intervint :

— « Berchtold ! » fit-il, avec une grimace significative. « Pour comprendre, il faut avoir connaissance comme nous de l'ambitieux monsieur ! Pensez : par l'écrasage de la Serbie, il deviendrait le Bismarck de l'*Oesterreich* ! Deux fois déjà, il a cru réussir. Deux fois, l'occasion lui a coulé des mains. Cette fois, il sent que les chances sont bonnes. Il ne faut pas les laisser couler!»

— « Mais, Berchtold, ce n'est tout de même pas l'Autriche », objecta Richardley.

Il tendait vers Bœhm son nez pointu, et souriait. Dans ses moindres intonations, on sentait cette sécurité intérieure, totale, que confère aux êtres jeunes la possession d'une doctrine cohérente, d'une certitude.

— « *Ach!* » répliqua Bœhm, « il a toute l'Autriche dans son sac! En premier, l'état-major, et aussi l'empereur... »

Richardley secoua la tête :

— « François-Joseph? On a du mal à croire ça... Quel âge a-t-il? »

— « Il est de quatre-vingt-quatre ans vieux », dit Bœhm.

— « Un bonhomme de quatre-vingts et des! Qui a déjà sur le dos deux guerres malheureuses? Et qui accepterait, de gaieté de cœur, à la fin de son règne... »

— « Mais », s'écria Mithoerg, « il sent très bien que la monarchie, elle est menacée mortellement? Malgré l'âge, l'empereur n'est pas vraiment certain qu'il aura encore sa couronne sur la tête pour aller au cercueil! »

Jacques se leva :

— « L'Autriche, Richardley, se débat dans des difficultés intérieures effroyables... N'oublie pas ça... C'est une nation composée de huit ou neuf nationalités disparates, rivales. Et l'autorité centrale s'affaiblit de jour en jour. La désagrégation est presque fatale. Tous ces paquets juxtaposés, ces Serbes, ces Roumains, ces Italiens, qui se trouvent de force incorporés à l'Empire, ils sont en effervescence, ils n'attendent qu'une heure favorable pour secouer le joug!... Je reviens de là-bas. Dans les milieux politiques, à droite aussi bien qu'à gauche, on déclare couramment qu'il n'y a qu'une solution pour éviter le démembrement : la guerre! C'est l'avis de Berchtold et de sa clique. C'est naturellement l'avis des généraux! »

— « Voilà huit ans », dit Bœhm, « nous avons comme chef de l'état-major, le général Conrad von Hötzendorf... Le damné du parti militaire... L'ennemi le plus méchant des Slaves... Depuis huit ans, il pousse ouvertement pour la guerre! »

Richardley ne semblait pas convaincu. Les bras croisés, l'œil brillant — trop brillant — il regardait successivement ceux qui parlaient, avec le même air de pénétration et d'incrédulité suffisante.

Jacques cessa de s'adresser à lui, et, se retournant vers Meynestrel, il se rassit.

— « Donc », reprit-il, « pour les dirigeants de là-bas, une guerre préventive sauverait l'Empire. Finie, la division des partis! Finies, les rouspétances des nationaux dissidents! La guerre rendrait à l'Autriche sa prospérité économique ; elle lui assurerait tout ce marché des Balkans que les Slaves cherchent à accaparer... Et, comme ils se font fort de pouvoir, en deux ou trois semaines, contraindre militairement la Serbie à capituler, quels risques courent-ils ? »

— « C'est à voir! » coupa Meynestrel.

Tous les yeux se tournèrent vers lui. Avec une solennité distraite, il fixait un point vague dans la direction d'Alfreda.

— « Attendez! » fit Jacques.

— « Il y a la Russie! » interrompit Richardley. « Et puis, il y a l'Allemagne! Supposons un instant que l'Autriche attaque la Serbie ; et supposons — ce qui n'est pas certain, mais qui est dans les choses possibles — que la Russie intervienne. Une mobilisation russe, c'est aussitôt la mobilisation allemande, suivie automatiquement d'une mobilisation de la France. Tout leur beau système d'alliances jouerait de lui-même... Ce qui revient à dire qu'une guerre austro-serbe aurait chance de déclencher un conflit général. » Il regarda Jacques, et sourit : « Mais ça, mon vieux, l'Allemagne le sait mieux que nous. Donc, en laissant faire le gouvernement autrichien, l'Allemagne accepterait de courir le risque d'une guerre européenne ? Non! Réfléchissez... Le risque est tel que l'Allemagne empêchera l'Autriche d'agir. »

Les traits de Jacques s'étaient tendus.

— « Attendez! » répéta-t-il. « C'est bien ça qui justifie le cri d'alarme d'Hosmer. Il y a de fortes présomptions pour croire que l'Allemagne a *déjà* donné son appui à l'Autriche. »

Meynestrel tressaillit. Il ne quittait pas Jacques des yeux.

— « Voilà », continua Jacques, « comment, d'après Hosmer, les choses se seraient passées... Il paraîtrait d'abord que, à Vienne, dans les premiers conseils qui ont suivi l'attentat, Berchtold aurait rencontré deux résistances : Tisza, le ministre de Hongrie, qui est un type prudent, hostile à la manière forte — et l'empereur. Oui ; il paraît que François-Joseph hésitait à donner son consentement : il voulait d'abord savoir ce que penserait GuillaumeII. Or, le Kaiser allait partir en croisière. Pas de temps à perdre pour l'atteindre. Aussi semble-t-il probable que Berchtold, entre le 4 et le 7 juillet, a trouvé moyen de consulter le Kaiser et son chancelier, *et d'obtenir le consentement de l'Allemagne.* »

— « Suppositions... », spécifia Richardley.

— « Naturellement », reprit Jacques. « Mais ce qui donne du poids à ces suppositions, c'est ce qui s'est passé à Vienne depuis les cinq derniers jours. Réfléchissez. La semaine dernière, dans l'entourage même de Berchtold, on paraissait encore irrésolu ; on ne cachait pas que l'empereur — et même Berchtold — craignaient une opposition nette de l'Allemagne. Brusquement, le 7, tout change. Ce jour-là (c'était mardi dernier) un grand conseil de gouvernement, un réel conseil de guerre, a été réuni précipitamment. Comme si, tout à coup, on avait les mains libres... Sur ce qui s'est dit à ce conseil, le silence a été gardé quarante-huit heures. Mais, dès avant-hier, il y a eu des indiscrétions : trop de gens avaient été mis dans le secret, par suite de multiples instructions qui avaient été données à l'issue du conseil. D'ailleurs, Hosmer s'est créé à Vienne un merveilleux service de renseignements : Hosmer finit toujours par tout savoir !... A ce conseil, Berchtold a pris une attitude nouvelle : exactement comme s'il avait eu dans sa poche l'engagement formel que l'Allemagne soutiendrait à fond une expédition punitive contre la Serbie. Et, froidement, il a soumis à ses collègues un

véritable *plan de guerre*, que Tisza seul a combattu. La
preuve que le plan Berchtold est bien un plan de guerre,
c'est que Tisza voulait amener ses collègues à se conten-
ter d'une humiliation de la Serbie : il trouvait déjà beau
de remporter cette éclatante victoire diplomatique. Or,
il a eu tout le conseil contre lui ; et, finalement, il a
cédé : il s'est rangé à l'avis général... Bien mieux :
Hosmer affirme que, ce matin-là, les ministres ont cyniquement examiné s'il n'y avait pas lieu de décréter une
mobilisation immédiate. Et, s'ils ne l'ont pas fait, c'est
uniquement parce qu'ils ont trouvé plus habile, à
l'égard des autres puissances, de ne se démasquer qu'au
dernier moment... Ce qui est certain, c'est que le plan
de Berchtold et de l'état-major a été adopté... Les
détails de ce plan ? Évidemment, pas très faciles à
connaître... Pourtant, on sait déjà des choses : par
exemple, que des ordres ont été donnés pour commencer
les préparatifs militaires qui peuvent se faire sans trop
attirer l'attention ; et que, sur la frontière austro-serbe,
les troupes de couverture sont tenues prêtes : en quelques
heures, sous le premier prétexte, elles occuperont Belgrade ! » Il passa rapidement la main dans ses cheveux.
« Et, pour finir, voici un propos qu'aurait tenu l'un des
collaborateurs du chef d'état-major, du fameux Hötzendorf ; ce n'est peut-être qu'une forfanterie de vieille
culotte de peau, mais qui en dit long sur l'état d'esprit
des dirigeants autrichiens. Il aurait déclaré dans un
cercle d'intimes : " L'Europe, un de ces matins, se
réveillera devant le fait accompli. " »

XI

Jacques se tut ; et aussitôt les regards convergèrent
sur le Pilote.

Il était immobile, les bras croisés, les pupilles brillantes et fixes.

Pendant une longue minute, tous demeurèrent muets.

La même anxiété, le même désarroi surtout, bouleversaient leurs traits.

Enfin, Mithoerg rompit brutalement le silence :

— « *Unglaublich* [1] ! »

Il y eut une nouvelle pause.

Puis Richardley murmura :

— « Si vraiment l'Allemagne est derrière...! »

Le Pilote tourna vers lui son œil perçant ; mais il ne paraissait pas voir. Ses lèvres se contractèrent, émirent un son inintelligible. Seule, Alfreda, qui ne le quittait pas des yeux, comprit :

— « Prématuré! »

Elle frissonna et, d'instinct, s'appuya à l'épaule de Paterson.

L'Anglais enveloppa la jeune femme d'un regard rapide. Mais elle avait baissé la tête, et se dérobait à toute interrogation.

Elle eût été bien embarrassée, d'ailleurs, si Pat' lui avait demandé d'expliquer ce frisson. Évidemment, c'était la première fois, ce soir, que la guerre, cessant pour elle d'être une abstraction, s'imposait à son imagination avec un tel relief, dans sa réalité sanglante. Mais ce n'était pas les révélations de Jacques qui l'avaient fait tressaillir : c'était le « Prématuré » de Meynestrel. Pourquoi ? La pensée ne pouvait pas la surprendre. Elle connaissait la conviction du Pilote : « La révolution ne peut sortir que d'une crise violente ; la guerre est, dans l'état présent de l'Europe, l'occasion la plus probable de cette crise ; mais, le cas échéant, le prolétariat, insuffisamment préparé, est inapte à transformer une guerre impérialiste en révolution. » Etait-ce cela, justement, qui l'avait bouleversée : l'idée que, si vraiment le socialisme n'était pas prêt, une guerre ne serait rien d'autre qu'une hécatombe stérile ? Ou bien, était-ce le ton de ce « Prématuré » ? Mais ce ton, que pouvait-il lui apprendre ? N'était-elle pas faite, depuis longtemps, à l'insensibilité de son Pilote ? (Un jour qu'elle lui disait, étonnée malgré elle : « Tu es vis-à-vis de la

1. « Incroyable! »

guerre comme sont les chrétiens devant la mort : les
yeux tellement fixés sur ce qui viendra *après*, qu'ils en
oublient toutes les horreurs de l'agonie... », il avait ri :
« Pour un médecin, petite fille, les douleurs de l'enfantement sont dans l'ordre des choses. ») Elle allait même
— bien qu'elle en souffrît parfois — jusqu'à admirer ce
détachement volontaire, obtenu par le dur et constant
effort d'un être dont elle connaissait mieux que personne certaines faiblesses très humaines ; c'était comme
une supériorité de plus. Et elle était toujours émue à
la pensée que cette monstrueuse « déshumanisation »
avait, à tout prendre, un mobile suprêmement humain :
servir mieux l'humanité ; travailler mieux à la destruction de la société actuelle, pour l'avènement d'un monde
meilleur... Pourquoi donc avait-elle frissonné ? Elle
n'eût pas su le dire... Elle souleva ses longs cils, et son
regard, glissant par-dessus Paterson, se posa sur Meynestrel avec une expression de confiance : « Patience »,
se dit-elle. « Il n'a encore rien dit. Il va parler. Et, de
nouveau, tout sera clair, tout sera juste et bien ! »

— « Que les *militarismus* autrichien et allemand veulent la guerre, ça, je crois », continuait Mithoerg, en
secouant sa tête hérissée. « Et que le *militarismus* ait
avec lui beaucoup de dirigeants germaniques, et la
grande industrie, et les Krupp, et tous les amis du *Drang
nach Osten*, oui, ça je peux croire aussi. Mais l'ensemble
des classes possédantes, non ! Elles auront peur ! Elles
ont grande influence. Elles ne laisseront pas faire. Elles
diront aux gouvernements : « Halte ! C'est fou ! si vous
allumerez cet explosif, vous sauterez tous avec ! »

— « Mais, Mithoerg », dit Jacques, « s'il y a réellement complicité entre les dirigeants et leurs partis militaires, que pourra l'opposition de tes classes possédantes ? Or, sur cette complicité, les renseignements
d'Hosmer... »

— « Personne ne met en doute ces renseignements »,
interrompit Richardley. « Mais, la seule chose qu'on
puisse dire pour l'instant, c'est qu'il y a *menace* de guerre.
Pas plus... Eh bien, sous cette menace, qu'y a-t-il en
réalité ? Volonté formelle de guerre ? Ou bien quelques

nouveaux marchandages des chancelleries germaniques? »

— « Je ne crois pas que la guerre est possible », déclara flegmatiquement Paterson. « Vous ne pensez pas à ma vieille Angleterre! Jamais elle ne voudra laisser que la Triplice prenne la puissance de l'Europe... » Il souriait : « Elle se tient tranquille, ma vieille Angleterre. Alors, on l'oublie. Mais elle regarde, elle écoute, elle surveille ; et, si ça ne va pas bien pour elle, elle se mettra tout d'un coup debout!... Elle a du bon muscle encore, vous savez! Elle prend son tub tous les matins, cette chère vieille chose... »

Jacques s'agitait avec impatience :

— « Le fait est là! Qu'il y ait volonté de guerre ou désir d'intimidation, l'Europe, demain, va se trouver en face d'une menace terrible! Eh bien, nous, qu'est-ce que nous devons faire? Je pense comme Hosmer. Devant cette offensive, nous devons prendre position. Nous devons préparer au plus tôt la contre-attaque! »

— « Oui, oui, ça, je donne raison! » cria Mithoerg.

Jacques se tourna vers Meynestrel ; mais il ne put rencontrer son regard. Il interrogea des yeux Richardley, qui fit un signe d'approbation :

— « D'accord! »

Richardley se refusait à croire qu'il y eût danger de guerre. Néanmoins, il ne contestait pas que l'Europe dût être profondément troublée par cette brusque menace ; et il avait immédiatement aperçu quel parti l'Internationale pouvait tirer de ce trouble, pour rallier les forces d'opposition et faire progresser l'idée révolutionnaire.

Jacques reprit :

— « Je répète les paroles d'Hosmer : la menace d'un conflit européen pose devant nous un objectif nouveau et précis. Notre tâche est donc de reprendre, en l'intensifiant, le programme ébauché il y a deux ans, à propos de la guerre balkanique... Voir d'abord s'il y a moyen d'avancer la date du Congrès de Vienne... Ensuite, et dès maintenant, déchaîner partout à la fois une campagne ouverte, officielle, retentissante!... Interventions

au Reichstag, à la Chambre, à la Douma!... Pressions
simultanées sur tous les ministres des Affaires étrangères!... Actions de presse!... Appel aux peuples!... Démonstrations de masse!... »

— « Et dresser devant les gouvernements le spectre
de la grève », fit Richardley.

— « ... Avec sabotages dans les usines de guerre! »
glapit Mithoerg. « Et crever les locomotives, et couper
les boulons des rails, comme en Italie! »

Il y eut un échange de regards électrisés. L'heure
d'_agir_ était-elle enfin venue?

Jacques se tourna de nouveau vers le Pilote. Un sourire fugitif, lumineux et froid, que Jacques prit pour un
acquiescement, passa et s'évanouit comme un rayon de
projecteur sur les traits de Meynestrel. Encouragé soudain, il reprit, avec feu :

— « La grève, oui! _générale_ et _simultanée_! Notre
meilleure arme!... Hosmer craint que, au congrès de
Vienne, la question reste encore sur le plan doctrinaire.
Il faut qu'on la reprenne à plein, à neuf! Sortir de la
théorie! Préciser, pour chaque pays, l'attitude à prendre, selon tel ou tel cas donné! Ne pas recommencer le
coup de Bâle! Aboutir enfin à des résolutions concrètes,
pratiques. N'est-ce pas, Pilote?... Hosmer voudrait
même pousser les chefs à organiser, avant le congrès,
des réunions préparatoires. Pour déblayer le terrain. Et
pour prouver, dès maintenant aux gouvernements, que
le prolétariat est bien résolu, cette fois, à se soulever,
en bloc, contre leur politique d'agression! »

Mithoerg ricana :

— « _Ach!_ Tes chefs! Qu'est-ce que tu veux, avec les
chefs? Depuis combien d'années, ils parlent sur la grève?
Et tu crois, à Vienne, en quelques jours, ils vont cette
fois décider des choses? »

— « Fait nouveau! » fit Jacques, « menace de confla-
gration européenne! »

— « Non, pas tes chefs! Pas tes discours! L'action
des masses, oui! L'action des masses, mon _Camm'rad!_ »

— « Mais, naturellement, l'action des masses! » s'écria
Jacques. « Seulement pour cette action, est-ce qu'il

n'est pas de première urgence que les chefs se prononcent d'abord, clairement, catégoriquement? Réfléchis, Mithoerg : quel encouragement pour les masses!... Ah! Pilote, si seulement nous l'avions déjà notre journal unique, international! »

— « *Träumerei* [1]! cria Mithoerg. Moi, je dis : laisse tes chefs et travaille les masses! Tu crois que les chefs allemands, par exemple, vont accepter la grève? Non! Ils diront même chose qu'à Bâle : « Impossible, à cause de la Russie. »

— « Ce serait grave », observa Richardley. « Très grave... Au fond, tout repose sur l'Allemagne, sur les social-démos... »

— « En tout cas », fit Jacques, « ils ont nettement prouvé, il y a deux ans, qu'ils savent, quand il le faut, se dresser contre la guerre! Sans eux, l'histoire des Balkans mettait le feu à l'Europe! »

— « Pas : " sans eux " », grogna Mithoerg : « sans les masses!... Eux, qu'est-ce qu'ils ont fait? Seulement suivre les masses! »

— « Mais les démonstrations des masses, qui donc les a organisées? Les chefs! » répliqua Jacques.

Bœhm secouait la tête :

— « Tant que tu as en Russie pas même deux millions de prolétaires, et des millions, des millions de moujiks, le prolétariat russe il n'est pas fort assez contre son gouvernement ; et le *militarismus* tsariste est un danger réel pour l'Allemagne ; et la social-démocratie, elle ne peut pas promettre la grève!... Et Mithoerg a raison : au congrès de Vienne, elle fera seulement de l'acceptation théorique, comme au congrès de Bâle! »

— « *Ach!* Laissez donc vos congrès! » cria Mithoerg, avec irritation. « Moi, je dis : cette fois, c'est encore l'action des masses qui pourra tout! Les chefs suivront... Il faut, dans l'Autriche, dans l'Allemagne, dans la France, partout, insurrectionner les prolétaires, sans attendre que les chefs donnent l'ordre! Il faut grouper ensemble les bonnes têtes, dans chaque coin, pour faire

1. « Rêverie! »

des incidents partout, dans les chemins de fer, dans les fabriques des armements, dans les arsenaux! Partout! Et forcer, comme ça, les chefs, les syndicats! Et il faut, en même temps, rallumer toutes les organisations révolutionnaires d'Europe! Je suis sûr que le Pilote pense avec moi!... Faire le trouble partout! En Autriche, le plus facile! *Nicht wahr, Bœhm* [1]? Exciter, encore plus, tous les clans conspirateurs nationaux, les Polonais, les Tchèques! et les Hongrois! et les Roumains!... Et même chose partout!... On peut faire rallumer les grèves italiennes! On peut aussi les russes... et si les masses, partout, sont insurrectionnées, alors les chefs marcheront? » Il se tourna vers Meynestrel : « Pas vrai, Pilote? »

Meynestrel, interpellé, leva la tête. Le regard aigu qu'il pointa sur Mithoerg, puis sur Jacques, alla se perdre dans la direction du lit où Alfreda était restée assise, entre Richardley et Paterson.

— « Ah! Pilote », s'écria Jacques, « si nous réussissons, cette fois, quel incroyable accroissement de force pour l'Internationale! »

— « Bien entendu! » fit Meynestrel.

Un éclair d'ironie, si fugace qu'il fallait, pour le saisir, les yeux avertis d'Alfreda, effleura le coin de ses lèvres.

Devant les révélations d'Hosmer, devant les fortes présomptions qui permettaient de supposer que l'Allemagne appuyait les visées autrichiennes, il s'était dit aussitôt : « La voilà *leur* guerre! Soixante-dix chances sur cent... Et nous ne sommes pas prêts. Impossible d'espérer prendre le pouvoir ; en aucun pays d'Europe. Alors?... » Immédiatement, son parti avait été pris : « Sur la tactique à suivre, pas le moindre doute : jouer à plein sur le pacifisme populaire. C'est actuellement notre meilleur moyen de prise sur les masses. Guerre à la guerre! Si elle éclate, il faut que le plus grand nombre possible de soldats partent avec cette conviction, bien ancrée, que la guerre est déchaînée par le capital, contre la volonté, contre les intérêts des prolétaires ; qu'on les jette, malgré eux, dans une lutte fratricide,

1. « Pas vrai, Bœhm? »

pour des fins criminelles. Cette semence-là, quoi qu'il
advienne, ne sera pas perdue... Excellent truc, pour
introduire dans l'impérialisme le germe qui le détruira !
Excellente occasion, aussi, de tenir à vue nos officiels,
et de les compromettre tout à fait aux yeux des pouvoirs, en les forçant à s'engager à fond... Donc, allez-y,
mes petits ! Embouchez tous la trompette du pacifisme !... Vous ne demandez que ça, d'ailleurs. Il n'y a
qu'à vous laisser courir... » Il souriait, intérieurement :
il imaginait par avance les embrassades généreuses des
pacifistes et des socialisants de tous poils ; il croyait
déjà entendre le trémolo des ténors de tribunes officiel-
les... « Quant à nous... », se dit-il. « Quant à moi... » Il
n'acheva pas sa pensée. Il se réservait d'y revenir.

A mi-voix, il murmura :

— « C'est à voir. »

Il croisa le regard insistant d'Alfreda, et s'aperçut que
tous se taisaient, tournés vers lui, attendant qu'il prît
enfin la parole. Machinalement, il répéta, à voix haute :

— « C'est à voir. »

Il ramena nerveusement sa jambe sous sa chaise, et
toussota :

— « Je n'ai rien à dire de plus... Je pense comme
Hosmer... Je pense comme Thibault, comme Mithoerg,
comme vous tous... »

Il passa la main sur son front moite, et, d'un mouvement imprévu, se mit debout.

Dans cette pièce basse, encombrée de sièges, il paraissait plus grand. Il fit quelques pas au hasard, tournant en rond dans l'étroit espace libre entre la table,
le lit, les jambes des assistants. Le coup d'œil, dont
il frôlait chacun de ceux qui étaient là, semblait ne
s'adresser personnellement à aucun d'eux.

Après une minute d'allées et venues, de silence, il
s'arrêta. Sa pensée parut revenir de très loin. Tous
étaient persuadés qu'il allait se rasseoir, développer un
plan d'action, se lancer dans une de ces improvisations
impératives, un peu sibyllines, auxquelles il les avait
accoutumés. Mais il se contenta de murmurer, une fois
encore :

— « C'est à voir... » Et, les yeux à terre, il sourit, avant d'ajouter, très vite : « Tout ça, d'ailleurs, rapproche du *but*. »

Puis il se faufila derrière la table, gagna la fenêtre, et, d'un coup, poussa les deux persiennes, qui s'ouvrirent sur la nuit. Alors, il pencha légèrement la tête, et changeant de ton, lança par-dessus l'épaule :

— « Si tu nous donnais quelque chose de frais à boire, petite fille ? »

Alfreda, docile, disparut dans la cuisine.

Il y eut quelques secondes de gêne.

Paterson et Richardley, restés sur le lit, causaient à voix basse.

Au milieu de la chambre, sous le plafonnier, les deux Autrichiens, debout, discutaient, en leur langue. Bœhm avait tiré de sa poche une moitié de cigare, qu'il rallumait ; sa lèvre inférieure, saillante, colorée, humide, donnait à son visage plat une expression de bonté, mais aussi de sensualité un peu vulgaire, qui le faisait très différent des autres.

Meynestrel, debout, appuyé des deux mains à la table, relisait la lettre d'Hosmer, posée devant lui, sous la lampe. La lumière qui s'épandait par le haut de l'abat-jour l'éclairait crûment : sa barbe courte paraissait plus noire, son teint, plus blanc ; le front était plissé ; les paupières voilaient entièrement les prunelles.

Jacques lui toucha le coude :

— « La voilà peut-être enfin, Pilote, et plus tôt que vous ne pensiez, la *prise sur les choses !* »

Meynestrel hocha la tête. Sans regarder Jacques, sans se départir de son impassibilité, il accorda, sur un ton mat, dépourvu de toute nuance :

— « Bien entendu. »

Puis il se tut, et poursuivit sa lecture.

Une pensée pénible traversa l'esprit de Jacques : il lui semblait que quelque chose était changé, ce soir, non seulement dans l'esprit du Pilote, mais dans son attitude à lui.

Ce fut Bœhm — il avait son train à prendre, le lendemain, de bonne heure — qui donna le signal du départ.

Tous le suivirent, confusément soulagés.

Meynestrel descendit avec eux pour leur ouvrir la porte de la rue.

XII

Alfreda, penchée sur la rampe, attendit que les voix ne fussent plus distinctes. Alors, elle revint dans l'appartement, et voulut commencer à mettre un peu d'ordre. Mais son cœur pesait lourd... Elle se réfugia dans la cuisine, qui était obscure, vint s'accouder à la croisée, et demeura immobile, les yeux démesurément ouverts dans le noir.

— « Tu rêves, petite fille? »

La main de Meynestrel, brûlante et rêche, lui caressait l'épaule. Elle frissonna; et, dans un souffle, avec une voix d'enfant, elle demanda soudain :

— « Tu crois vraiment, toi, que c'est la guerre? »

Il rit. Elle sentit chanceler ses espérances.

— « Mais nous... »

— « Nous? Nous ne sommes pas prêts! »

— « Pas prêts? » Elle se méprit, car elle ne pensait plus, ce soir, qu'à lutter contre la guerre : « Tu crois vraiment, toi, qu'il n'y a pas moyen d'empêcher... »

Il coupa :

— « Non! Bien entendu! » L'idée que le prolétariat actuel pourrait faire obstacle aux forces de guerre lui semblait absurde.

Elle devina, dans l'ombre, le sourire, l'éclair des yeux; et, de nouveau, un frisson la secoua. Ils restèrent quelques secondes l'un contre l'autre, silencieux.

— « Mais », dit-elle. « Pat' a peut-être raison? Si nous ne pouvons rien, nous, l'Angleterre... »

— « Tout ce qu'elle peut, votre Angleterre, c'est retarder l'heure — et encore ! »

Le Pilote discernait-il, en elle, une résistance inaccoutumée ? Il accentua sa rudesse :

— « D'ailleurs, la question n'est pas là ! L'important n'est pas d'empêcher la guerre ! »

Elle se releva à demi :

— « Alors, pourquoi ne le leur as-tu pas dit ? »

— « Parce que, pour l'instant, ça ne regarde personne, petite fille ! Et parce qu'aujourd'hui, pratiquement, il faut faire *comme si* ! »

Elle se tut. Elle se sentait blessée, ce soir, blessée plus qu'elle ne l'avait jamais été par lui, au plus profond ; et en révolte contre lui, sans savoir pourquoi. Elle se souvint d'un jour, au début de leur liaison, où il avait déclaré, très vite, avec une secousse de l'épaule : « L'amour ? Pour nous, aucune importance ! »

« Qu'est-ce qui a de l'importance pour lui ? », se demanda-t-elle. « Rien ! Rien — sauf la Révolution ! » Et, pour la première fois, elle pensa : « ... la Révolution, son *idée fixe*... Il a fait bon marché de tout le reste !... De moi ! de ma vie de femme !... Rien n'a d'importance pour lui ! même pas d'être ce qu'il est : autre chose qu'un homme !... » Et c'était la première fois que, au lieu de : « *plus et mieux* qu'un homme » elle pensait : « *autre chose* qu'un homme... »

Meynestrel poursuivait, sur un ton sarcastique :

— « Guerre à la guerre, petite fille ! Laisse-les faire ! Manifestations, soulèvements, grèves, tout ce qu'ils voudront ! En avant, la fanfare ! En avant, les trompettes ! Qu'ils ébranlent, s'ils peuvent, les murailles de Jéricho ! »

Il se détacha d'elle, pivota sur les talons, et articula entre ses dents :

— « Mais les murailles, ça n'est pas leurs trompettes qui les foutront par terre, petite fille : c'est nos bombes ! »

Et, tandis qu'il regagnait leur chambre en boitillant, elle perçut ce petit rire étouffé qui lui glaçait toujours le cœur.

Elle demeura longtemps accoudée, sans un geste, plongeant son regard dans la nuit.

Le long du quai désert. l'Arve clapotait faiblement contre les roches. Une à une, les dernières lumières s'éteignirent aux maisons du rivage.

Elle ne bougeait pas. A quoi songeait-elle? — « A rien », eût-elle répondu. Deux larmes, qui s'étaient formées au bord de ses paupières, restaient suspendues entre les cils.

XIII

Le chauffeur avait traversé l'esplanade des Invalides, et pris la rue de l'Université. L'auto filait, sans bruit. Mais, par ce torride après-midi de dimanche, ce quartier était si désert, si lourdement assoupi, que le crissement soyeux des roues sur l'asphalte sec, le timide coup de trompe au croisement des rues, prenaient le caractère d'une indiscrétion, d'une inconvenance.

Dès que la voiture eut franchi la rue du Bac, Anne de Battaincourt attira contre elle le pékinois blond qui dormait, roulé en boule sur la banquette, et, se penchant, elle toucha du bout de son ombrelle le dos du mulâtre, impassible sur le siège, dans son cache-poussière blanc :

— « Arrêtez là, Jo... J'irai à pied. »

L'auto vint se ranger au bord du trottoir, et Jo ouvrit la portière. Sous la visière, ses prunelles, plus luisantes que le cuir verni, glissaient de droite et de gauche comme les yeux articulés d'une poupée.

Anne hésita. Était-elle sûre, tout à l'heure, de trouver un taxi dans ce quartier mort? Comme Antoine avait eu tort de ne pas suivre son conseil, de n'être pas venu, après le décès de son père, s'installer près du Bois!... Elle prit le chien sous son bras et sauta légèrement à terre. Le désir d'être libre l'emporta :

— « Je n'ai plus besoin de vous ce soir, Jo... Rentrez... »

Même à l'ombre, le sol chauffait les semelles. Aucun

souffle dans l'air. Par-dessus les toits, une buée immobile
cachait le ciel. Les yeux plissés par la réverbération,
Anne longeait des façades inanimées, des portes cochères
de maison d'arrêt. Fellow, paresseusement, trottait sur
ses talons. Pas un être vivant ; pas même une de ces
fillettes à nattes, aux mollets trop grêles, qu'on voit,
par les beaux dimanches, sautiller, solitaires, sur le
trottoir de leur prison, et qu'Anne avait brusquement
envie d'adopter trois semaines, pour les emmener à
Deauville, les gaver de brioches et de grand air. Personne. Les concierges eux-mêmes, chiens de garde
endormis dans leurs niches, retardaient jusqu'au crépuscule le moment de venir savourer un peu de fraîcheur, à califourchon devant leur porte. Ce dimanche
19 juillet, le peuple de Paris, fatigué par une semaine
de fête démocratique, semblait avoir en masse abandonné sa capitale.

L'immeuble Thibault se voyait de loin. Des échafaudages couronnaient encore la toiture. La vieille
façade, zébrée de raccords de céruse, n'attendait plus,
pour rajeunir, qu'un coup de badigeon. Des palissades,
bariolées d'affiches, masquaient le rez-de-chaussée, et
rétrécissaient à cet endroit le trottoir.

Relevant et serrant contre elle les volants de sa robe
de foulard, Anne, suivie du chien, se faufila entre les
sacs, les madriers, les tas de gravats, qui encombraient
l'entrée. Sous la voûte, régnaient une odeur de cave et
une humidité de plâtre frais qui saisissait à la nuque,
comme le contact d'une éponge glacée. Fellow leva sa
petite truffe noire, et s'arrêta pour renifler ces odeurs
insolites. Anne sourit, souleva d'une main la petite
boule de soie tiède, et la garda contre sa poitrine.

Dès qu'on franchissait la porte vitrée du vestibule,
les travaux intérieurs semblaient terminés. Un chemin
de tapis rouge, qui n'était pas posé lors de la dernière
visite d'Anne, menait jusqu'à l'ascenseur.

Au palier du second, elle s'arrêta et, par habitude,
bien qu'elle sût qu'Antoine était absent, elle se donna
un coup de houppette, avant de sonner.

La porte s'ouvrit, comme à regret : Léon hésitait à

se montrer en petite tenue, dans son gilet rayé. Son visage allongé et glabre, couronné d'un duvet de poussin, avec cet air impersonnel, à la fois godiche et rusé — sourcils arqués, lippe molle, paupières basses, et nez tombant — qui était devenu chez lui un réflexe de défense. Il jeta sur Anne, sur son chapeau à fleurs, sur sa toilette mauve, un regard oblique, rapide, enveloppant comme un coup de filet ; puis il s'effaça pour la laisser entrer.

— « Le docteur n'est pas là… »

— « Je sais », dit-elle, en posant le chien sur le sol.

— « Il doit être encore en bas, avec ces messieurs… »

Anne se mordit la lèvre. Antoine, en la conduisant à la gare, mardi, lorsqu'elle était partie pour Berck, lui avait annoncé qu'il s'absenterait tout l'après-midi du dimanche, pour une consultation hors de Paris. Depuis six mois que durait leur liaison, elle découvrait ainsi, de temps à autre, de petites cachotteries, qui créaient autour d'Antoine une zone de protection infranchissable.

— « Ne vous dérangez pas », dit-elle, en tendant son ombrelle. « Je viens pour écrire un mot, que vous remettrez au docteur. »

Et, passant devant le domestique, elle s'élança sur la moquette beige, uniforme et moelleuse, qui tapissait maintenant l'ancien appartement de M. Thibault. Sans hésiter, le pékinois s'était arrêté devant le cabinet d'Antoine. Anne entra, fit passer le chien, et ferma la porte derrière elle.

Les stores étaient baissés ; les fenêtres, closes. Cela sentait le tapis neuf, le vernis frais, avec un ancien et persistant arôme de peinture. Elle s'approcha vivement du bureau, mit ses mains sur le dossier du fauteuil et, debout, l'œil dur, les narines flaireuses, enlaidie soudain, elle parcourut la pièce d'un regard avide et soupçonneux, prête à cueillir tout indice qui pût la renseigner un peu sur cette existence mal connue qu'Antoine menait loin d'elle.

Mais rien n'était plus impersonnel que cette salle, fastueuse et nue. Antoine n'y travaillait jamais : il ne s'en servait qu'aux jours de visite. Les murs étaient cachés à mi-hauteur par des bibliothèques, dont on devinait les rayons vides derrière les vitres voilées de soie chinoise. Au centre, trônait un bureau d'apparat, où, sur la surface inhospitalière d'une glace sans tain, s'alignait une garniture en maroquin — classeur, sous-main, tampon buvard, chiffrés d'un monogramme. Pas un dossier, pas une lettre, pas d'autre livre qu'un *Annuaire des Téléphones*. Dressé comme un bibelot près de l'encrier de cristal vierge d'encre, un stéthoscope d'ébonite évoquait seul la profession du propriétaire ; encore cet accessoire ne semblait-il pas avoir été placé là par Antoine, pour un usage médical, mais par la main anonyme d'un décorateur, soucieux de pittoresque.

Fellow, dès la porte, s'était allongé sur le ventre, les pattes écartées, et ses franges blondes se confondaient avec le tapis. Anne le caressa d'un regard distrait ; puis elle s'assit, en amazone, sur le bras du fauteuil tournant où, trois jours par semaine, Antoine rendait ses oracles. Elle s'imagina un instant qu'elle était lui : elle en éprouvait une jouissance subtile : c'était une revanche de la place trop mesurée qu'il lui avait faite dans sa vie.

Elle sortit du classeur le bloc à en-tête, sur lequel Antoine écrivait ses ordonnances, et prit son stylo dans son sac :

« Mon Tony aimé, cinq jours sans toi, c'est tout ce que j'ai pu. Ce matin, j'ai sauté dans le premier train. Il est quatre heures. Je vais chez nous, attendre que tu aies fini ta journée. Viens me rejoindre, mon Tony, viens vite.

« A. »

« J'apporterai de quoi faire la dînette, pour que nous n'ayons pas à sortir. »

Elle prit une enveloppe, et sonna.

Léon parut. Il avait remis sa livrée. Il caressa le chien, et s'approcha d'Anne.

Campée sur le bras du siège, elle balançait une jambe, et léchait la gomme de l'enveloppe. Elle avait la bouche bien fendue, la langue épaisse, mais déliée. Le parfum, dont elle saturait ses vêtements, flottait dans la pièce. Elle surprit une lueur dans le regard du domestique, et sourit silencieusement.

— « Tiens », dit-elle en jetant sa lettre sur le bureau, d'un geste qui fit sonner les gourmettes de son poignet, « tu lui donneras ça, veux-tu, dès qu'il remontera. »

Elle le tutoyait parfois, en l'absence d'Antoine ; si naturellement, que Léon n'en était pas surpris. De furtives et tacites connivences les liaient. Quand elle venait prendre Antoine pour dîner, et que celui-ci la faisait attendre, elle bavardait volontiers avec Léon ; elle respirait auprès de lui comme un air de pays natal. D'ailleurs, il n'abusait pas de cette familiarité ; à peine si, dans le tête-à-tête, il se dispensait de lui parler à la troisième personne ; et, lorsqu'elle lui donnait un pourboire, il lui savait gré de pouvoir la remercier d'un simple clignement d'œil, le cœur pur de toute haine de classe.

Elle allongea le mollet, glissa la main sous sa jupe pour tendre la soie de son bas, et sauta du fauteuil :

— « Je me sauve, Léon. Où avez-vous mis mon ombrelle ? »

Pour trouver un taxi, le plus sûr était de monter par la rue des Saints-Pères jusqu'au boulevard. La rue était à peu près déserte. Un jeune homme la croisa. Ils s'effleurèrent d'un regard indifférent, sans se douter qu'ils s'étaient déjà rencontrés, en un jour assez mémorable. Mais, comment se fussent-ils reconnus ? Jacques, en quatre ans, avait profondément changé : cet homme trapu, au masque soucieux, n'avait ni la démarche ni la figure de cet adolescent qui, jadis, avait fait le voyage de Touraine pour assister au mariage d'Anne avec Simon de Battaincourt. Et lui, bien que, au cours de cette étrange cérémonie, il eût curieusement observé la mariée, comment eût-il reconnu, dans ce visage fardé de Parisienne — que l'ombrelle, d'ailleurs, lui cachait à moitié — les traits de cette veuve inquiétante qu'avait épousée son ami Simon ?

— « Avenue de Wagram », avait dit Anne au chauffeur.

Avenue de Wagram, c'était « chez nous » : un rez-de-chaussée meublé en garçonnière, qu'Antoine avait loué au début de leur liaison, au coin de l'avenue et d'une impasse sur laquelle donnait une entrée particulière, ce qui permettait d'échapper au contrôle de la concierge.

Jamais Antoine n'avait accepté d'être reçu dans le petit hôtel qu'Anne habitait près du Bois, rue Spontini. Pourtant, depuis plusieurs mois, elle y vivait seule, et libre. (Lorsque, sur le conseil d'Antoine, il avait fallu mettre Huguette dans un plâtre, et l'emmener à la mer, Anne avait loué une maison à Berck, et il avait été décidé qu'elle s'y installerait, avec son mari, jusqu'à la guérison de la petite. Résolution héroïque, à laquelle Anne n'avait pu se conformer bien longtemps. En fait, Simon, qui n'avait jamais aimé Paris, était le seul qui se fût définitivement fixé là-bas, auprès de sa belle-fille et de la gouvernante anglaise. Il y faisait beaucoup de photographie et un peu de peinture, un peu de musique aussi ; et, pendant les longues soirées, se souvenant de ses études de théologie, il lisait des livres sur le protestantisme. Anne trouvait toujours un prétexte pour être à Paris ; ses séjours à Berck se bornaient, chaque mois, à une visite de cinq à six jours. Le sentiment maternel n'avait jamais été bien développé chez elle. Naguère, la présence quotidienne de cette grande fille de treize ans l'irritait comme une entrave. Aujourd'hui, à cette sourde animosité, se mêlait un sentiment d'humiliation devant ce chariot d'infirme que Miss Mary promenait au soleil, dans le sable des dunes. Anne rêvait parfois d'adopter des fillettes chlorotiques, mais elle trouvait tout naturel de ne pas soigner son enfant. A Paris, du moins, elle oubliait Huguette — et Simon.)

L'auto descendait déjà l'avenue de Wagram, quand Anne songea à la « dînette ». Les boutiques étaient fermées. Elle connaissait aux Ternes un magasin d'alimentation qui restait ouvert le dimanche. Elle s'y fit conduire, et congédia le taxi.

C'était amusant, d'acheter ! Son pékinois sous le bras,

elle allait et venait devant les étalages appétissants. Elle choisit d'abord les choses qu'Antoine aimait : un pain de seigle, du beurre salé, de la poitrine d'oie fumée, un panier de fraises. Pour Fellow autant que pour Antoine, elle y ajouta un pot de double-crème.

— « Et puis, une tranche de ça! » dit-elle, avec gourmandise, en pointant son index ganté vers une terrine de vulgaire pâté de foie. « Ça », c'était pour elle ; le pâté de foie était sa folie ; et naturellement, sauf en voyage, au hasard d'un buffet de gare ou d'une auberge de campagne, elle n'en mangeait jamais. Quelques sous de pâté, rosâtre et gras, cerné de saindoux, bien épicé au girofle et à la muscade, étalé sur une miche de pain trop frais, c'était tout son passé de midinette qui lui revenait à la bouche... Ses déjeuners froids, seule sur un banc des Tuileries, au milieu des pigeons et des moineaux, lorsqu'elle était vendeuse avenue de l'Opéra. Pas de boisson ; mais, pour calmer la brûlure des épices, une poignée de bigarreaux, achetés au bord du trottoir. Et, pour finir, quand approchait l'heure de rentrer à la boîte, un petit noir, sucré, brûlant, qui sentait le fer-blanc et le cirage, et qu'elle avalait debout, toute seule, contre le zinc d'un café-bar, rue Saint-Roch.

Elle regardait distraitement le commis empaqueter les achats, faire l'addition.

Toute seule... Même à cette époque-là, un sûr instinct l'avertissait que, si elle avait quelque chance d'arriver, c'était à condition de rester distante et secrète, sans amitiés, sans habitudes, perpétuellement disponible pour une immédiate transformation. Ah! si la diseuse de bonne aventure qui se promenait alors dans les Tuileries avec sa hotte et sa claquette, vendant des *plaisirs* et du *coco*, lui avait prédit qu'elle deviendrait Mme Goupillot, la femme du grand patron!... C'était arrivé pourtant. Et même, aujourd'hui, vu de loin, cela paraissait presque simple...

— « Voilà, madame. » Le commis tendait le paquet ficelé.

Anne sentit sur sa gorge le regard du vendeur. Elle aimait de plus en plus être effleurée par le désir des hommes. Celui-ci n'était encore qu'un gamin, avec une joue duveteuse, une lèvre gercée, une grande bouche mal faite et saine. Anne passa son doigt sous la ficelle, releva le front, plia légèrement la nuque en arrière, et, en guise de remerciement, laissa, de ses prunelles grises, couler sur l'enfant un regard enjôleur.

Le paquet n'était pas bien lourd. Elle avait du temps : il n'était que cinq heures. Elle remit le chien à terre, et partit à pied vers l'avenue de Wagram.

— « Allons, Fellow, un peu de courage... »

Elle avançait à longues foulées, le buste souple, un peu de fierté dans le port de tête. Car elle ne pouvait retenir un élan d'orgueil, chaque fois qu'elle se rappelait sa vie : elle avait conscience que sa volonté n'avait pas cessé d'agir sur son destin, et que sa réussite était bien son œuvre.

A distance, surprise comme s'il se fût agi d'une autre, elle admirait cette opiniâtreté qu'elle avait mise, dès l'enfance, à s'échapper des bas-fonds ; une sorte d'instinct, pareil à celui du nageur qui coule, et qui, par tous ses réflexes, tend à revenir vers la surface. C'était pour monter mieux qu'elle s'était réservée, jalousement, pendant ces longues années d'adolescente chaste, entre son frère aîné et son père veuf. Le dimanche, tandis que le père, ouvrier plombier, jouait aux boules sur les fortifs, Anne et son frère allaient traîner au bois de Vincennes, avec des amis. Un soir, au retour d'une promenade, un jeune électricien, un camarade de son frère, avait voulu l'embrasser. Elle avait dix-sept ans déjà, et il lui plaisait. Mais elle l'avait giflé, et s'était sauvée, seule, jusqu'à la maison ; et jamais plus elle n'avait consenti à sortir avec son frère. Le dimanche, elle restait chez elle, à coudre. Elle avait le goût des étoffes, de la toilette. Une mercière du voisinage, qui avait connu sa mère, l'avait prise comme demoiselle de magasin ; mais c'était triste, cette boutique de quartier où n'entrait qu'une clientèle pauvre... Heureusement, elle avait eu la chance de trouver une place de vendeuse à la succursale que les *Bazars du XXᵉ siècle* venaient d'ouvrir à Vincennes, sur la place de l'Église. Manier des pièces de velours, de taffe-

tas ; se sentir frôlée par ces allants et venants ; vivre
dans la convoitise des commis, des chefs de rayon, sans
rien leur accorder jamais qu'un sourire de camarade ;
et rentrer sagement, le soir, pour préparer le souper de
famille : telle avait été sa vie pendant deux ans ; et,
somme toute, elle en gardait bon souvenir. Mais, dès
la mort du père, elle avait fui la banlieue, et obtenu une
place de choix, en plein cœur de Paris, avenue de l'Opéra
à la maison-mère, que le vieux Goupillot dirigeait encore
un peu lui-même. Et c'est alors qu'il avait fallu jouer
serré, jusqu'au mariage... « Jouer serré! » Ç'aurait pu
être sa devise... Maintenant encore... N'était-ce pas elle
qui, dès sa première rencontre avec Antoine, avait jeté
son dévolu sur lui, vaincu ses résistances, fait patiemment sa conquête? Et il ne s'en doutait pas ; car elle
était assez rouée pour ménager la fatuité du mâle, et lui
laisser l'illusion de l'initiative. Trop belle joueuse, d'ailleurs, pour préférer la jouissance vaniteuse d'afficher
son pouvoir à la satisfaction vraiment royale de l'exercer
en secret, avec toutes les armes d'une apparente faiblesse...

Sa rêverie l'avait conduite jusqu'à la garçonnière.
Elle avait pris chaud en marchant. Le silence, la fraîcheur de l'appartement resté clos, lui parurent exquis.
Debout au milieu de la chambre, elle fit hâtivement
tomber tout ce qu'elle avait sur elle, et courut dans le
cabinet de toilette faire couler un bain.

Elle eut plaisir à se sentir nue parmi ces glaces, ces
vitres dépolies, dont la lumière d'astre mort donnait
plus d'éclat à sa chair. Penchée sur les robinets, d'où
l'eau jaillissait en tumulte, elle promenait distraitement
sa paume sur ses hanches brunes, restées maigres, sur sa
poitrine qui s'alourdissait. Puis, sans attendre que la
baignoire fût pleine, elle enjamba le bord. L'eau était
à peine tiède. Elle s'y glissa, avec un frisson de plaisir.

Une sortie de bain, blanche à rayures bleues, qui pendait au mur devant elle, la fit sourire : Antoine s'était
drôlement drapé là-dedans, l'autre soir, pour faire la
dînette. Et brusquement, elle se souvint d'une petite
scène qui s'était passée entre eux, ce soir-là justement :

à une question qu'elle posait à Antoine sur sa vie de
jeune homme, sur sa liaison avec Rachel, il lui avait dit,
mi-figue, mi-raisin : « Je te raconte tout, je ne te cache
rien de mon passé, moi. »

En effet, elle lui parlait fort peu d'elle. Au début de
leur liaison, Antoine, un soir, penché sur ses yeux, lui
avait dit : « ... ton regard de femme fatale! » Rien ne lui
avait causé autant de plaisir. Elle ne l'avait jamais
oublié. Pour mieux préserver ce prestige, elle s'était
appliquée à entretenir du mystère autour de son passé.
Peut-être était-ce une maladresse ? Sous la femme fatale,
qui sait si Antoine n'aurait pas eu de plaisir à découvrir la midinette ? Elle se promit d'y réfléchir. Le remède
était facile : sa vie d'autrefois était assez riche pour que,
sans avoir à inventer ni à mentir, elle pût y puiser cela
aussi : les souvenirs de la petite vendeuse sentimentale
qu'elle avait été, certains jours de sa jeunesse...

Antoine... Dès qu'elle pensait à lui, c'était avec désir.
Elle l'aimait tel qu'il était, pour son assurance, pour sa
force — et bien qu'il eût conscience de cette force...
Elle l'aimait pour sa fougue amoureuse, un peu brutale,
un peu trop dépourvue de tendresse... Dans une heure,
peut-être, il serait là...

Elle allongea les jambes, renversa la tête et ferma les
yeux. Sa lassitude fondait à l'eau comme de la poussière.
Un bien-être animal l'engourdissait. Au-dessus d'elle,
le grand immeuble, déserté, était silencieux. Pas d'autre
bruit que le ronflement du chien vautré sur le carrelage
frais, un lointain raclement de patins à roulettes sur
l'asphalte d'une cour voisine, et la modulation d'une
goutte d'eau qui, de seconde en seconde, tombait du
robinet avec un son cristallin.

XIV

Jacques, arrêté au coin de la rue de l'Université,
contemplait sa maison natale. Coiffée d'échafaudages,

elle était méconnaissable. « C'est vrai », songeait-il, « Antoine projetait toutes sortes de travaux... »

Depuis la mort de son père, il avait bien fait deux séjours à Paris, mais sans venir dans son ancien quartier, sans même signaler son passage à son frère. Celui-ci, plusieurs fois, au cours de l'hiver, avait écrit affectueusement. Jacques, lui, s'était borné à de cordiales et laconiques cartes postales. Il n'avait même pas fait d'exception pour répondre à une longue lettre d'affaires relative à la succession ; il avait exprimé, en cinq lignes, son refus catégorique et à peine motivé d'entrer en possession de sa part d'héritage, priant son frère de ne plus lui parler de « ces questions-là ».

Il était en France depuis le mardi précédent. (Le lendemain de la réunion Bœhm, Meynestrel lui avait dit : « File à Paris. Possible que j'aie besoin de t'avoir là-bas, ces jours-ci. Je ne peux rien préciser pour l'instant. Profites-en pour prendre le vent, regarder de près ce qui se passe ; comment réagissent les milieux de gauche français ; spécialement le groupe Jaurès, ces messieurs de *l'Humanité*... Si dimanche ou lundi tu n'as rien reçu de moi, tu pourras revenir. A moins que tu ne penses être utile là-bas. ») Pendant ces quelques jours, il n'avait pas trouvé le temps — ou pas eu le courage — de venir voir Antoine. Mais, les événements lui semblaient prendre de jour en jour tant de gravité, qu'il avait décidé de ne pas repartir sans avoir rencontré son frère.

Les yeux levés vers le second étage où s'alignaient des stores neufs, il cherchait à retrouver *sa* fenêtre, celle de sa chambre de gamin... Il était encore temps de faire demi-tour. Il hésita. Finalement, il traversa la rue et pénétra sous la voûte.

Il ne reconnaissait plus rien ; dans l'escalier, des murs de stuc, une rampe forgée, de larges verrières, remplaçaient la sombre tenture à fleurs de lis, les balustres tournés, les vitraux moyenâgeux de naguère. Seul, l'ascenseur n'avait pas été changé. C'était toujours le même déclic, bref, puis ce frottement de chaînes et ce borborygme huileux précédant la mise en marche, que Jacques, à chacun de ses retours, n'entendait jamais sans un serrement de cœur, sans revivre soudain l'un des cruels instants de son enfance humiliée : sa rentrée à la maison paternelle après sa fugue... C'était là, seulement là, dans cette étroite cabine où Antoine l'avait poussé, que le fugitif s'était vraiment senti repris, happé, impuissant... Son père, le pénitencier... Et maintenant Genève, l'Internationale... La guerre, peut-être...

— « Bonjour, Léon. En voilà des changements!... Mon frère est-il là ? »

Au lieu de répondre, Léon, avec une expression de surprise, dévisageait ce revenant. Il dit enfin, battant des paupières :

— « Le docteur? Non... C'est-à-dire, oui... Pour Monsieur Jacques, sûrement!... Mais il est au-dessous, dans les bureaux... Faudrait que Monsieur Jacques redescende un étage... La porte est ouverte, Monsieur n'aura qu'à entrer. »

Au palier du premier, Jacques lut sur une plaque de cuivre : *Laboratoires A. Oscar-Thibault.*

« Toute la maison, alors ?... » songea-t-il « Et il s'est annexé jusqu'au prénom d'*Oscar*!... »

La porte s'ouvrait, de l'extérieur, par une béquille nickelée. Jacques se trouva dans un vestibule, où donnaient trois portes pareilles. Derrière l'une d'elles, il perçut des voix. Antoine recevait-il des clients, un après-midi de dimanche? Perplexe, Jacques avança de quelques pas.

— « ... témoignages biométriques... enquêtes dans les groupes scolaires... »

Ce n'était point Antoine qui parlait. Mais, tout à coup, il reconnut la voix de son frère :

— « Premier point : accumuler des tests... Classer des tests... Avant quelques mois, n'importe quel neurologue, n'importe quel spécialiste de pathologie infantile, n'importe quel éducateur, même, doit pouvoir trouver chez nous, ici, dans nos statistiques... »

Oui, c'était bien Antoine, son élocution tranchante et comme satisfaite, un peu gouailleuse aux finales...

« Plus tard, il aura tout à fait la voix de *son* père », se dit Jacques.

Il demeura une minute immobile, sans écouter, les yeux baissés vers le linoléum neuf qui recouvrait le sol. De nouveau, la tentation de partir l'effleura. Mais Léon l'avait vu... D'ailleurs, puisqu'il était venu jusque-là... Il redressa les épaules, et, comme une grande personne qui n'hésite pas à troubler le jeu des enfants, il vint jusqu'à la porte et frappa un coup sec.

Antoine, interrompu, s'était levé. La mine hargneuse, il entrouvrit le battant :

— « Qu'est-ce que...? Comment? Toi! » s'écria-t-il, épanoui tout à coup.

Jacques, lui aussi, souriait, envahi soudain par une de ces vagues de tendresse fraternelle qui le soulevaient, malgré tout, chaque fois qu'il retrouvait Antoine, en chair et en os, son visage énergique, son front carré, sa bouche...

— « Entre donc », dit Antoine. Il ne quittait pas son frère des yeux. Jacques était là! Jacques était là, debout, avec sa mèche roux foncé, avec son regard mobile, avec ce demi-sourire qui ressuscitait son visage d'enfant...

Trois hommes, en blouses blanches déboutonnées, le visage suant, sans cols, étaient assis devant une grande table où des verres, des citrons, un seau à glace, voisinaient avec des papiers et des graphiques dépliés.

— « C'est mon frère », annonça Antoine, riant de plaisir. Et, désignant à Jacques les trois hommes qui s'étaient levés, il présenta : « Isaac Studler... René Jousselin... Manuel Roy... »

— « Je vous dérange? » balbutia Jacques.

— « Oui! » fit Antoine. Il regarda gaiement ses collaborateurs : « N'est-ce pas? Impossible de dissimuler qu'il nous dérange, l'animal... Mais tant mieux! Cas de force majeure... Assieds-toi. »

Jacques, sans répondre, examinait la vaste pièce, entièrement garnie de rayonnages sur lesquels s'alignaient des cartons numérotés, tout neufs.

— « Tu te demandes où tu es? » dit Antoine, amusé par la surprise de son frère. « Tu es dans la *Salle des*

archives, tout simplement... Veux-tu boire quelque
chose de frais? Whisky? Non?... Roy va te fabriquer
une citronnade », décréta-t-il en s'adressant au plus
jeune des trois hommes : une figure intelligente d'étudiant parisien, éclairée par un regard lisse, un regard
de bon élève.

Tandis que Roy pressait un citron sur de la glace
pilée, Antoine s'était tourné vers Studler :

— « Nous reprendrons tout ça dimanche prochain,
vieux... »

Studler était sensiblement plus âgé que les autres, et
il semblait même être l'aîné d'Antoine. Le prénom
d'Isaac convenait d'emblée à son profil, à sa barbe
d'émir, à ses yeux fiévreux de mage oriental. Jacques
eut l'impression qu'il l'avait déjà rencontré, jadis,
quand les deux frères habitaient ensemble.

— « Jousselin va ranger les paperasses... », poursuivait Antoine. « De toute façon, nous ne pouvons
rien commencer de suivi avant le premier août, avant
mes vacances d'hôpital... »

Jacques écoutait. Août... Les vacances... Sans doute,
un peu d'étonnement parut-il sur ses traits, car Antoine,
qui le regardait, crut devoir expliquer :

— « Oui, nous sommes d'accord, tous les quatre,
pour ne pas prendre de congé, cette année... Vu les circonstances... »

— « Je comprends », approuva Jacques, d'un air
grave.

— « Songe qu'il n'y a pas trois semaines que les travaux de la maison sont terminés : rien ne fonctionne
encore, de nos nouveaux services. D'ailleurs, avec l'hôpital et la clientèle, je n'aurais pas eu plus tôt le temps
de mettre tout ça en train. Mais, avec ces deux mois de
calme que nous allons avoir, jusqu'à la rentrée... »

Jacques le regardait, surpris. L'homme qui parlait
ainsi n'avait évidemment rien perçu, dans les pulsa-
tions du monde, qui pût ébranler la sécurité de son
travail, sa confiance dans le lendemain.

— « Ça t'étonne? » reprit Antoine. « C'est que tu n'as
aucune idée de nos entreprises. Nous avons des ambi-

tions... magnifiques! N'est-ce pas, Studler?... Je te
raconterai ça... Tu dînes avec moi, bien entendu?...
Bois ta citronnade, tranquillement. Après ça, je te ferai
faire le tour du propriétaire. Tu verras toute notre
nouvelle installation... Et, ensuite, nous monterons
là-haut, pour bavarder. »

« Il est bien resté le même », se disait Jacques. « Il
faut toujours qu'il organise, qu'il dirige le mouvement...»
Docile, il but sa citronnade et se leva. Antoine était
déjà debout.

— « Descendons d'abord aux laboratoires », dit-il.

Jusqu'à la mort de M. Thibault, Antoine avait vécu
la vie normale d'une jeune médecin d'avenir. Il avait,
un à un, passé ses concours, s'était fait recevoir au
Bureau central, et en attendant un poste de titulaire
dans le service des Hôpitaux, il avait continué à faire
de la clientèle.

Brusquement, l'héritage paternel l'avait investi d'une
puissance inattendue : l'argent. Or, il n'était pas
homme à négliger cette chance insigne.

Il n'avait aucune charge, aucun vice coûteux. Une
seule passion : le travail. Une seule ambition : devenir
un maître. L'hôpital, la clientèle, n'étaient, à ses yeux,
qu'un exercice. Ce qui comptait, c'étaient ses recherches
personnelles de pathologie infantile. Aussi du jour
où il s'était senti riche, sa vitalité, déjà puissante,
s'était trouvée soudain décuplée. Il n'eut plus qu'une
pensée : consacrer sa fortune à accélérer son ascension
professionnelle.

Son plan fut vite au point. S'assurer d'abord les faci-
lités d'ordre matériel, par une organisation perfec-
tionnée : des laboratoires ; une bibliothèque, un groupe
choisi d'assistants. Avec de l'argent, tout devenait possible, facile. Même d'acheter l'intelligence, le dévouement de quelques jeunes médecins sans ressources,
auxquels il assurerait l'aisance, et dont il utiliserait les
capacités pour avancer ses recherches et en entreprendre
de nouvelles... Tout de suite, il avait pensé à l'ami du

docteur Héquet, son ancien camarade Studler, sur-
nommé *le Calife*, dont il connaissait de longue date
l'esprit de méthode, la probité intellectuelle et la force
de travail. Puis il avait jeté son dévolu sur deux jeunes :
Manuel Roy, un externe qu'il avait eu plusieurs années
dans son service ; et René Jousselin, un chimiste, qui
s'était déjà fait remarquer par d'importantes études
sur les sérums.

En quelques mois, sous la conduite d'un architecte
entreprenant, la maison paternelle avait été métamor-
phosée. L'ancien rez-de-chaussée, relié maintenant au
premier étage par un escalier intérieur, avait été aménagé en laboratoires munis de tous les agencements
modernes. Rien n'avait été négligé. Dès que surgissait
une difficulté d'exécution, Antoine touchait machinalement la poche où il portait son carnet de chèques :
« Faites-moi un devis. » La dépense ne lui importait
guère. Il tenait fort peu à l'argent, mais beaucoup à
la réussite de ses projets. Son notaire, son agent de
change s'effrayaient de le voir entamer, avec tant d'appétit, cette fortune lentement acquise et prudemment
gérée par deux générations de grands bourgeois. Mais
il n'en avait cure, faisait vendre des paquets de titres,
et riait des timides avertissements de ses hommes d'affaires. D'ailleurs, il avait aussi son plan financier. Ce
qui resterait de sa fortune, après ces larges brèches,
il avait l'intention de le placer en fonds étrangers et
notamment en mines russes, sur les conseils de son ami
Rumelles, le diplomate. Il pensait ainsi, même avec
un capital très écorné, se procurer des revenus qui,
d'après ses calculs, ne devaient pas être sensiblement
inférieurs à ceux que M. Thibault, fidèle aux valeurs
« sûres » mais de très petit rapport, tirait naguère de
la fortune intacte.

L'inspection détaillée du rez-de-chaussée dura près
d'une demi-heure. Antoine ne faisait grâce de rien au
visiteur... Il le traîna même dans les anciennes caves,
qui formaient maintenant un vaste sous-sol, blanchi à
la chaux : Jousselin venait, ces jours derniers, d'y installer un odorant élevage, où les rats, les souris et les

cobayes voisinaient avec un aquarium de grenouilles. Antoine était ravi. Il riait de ce rire de gorge, jeune et houleux, qu'il avait refoulé si longtemps, et que Rachel avait pour toujours libéré. « Un gosse de riche, qui montre ses joujoux », pensa Jacques.

Au premier étage, se trouvaient une petite salle d'opération, les bureaux des trois collaborateurs, la salle réservée aux archives et la bibliothèque.

— « Avec ça, on peut commencer à travailler », expliqua Antoine, sur un ton grave et satisfait, tandis qu'ils montaient au second étage. « Trente-trois ans... Il est temps que je m'y mette sérieusement, si je veux laisser quelque chose de durable derrière moi!... Tu sais », reprit-il, en s'arrêtant, et en se tournant vers Jacques, avec cette brusquerie un peu forcée qu'il aimait à montrer, particulièrement à son frère : « on peut toujours beaucoup plus qu'on ne croit! Quand on *veut* quelque chose — une chose réalisable, s'entend... — d'ailleurs, moi, je ne veux jamais que des choses réalisables... — eh bien, quand on *veut* pour de bon!... » Il n'acheva pas sa phrase, sourit avec complaisance et se remit en marche.

— « Où en es-tu, de tes concours? » demanda Jacques, pour dire quelque chose.

— « J'ai passé celui des Hôpitaux, cet hiver. Reste l'agrégation — parce qu'il faut bien aussi pouvoir être professeur, un jour!... Seulement, vois-tu », reprit-il, « être un bon médecin d'enfants, comme Philip, c'est bien, mais ça ne me suffirait plus : ce n'est pas ça qui me permettrait de donner ma mesure... La médecine de notre époque, c'est dans le domaine psychique qu'elle fera son pas décisif... Eh bien, je veux en être, tu comprends? Je ne veux pas que ce pas-là se fasse sans moi! Ce n'est pas par hasard que, pendant ma préparation au concours, je me suis tant occupé des *arriérés du langage*... La psycho de l'enfance, à mon avis, n'en est qu'à ses débuts. C'est le bon moment... Ainsi, je voudrais, l'an prochain, compléter mes documents sur les rapports entre la discipline respiratoire des gosses et leur vie cérébrale... » Il se tourna. Sur son visage affleura soudain le masque du grand homme, que le savoir sépare de l'ignorance des simples. Avant de mettre sa clef dans la serrure, il fixa sur son frère un regard profond : « Que de choses à faire, de ce côté-là... », fit-il lentement. « Que de choses à débrouiller... »

Jacques se taisait. Rarement, cet air qu'avait Antoine de toujours bien mordre à la vie l'avait exaspéré si fort. Devant cette trentaine trop bien gréée, qui semblait si assurée de gagner le large, il sentait, avec une sorte d'angoisse, l'instabilité de son équilibre à lui — et, plus encore, la menace d'orage qui pesait sur le monde.

Dans ces dispositions hostiles, la visite de l'appartement lui fut particulièrement pénible. Antoine se promenait à travers cette installation luxueuse, le jarret tendu, comme un coq dans sa basse-cour. Il avait fait abattre la plupart des cloisons, et entièrement modifier la distribution. L'aménagement, bien que dénué de simplicité, était assez réussi. De hauts paravents de laque divisaient les deux salons d'attente en petits espaces où l'on isolait les clients ; et cette innovation de l'architecte, dont Antoine se montrait fier, donnait à l'ensemble un aspect d'Exposition décorative. Antoine affirmait d'ailleurs que, personnellement, il n'attachait guère de prix à ce faste extérieur. « Mais », expliquat-il, « ça permet de trier la clientèle, tu comprends ? de la réduire, et de gagner du temps pour le travail. »

Le cabinet de toilette était une merveille d'ingéniosité et de confort. Antoine, complaisamment, tout en retirant sa blouse, faisait jouer les vantaux polis des armoires :

— « Tout à portée de la main : ça gagne du temps », répétait-il.

Il avait enfilé un veston d'intérieur. Jacques remarqua combien la tenue de son frère était plus soignée qu'autrefois. Rien ne tirait l'œil, mais la veste noire était de soie ; la chemise molle était de fine batiste. Cette élégance discrète lui allait bien. Il paraissait rajeuni, plus souple, sans avoir rien perdu de sa robustesse.

— « Comme il semble être à l'aise dans son luxe »,

songeait Jacques. « La vanité de Père... La vanité aris-
tocratique du bourgeois!... Quelle race!... On dirait,
ma parole, qu'ils prennent pour une supériorité, non
seulement leur fortune, mais leur habitude de bien vivre,
leur goût du confort, de la « qualité »! Ça devient pour
eux un mérite personnel! Un mérite qui leur crée des
droits sociaux! Et ils trouvent parfaitement légitime
cette « considération » dont ils jouissent! Légitimes,
leur autorité, l'asservissement d'autrui! Oui, ils trouvent tout naturel de « posséder »! Et ils trouvent tout
naturel que ce qu'ils possèdent soit inattaquable, pro-
tégé par les lois contre la convoitise de ceux qui n'ont
rien! Généreux, oh! sans doute! Tant que cette générosité est un luxe de plus : une générosité qui fait partie
des dépenses superflues... » Et Jacques évoquait la vie
précaire de ses amis suisses qui, privés du superflu,
s'entre-partageaient le nécessaire, et pour qui l'entraide
était toujours un risque de manquer du minimum.

Pourtant, devant la baignoire, qui était vaste comme
une petite piscine et tout éblouissante de reflets, il ne
put se défendre d'une pointe d'envie. Il était si mal
installé dans sa chambre à trois francs... Par cette chaleur, un bain lui eût semblé délicieux.

— « Là, c'est mon cabinet », dit Antoine en ouvrant
une porte.

Jacques entra et s'approcha de la fenêtre.

— « Mais c'est l'ancien salon, n'est-ce pas ? »

En effet : le vieux salon, où, trente-cinq ans de suite,
dans une pénombre solennelle, M. Thibault avait tenu
les assises familiales, parmi des rideaux à baldaquins
et d'épaisses portières — l'architecte avait réussi ce
tour de force de le transformer en une pièce moderne,
claire et nue, sérieuse sans sévérité, qu'inondait maintenant la clarté des trois fenêtres, débarrassées de leurs
vitraux gothiques.

Antoine ne répondit pas. Sur le bureau, il avait aperçu
l'enveloppe d'Anne, et, surpris, car il croyait Anne à
Berck, il se hâtait de l'ouvrir. Dès qu'il eut parcouru
le billet, ses sourcils se froncèrent. Anne lui apparut,
dans le cadre familier de leur garçonnière, avec son

peignoir de soie blanche entrouvert... Il jeta machinalement un coup d'œil vers la pendule, et glissa le papier
dans sa poche. Ça tombait mal... Tant pis! Pour une
fois qu'il pouvait passer une soirée avec son frère...

— « Quoi? » fit-il, sans avoir entendu. « Je ne travaille jamais ici... C'est pour la consultation... Je me
tiens toujours dans mon ancienne chambre... Viens. »

Du fond du couloir, Léon s'avançait au-devant d'eux.

— « Monsieur a trouvé la lettre? »

— « Oui... Apportez-nous à boire, voulez-vous? Dans
mon bureau. »

Ce bureau était l'un des seuls coins de l'appartement
où se reflétait un peu de vie. A vrai dire, l'on y sentait
moins le travail que l'agitation d'une activité multiple
et désordonnée, mais ce désordre parut sympathique à
Jacques. Un amas de paperasses, fiches, carnets, articles découpés, encombrait la table, laissant à peine assez
de place pour écrire : les rayonnages étaient pleins de
livres usagés, de revues marquées de signets, de photographies en vrac, de fioles et d'échantillons pharma-
ceutiques.

— « Allons, asseyons-nous maintenant », dit Antoine,
en poussant Jacques vers un accueillant fauteuil de
cuir. Lui-même s'allongea sur le divan, parmi les coussins. (Il avait toujours aimé s'étendre pour causer. « Debout ou couché », disait-il : « la position assise est pour
les fonctionnaires. ») Il vit le regard de Jacques faire
le tour de la pièce, et s'arrêter une seconde sur le bouddha qui décorait la cheminée.

— « Il est beau, n'est-ce pas? C'est une pièce du
xie siècle, qui vient de la collection Ramsy. »

Il enveloppait son frère d'un regard affectueux, qui
devint soudain scrutateur :

— « Parlons de toi maintenant. Une cigarette?
Qu'est-ce qui te ramène en France? Un reportage sur
le procès Caillaux, je parie? »

Jacques ne répondit pas. Il contemplait obstinément
le bouddha, dont le visage rayonnait de sérénité solitaire au fond de la grande feuille de lotus d'or, recourbée comme une conque. Puis il dirigea sur son frère

son regard fixe, où il y avait une sorte d'effroi. Ses traits prirent une expression si grave qu'Antoine en éprouva un malaise : il supposa aussitôt qu'un drame nouveau ravageait la vie de son cadet.

Léon entra avec un plateau, qu'il posa près du divan.

— « Tu ne m'as pas répondu », reprit Antoine. « Comment es-tu à Paris ? Pour longtemps ?... Qu'est-ce que tu veux boire ? Moi, je suis toujours fidèle à mon thé froid... »

Jacques, d'un geste agacé, refusa.

— « Mais, Antoine », murmura-t-il, après un instant de silence, « est-ce possible que vous n'ayez, ici, aucun soupçon de ce qui se prépare ? »

Antoine, penché au bord du divan, tenait à deux mains le gobelet de verre qu'il venait de remplir, et, avant d'y tremper les lèvres, il humait avec gourmandise l'arôme du thé, légèrement parfumé de citron et de rhum. Jacques ne voyait que le haut du visage, le regard où flottait une nonchalance distraite. (Antoine songeait à Anne, qui l'attendait là-bas ; en tout cas, il fallait, sans trop tarder, la prévenir par téléphone...)

Jacques fut sur le point de se lever, de partir, sans explication.

— « Et qu'est-ce qui se prépare ? » murmura Antoine, sans changer de pose. Puis, comme à regret, il tourna les yeux vers son frère.

Ils se regardèrent un instant en silence.

— « La guerre », articula Jacques, d'une voix rauque.

La sonnerie du téléphone retentit, assez loin, dans le vestibule.

— « Oui ? » fit Antoine, les yeux plissés par la fumée de sa cigarette. « Toujours ces sacrés Balkans ? »

Il parcourait chaque matin un journal d'information et savait, d'une façon vague, qu'il y avait en ce moment une de ces incompréhensibles « tensions diplomatiques » qui occupaient périodiquement les chancelleries de l'Europe centrale.

Il sourit :

— « On devrait établir un cordon sanitaire autour

des peuples balkaniques, et les laisser s'entr'égorger, une bonne fois, jusqu'à la disparition totale ! »

Léon entrouvrait la porte :

— « *On* demande Monsieur au téléphone », annonçat-il, sur un ton mystérieux.

« *On*, c'est Anne », se dit Antoine. Et, bien qu'il y eût un appareil dans la pièce, à portée de sa main, il se leva pour gagner son cabinet de consultation.

Pendant une minute, Jacques considéra d'un œil fixe la porte par laquelle son frère était sorti. Puis, brusquement, comme s'il rendait un verdict sans appel : « Entre lui et moi », déclara-t-il, « le fossé est infranchissable ! » (Il y avait des moments où il goûtait une satisfaction rageuse à constater que le fossé était « infranchissable ».)

Dans son cabinet, Antoine décrochait hâtivement le récepteur.

— « Allô... C'est vous ? » fit une voix de contralto, tendre et chaude, dont la résonance du micro aggravait encore le frémissement.

A travers l'espace, Antoine sourit.

— « Vous tombez bien, chérie... J'allais téléphoner... Je suis désolé... Jacques vient d'arriver... Jacques, mon frère... Il débarque de Genève... Mais oui, à l'improviste... Ce soir, à l'instant... Alors, naturellement... D'où donc téléphonez-vous ? »

La voix reprit, câline :

— « Mais de chez nous, Tony... Je t'attendais... »

— « Il faut m'excuser, chérie... Vous comprenez bien, n'est-ce pas ?... Il faut que je reste avec lui... »

Comme la voix ne répondait plus, il appela :

— « Anne... »

La voix se taisait toujours.

— « Anne ! » répéta-t-il.

Debout devant le grand bureau d'apparat, la tête penchée sur le récepteur, il promenait sur le tapis havane, sur le bas des bibliothèques, sur les pieds des meubles, un regard absent et inquiet.

— « Oui », murmura enfin la voix. Il y eut un nouveau silence. « Est-ce que... est-ce qu'il restera tard ?... »

L'accent était si malheureux qu'Antoine en fut chaviré.

— « Je ne pense pas », dit-il. « Pourquoi ? »

— « Mais, Tony, crois-tu que j'aurais le courage de rentrer ce soir, sans seulement t'avoir eu... un peu ?... Si tu voyais comme je t'attends !... Tout est préparé... Même la dînette... »

Il rit. Elle aussi se contraignit à rire :

— « Est-ce que tu la vois, la dînette ? Le guéridon. devant la fenêtre... Le gros saladier vert, plein de petites fraises... pour toi... » Après une pause, elle reprit, sur un ton rapide, guttural : « Écoute, mon Tony, c'est vrai ? Tu ne peux pas venir tout de suite, tout de suite, rien qu'une heure ?... »

— « Non, chérie, non... Impossible avant onze heures ou minuit... Sois raisonnable... »

— « Rien qu'un moment ?... »

— « Tu ne comprends donc pas ?... »

— « Si, je comprends », interrompit-elle, vite et tristement. « Il n'y a rien à faire... Quel dommage !... » Encore un silence, puis une petite toux. « Alors, écoute, c'est bien... je t'attendrai », reprit-elle, avec un soupir résigné, où Antoine sentit tout l'effort de l'acceptation.

— « A ce soir, chérie... »

— « Oui... Écoute ! »

— « Quoi ? »

— « Non, rien... »

— « A tout à l'heure ! »

— « A tout à l'heure, Tony ! »

Antoine resta quelques secondes aux écoutes. Là-bas, Anne, elle aussi, l'oreille au récepteur, ne se décidait pas à couper. Alors, après un bref coup d'œil autour de lui, il mit ses lèvres tout contre l'appareil, et fit le bruit d'un baiser. Puis, souriant, il raccrocha.

Quand Antoine reparut, Jacques, qui n'avait pas bougé de son fauteuil, fut frappé d'apercevoir sur le masque de son frère un reflet insolite, la trace d'une émotion dont il perçut confusément le caractère intime, amoureux. Antoine, décidément, avait changé.

— « Je te demande pardon... Avec ce téléphone, on n'est jamais tranquille... »

Il s'approcha de la table basse où il avait laissé son verre, but quelques gorgées, puis revint s'allonger sur le divan :

— « De quoi parlions-nous ? Ah ! oui, tu me disais : la guerre... »

Il n'avait jamais eu le temps de s'intéresser à la politique ; ni l'envie. La discipline scientifique l'avait habitué à penser que, dans le monde social, comme dans celui de la vie organique, tout est problème, et problème difficile ; que, dans tous les domaines, la recherche de la vérité exige l'application, l'étude, la compétence. Il considérait donc la politique comme le champ d'une activité étrangère à la sienne. A cette réserve raisonnée, s'ajoutait une naturelle répugnance. Trop de scandales, d'un bout à l'autre de l'histoire des États, l'avaient persuadé qu'une sorte d'immoralité suintait naturellement de l'exercice du pouvoir ; ou, du moins, qu'une certaine rigueur d'honnêteté, qu'il avait coutume, lui, médecin, de tenir pour primordiale, n'était pas de règle, n'était peut-être pas aussi nécessaire, sur le terrain de la politique. Aussi suivait-il avec une indifférence méfiante la marche des affaires publiques ; sans plus de passion qu'il n'en apportait à voir fonctionner le service des Postes ou des Ponts et Chaussées. Et si, dans une conversation du fumoir — chez son ami Rumelles, par exemple — il lui arrivait, comme à tout le monde, de risquer un jugement sur les actes d'un ministre en place, c'était toujours d'un point de vue précis, terre à terre, volontairement simpliste : à la manière d'un voyageur d'autobus qui, pour louer ou critiquer le chauffeur, s'inquiète uniquement de la façon dont celui-ci manie le volant.

Mais il ne demandait pas mieux, puisque Jacques semblait y tenir, que de commencer l'entretien par un échange de généralités sur la politique européenne. Et ce fut avec une bonne volonté sincère que, pour rompre le silence de Jacques, il reprit :

— « Tu crois vraiment qu'une nouvelle guerre couve dans les Balkans ? »

Jacques regardait fixement son frère :

— « Est-ce possible qu'à Paris vous n'ayez pas encore la moindre notion de ce qui se passe depuis trois semaines ? Tous ces présages qui s'accumulent !... Il ne s'agit plus d'une petite guerre dans les Balkans : c'est toute l'Europe, cette fois, qui va droit à une guerre ! Et vous continuez à vivre, sans vous douter de rien ? »

— Tzs... tzs... », fit Antoine, sceptique.

Pourquoi pensa-t-il soudain au gendarme qui était venu, un matin, de cet hiver, à l'heure où il allait partir pour l'hôpital, changer l'ordre de mobilisation de son livret ? Il se souvint qu'il n'avait même pas eu la curiosité de regarder quelle était sa nouvelle affectation. Après le départ du gendarme, il avait jeté le livret dans quelque tiroir — il ne savait même plus où...

— « Tu n'as pas l'air de comprendre, Antoine... Nous sommes arrivés au moment où, si tous font comme toi, si tous laissent les choses aller, la catastrophe est inévitable... Déjà, à l'heure actuelle, il suffirait, pour la déclencher, d'un rien, d'un stupide coup de feu sur la frontière austro-serbe... »

Antoine ne disait rien. Il venait de recevoir un léger choc. Une bouffée de chaleur lui enflamma le visage. Ces paroles touchaient brusquement en lui comme un point secret que, jusqu'alors, aucune sensibilité particulière ne lui avait permis de localiser. Lui aussi, comme tant d'autres en cet été de 1914, se sentait vaguement à la merci d'une fébrilité collective, contagieuse — d'ordre cosmique, peut-être ? — qui circulait dans l'air. Et, pendant quelques secondes, il subit, sans pouvoir s'en défendre, l'angoisse d'un pressentiment. Il surmonta presque aussitôt cet absurde malaise, et, réagissant à l'extrême, comme toujours, il prit plaisir à contredire son frère — mais sur un ton conciliant :

— « Naturellement, là-dessus, je suis moins renseigné que toi... Tout de même, reconnais avec moi que, dans une civilisation comme celle de l'Europe occidentale, l'éventualité d'un conflit général est à peu près impossible à imaginer ! Avant d'en arriver là, il faudrait, en tout cas, de tels revirements d'opinion !... Cela demanderait du temps, des mois, des années peut-être... pendant lesquels d'autres problèmes surgiraient, qui enlèveraient à ceux d'aujourd'hui leur virulence... »

Il sourit tout à fait rasséréné par son propre raisonnement :

— « Ces menaces-là, tu sais, ne sont pas nouvelles. Déjà, à Rouen, il y a douze ans, quand je faisais mon service... Pour prédire la guerre, ou la révolution, les prophètes de malheur n'ont jamais manqué... Et le plus curieux, d'ailleurs, c'est que les indices sur lesquels ces pessimistes fondent leurs prévisions sont toujours exacts, et, à juste titre, inquiétants. Seulement, voilà : pour une raison qu'on n'avait pas envisagée, ou pas évaluée à sa valeur, les faits s'enchaînent autrement que prévu, et les choses s'arrangent d'elles-mêmes... Et la vie continue, cahin-caha... Et la paix aussi ! »

Jacques, la tête dans les épaules, le front barré par sa mèche, écoutait avec impatience.

— « Cette fois, Antoine, c'est extrêmement grave... »

— « Quoi ? Ces chicanes entre l'Autriche et la Serbie ? »

— « Ça, c'est le motif, l'incident attendu, provoqué peut-être... Mais il y a tout ce qui fermente, depuis des années, dans les coulisses sur-armées de l'Europe. Cette société capitaliste, que tu sembles croire si solidement ancrée dans la paix, elle est à la dérive, toute déchirée d'antagonismes secrets, féroces... »

— « Est-ce qu'il n'en a pas toujours été ainsi ? »

— « Non !... Ou plutôt si, peut-être... Mais... »

— « Je sais bien », interrompit Antoine, « qu'il y a
ce sacré militarisme prussien qui pousse toute l'Europe
à s'armer jusqu'aux dents... »

— « Pas seulement prussien ! » s'écria Jacques. « Chaque nation a son militarisme, qui se justifie en invoquant
les intérêts en jeu !... »

Antoine secouait la tête :

— « Intérêts, oui, bien sûr », dit-il. « Mais la concurrence des intérêts, si intense soit-elle, peut indéfiniment
se concevoir, sans mener à la guerre ! Je crois à la paix,
et pourtant je crois que la lutte est la condition de la vie.
Heureusement, il y a aujourd'hui, pour les peuples,
d'autres formes de lutte que le massacre par les armes !
Bonnes pour les Balkaniques, ces façons-là !... Tous les
gouvernements — je veux dire ceux des grandes puissances — même dans les pays qui ont les plus gros bud-
gets d'armements, sont manifestement d'accord pour
considérer la guerre comme la pire des éventualités. Je
ne fais que répéter là ce que disent eux-mêmes, dans
leurs discours, les hommes d'État responsables. »

— « Naturellement ! En parole, devant leurs peuples,
ils prônent tous la paix ! Mais la plupart d'entre eux ont
encore cette conviction que la guerre est une nécessité
politique, périodiquement inévitable, dont il s'agira, le
cas échéant, de tirer le meilleur parti — le meilleur *profit*. Car c'est toujours, partout, la même cause, à l'origine de tous les maux : le profit ! »

Antoine réfléchissait. Il fut sur le point de soulever
une nouvelle objection. Mais déjà son frère poursuivait :

— « Vois-tu, il y a, actuellement, à la tête de l'Europe, une demi-douzaine de sinistres grands Patriotes,
qui, sous l'influence néfaste des états-majors, mènent
concurremment leurs pays à la guerre. Voilà ce qu'il
faut savoir !... Les uns, les plus cyniques, voient très
bien où ils vont : ils désirent la guerre, et ils la préparent comme on prépare un mauvais coup, parce qu'ils
ont la conviction que, à tel moment, les circonstances
leur seront favorables. C'est le cas très net d'un Berchtold, en Autriche. C'est celui d'un Iswolsky et d'un
Sazonov, à Pétersbourg... Les autres, je ne dis pas qu'ils

désirent la guerre : presque tous la redoutent. Mais ils
s'y résignent, parce qu'ils la croient fatale. Et c'est la
plus dangereuse conviction qui puisse s'enraciner dans
le cerveau d'un homme d'État, que de croire la guerre
inévitable! Ceux-là, au lieu de tout mettre en œuvre
pour éviter la guerre, ils ne pensent plus qu'à une chose :
accroître, à tout hasard le plus vite possible, leurs chances de victoire. Et toute l'activité qu'ils auraient pu
déployer à défendre la paix, ils l'emploient, comme les
précédents, à préparer la guerre. C'est sans doute le cas
du Kaiser et de ses ministres... C'est peut-être celui du
gouvernement anglais... Et c'est sûrement, en France,
le cas de Poincaré! »

Antoine haussa brusquement les épaules :

— « Tu dis : Berchtold, Sazonov... Je ne peux rien
répondre, c'est à peine si je savais leurs noms... Mais
Poincaré?... Tu es fou!... En France, à part quelques
braves loufoques du genre de Déroulède, qui est-ce qui
rêve encore de gloire militaire, ou de revanche? La
France, dans toutes ses fibres, dans toutes ses couches
sociales, est essentiellement pacifique! Et si, par impossible, nous étions jamais entraînés dans une bagarre
européenne, une chose en tout cas ne fait aucun doute :
c'est que personne ne pourrait accuser la France d'avoir
rien fait pour ça ni lui attribuer la plus petite part de
responsabilité! »

Jacques se leva d'un bond :

— « Est-ce possible?... Tu en es là?... Est-ce possible?... »

Antoine enveloppa son frère de ce coup d'œil sûr et
prenant dont il enveloppait ses malades (et qui leur
donnait toujours grande confiance — comme si la vivacité du regard était le signe d'un diagnostic infaillible).

Jacques, debout, le toisait.

— « Tu es d'une candeur déconcertante!... C'est
toute l'histoire de la République qu'il faudrait reprendre!... Tu crois qu'on peut soutenir, de bonne foi, que
la politique de la France, depuis quarante ans, est celle
d'une nation pacifique? et qu'elle a vraiment le droit
de protester contre les abus de force des autres?... Tu

crois que notre voracité coloniale, particulièrement nos visées sur l'Afrique, n'ont pas grandement contribué à mettre les autres en appétit ? n'ont pas donné aux autres de honteux exemples d'annexions ? »

— « Doucement ! » fit Antoine. « Notre pénétration au Maroc n'a pas eu, que je sache, un caractère illégal. Je me rappelle la conférence d'Algésiras. C'est bel et bien un mandat de toutes les puissances européennes qui nous a chargés, nous et les Espagnols, de pacifier le Maroc. »

— « Ce mandat, nous l'avons extorqué, par la force. Et les puissances, qui nous l'ont octroyé, pensaient bien profiter, à leur tour, de ce précédent. Ce qu'elles ont fait d'ailleurs. Crois-tu, par exemple, que, sans notre expédition marocaine, l'Italie aurait osé se jeter sur la Tripolitaine, ou l'Autriche sur la Bosnie ?... »

Antoine fit une grimace incrédule ; mais il ne connaissait pas assez la question pour contredire son frère.

Celui-ci, d'ailleurs, était lancé :

— « Et nos alliances ? Est-ce pour prouver ses volontés pacifiques, que la France a conclu un pacte militaire avec la Russie ? On sait bien que, si la Russie des tsars a fait alliance avec la France de la Révolution, c'est avec l'espoir de nous entraîner, l'heure venue, dans son jeu contre l'Autriche, contre la Germanie ! Crois-tu qu'un Delcassé, auxiliaire de la diplomatie anglaise, a fait œuvre de paix en travaillant à l'encerclement de l'Allemagne ? Résultat : l'effervescence, l'essor, la puissance accrue, de ce militarisme prussien dont tu parles... Résultat : dans toute l'Europe, cette surenchère de préparatifs belliqueux, fortifications, constructions navales, chemins de fer stratégiques, et cætera... En France, dix milliards de crédits de guerre pour les quatre dernières années ! En Allemagne, huit milliards de francs. En Russie, six cents millions empruntés à la France, pour créer des voies ferrées qui lui permettront de jeter ses troupes vers l'Ouest germanique ! »

— « Permet*tront* ? » murmura Antoine. « Un jour, peut-être... Un jour encore lointain... »

— « D'un bout à l'autre du continent, c'est une fié-

vreuse concurrence d'armements qui ruine tous les pays,
qui les oblige à consacrer au budget de guerre les milliards qui devraient servir à l'amélioration sociale...
Course folle, course à l'abîme! Mais dont nous sommes,
nous, Français, en partie responsables. Et nous conti-
nuons! Est-ce pour tranquilliser le monde sur ses intentions pacifiques, que la France a mis à l'Élysée ce
Lorrain patriote, dont tous les *trublions* nationalistes
ont fait aussitôt un symbole cocardier? dont l'élection
a réveillé aussitôt chez nous la marotte des revanchards?
et éveillé en Angleterre l'espoir des marchands anglais,
qui seraient si contents de voir abattre la concurrence
allemande? et réveillé en Russie les appétits des impérialistes, qui rêvent toujours d'annexer Constantinople? »

Il paraissait si peu maître de son agitation, qu'Antoine se mit à rire. Il était bien résolu à ne pas se laisser
prendre au jeu, et à conserver sa bonne humeur. Il ne
voulait pas que cette conversation fût autre chose qu'un
exercice spéculatif, une partie de dames où les pions
étaient des hypothèses politiques.

Ironiquement, il désigna du doigt le siège que son
frère avait quitté :

— « Rassieds-toi... »

Jacques le cingla d'un mauvais regard. Mais il enfonça ses poings dans ses poches et se laissa retomber
dans son fauteuil.

— « De Genève », reprit-il, après un silence « — je
veux dire : du milieu international où je vis — les nuances s'effacent ; on aperçoit, avec une sorte de recul, les
lignes générales de la politique européenne. Eh bien,
de là-bas, l'évolution de la France vers la guerre crève
les yeux! Et, dans cette évolution, quoi que tu puisses
en penser, l'élection d'un Poincaré à la présidence de
la République marque une date décisive! »

Antoine continuait à sourire :

— « Toujours Poincaré! » fit-il, gouailleur. « Évidemment, je ne le connais que par ouï-dire... Au Palais, où ils sont difficiles, il est unanimement respecté...
Au Quai d'Orsay aussi : Rumelles, qui a fait partie de
son cabinet, en parle comme d'un homme de cœur, un

ministre scrupuleux, appliqué, un politicien honnête, un ami de l'ordre, un ennemi de toute aventure. Il me semble vraiment absurde de supposer qu'un tel homme... »

— « Attends, attends!... » interrompit Jacques. Il sortit la main de sa poche, et, plusieurs fois, d'un geste fébrile, redressa la mèche qui lui tombait sur le front. Visiblement, il faisait un effort pour se dominer. Il demeura quelques secondes les paupières baissées, puis releva les yeux :

— « Il y a tant à dire que je ne sais par où commencer... », avoua-t-il. « Poincaré... Il faut distinguer l'homme de sa politique. Mais, pour comprendre sa politique, il faut comprendre l'homme... Tout l'homme! Sans même oublier qu'il y a aussi, dans ce chicanier combatif, un petit officier de chasseurs à pied, nerveux et râblé, qui a toujours manifesté du goût pour la chose militaire... « Ami de l'ordre... Homme de cœur. » Je crois que c'est exact. Loyalisme. Fidélité. Fidélité des gens têtus. On dit même qu'il est bon. C'est possible. Il signe la plupart de ses lettres : *Votre dévoué*, et ce n'est pas seulement une formule : il aime vraiment rendre service ; il est toujours prêt à se batailler contre l'injustice, et à redresser des torts. »

— « Hé, tout ça est assez sympathique! » déclara Antoine.

— « Attends! » répéta Jacques, avec impatience. « Le cas Poincaré, j'ai eu à l'étudier d'assez près, pour un article qui a paru dans *le Fanal*... Avant tout, c'est un orgueilleux, qui ne plie pas, qui ne cède jamais... Intelligent, bien sûr!... Une intelligence raisonneuse, logique, sans larges vues, sans génie... Incroyablement tenace!... Un esprit rapide, mais un peu myope ; une mémoire exceptionnelle, mais une mémoire de détails... Tout ça fait un parfait avocat — ce qu'il est resté d'ailleurs : plus habile à manier les mots que les idées... »

Antoine objecta :

— « S'il n'était que cela, comment expliquer ses succès politiques ? »

— « Par sa force de travail, qui est prodigieuse. Et

puis, par des compétences financières, qui sont rares au Parlement. »

— « Par sa probité aussi, sans doute. Dans ces milieux-là, ça étonne toujours ; et ça en impose... »

— « Mais ses succès », reprit Jacques, « on devine qu'ils ont dû le surprendre lui-même, et qu'ils ont peu à peu surexcité ses ambitions. Car il est devenu ambitieux. Et on sent bien, à mille indices, qu'il ne serait pas fâché aujourd'hui d'avoir un rôle historique à jouer. Ou plutôt, qu'il ne serait pas fâché d'être celui qui a fait jouer à la France un rôle historique ; pas fâché de donner à la France un prestige nouveau, auquel il attacherait son nom... Le plus inquiétant, c'est sa conception de l'honneur national : ce sens religieux du patriotisme... Ça s'explique, d'ailleurs, par son origine lorraine, sa jeunesse dans un territoire qui venait d'être mutilé... Il est d'une région et d'une génération qui, pendant des années, ont espéré la revanche, la reprise des provinces perdues... »

— « Je veux bien », concéda Antoine. « Mais, de là à prétendre qu'il ait souhaité le pouvoir pour faire la guerre !... »

— « Attends donc », reprit Jacques. « Laisse-moi continuer... Évidemment, il y a deux ans et demi, quand il a pris la présidence du Conseil — ou même, il y a dix-huit mois, quand il a été porté à l'Élysée — si quelqu'un était venu lui dire : « Vous voulez mener la France à la guerre », il aurait bondi d'indignation, en toute bonne foi. Pourtant, rappelle-toi dans quelles conditions, en janvier 1912, il est devenu le chef du gouvernement. Pour remplacer qui ? Caillaux... Or, Caillaux, lui, venait d'éviter à la France la guerre avec l'Allemagne, et il avait même posé les jalons d'un durable rapprochement franco-allemand. C'est pour avoir fait cette politique de concession à la paix qu'il a été renversé par les nationalistes. Et, si Poincaré a pu prendre sa place, c'était, je ne dis pas : parce qu'il voulait faire la guerre ; mais, tout de même, parce qu'on attendait de lui qu'il prenne, vis-à-vis de l'Allemagne, une attitude *nationale*, c'est-à-dire nettement opposée à celle,

trop conciliante, d'un Caillaux. La preuve, c'est qu'il
a bientôt ressuscité le vieux Delcassé, l'homme de
« l'encerclement », nommé, un an plus tard, ambassadeur en Russie!... Et quand il est devenu président de la
République, à quelle majorité a-t-il dû son élection ?
A cette bourgeoisie capitaliste, qui pense encore, comme
Joseph de Maistre, que la guerre est une nécessité bio-
logique, parfaitement naturelle, regrettable mais périodiquement nécessaire... Ces gens-là ne lèveraient sans
doute pas le petit doigt pour provoquer une guerre de
revanche ; néanmoins, c'est une hypothèse qui les
émoustille ; ils en accepteraient, à l'occasion, le risque.
Nous les avons vus d'assez près, ici, autrefois, aux dîners
de Père, ces fossiles de la bourgeoisie réactionnaire!...
Sans compter que, dans tous ces vieux partis français
de droite, plus ou moins ralliés à la République,
il reste cette arrière-pensée qu'une guerre heureuse donnerait au gouvernement vainqueur un pouvoir dicta-
torial, qui saurait arrêter net la montée socialiste et
nettoierait même le pays de sa démagogie républicaine.
Ils caressent le rêve d'une France militarisée, disciplinée ; d'une France triomphante, super-armée,
appuyée sur un vaste empire colonial, et devant qui
le monde entier filerait doux... C'est un beau rêve pour
des patriotes! »

— « Depuis qu'il est au pouvoir », hasarda Antoine,
« Poincaré n'a pourtant pas cessé de proclamer ses
intentions pacifiques... »

— « Ah! » fit Jacques, « je veux bien croire qu'il est
sincère — quoique certains buts d'expansion pacifique
deviennent très vite des buts de guerre, quand la diplomatie n'arrive pas à les réaliser. Mais il faut penser à
ceci, dont les conséquences sont incalculables : depuis
des années, tout le monde sait que Poincaré est aveuglé
par deux convictions. La première, c'est qu'un conflit
entre l'Allemagne et l'Angleterre est fatal... »

— « Tu semblais le dire toi-même, tout à l'heure. »

— « Non. Je n'ai pas dit : fatal. J'ai dit : menaçant...
La seconde, c'est que l'Allemagne, surtout depuis
Agadir, veut attaquer la France, et qu'elle s'y prépare

sans relâche. Voilà ses deux idées fixes ; il n'en démord pas. Et comme, d'autre part, il est persuadé que la force seule, en se faisant craindre, peut assurer la paix, tu comprends la conclusion qu'il tire de tout ça : si la France a encore une chance d'échapper à l'attaque allemande, c'est en se rendant de plus en plus redoutable. Donc, il faut armer à outrance. Donc, il faut se montrer intraitable, agressif... Dès qu'on a compris ça, tout devient clair ; toute l'activité de Poincaré, depuis 1912, tant à l'extérieur qu'à l'intérieur, apparaît d'une parfaite logique ! »

Antoine, allongé parmi les coussins, fumait paisiblement. Il s'étonnait de l'animation de son frère, mais il l'écoutait avec attention. La voix de Jacques s'apaisait, d'ailleurs, progressivement, comme un flot tumultueux qui rentre dans son lit. Sur ce terrain qui lui était familier, et qui, momentanément, lui donnait l'impression d'une supériorité sur son frère, il se sentait d'aplomb.

— « J'ai l'air de te faire un cours, c'est ridicule », dit-il en s'efforçant de sourire.

Antoine lui lança un coup d'œil amical :

— « Mais non, va... »

— « Je te disais : tant à l'extérieur qu'à l'intérieur. Eh bien, commençons par la politique étrangère. Elle est préventivement agressive, à dessein ! Exemple : nos rapports avec la Russie. L'Allemagne tique sur les accords franco-russes ? Tant pis. Dans la guerre que Poincaré craint, l'aide de la Russie nous est indispensable pour résister à l'invasion allemande ; on va donc, sans ménager les susceptibilités de l'Allemagne, renforcer ouvertement l'alliance franco-russe ! C'est courir un risque terrible, car c'est faire le jeu du panslavisme, dont les desseins belliqueux contre l'Autriche et l'Allemagne ne sont un secret pour personne. Poincaré n'en a cure ! Il préfère encore courir le risque d'être entraîné dans une aventure, que le risque de voir se distendre les liens entre la France et son unique alliée. Et, pour cette politique-là, il a trouvé des collaborateurs tout prêts : Sazonov, le ministre russe des Affaires étrangères ; Iswolsky, l'ambassadeur du tsar à Paris. Il a

expédié à l'ambassade de Pétersbourg son ami Delcassé,
qui est, de longue date, acquis aux mêmes idées. Directives : tenir en haleine les dispositions belliqueuses de
la Russie, et s'associer étroitement avec elle pour une
politique de force. Rien n'a été négligé. Nous avons, à
Genève, des sources de renseignements très sûres. Dès
son premier voyage à Pétersbourg, il y a deux ans,
comme président du Conseil, Poincaré n'a pas découragé la Russie dans ses espoirs de conquête. Et son
voyage actuel, ce voyage auquel les événements peuvent
donner une portée terrible, doit sans doute lui servir à
vérifier sur place, auprès des grands responsables, si
tout est prêt, si le pacte est apte à fonctionner au premier signal ! »

Antoine se dressa sur un coude :

— « Tout ça, hein, ce ne sont pas des faits, ce ne sont
que des suppositions ! »

— « Non : nous avons trop de recoupements... Poincaré est-il la dupe des Russes, ou bien est-il leur compère ?
Peu importe : en fait, la politique russe de Poincaré
est effarante. Logique, d'ailleurs ! C'est celle d'un homme
qui croit dur comme fer à la guerre en Lorraine, et qui
a besoin que l'armée russe envahisse la Prusse orientale... Il faut savoir le rôle qu'un Iswolsky — sinon
avec la sympathie, sinon avec l'encouragement, du
moins avec l'autorisation de Poincaré — joue à Paris !
Te doutes-tu seulement des sommes que les fonds secrets
russes servent à notre presse, pour la propagande guerrière en France ? Te doutes-tu que ces millions de roubles
qui servent à acheter l'opinion française sont dépensés,
non seulement avec l'assentiment cynique du gouvernement français, mais avec sa complicité effective,
quotidienne ? »

— « Ouais ? » fit Antoine, sceptique.

— « Écoute bien : sais-tu par qui les subsides russes
sont répartis entre les grands journaux français ? Par
notre ministère des Finances lui-même !... Et ça, nous
en avons la preuve, nous, à Genève. D'ailleurs, un
homme comme Hosmer — un Autrichien, très renseigné sur l'Europe — ne cesse de répéter que, depuis

les dernières guerres balkaniques, la presse des pays occidentaux est presque entièrement tombée à la solde des puissances intéressées à la guerre! Et c'est pour ça que l'opinion publique, dans ces pays-là, est tenue dans une pareille ignorance des antagonismes criminels qui, depuis deux ans, en Europe centrale et dans les Balkans, rendent la guerre imminente pour ceux qui savent voir!... Mais, laissons la presse... Ce n'est pas tout... Attends... Le sujet Poincaré est inépuisable!... Je ne peux pas tout t'expliquer, comme ça, à bâtons rompus... Passons à la politique intérieure. Elle est parallèle à l'autre. C'est logique. D'abord, recrudescence des armements — au grand profit des comités métallurgistes, dont la puissance, dans la coulisse, est formidable... Service de trois ans... Tu as suivi les débats de la Chambre? Les discours de Jaurès?... Ensuite, action sur les esprits. Tu disais : « Personne en France ne rêve plus de gloire militaire... » Tu ne vois donc pas cette effervescence patriotique, belliqueuse, qui a gagné, depuis quelques mois, la société française, et plus particulièrement la jeunesse? Là encore, je n'exagère rien... Et, ça aussi, c'est l'œuvre personnelle de Poincaré! Il a son plan : il sait que, le jour de la mobilisation, le gouvernement aura besoin de s'appuyer sur une opinion publique chauffée à blanc qui, non seulement l'approuve et le suive, mais le porte et le pousse en avant... La France de 1900, la France d'après l'Affaire, était trop pacifique. L'armée était discréditée ; on se désintéressait d'elle. On avait l'habitude de la sécurité. Il fallait réveiller l'inquiétude nationale. La jeunesse, et particulièrement la jeunesse bourgeoise, est un terrain d'ensemencement incomparable pour la propagande chauvine. Les résultats ne se sont pas fait attendre! »

— « Des jeunes nationalistes, il y en a, je ne dis pas le contraire », interrompit Antoine, qui songeait à son collaborateur, Manuel Roy. « Mais, c'est une très petite minorité. »

— « C'est une minorité qui augmente tous les jours! Une minorité très remuante, qui ne demande qu'à s'embrigader, à porter des insignes, à brandir des dra-

peaux, à suivre des retraites militaires! Sous le moindre
prétexte, aujourd'hui, on va manifester devant la statue
de Jeanne d'Arc ou la statue de Strasbourg! Et rien
n'est plus contagieux! L'homme de la foule — le petit
employé, le commerçant — n'est pas indéfiniment insensible à ces spectacles, à ces excitations fanatiques...
D'autant que la presse, orientée par le gouvernement,
travaille les cerveaux dans le même sens... On persuade
peu à peu au peuple de France qu'il est menacé, que sa
sécurité dépend de ses poings, qu'il doit faire montre
de sa force, accepter une préparation militaire intense.
On a, sciemment, créé dans le pays, ce que vous autres,
médecins, vous appelez une *psychose* ; la psychose de la
guerre. Et, quand on a éveillé dans une nation cette
anxiété collective, cette fièvre et cette peur, ce n'est
plus qu'un jeu de la pousser aux pires folies!...

« Voilà le bilan. Je ne dis pas : un de ces jours, Poincaré va déclarer la guerre à l'Allemagne... Non. Poincaré n'est pas un Berchtold. Mais, pour préserver la
paix, il faut la croire possible... Poincaré — partant de
cette idée que le conflit est inévitable — a conçu et exé-
cuté une politique qui, loin d'écarter les chances de
guerre, n'a fait que les accroître! Nos armements, paral-
lèles aux préparatifs russes, ont, à juste titre, effrayé
Berlin. Le parti militaire allemand a profité de l'occasion pour accélérer les siens. Le resserrement de l'alliance
franco-russe a justifié en Allemagne la phobie de « l'encerclement ». Si bien que les généraux de là-bas déclarent
ouvertement qu'on ne pourra plus en sortir que par une
guerre ; certains vont jusqu'à dire qu'il sera nécessaire
de la déclencher préventivement!... Tout ça, c'est en
grande partie l'œuvre de Poincaré. Le résultat le plus
clair, le résultat diabolique de la politique Iswolsky-
Poincaré, c'est d'avoir amené l'Allemagne à devenir
telle que Poincaré se la figurait : agressive, nation de
proie... Nous tournons dans un cercle infernal. Et si,
dans trois mois, la France se trouve jetée dans une
guerre européenne — une guerre que la Russie aura
patiemment couvée, une guerre que l'Allemagne aura
peut-être follement *laissée venir* pour profiter d'une

occasion favorable — Poincaré pourra s'écrier triomphalement : " Vous voyez combien nous étions menacés!
Vous voyez combien j'avais raison de vouloir une armée
plus forte et des alliés plus sûrs! " — sans se douter
que, par ses erreurs de psychologie, ses amitiés russes,
et sa politique de prophète pessimiste, il aura été,
malgré les apparences, l'un des responsables de cette
guerre! »

Antoine avait décidé de laisser parler son frère ; mais,
à part lui, il jugeait ces diatribes bien incohérentes. Il
y avait relevé, au passage, plusieurs contradictions. Son
intelligence, logique et réaliste, regimbait devant une
argumentation qui, dans l'ensemble, lui paraissait faible
et mal ordonnée. Il n'était pas loin de conclure à l'incompétence de son cadet, dont les vues, comme toujours,
lui semblaient superficielles, voire puériles. Générosité
et incompétence... S'il était vrai qu'il y eût, en ce
moment, de vagues menaces à l'horizon, Poincaré qui,
même à l'Élysée, gardait une activité prépondérante,
saurait fort bien écarter à temps ces nuages. On pouvait
lui faire confiance : il avait donné des gages de grand
politique. Rumelles l'admirait. L'idée qu'un homme à
tête froide, comme Poincaré, pût souhaiter une guerre
de revanche, était stupide ; et, non moins stupide,
l'idée que, sans la souhaiter, simplement parce qu'il la
croyait possible, ou fatale, il pût agir de manière à la
rendre inévitable. Enfantillage! Le plus élémentaire
bon sens suffisait à faire comprendre que Poincaré, au
contraire — et, avec lui, tous les hommes d'État français — devait être obstinément résolu à épargner coûte
que coûte une aventure à son pays. Pour cent raisons.
Et d'abord parce qu'il savait mieux que personne que
ni la Russie ni la France n'étaient aujourd'hui en posture de jouer avec succès une pareille partie. Rumelles
le disait encore l'autre jour. Jacques lui-même, d'ailleurs, avait implicitement reconnu l'insuffisance des
transports et des voies stratégiques russes, puisque c'est
pour parer à cette déficience que la Russie avait contracté

six cents millions d'emprunt. Quant à la France, la loi du service de trois ans estimée indispensable pour atteindre le niveau des effectifs allemands, venait à peine d'être votée, et restait encore sans effet... Néanmoins Antoine n'avait pas assez de données précises pour réduire à néant, comme il eût aimé le faire, toutes les assertions de son frère. Mieux valait donc se tenir coi. Les événements se chargeraient bien de donner tort à Jacques, et à tous ces métèques de Suisse, à tous ces faux prophètes, dont il subissait l'influence.

Jacques s'était tu. Il avait l'air exténué, tout à coup. Il sortit son mouchoir, et se bouchonna le visage, la nuque.

Il sentait bien que cette rageuse improvisation n'avait pas convaincu son frère. Et il savait pourquoi. Il avait conscience d'avoir sottement jeté, en vrac, sans hiérarchie, des arguments d'ordre très divers, politiques, pacifistes, révolutionnaires — qui n'étaient, pour la plupart, que de confuses réminiscences des palabres de *la Parlote*. A cette minute, il avait cruellement, lui aussi, le sentiment de cette incompétence dont Antoine lui faisait silencieusement grief.

Depuis une semaine qu'il vivait à Paris, il avait surtout employé son temps à se renseigner sur l'état d'esprit des socialistes français, et il s'était plus occupé de leur réaction devant la menace de guerre, que du problème des responsabilités européennes.

Ses regards inquiets allaient et venaient par la pièce sans se poser nulle part. Enfin, il les arrêta sur son frère qui, les mains sous la tête, l'œil au plafond, n'avait pas bougé.

— « D'ailleurs », reprit-il d'une voix saccadée, « je ne sais pas pourquoi je... Il y aurait évidemment bien d'autres choses à dire sur tout ça, et mieux que je ne saurais faire... Mettons même que je sois injuste pour Poincaré... que je m'exagère la part des responsabilités françaises... L'important n'est pas là! L'important, c'est que la guerre approche! C'est qu'il faut, à tout prix, écarter le danger! »

Antoine eut un sourire incrédule, qui l'exaspéra.

— « Ah! vous autres «, cria-t-il, « vous avez vraiment, dans votre sécurité, une confiance criminelle! Quand la classe bourgeoise se décidera à voir enfin les choses telles qu'elles sont, sans doute sera-t-il trop tard!... Les événements se précipitent. Ouvre *le Matin* d'aujourd'hui 19 juillet. On y parle du procès Caillaux. On y parle des vacances, des bains de mer, des prix de saison. Mais tu liras aussi, en première page, un article qui n'a pas été mis là par hasard, et qui commence par ces mots chargés de dynamite : *Si la guerre éclatait...* Voilà où nous en sommes! L'Occident est comme une soute à poudre. Si une étincelle jaillit quelque part!... Et les gens comme toi disent : « La guerre?... » sur le ton que tu avais tout à l'heure... On dirait que, dans vos esprits, ce n'est qu'un mot, comme sur vos lèvres! Vous dites : « guerre », et aucun de vous ne pense « massacres sans précédent »... « millions de victimes irresponsables »... Ah! si seulement votre imagination sortait, une seconde, de sa torpeur, vous vous lèveriez tous, toi le premier! pour faire quelque chose! pour lutter, pendant qu'il en est encore temps! »

— « Non », dit posément Antoine.

Quelques secondes encore, il demeura impassible.

— « Non! » lança-t-il de nouveau, sans tourner la tête. « Moi pas. »

Si troublé qu'il fût, malgré tout, par les questions que son frère venait de soulever, il se refusait à laisser l'inquiétude s'installer en lui, bouleverser la solide existence qu'il s'était faite, et sur quoi reposait son équilibre.

Il se redressa légèrement, et croisa les bras.

— « Non! Non! Et non!... » reprit-il, avec un sourire têtu. « Moi, je ne suis pas un type qui se lève pour intervenir dans les événements du monde!... Moi, j'ai ma besogne bien définie. Moi, je suis un type qui, demain, à huit heures, sera à son hôpital. Il y a le phlegmon du 4, la péritonite du 9... Chaque jour, je me trouve devant vingt malheureux gosses, qu'il s'agit de tirer d'un mauvais pas! Alors, je dis « non » à tout le reste!... Un homme qui a un métier à exercer ne doit pas s'en laisser distraire pour aller faire la mouche du coche dans les affaires auxquelles il n'entend rien... Moi, j'ai un métier. J'ai à résoudre des problèmes précis, limités, qui sont de mon ressort, et dont souvent dépend l'avenir d'une vie humaine — d'une famille, quelquefois. Alors, tu comprends!... J'ai autre chose à faire qu'à tâter le pouls de l'Europe! »

Au fond, il pensait que ceux qui ont la charge de la chose publique sont, par définition, des experts rompus à toutes les difficultés internationales, et auxquels les incompétents comme lui devaient s'en remettre aveuglément. Le crédit qu'il apportait aux gouvernants français s'étendait, de même, aux maîtres des autres pays. Il avait un respect inné des spécialistes.

Jacques le considérait avec une attention nouvelle. Il se demandait, tout à coup, si ce fameux équilibre d'Antoine, qu'il admirait jadis comme une conquête de la raison, comme une victoire de l'esprit sur les contradictions du monde, et qui lui avait toujours inspiré un mélange d'irritation et d'envie, n'était pas simplement la défense d'un de ces paresseux actifs, qui s'agitent — sportivement en quelque sorte — afin de se mieux prouver leur valeur! Ou plus justement encore, si l'équilibre d'Antoine n'était pas une heureuse conséquence du champ limité — somme toute, assez restreint — qu'il avait assigné à son activité.

— « Tu dis : *psychose* de guerre... », reprit Antoine. « Ta, ta, ta! Je n'attache pas la même importance que toi à ces facteurs psychiques... La politique, c'est, par essence, le domaine des choses concrètes ; un domaine, où les généreux élans des cœurs sensibles comptent moins encore qu'ailleurs!... Alors, même si les dangers que tu annonces sont réels, nous n'y pouvons rien. Absolument rien. Ni toi, ni moi, ni personne! »

Jacques se leva avec impétuosité :

— « Ce n'est pas vrai! » cria-t-il, en proie à une indignation que, cette fois, il ne réussissait pas à contenir. « Comment! Devant une pareille menace, il n'y aurait rien à faire, qu'à plier le dos et à continuer sa petite besogne, en attendant la catastrophe! C'est monstrueux!

Heureusement pour les peuples, heureusement pour vous autres, il y a des hommes qui veillent, des hommes qui n'hésiteront pas, demain, à risquer leur vie, s'il le faut, pour préserver l'Europe de... »

Antoine se pencha :

— « Des hommes ? » fit-il, intrigué. « Quels hommes ? Toi ?... »

Jacques s'approcha du divan. Son irritation était tombée. Il regardait son frère de haut. Ses yeux rayonnaient de fierté, de confiance.

— « Sais-tu seulement qu'il y a, dans le monde, douze millions de travailleurs *organisés* ? » dit-il d'une voix lente, tandis que son front se couvrait de sueur. « Sais-tu que le mouvement socialiste international a derrière lui quinze ans de combats, d'efforts, de solidarité, de progression ininterrompue ? Qu'il y a, aujourd'hui, d'importants groupes socialistes dans tous les parlements d'Europe ? Que ces douze millions de partisans sont répartis sur plus de vingt pays différents ? Plus de vingt partis socialistes, qui forment, d'un bout à l'autre du monde, une immense chaîne, une seule masse fraternelle ?... Et que leur idée dominante, le nœud du pacte, c'est la haine du militarisme, la résolution acharnée de lutter contre la guerre, quelle qu'elle soit, d'où qu'elle vienne ? — parce que la guerre, c'est toujours une manœuvre capitaliste, dont le peuple... »

— « Monsieur est servi », dit Léon en ouvrant la porte.

Jacques, interrompu, s'épongea le front et regagna son fauteuil. Puis, dès que le domestique eut disparu, il murmura en guise de conclusion :

— « Maintenant, Antoine, peut-être comprends-tu mieux ce que je suis venu faire en France... »

Pendant quelques secondes, Antoine contempla son frère, sans répondre. La ligne sinueuse de ses sourcils formait, au-dessus de son regard encaissé, une barre tendue qui exprimait la concentration de sa pensée.

— « Parfaitement », articula-t-il enfin, sur un ton énigmatique.

Il y eut un moment de silence : Antoine avait déplacé ses jambes et se tenait assis sur le divan, appuyé sur ses

paumes, les yeux à terre. Puis il eut un léger mouvement des épaules et se leva :

— « Viens tout de même dîner », fit-il en souriant.

Jacques, sans mot dire, suivit son frère.

Il était en nage. Au milieu du couloir, le souvenir de
la baignoire lui revint. La tentation fut plus forte que
ses hésitations.

— « Écoute », fit-il brusquement, et il rougit comme
un gamin. « C'est idiot, mais j'ai une envie folle de
prendre un bain... Tout de suite, avant dîner... Est-ce
possible ? »

— « Parbleu! » s'écria Antoine, amusé. (Il eut l'absurde impression d'une petite revanche.) « Bain, douche,
tout ce que tu voudras!... Viens. »

Tandis que Jacques s'attardait dans l'eau, Antoine,
revenu dans le bureau, avait tiré de sa poche le billet
d'Anne. Il le relut, et le déchira : il ne gardait jamais
aucune lettre de femme. Il souriait intérieurement, mais
à peine si ses traits reflétaient quelque chose de ce sourire. Il s'allongea de nouveau, alluma une cigarette, et
s'immobilisa parmi les coussins.

Il réfléchissait. Non pas à la guerre, ni à Jacques ni
même à Anne : à lui-même.

« Je suis terriblement esclave de ma profession, voilà
la vérité », songeait-il. « Je n'ai plus jamais le temps de
réfléchir... Réfléchir, ça n'est pas penser à mes malades,
ni même à la médecine ; réfléchir, ce devrait être :
méditer sur le monde... Je n'en ai pas le loisir... Je croi-
rais voler du temps à mon travail... Ai-je raison ? Est-ce
que mon existence professionnelle est vraiment toute
la vie ? Est-ce même toute *ma* vie ?... Pas sûr... Sous le
docteur Thibault, je sens bien qu'il y a quelqu'un
d'autre : *moi*... Et ce quelqu'un-là, il est étouffé...
Depuis longtemps... Depuis que j'ai passé mon premier
examen, peut-être... Ce jour-là, crac! la ratière s'est
refermée... L'homme que j'étais, l'homme qui préexis-
tait au médecin — l'homme que je suis encore, après
tout — c'est comme un germe enseveli, qui ne se déve-

loppe plus, depuis longtemps... Oui, depuis le premier
examen... Et tous mes confrères sont comme moi... Tous
les hommes occupés, peut-être, sont comme moi... Les
meilleurs, justement... Car ce sont toujours les meilleurs
qui font le sacrifice d'eux-mêmes, qui acceptent l'exigence dévorante du travail professionnel... Nous sommes
un peu comme des hommes libres qui se seraient ven-
dus... »

Sa main, au fond de la poche, jouait avec le petit
agenda qu'il portait toujours sur lui. Machinalement, il
le sortit et parcourut d'un regard distrait la page du
lendemain 20 juillet, qui était chargée de noms et de
signes.

« Pas de blague », se dit-il brusquement : « c'est
demain que j'ai promis à Thérivier d'aller revoir sa
gosse, à Sceaux... Et j'ai ma consultation à deux heures...»

Il écrasa sa cigarette dans le cendrier, et s'étira.

« Voilà le docteur Thibault qui reparaît », fit-il en
souriant. « Eh bien! Vivre, c'est agir, après tout! Ça
n'est pas philosopher... Méditer sur la vie ? A quoi bon ?
La vie, on sait bien ce que c'est : un amalgame saugrenu
de moments merveilleux et d'emmerdements! La cause
est entendue, une fois pour toutes... Vivre, ça n'est pas
remettre toujours tout en question... »

Il se souleva d'un énergique coup de reins, sauta sur ses
pieds, et fit quelques pas qui le conduisirent à la fenêtre.

« Vivre, c'est agir... », répéta-t-il, en promenant un
regard distrait sur la rue déserte, les façades mortes, la
pente des toits où le soleil couchait l'ombre des che-
minées. Il continuait à tripoter l'agenda au fond de sa
poche. « Demain, c'est lundi : nous allons sacrifier le
cobaye du petit 13... Mille chances pour que l'inocula-
tion soit positive... Sale affaire. Perdre un rein à quinze
ans... Et puis, il y a cette sacrée gosse de Thérivier...
Je n'ai pas de veine, cette année, avec ces pleurésies à
streptos... Encore deux jours, et si ça ne va pas, on fera
sauter la côte... Eh quoi! » fit-il brusquement, en laissant retomber le rideau de vitrage. « Faire son travail
proprement, est-ce que ça n'est pas déjà quelque chose ?...
Et laisser la vie courir!... »

Il revint au milieu de la pièce et alluma une autre cigarette. Amusé par la consonance, il s'était remis à chantonner, comme un refrain :

« Laisser la vie courir... Et Jacques discourir... Laisser la vie courir... »

XVI

Le repas débutait par une tasse de consommé froid, que les deux frères burent en silence, tandis que Léon, dans sa veste blanche de barman, découpait gravement un melon sur le marbre de la desserte.

— « Il doit y avoir un poisson, un peu de viande froide, et de la salade », annonça Antoine. « Ça te va ? »

Autour d'eux, la nouvelle salle à manger, avec ses boiseries nues, ses glaces, la longue desserte qui occupait le panneau opposé aux fenêtres, formait un espace désert, lugubre, majestueux.

Antoine semblait s'être adapté à ce cadre solennel. Son visage, en ce moment, exprimait la bonne volonté la plus cordiale. Tout au plaisir de recevoir son frère, il attendait sans impatience que la conversation reprît.

Mais Jacques se taisait, paralysé par le manque d'intimité de cette pièce, de ces deux couverts ridiculement séparés par la largeur d'une table où douze convives eussent pu s'asseoir. La présence du domestique accentuait encore cette impression de gêne : chaque fois que Léon avait à changer une assiette, il lui fallait, pour aller et venir de la table à la crédence, traverser deux fois la moitié de la salle ; et, malgré lui, Jacques suivait du coin de l'œil ces glissements de fantôme blanc sur le tapis. Il espérait que Léon allait disparaître après avoir passé le melon. Mais le domestique s'attardait à remplir les verres. « Une nouvelle habitude », remarqua Jacques. (Autrefois, son frère eût difficilement supporté de ne pas se servir lui-même, à sa guise.)

— « C'est un meursault 1904 », expliqua Antoine, en

soulevant son verre pour examiner la transparence
ambrée du vin. « Ça va être très bien avec le poisson...
J'en ai trouvé une cinquantaine de bouteilles, en bas...
Mais Père n'avait presque plus de cave... »

A la dérobée, il considéra son frère avec plus d'attention. Il faillit lui poser une question, mais se retint.

Jacques, distraitement, regardait dehors. Les croisées
étaient ouvertes. Au-dessus des maisons, le ciel avait
les reflets rosés d'une nacre. Que de fois, enfant, par des
soirs semblables, il avait contemplé ces façades, ces
toits, ces fenêtres aux persiennes closes, ces stores noircis
ces pots de plantes vertes alignés sur les balcons!

— « Dis-moi, Jacques... », fit Antoine, à l'improviste.
« Alors, toi ? Ça va ? Tu es content ? »

Jacques tressaillit et regarda son frère, surpris.

— « Oui », reprit Antoine affectueusement. « Es-tu
heureux, *au moins* ? »

Un sourire contraint erra quelques secondes sur les
lèvres de Jacques.

— « Oh! tu sais », murmura-t-il, « le bonheur, ça n'est
pas une timbale qu'on décroche... C'est surtout une
aptitude, je crois. Peut-être que je ne l'ai pas... »

Il rencontra le regard de son frère ; un regard professionnel. Il baissa les yeux vers son assiette, et se tut.

Il ne voulait pas reprendre la discussion interrompue,
et pourtant toutes ses pensées l'y ramenaient.

L'argenterie paternelle — le plat ovale sur lequel
Léon lui présenta le poisson, la saucière dont l'anse
recourbée rappelait les lampes antiques — le fit se
souvenir à propos des dîners de famille de jadis.

— « Et Gise ? » demanda-t-il brusquement, comme
s'il songeait à elle, tout à coup, après l'avoir oubliée
pendant des mois.

Antoine saisit la balle au bond :

— « Gise ? Mais, toujours là-bas... Elle paraît heureuse. Elle m'écrit de temps à autre. Elle est même
venue ici, à Pâques, pendant trois jours... Ce que Père
lui a laissé lui permet maintenant d'avoir une vie à peu
près indépendante. »

Par cette allusion au legs de M. Thibault, il espérait

vaguement amorcer un entretien sur l'héritage paternel.
Il n'avait jamais pris au sérieux le refus de son frère.
D'accord avec le notaire, il avait fait procéder à un
partage équitable de la fortune ; et il avait confié à son
agent de change le soin de gérer la part de Jacques, en
attendant que celui-ci revînt sur son absurde décision.

Mais Jacques était à cent lieues de penser à cela.

— « Toujours dans son couvent ? » demanda-t-il.

— « Non. Elle n'est plus à Londres même. Elle habite
aux environs, à Kingsbury, dans une annexe du couvent,
si j'ai bien compris : une espèce de pension, où il y a de
nombreuses jeunes filles comme elle. »

Jacques regrettait presque d'avoir si étourdiment
abordé ce sujet. L'évocation de Gise n'était pas sans
lui causer quelque malaise. Il avait trop de raisons de
croire qu'il était seul responsable de l'exil de la jeune
fille, de cette fuite loin de tout ce qui pouvait lui rappeler le passé et ses espérances trahies.

Antoine poursuivait, avec un petit rire indulgent :

— « Tu sais comment elle est... C'est tout à fait la
vie qu'il lui faut... Une espèce de communauté sans
règle stricte, où le temps se partage entre la piété et le
sport... » Il répéta, avec une imperceptible hésitation :
« Elle paraît heureuse. »

Jacques se hâta de lancer son frère sur une autre
piste :

— « Et Mademoiselle ? »

(Dans une de ses lettres de l'hiver, Antoine lui avait
annoncé l'entrée de la vieille Mlle de Waize dans un
asile.)

— « De Mademoiselle, je t'avoue que j'ai surtout des
nouvelles indirectes : par Adrienne et Clotilde. »

— « Elles sont toujours ici ? »

— « Oui... Je les ai gardées, parce qu'elles s'en-
tendent bien avec Léon... Elles vont fidèlement voir
Mademoiselle le premier dimanche de chaque mois. »

— « Où est-ce ? »

— « Au Point-du-Jour. Tu ne te rappelles pas l'*Asile
de l'Age mûr*, où Chasle s'était ruiné à mettre sa vieille

despote de mère? Non? Tu n'as pas su cette histoire?
Une des plus belles de l'inénarrable M. Chasle... »

— « Et, celui-là, qu'est-ce qu'il devient? » fit Jacques,
riant malgré lui.

— « Chasle? Il est en pleine forme! Il tient un bazar
d'inventions, rue des Pyramides... Une vocation qu'il
avait depuis le berceau, prétend-il... Et, ma foi, il
semble ne pas trop mal réussir... Si tu passes par là, ça
vaut la visite. Il est associé à un type impayable. A eux
deux, ils font une paire qui aurait enchanté Dickens... »

Pendant une minute, leurs rires sonnèrent à l'unisson.
Ils retrouvaient, pour un instant, leur terrain fraternel,
inaliénable.

— « Quant à Mademoiselle... », reprit Antoine, après
une pause. Il semblait soudain gêné, et particulièrement
désireux d'expliquer à Jacques comment les choses
s'étaient passées. « Tu comprends », dit-il, prenant ce
ton bonhomme qui était tout à fait nouveau à l'oreille
de Jacques, « il ne m'était jamais venu à l'idée que
Mademoiselle finirait ses jours hors d'ici... Tenez, Léon,
mettez-nous le saladier sur la table, nous nous servirons...
Salade de cresson », dit-il à Jacques, en attendant que
le domestique eût gagné la porte. « Avec la viande
froide, ou après? »

— « Après. »

— « Je vais te parler franchement », reprit Antoine,
dès qu'il eut vérifié qu'ils étaient seuls. « Je n'aurais
jamais levé le petit doigt pour la faire partir, la pauvre
vieille. Mais, j'avoue que son entêtement à vouloir s'en
aller m'a rendu un fier service. Sa présence ici aurait
singulièrement compliqué ma nouvelle organisation de
vie... C'est quand elle a compris que Gise était bien
décidée à vivre en Angleterre, qu'elle s'est mis en tête
d'entrer à l'*Asile*. Gise avait bien proposé d'emmener
sa tante là-bas, et de l'installer auprès d'elle... Mais,
non ; elle avait cette idée fixe : l'*Asile*... Tous les jours,
à la fin du déjeuner, elle croisait sur la table ses mains
de squelette, et elle commençait sa litanie, en branlant
son petit front : " Je te l'ai déjà dit, Antoine... Dans
l'état où je suis... Je ne veux pas être à charge, moi...

A soixante-huit ans, dans l'état où je suis... " Tu la vois d'ici, hein ? Cassée en deux, le menton sur la nappe, avec ses paumes ridées qui balayaient les miettes, et sa voix chevrotante : " Dans l'état où je suis... " Je répondais : " Oui, oui, on verra... Nous en reparlerons..." Et puis, ma foi — pourquoi ne pas le dire ? — ça simpli- fiait tellement les choses... J'ai fini par céder... Tu ne trouves pas que j'ai eu tort, dis ?... J'ai, d'ailleurs, tenu à ce que tout se fasse le mieux possible... D'abord, j'ai payé le prix fort, le tarif de luxe, pour qu'elle ait toutes ses aises. Je lui ai choisi moi-même deux pièces commu- nicantes, que j'ai fait remettre à neuf, et où j'ai fait transporter le mobilier de son ancienne chambre, pour qu'elle soit le moins dépaysée possible. Dans ces condi- tions-là, ce n'est plus tout à fait l'épave qu'on a mise à l'asile, tu ne trouves pas ? Elle est comme une petite rentière dans une pension de famille... »

Il fixait sur son frère un regard insistant. Sans doute fut-il soulagé par le coup d'œil approbatif de Jacques, car il sourit aussitôt :

— « Et voilà », ajouta-t-il gaiement. « Mais il ne faut pas être dupe de soi-même... Je ne te cache pas que, du jour où elle a été partie, je me suis trouvé bigrement débarrassé! »

Il se tut, et reprit sa fourchette. Depuis quelques minutes, tout à son récit, il avait cessé de manger.

Maintenant, le front incliné, il désarticulait adroite- ment sa cuisse de canard. Il avait l'air attentif ; mais il était visible que cette attention portait sur une autre chose que sur le travail de ses doigts.

XVII

« Je pense à tes douze millions de travailleurs », dit-il tout à coup. « Alors, quoi ? Tu es maintenant inscrit au parti socialiste ? »

Il avait gardé la tête baissée. Il ne la redressa même

pas lorsqu'il leva les prunelles pour dévisager son frère.

Jacques éluda cette question précise par un signe de tête qui pouvait être affirmatif. (En fait, il n'avait que depuis quelques jours obtenu sa carte du Parti. C'était seulement devant la menace européenne, qu'il avait renoncé à son indépendance, et senti la nécessité d'adhérer à l'Internationale socialiste, seul mouvement assez actif, assez nombreux, pour lutter efficacement contre la guerre.)

Antoine lui passa la salade, et insinua, négligemment :

— « Es-tu bien sûr, mon cher, que ta vie actuelle, dans ces milieux... politiques, soit vraiment celle qui correspond le mieux... aux besoins de ton intelligence ? à tes dispositions littéraires ? à ta véritable nature, enfin ? »

Jacques reposa rudement le saladier sur la table :

« Le malheureux », songea-t-il : « il prend de plus en plus le ton prudhommesque de Père... »

Antoine s'efforçait visiblement de garder un ton détaché, impartial. Il hésita, et finit par préciser :

— « Au fond : crois-tu vraiment que tu étais né pour faire un révolutionnaire ? »

Jacques regarda son frère. Il sourit amèrement, sans répondre tout de suite. Son visage s'assombrissait progressivement.

— « Ce qui a fait de moi un révolutionnaire », dit-il enfin — et ses lèvres tremblaient — « c'est d'être né ici, dans cette maison... C'est d'avoir été un fils de bourgeois. C'est d'avoir eu, tout jeune, le spectacle quotidien des injustices dont vit ce monde privilégié... C'est d'avoir eu, dès l'enfance, comme un sentiment de culpabilité... de complicité ! Oui : la sensation cuisante que, cet ordre de choses, tout en le haïssant, j'en profitais ! »

Il arrêta du geste la protestation d'Antoine :

— « Bien avant de savoir ce que c'était que le capitalisme, avant même d'en connaître le mot, à douze ans, à treize ans, rappelle-toi : j'étais en révolte contre le monde où je vivais, celui de mes camarades, de mes professeurs... le monde de Père, et de ses bonnes œuvres ! »

Antoine, songeur, brassait et rebrassait la salade.

— « Mon Dieu, un monde qui a ses vices de construction, ça, je suis le premier à le reconnaître », confessa-t-il, avec un petit ricanement de complaisance ; « mais un monde qui, par la force de l'habitude, tourne à peu près, malgré tout, sur son axe archi-rodé... Il ne faut pas être si sévère... Un monde qui a aussi ses vertus, ses devoirs, sa grandeur... Et ses commodités ! » ajouta-t-il de cet air bon enfant qui, plus encore que ses paroles, indisposait son frère.

— « Non, non », fit Jacques, d'une voix frémissante. « Le monde capitaliste est in-dé-fen-da-ble ! Il a établi entre les hommes des rapports absurdes, inhumains !... C'est un monde où toutes les valeurs sont faussées, où le respect de la personne n'a plus aucune place, où l'intérêt est l'unique mobile, où le rêve de tous est de s'enrichir ! Un monde où les puissances d'argent détiennent un pouvoir monstrueux, trompent l'opinion par une presse à leur solde, et asservissent l'État lui-même ! Un monde où l'individu, le travailleur, est réduit à zéro ! Un monde... »

— « Alors », interrompit Antoine, que la colère gagnait aussi, « selon toi, le travailleur ne profiterait en rien de la production du monde moderne ? »

— « Dans quelle pitoyable proportion en profite-t-il ? Non ! les seuls qui en profitent, ce sont les patrons et leurs actionnaires, ce sont les grands banquiers, les grands industriels... »

— « ... que tu te représentes, naturellement, oisifs et jouisseurs, engraissés de la sueur du peuple et sablant le champagne avec des filles de joie ? »

Jacques ne daigna même pas hausser les épaules.

— « Non ! Que je me représente bien tels qu'ils sont, Antoine... Du moins, tels que sont les meilleurs d'entre eux. Nullement oisifs : au contraire ! Mais jouisseurs, ah ! oui. Menant une vie qui est, à la fois, laborieuse et opulente — joyeusement laborieuse, et insolemment opulente ! Une vie comblée, parce qu'elle réunit toutes les jouissances possibles : toutes les joies, tous les amusements que procurent le travail intelligent, la lutte sportive contre la concurrence, et la combine, et le jeu, et la réussite ; toutes les satisfactions qu'on tire du gain, de la considération sociale, de la domination sur les hommes et sur la matière!... Une vie de privilégiés, enfin!... ça, le nieras-tu ? »

Antoine se taisait. « Éloquence! » ronchonnait-il, à part lui. « Il pérore, l'imbécile!... Il se gargarise de lieux communs!... » Toutefois, il sentait bien que son agacement l'empêchait d'être tout à fait équitable ; et que les problèmes soulevés par les divagations de son frère n'étaient pas négligeables. « Problèmes », pensait-il, « beaucoup plus difficiles que Jacques et les simplistes de son espèce ne l'imaginent... Problèmes d'une complexité infinie, auxquels devraient s'atteler, non pas des utopistes humanitaires, mais des savants, de grands esprits sans passion, rompus aux méthodes scientifiques... »

Jacques conclut avec un regard farouche :

— « Le capitalisme? Sans doute a-t-il été jadis un instrument de progrès... Mais, de nos jours, par une marche fatale, il est devenu un défi au bon sens, un défi à la justice, un défi à la dignité humaine! »

— « Ouais! » fit Antoine. « C'est tout ? »

Il y eut un silence. Léon venait d'entrer, et changeait les assiettes.

— « Donnez-nous le fromage et les fruits », dit Antoine, « nous nous servirons... Petit suisse ou hollande ? » demanda-t-il, en se tournant vers son frère.

Il avait pris un ton délibérément détaché.

— « Ni l'un ni l'autre ; merci. »

— « Une pêche, alors? »

— « Une pêche. »

— « Attends, je vais te la choisir... »

Il appuyait, exprès, sur la note cordiale.

— « Maintenant, parlons sérieusement », reprit-il, après une pause, et sur un ton conciliant qui atténuait le blessant de la phrase. « Qu'est-ce que c'est, le capilisme? Je dois te dire que je me méfie des mots passepartout. Et particulièrement des mots en *isme*... »

Il parut embarrasser son frère. Mais Jacques leva paisiblement le front. Son irritation semblait s'atténuer ;

l'ébauche d'un sourire joua même sur ses lèvres. Son regard, un instant, s'attarda vers la fenêtre ouverte. Le jour commençait à baisser : au-dessus des façades grises, de minute en minute, le ciel perdait de son éclat.

— « Pour moi », expliqua-t-il, « quand je dis : *capitalisme*, je vise très nettement ceci : une certaine répartition des richesses du globe, et un certain mode de leur mise en valeur. »

Antoine réfléchit un instant, et approuva d'un mouvement de tête. Ils sentirent l'un et l'autre, avec un égal soulagement, que l'entretien prenait un tour moins tendu.

— « Est-elle mûre, au moins ? Un peu de sucre ? »

— « Sais-tu », reprit Jacques sans répondre, « sais-tu ce qui me révolte le plus, dans le capitalisme ? C'est qu'il a dépouillé l'ouvrier de tout ce qui faisait de lui un homme. Par la concentration industrielle, on l'arrache à son patelin, à sa famille, à tout ce qui donnait une particularité humaine à sa vie. On l'a déraciné. On l'a frustré de toutes les satisfactions nobles que le métier procurait à l'artisan. On l'a réduit à n'être plus qu'un quelconque animal-producteur dans cette termitière qu'est l'usine ! Te représentes-tu ce qu'est l'organisation du travail, dans cet enfer ? La séparation vraiment inhumaine qui s'est faite entre la part manuelle, mécanique, du travail, et — comment dire ? — la part intellectuelle ? Imagines-tu ce qu'est devenu le travail quotidien pour l'ouvrier d'usine ? quelle servitude abrutissante ?... Autrefois, le même homme aurait été un artisan industrieux, aimant son petit atelier, intéressé à sa tâche. Aujourd'hui, il est condamné à n'être plus rien par lui-même. Plus rien qu'un rouage, une des mille pièces de ces machines mystérieuses, dont il n'a même pas besoin de comprendre le mystère pour reproduire sa besogne ! Mystère, qui est l'apanage d'une minorité, toujours la même — le patron, l'ingénieur... »

— « Parce que les gens instruits et compétents sont toujours la minorité, parbleu ! »

— « L'homme a été dépossédé de sa personnalité, Antoine... Voilà le crime capitaliste ! Il a fait de l'ouvrier une machine! Moins encore : le domestique d'une machine! »

— « Doucement, doucement », interrompit Antoine. « D'abord, ce n'est pas le capitalisme, ça : c'est le machinisme ; ne confondons pas... Et puis, laisse-moi te dire que tu me parais dramatiser singulièrement la réalité! En fait, je ne crois pas du tout qu'il y ait, entre l'ouvrier et l'ingénieur, des cloisons si étanches. Il y a même, le plus souvent, une sorte de liaison, d'accord, de collaboration, entre eux. L'ouvrier pour qui sa machine est un « mystère » est très rare. Il n'aurait pas pu l'inventer, ni peut-être la construire, mais il comprend fort bien comment elle fonctionne, et il y apporte souvent, lui-même, des améliorations techniques. En tout cas, il l'aime, il en est fier, il la soigne, il tient à ce qu'elle marche bien... Studler, qui a été en Amérique, parle curieusement de cet « enthousiasme industriel » qui a saisi là-bas les classes ouvrières... Je songe aussi à l'hôpital. Ce n'est pas si différent d'une usine, à tout prendre... Là aussi, il y a des patrons et des travailleurs, une part « intellectuelle » et une part « manuelle ». Moi je suis une espèce de patron. Mais je t'assure que celui qui est sous mes ordres, fût-ce le dernier des garçons de salle, n'a rien d'un « domestique », dans le sens où tu employais ce mot. Nous travaillons tous ensemble pour un même but : la guérison des malades. Chacun selon ses moyens et ses aptitudes. Si tu voyais comme ils sont tous contents, quand nos efforts conjugués triomphent d'un mauvais cas! »

« Il faut toujours qu'il ait raison », se dit Jacques, irrité.

Cependant, il eut conscience d'avoir sottement engagé le débat, en ayant l'air de fonder principalement sa critique du capitalisme sur l'organisation, la répartition du travail.

S'efforçant au calme, il reprit :

— « Ce n'est pas tant la nature du travail, qui est révoltante dans le régime capitaliste ; ce sont les *conditions* faites au travail. Et ce n'est pas au machinisme en soi que j'en ai, bien sûr ; mais, à la façon dont une

classe privilégiée l'exploite pour son seul avantage. Si
on veut donner une idée simplifiée du mécanisme social,
on peut dire : d'un côté, une petite élite bourgeoise de
gens riches, les uns compétents et laborieux, les autres
oisifs et parasites ; élite, qui possède tout, dispose de
tout, occupe tous les postes de commandement, et acca-
pare les bénéfices, sans en faire profiter la masse ; —
puis, de l'autre côté, cette masse, les vrais producteurs,
les exploités : un immense troupeau d'esclaves... »

Antoine haussa gaiement les épaules :

— « D'esclaves ? »

— « Oui. »

— « Non. Pas d'esclaves... », fit Antoine avec bonho-
mie : « de citoyens... De citoyens qui ont, devant la loi,
exactement les mêmes droits que le patron ou que l'ingénieur ; qui votent comme eux ; que personne n'oblige
à rien ; qui peuvent travailler ou non, selon les appétits
qu'ils ont à satisfaire ; qui choisissent leur métier, leur
usine ; qui en changent à leur gré... S'ils sont tenus par
des contrats, ce sont des contrats qu'ils ont librement
acceptés, après discussion... Peut-on appeler ça des
esclaves ? Esclaves de qui ? de quoi ? »

— « De leur misère ! Tu parles comme un parfait
démagogue, mon vieux... Toutes ces libertés ne sont
qu'apparentes. En fait, l'ouvrier actuel ne jouit d'aucune indépendance, parce qu'il est talonné par son
dénuement ! Il n'a, pour échapper à la faim, que le salaire
de son travail. Alors, il est bien obligé de s'offrir, pieds
et poings liés, à la minorité bourgeoise qui détient le
travail, et qui fixe les salaires !... Tu dis : les gens instruits, les techniciens sont la minorité... Je le sais bien.
Ce n'est pas à la compétence que j'en ai... Mais, regarde
un peu comment les choses se passent : le patron, si
bon lui semble, octroie du travail à l'ouvrier qui a faim ;
et, pour ce travail, il paie à l'ouvrier un salaire. Mais,
ce salaire n'est jamais qu'une minime fraction du gain
produit par le travail de l'ouvrier. Le patron et ses actionnaires escroquent le reste... »

— « A bon droit ! Ce reste représente ce qui leur est
dû pour leur part de collaboration ! »

— « Oui. Théoriquement, en effet, le reste doit représenter ce qui est dû au patron pour sa direction, ou
à l'actionnaire pour sa complaisance à prêter sa galette.
Et je vais revenir là-dessus !... Mais, comparons d'abord
les chiffres. Comparons les salaires aux bénéfices !... En
réalité, ce reste est un prélèvement léonin, manifestement disproportionné à la collaboration fournie ! Et,
ce reste, il sert au bourgeois à consolider et à accroître
son pouvoir ! Ce qu'il n'utilise pas pour son bien-être,
pour son luxe, il en constitue des *capitaux*, qu'il investit
dans d'autres affaires, et qui font boule de neige. Et
c'est de cette richesse, capitalisée aux dépens de l'ouvrier, qu'est faite, depuis des générations, la toute-
puissance de la classe bourgeoise. Toute-puissance qui
repose sur une effroyable injustice... Car — et c'est là-
dessus que je voulais revenir — la pire injustice, ce
n'est pas encore cette disproportion entre ce que le capitaliste touche comme une rémunération de son apport,
et le salaire de l'homme qui peine. L'injustice la plus
flagrante, elle est dans ce fait : que *l'argent travaille* pour
celui qui le possède ! et qu'il travaille *tout seul*, sans que
son propriétaire ait seulement à remuer le petit doigt !...
L'argent s'enfante indéfiniment lui-même !... As-tu
jamais réfléchi à ça, Antoine ? La société des profiteurs,
grâce à l'invention diabolique de la Banque, a trouvé un
subterfuge perfectionné pour s'acheter des esclaves,
et les faire trimer pour elle ! des esclaves de tout
repos, anonymes et si lointains, si inconnus, qu'on
peut feindre d'ignorer leur vie de damnés, pour peu
que l'on tienne à garder bonne conscience... La voilà,
l'iniquité maîtresse : cette dîme prélevée sur la chair
et la sueur par le plus hypocrite, le plus immoral, des
artifices ! »

Antoine écarta sa chaise de la table, alluma une cigarette, et croisa les bras. La nuit, tout à coup, tombait
si vite que Jacques ne distinguait plus nettement les
nuances d'expression de son frère.

— « Et alors ? » questionna Antoine. « Votre révolution doit changer tout ça d'un coup de baguette ? »

L'accent était narquois. Jacques repoussa son assiette,

s'accouda commodément et, dans la pénombre, brava son frère du regard.

— « Oui. Parce que, actuellement, tant qu'il est un isolé, à la merci du besoin, le travailleur est sans défense. Mais, le premier effet social de la révolution sera de lui donner enfin la puissance politique. Alors, il pourra changer les bases. Alors, il pourra établir de nouvelles institutions, un code nouveau... Le seul mal, vois-tu, c'est cette exploitation de l'homme par l'homme. Il faut bâtir un monde où cette exploitation ne sera plus possible. Un monde où les richesses, qui sont indûment détenues par des organismes parasitaires comme vos grandes industries et vos grandes banques, seront remises en circulation, pour que toute la communauté humaine en profite. Aujourd'hui, le pauvre bougre qui produit a tellement de mal à s'assurer le minimum indispensable à sa subsistance, qu'il n'a ni le temps, ni le courage, ni même le goût, d'apprendre à penser, à se développer dans ses possibilités humaines. Quand on dit que la révolution abolira la condition prolétarienne, c'est ça qu'on veut dire. Dans la pensée des vrais révolutionnaires, la révolution ne doit pas seulement procurer au producteur une existence plus large, assurée et plus heureuse : avant tout, elle doit modifier les conditions de l'homme par rapport au travail ; elle doit humaniser le travail lui-même, empêcher qu'il soit une abrutissante servitude. Le travailleur doit avoir des loisirs. Il doit cesser de n'être rien qu'un outil, du matin jusqu'au soir. Il doit avoir le temps de songer à lui-même ; il doit pouvoir développer au maximum, selon ses aptitudes, sa qualité d'homme ; devenir, dans la mesure où il le peut — et cette mesure n'est pas aussi restreinte qu'on le croit — une véritable personne humaine... »

Il avait dit : « et cette mesure n'est pas aussi restreinte qu'on le croit », avec la force persuasive d'un convaincu ; mais avec une intonation sourde, où un observateur plus averti que son frère eût peut-être perçu la résonance d'un doute.

Antoine n'y prit pas garde. Il réfléchissait.

— « Je veux bien, après tout... », concéda-t-il. « A supposer que ce soit réalisable... Mais, par quels moyens ? »

— « Pas d'autre que la révolution. »

— « C'est-à-dire une dictature du prolétariat ? »

— « Une dictature, oui... Il faudra bien commencer par là », dit Jacques rêveusement. « Une dictature des producteurs, pour mieux dire... On a tant abusé du mot : prolétariat. Même dans les milieux révolutionnaires, on essaie maintenant de se débarrasser de la vieille terminologie humanitaire et libérale de 48... »

« Ce n'est pas vrai », se dit-il songeant à son propre vocabulaire, et aux palabres de *la Parlote*. « Mais il faudra bien qu'on y arrive... »

Antoine se taisait. Il n'avait pas bien écouté les dernières phrases de son frère. « Dictature... », songeait-il. *A priori*, une dictature prolétarienne ne lui paraissait pas inconcevable en soi. Il imaginait même, sans trop de peine, ce qu'elle pourrait être dans certains pays : en Allemagne, par exemple. Mais, elle lui semblait tout à fait irréalisable en France. « Une telle dictature », pensait-il, « ne pouvait pas s'établir solidement, par un simple renversement de la vapeur : pour qu'elle pût être assurée de sa victoire, il lui faudrait le temps de s'affirmer, d'obtenir des résultats économiques, de prendre vraiment racine dans les générations nouvelles. C'était, pour le moins, huit, dix, quinze années peut-être, de tyrannie tenace, de luttes constantes, de répressions, de spoliations, de misère. La France — pays de citoyens frondeurs, individualistes, jaloux de leurs libertés, pays de petits rentiers où le révolutionnaire moyen conserve encore, à son insu, les habitudes, les goûts d'un petit propriétaire — la France supporterait-elle jamais, dix ans de suite, cette discipline de fer ? C'était pure folie que de l'espérer. »

Cependant, Jacques poursuivait, à bâtons rompus, son réquisitoire :

— « L'asservissement, l'exploitation, de toute l'activité humaine par le système capitaliste, ne finiront qu'avec lui. L'appétit de possession des exploiteurs n'aura jamais de limites. Le progrès industriel des cinquante dernières années n'a été utilisé qu'à accroître leur autorité. Toutes les richesses du monde sont l'objet de leur convoitise! Leur besoin de conquête et d'expansion est tel, que les diverses fractions du capitalisme mondial, au lieu de penser à s'unir pour une vaste domination internationale, en sont amenées, contre leur intérêt le plus évident, à s'entre-déchirer, comme des fils de famille qui se disputent un patrimoine!... La guerre qui menace n'a pas d'autre cause profonde... » (Il en revenait toujours à son obsession de la guerre.) « Mais, cette fois, ils pourraient bien se heurter à des forces qu'ils ne soupçonnent pas! Le prolétariat n'a plus, Dieu merci, la passivité de jadis! Il n'acceptera pas que les classes possédantes, par leur cupidité et leurs divisions, l'entraînent dans une catastrophe dont il ferait une fois de plus les frais... La révolution, pour l'instant, passe au second plan. D'abord, coûte que coûte, empêcher la guerre! Ensuite... »

— « Ensuite ? »

— « Ah! ensuite, les buts précis ne manquent pas!... Le plus urgent, ce sera sans doute de tirer parti de cette victoire des partis populaires, du soulèvement de l'opinion contre les impérialismes, pour tenter le grand coup, et s'emparer du pouvoir... Alors, il sera possible d'imposer au monde une organisation rationnelle de la production... Au monde entier, comprends-tu ?... »

Antoine écoutait attentivement. Il fit signe qu'il comprenait très bien. Mais son demi-sourire marquait aussi qu'il réservait son approbation.

— « Ça ne se fera pas tout seul, je sais bien », reprit Jacques. « Pour y parvenir, il faudra une initiative brutale des révolutionnaires : déclencher le *fait insurrectionnel* », ajouta-t-il en empruntant le langage et jusqu'à la voix coupante de Meynestrel. « La partie sera dure. Mais l'heure sera bientôt venue de la jouer. Sans quoi, l'humanité qui travaille sera peut-être condamnée à attendre pendant un demi-siècle encore, sa libération... »

Il y eut un silence.

— « Et... vous avez les hommes qu'il faut pour exécuter tout ce beau programme ? » demanda Antoine.

Il s'appliquait à ne pas passionner le débat, à lui garder un tour spéculatif. Il pensait ingénument donner à son frère la preuve de son bon vouloir, de son esprit libéral, de son impartialité. Mais Jacques ne lui en savait aucun gré. Au contraire : ce ton trop désintéressé l'irritait. Il n'était pas dupe. Une certaine sonorité persifleuse de la voix, un certain accent d'assurance dont Antoine ne pouvait se départir dès qu'il discutait avec son cadet, rappelaient sans cesse à Jacques qu'Antoine le considérait en aîné, du haut d'une expérience et d'une sagacité supérieures.

— « Des hommes ? Oui, nous en avons », répondit-il, avec hauteur. « Mais, souvent, les grands hommes d'action, les meneurs de génie, ne sont pas ceux sur lesquels on comptait. Les événements en font surgir de nouveaux... »

Quelques secondes, silencieux, il poursuivit son rêve intérieur. Il reprit, doucement :

— « Rien de tout ça n'est chimérique, Antoine... L'évolution vers le socialisme est une réalité générale. Ça crève les yeux. Le triomphe final sera difficile, et peut-être qu'il ne s'accomplira pas, hélas! sans convulsions sanglantes. Mais, d'ores et déjà, pour ceux qui consentent à voir, il est inévitable... Au terme, on peut prévoir l'établissement d'un régime universel... »

— « Le monde *sans classes* », fit Antoine, en hochant ironiquement la tête.

Jacques continua, comme s'il n'avait pas entendu :

— « ... Système entièrement neuf, qui soulèvera sans doute, à son tour, une infinité de problèmes que nous ne pouvons pas prévoir ; mais qui aura du moins résolu ceux qui étranglent la pauvre humanité d'aujourd'hui : les problèmes économiques... Rien de chimérique dans tout ça... », répéta-t-il. « Devant de telles perspectives, tous les espoirs sont permis!... »

La ferveur de Jacques, cette foi convaincue, plus émouvante encore dans la demi-obscurité, renforçaient, par opposition, le scepticisme d'Antoine.

« Le " fait insurrectionnel " », songeait-il. « Merci
bien!... L'histoire est là! Ces nobles efforts pour rendre
la vie plus harmonieuse, coûtent vraiment trop cher!...
Et ils n'aboutissent jamais à une amélioration durable!
On se monte le coup, on se hâte de détruire, de remplacer ; et on s'aperçoit, à l'usage, que le nouveau
régime crée de nouveaux abus, et que, tout compte
fait...! C'est comme en médecine : on adopte toujours
trop vite les thérapeutiques nouvelles... »

S'il avait moins de sévérité que son frère pour le
monde actuel, s'il s'en accommodait, somme toute, assez
bien — autant par opportunisme naturel que par indifférence (et aussi parce qu'il était porté à faire confiance
aux spécialistes qui le mènent) — il était loin de le
considérer comme un monde parfait. « Je veux bien...
je veux bien », songeait-il. « Tout peut, tout doit toujours
être perfectionné. C'est la loi de la civilisation : la loi
même de la vie... Mais par étapes! »

— « Et, pour en arriver là », dit-il, « tu crois
qu'il faut nécessairement une révolution? »

— « Maintenant, oui... Maintenant, je le crois »,
déclara Jacques, sur le ton d'un aveu. « Je vois bien ce
que tu penses. Je l'ai longtemps pensé moi-même. J'ai
longtemps voulu me persuader que des réformes pourraient suffire, des réformes, à l'intérieur du régime
actuel... Je ne le crois plus. »

— « Mais ton socialisme, est-ce qu'il ne se réalise
pas, progressivement, de lui-même, d'année en année?
Partout! Même dans des pays d'autocratie, comme
l'Allemagne? »

— « Non. Justement, les expériences auxquelles tu
fais allusion sont significatives! Ces réformes-là, elles
peuvent atténuer certains *effets* du mal : elles ne s'atta-
quent jamais aux *causes*! Et c'est naturel : les réforma-
teurs, si bien intentionnés qu'on le suppose, sont en
fait, solidaires de cette politique, de cette économie,
qu'il s'agirait justement de combattre et de remplacer.
On ne peut pas demander au capitalisme de se détruire
lui-même, en sapant ses propres assises! Quand il se
trouve par trop acculé aux désordres qu'il a créés, il

emprunte aux idées socialistes quelques réformes deve-
nues indispensables... Mais, c'est tout. »

Antoine tenait bon :

— « La sagesse est d'accepter le relatif! Ces réformes
partielles sont, tout de même, des gains pour l'idéal
social que tu défends. »

— « Des gains illusoires ; des concessions insigni-
fiantes, consenties de mauvaise grâce, et qui ne changent
rien au fond des choses. Dans ces pays dont tu parles,
qu'est-ce que les réformes ont changé d'important? Les
puissances d'argent n'ont rien perdu de leur domination : elles continuent à disposer du travail, et à tenir
les masses sous leurs griffes ; elles continuent à manœu-
vrer la presse, à corrompre ou à intimider les pouvoirs
publics. Parce que, pour atteindre le fond des choses,
il faut porter la pioche dans les fondations mêmes du
régime, et appliquer le plan socialiste en son entier!
Pour supprimer les taudis, les urbanistes fichent tout
par terre, et reconstruisent... Oui », ajouta-t-il, avec un
soupir, « ma conviction profonde, maintenant, c'est
que seuls, une révolution, un chambardement général
jailli des profondeurs et qui remettra tout en cause,
peuvent désintoxiquer le monde de son infection capitaliste... Gœthe pensait qu'il faut choisir entre l'injustice et le désordre : et, lui, il préférait l'injustice. Moi
pas! Je pense qu'il n'y a pas d'ordre véritable sans la
justice. Je pense que tout est préférable à l'injustice...
Tout!... Même », acheva-t-il en baissant soudain la voix,
« même l'horrible désordre révolutionnaire... »

« Si Mithœrg m'entendait », songeait-il, « il serait
content... »

Il demeura quelques secondes rêveur.

— « Le seul espoir que j'aie, c'est que, peut-être, il
ne sera pas indispensable qu'il y ait partout, dans tous
les pays, révolution sanglante... Il n'a pas été nécessaire
de dresser la guillotine de 93 dans toutes les capitales
d'Europe, pour que les principes républicains de 89
pénètrent partout, transforment tout : la France avait
ouvert une brèche, par laquelle tous les peuples ont pu
passer... Sans doute suffira-t-il qu'une seule nation —

l'Allemagne peut-être ? — paie en chair vive, pour que l'ordre nouveau s'installe, et pour que le reste du monde, gagné par l'exemple, puisse évoluer en douceur... »

— « Va pour le chambardement, si c'est en Allemagne! » fit Antoine, moqueur. « Mais », reprit-il sur un ton sérieux, « là où je vous attends tous, c'est quand il s'agira d'édifier votre monde nouveau. Car, vous aurez beau faire, c'est toujours avec le même élément de base qu'il vous faudra reconstruire. Et, cet élément essentiel, il ne changera pas : c'est la nature humaine! »

Jacques avait subitement pâli. Pour cacher son trouble, il détourna le visage.

Sans le savoir, Antoine venait de toucher brutalement à la grande blessure de son frère, la blessure intime, inguérissable... Cette foi en l'homme de demain, qui était la raison d'être de la révolution, le vrai tremplin de tout l'élan révolutionnaire, cette foi, hélas! Jacques ne l'avait que par brèves intermittences, par contagion momentanée ; il n'avait jamais réellement pu la faire sienne. Sa pitié pour les hommes était infinie ; il leur vouait tout l'amour de son cœur ; mais, il avait beau faire, et se battre les flancs, et répéter avec une conviction fervente les formules doctrinaires, il demeurait sceptique sur les possibilités morales de l'homme. Et, dans le secret de son être, il y avait ce refus pathétique : il ne croyait pas, il ne pouvait pas croire vraiment à l'infaillibilité de ce dogme : le progrès spirituel de l'humanité. Corriger, réorganiser, parfaire la condition de l'homme par un changement total des institutions, par l'édification d'un système neuf, oui certes! Mais, espérer que ce nouvel ordre social renouvellerait aussi l'*homme*, en créant automatiquement un spécimen d'humanité foncièrement meilleur — cela, il n'y parvenait pas. Et, chaque fois qu'il prenait conscience de ce doute fondamental, si profondément ancré en lui, c'était avec un sentiment poignant de remords, de honte, de désespoir.

— « Je ne m'illusionne pas exagérément sur la perfectibilité de la nature humaine », confessa-t-il, d'une voix légèrement changée. « Mais je constate que l'homme actuel est un être abîmé, dégradé, par le système social

qu'il subit. En opprimant le travailleur, ce régime
l'abaisse, l'appauvrit moralement, le livre à ses plus
bas instincts, étouffe en lui les dispositions à s'élever
qu'il pourrait avoir. Je ne nie pas que ces bas instincts
soient innés dans l'homme. Je pense seulement — je
veux penser — que ces instincts-là ne sont pas les seuls.
Je pense que notre civilisation économique empêche
les bons instincts de se développer, de prendre le pas
sur les autres. Et que nous avons le droit d'espérer que
l'homme sera différent, quand ce qu'il y a de meilleur
en lui pourra librement s'épanouir... »

Léon venait d'entrouvrir la porte. Il attendit que
Jacques eût terminé sa phrase, pour annoncer, d'une
voix sans timbre :

— « Le café de ces messieurs est servi dans le bureau. »

Antoine se retourna :

— « Non, apportez-le ici... Et donnez-nous de la
lumière, voulez-vous... La corniche seulement... »

Le plafond s'illumina. Sa blancheur suffisait à répandre dans la pièce une clarté agréablement diffuse.

« Attention », se disait Antoine, fort loin de se douter
que, sur ce terrain, il aurait presque pu s'entendre avec
son frère. « Là, nous touchons un point central... Pour
tous ces naïfs, l'imperfection de l'homme n'est qu'un
résultat des défauts de la société ; et il est tout naturel,
alors, qu'ils mettent leur fol espoir dans une révolution.
S'ils voyaient les choses telles qu'elles sont... s'ils comprenaient, une bonne fois, que l'homme est une sale bête,
et qu'il n'y a rien à faire... Tout régime social est fatalement condamné à refléter ce qu'il y a d'irrémédiablement mauvais dans la nature humaine... Alors, à quoi
bon courir les risques d'un chambardement ? »

— « L'innommable gâchis du monde moderne n'est
pas seulement d'ordre matériel... », commença Jacques
sourdement.

L'entrée de Léon, avec le plateau du café, l'interrompit.

— « Deux sucres ? » demanda Antoine.

— « Un seul. Merci. »

Il y eut une minute de silence.

— « Tout ça... Tout ça... », murmura Antoine, en souriant. « Veux-tu que je te dise, mon cher : u-to-pies! »

Jacques le toisa. « Il vient de dire : « mon cher », exactement comme Père », songea-t-il. Il sentit que la colère le gagnait, et il s'y abandonna, parce qu'elle le délivrait de son malaise.

— « Utopies? » s'écria-t-il. « Tu n'as pas l'air de te douter qu'il y a des milliers d'esprits sérieux pour qui ces « utopies » sont un programme d'action, savamment réfléchi, strictement mis au point, et qui n'attendent qu'une occasion pour l'appliquer!... » Il venait de penser à Genève, à Meynestrel, aux doctrinaires russes, à Jaurès. « Nous vivrons peut-être assez vieux, l'un et l'autre, pour assister, en quelque coin du globe, à l'implacable réalisation de ces utopies-là! et pour les voir engendrer une société nouvelle! »

— « L'homme sera toujours l'homme », grommela Antoine. « Il y aura toujours des forts et des faibles... Ce ne seront pas les mêmes, voilà tout. Les forts fonderont leur pouvoir sur d'autres institutions, sur un autre code que le nôtre... Ils formeront une classe nouvelle de forts, un type nouveau de profiteurs... C'est la loi... Et, en attendant, ce qu'il y a tout de même de bon dans notre civilisation, qu'est-ce que ça sera devenu? »

— « Oui », fit Jacques, comme se parlant à lui-même, et avec un accent de tristesse qui frappa son frère. « On ne pourra répondre à des gens comme vous que par une grande, une merveilleuse expérience... D'ici là, votre position est commode! C'est la position de tous ceux qui se sentent bien installés dans le monde actuel, et qui veulent, à tout prix, le conserver tel qu'il est! »

Antoine posa brusquement sa tasse.

— « Mais je suis tout prêt à en accepter un autre! » s'écria-t-il, avec une vivacité que Jacques ne put s'empêcher d'enregistrer avec plaisir.

« C'est déjà quelque chose », songea-t-il, « que de ne pas conformer ses convictions à la vie qu'on mène... »

— « Tu n'as pas idée », poursuivait Antoine, « combien je me sens indépendant, en marge de toutes les formes sociales! Je suis à peine un citoyen, moi!... J'ai

un métier à exercer : c'est la seule chose à quoi je tienne.
Pour le reste, organisez comme il vous plaira le monde
autour de mon cabinet de consultation! Si vous croyez
pouvoir mettre d'aplomb une société où il n'y aura plus
ni misère, ni gaspillage, ni sottise, ni bas appétit ; une
société sans injustice, sans corruption, sans privilèges,
et où la règle ne sera plus celle de la jungle : l'entremen-
gement universel — allez-y!... dépêchez-vous!... Je ne
défends pas du tout le capitalisme! Il existe ; je l'ai trouvé installé, en naissant ; je baigne dedans, depuis trente
ans ; alors, j'en ai l'habitude, je l'accepte ; et même,
chaque fois que je peux, je l'utilise... Mais, je suis tout
prêt à m'arranger d'autre chose! Et, si vous avez vraiment trouvé mieux, alléluia!... Pour moi, je ne reven-
dique rien que la possibilité de faire ce pour quoi je suis
fait. J'accepterai tout ce que vous voudrez, sauf de me
démettre de ce qui est ma fonction d'homme... Mais »,
ajouta-t-il gaiement, « quelle que soit la perfection de
votre nouveau régime, même si vous réussissez à faire
de la fraternité une loi générale, je doute que vous en
fassiez autant de la santé... Il restera des malades, et,
par conséquent, des médecins : donc, pour moi, rien ne
sera changé de mes rapports fondamentaux avec les
hommes... Pourvu toutefois », fit-il en clignant de l'œil,
« que, dans ta société socialiste, tu me laisses une certaine... »

Le timbre du vestibule tinta violemment.

Antoine surpris, dressa l'oreille.

Cependant, il poursuivit :

— « ... une certaine liberté... Ah! oui : condition *sine
qua non* : une certaine liberté professionnelle... J'entends :
liberté de pensée, et liberté de travail... — avec tous les
risques, bien entendu, et toutes les responsabilités que
ça comporte... »

Il se tut pour écouter.

On entendit Léon ouvrir la porte du palier ; puis une
voix de femme.

Antoine, le poing sur la table, prêt à se lever, avait
déjà son masque professionnel.

Léon parut à la porte.

Il n'eut pas le temps de prononcer un mot. Derrière lui, une jeune femme était entrée précipitamment.

Jacques tressaillit. Et, brusquement, il devint très pâle : il venait de reconnaître Jenny de Fontanin.

XVIII

Jenny n'avait pas reconnu Jacques. Peut-être ne l'avait-elle pas regardé, pas même vu. Elle s'avançait vers Antoine, les traits tendus :

— « Venez vite... Papa est blessé... »

— « Blessé ? » dit Antoine. « Gravement ? Où ? »

Elle esquissa un geste de la main vers la tempe.

Son air hagard, son geste, le peu qu'Antoine savait de la vie de Jérôme de Fontanin, lui firent immédiatement supposer un drame. Tentative de meurtre ? de suicide ?

— « Où est-il ? »

— « Dans un hôtel... J'ai l'adresse... Maman y est, elle vous attend... Venez... »

— « Léon ! » cria Antoine, « prévenez Victor... L'auto, vite ! »

Il se retourna vers la jeune fille :

— « Dans un hôtel ? Comment ça ?... Blessé depuis quand ? »

Elle ne répondit pas. Elle venait de jeter les yeux vers le convive qui était là... Jacques !

Il avait baissé les yeux. Il sentit, comme une brûlure sur son visage, le regard de Jenny.

Ils ne s'étaient jamais revus depuis l'été de Maisons-Laffitte : quatre ans !

— « Le temps de prendre ma trousse », jeta Antoine, en s'élançant vers la porte.

Dès qu'elle se sentit seule en face de Jacques, Jenny se mit à trembler. Elle regardait fixement le tapis. Les

coins de sa bouche frémissaient imperceptiblement,
Jacques retenait son souffle, en proie à un bouleverse-
ment que, une minute plus tôt, il n'eût pas cru possible. Ils relevèrent les yeux en même temps. Leurs
regards se heurtèrent ; une même stupeur, une même
angoisse dilataient leurs prunelles. Dans celles de Jenny,
jaillit une lueur d'effroi, que les paupières baissées voilèrent aussitôt.

Machinalement, Jacques fit un pas :

— « Asseyez-vous, au moins... », balbutia-t-il, approchant une chaise.

Elle ne bougea pas. Elle se tenait droite, dans la lumière qui tombait du plafond. L'ombre des cils palpitait
sur ses joues. Elle était vêtue d'un tailleur tout uni
qui la faisait grande, mince, strictement gainée.

Antoine rentra brusquement. Il était en veston de
ville, le chapeau sur la tête. Léon le suivait, portant
deux trousses de pansement, qu'Antoine ouvrit sur la
table, en poussant le couvert.

— « Voyons, expliquez un peu... L'auto sera prête
dans une minute... Comment ça, blessé ? Par quoi ?
Léon, vite, cherchez-moi une boîte de compresses... »

Tout en parlant, il prit dans l'une des trousses une
pince et deux flacons qu'il mit dans l'autre. Il se hâtait,
mais avec des mouvements économes et précis.

— « Nous ne savons rien... », murmura Jenny, qui,
dès le retour d'Antoine, s'était vivement rapprochée
de lui. « Une balle de revolver... »

— « Ah!... » fit Antoine, sans tourner les yeux.

— « Nous ne savions même pas qu'il était à Paris...
Maman le croyait encore à Vienne... »

Le timbre était voilé, un peu haletant, mais ferme.
En plein désarroi, elle donnait encore une impression
d'énergie et de courage.

— « On est venu nous prévenir, de l'hôtel où il est...
Il y a une demi-heure... Nous avons sauté dans une
voiture... Maman m'a déposée ici en passant. Elle n'a
pas voulu attendre, de peur... »

Elle n'acheva pas. Léon venait d'entrer, avec une boîte nickelée.

— Bon », dit Antoine. « Maintenant, filons!... Il est loin, cet hôtel? »

— « Avenue Friedland, 27 *bis*. »

— « Tu viens avec nous! » fit Antoine, en s'adressant à Jacques. Le ton était plus impérieux qu'interrogatif. Il ajouta : « Tu peux nous être utile, là-bas. »

Jacques regardait Jenny, sans répondre. Elle n'avait pas bronché, mais il crut sentir qu'elle acceptait qu'il vînt.

— « Passez », dit Antoine.

L'auto n'était pas encore sortie du garage. Les phares projetaient dans la cour leur lumière aveuglante. Tandis que Victor refermait hâtivement le capot, Antoine avait déjà fait monter Jenny.

— « Je me mets devant », déclara Jacques en grimpant sur le siège.

Le trajet, jusqu'à la Concorde, fut rapide. Mais, avenue des Champs-Élysées, la circulation des voitures força le chauffeur à ralentir l'allure.

Antoine, assis dans le fond, à côté de Jenny, respectait le silence de la jeune fille. Il savourait sans scrupule ce moment délicieux, bien connu de lui, ce moment d'attente, d'énergie disponible, qui précède l'heure de l'initiative, de la responsabilité. Et, distraitement, il regardait dehors.

Jenny, reculée dans l'angle de la voiture, aussi loin que possible de tout contact, se raidissait en vain contre son tremblement : elle vibrait des pieds à la tête, comme un cristal heurté.

Depuis l'instant où ce garçon d'hôtel, inconnu, introduit non sans quelque méfiance, avait annoncé d'une voix rogue que « le monsieur de la chambre 9 venait de se tirer une balle dans la tête — jusqu'à son arrivée rue de l'Université, dans ce taxi où, sans un mot, sans une larme, sa mère et elle s'étaient convulsivement tenu les mains — toute sa pensée avait été pour le blessé. Mais, depuis l'apparition foudroyante de Jacques, elle avait oublié son père... Devant elle, ce dos trapu, vivant, qu'elle évitait de regarder — présence indiscutable, qui polarisait toutes les forces de son être!... Serrant les dents, elle appuyait contre elle son bras gauche, pour écraser les palpitations de son cœur ; et elle baissait obstinément la tête. Elle était bien incapable, pour l'instant, d'analyser ce tumulte intérieur. Mais elle s'y abandonnait, sauvagement reprise, en quelques minutes, par ce drame de sa vie, dont elle avait failli mourir, et dont elle s'était crue à jamais délivrée.

Un freinage brusque lui fit lever les yeux. L'auto avait dû s'arrêter net, au rond-point, pour laisser défiler une retraite militaire.

— « Quand on est pressé!... » bougonna Antoine, en se tournant vers Jenny.

Un bataillon de jeunes hommes, en rangs serrés, brandissant des lampions, suivait la fanfare, au pas cadencé et chantait à plein gosier le refrain martial de la marche. A droite et à gauche, maintenue par un important service d'ordre, une foule compacte acclamait les braillards et se découvrait au passage du drapeau.

Le chauffeur, après s'être assuré que Jacques ne soulevait pas son chapeau, garda, lui aussi, sa casquette.

— « Naturellement... », risqua-t-il. « Dans ces quartiers-ci, n'y en a que pour eux... » Et, enhardi par le haussement d'épaules de Jacques, il ajouta : « Chez moi, à Belleville, l'a fallu qu'ils y renoncent, à leur bastringue! Ça finissait chaque fois en bagarre... »

Par chance, le cortège qui descendait vers la Concorde, tournait à gauche, dégageant l'avenue d'Antin,

Quelques minutes plus tard, l'auto grimpait à vive allure la rampe du faubourg, et débouchait avenue de Friedland.

Antoine avait déjà ouvert la portière. Dès que la voiture eut stoppé, il sauta. Jenny fit un effort pour s'arracher de la banquette : évitant la main qu'Antoine lui tendait, elle descendit sur le trottoir. Une seconde, debout, éblouie par la tranchée lumineuse que la porte

de l'hôtel projetait jusque sur la chaussée, elle demeura
immobile, si étourdie qu'elle faillit tomber.

— « Suivez-moi », dit Antoine, en lui touchant doucement l'épaule. « Je passe devant. »

Elle se raidit, et s'élança dans son sillage. « Où est-il ? »
songeait-elle, sans oser tourner la tête. (Même là, même
en ce moment, ce n'était pas à son père qu'elle pensait.)

L'*Hôtel Westminster* était une pension pour étrangers, comme il en existait beaucoup dans le quartier
de l'Étoile. Le petit hall était très éclairé. Au fond, une
cloison vitrée laissait voir une galerie-salon, où des gens,
assis par groupes, jouaient aux cartes, en fumant, au
son d'un piano caché dans les plantes vertes.

Aux premiers mots d'Antoine, le portier fit un signe
vers une dame corpulente, caparaçonnée de satin noir,
qui se leva aussitôt de derrière la caisse, et, sans dire
un mot, l'air revêche, les conduisit précipitamment
jusqu'à l'ascenseur. La grille se referma. Alors seulement Jenny s'aperçut, avec un immense soulagement,
que Jacques ne montait pas avec eux.

Sans avoir eu le temps de se ressaisir, elle se trouva,
sur un palier, devant sa mère.

Les traits de Mme de Fontanin étaient à la fois ra-
vagés et calmes. Jenny, avant toute chose, remarqua
que le chapeau de sa mère était posé tout de travers,
et ce désordre insolite l'émut plus encore que la détresse
du regard.

Mme de Fontanin tenait à la main une enveloppe
décachetée. Elle avait saisi le bras d'Antoine :

— « Il est là... Venez... »

Elle l'entraînait en hâte vers le couloir :

— « La police vient de partir... Il vit... Il faut le
sauver... Le médecin de l'hôtel dit qu'il est intranspor-
table... »

Elle se retourna vers Jenny ; elle voulait lui épargner
la vision de son père blessé.

— « Attends-nous là, chérie. »

Et elle lui tendit l'enveloppe qu'elle tenait à la main.
C'était la lettre qu'on avait ramassée sur le parquet,

près du revolver ; et dont l'adresse avait permis de courir aussitôt avenue de l'Observatoire.

Jenny, restée seule sur le palier, essayait de déchiffrer, à la mauvaise clarté du plafonnier, le billet écrit par son père. Son nom, *Jenny*, aux dernières lignes, lui sauta aux yeux :

. . . .

« Que ma Jenny me pardonne. Je n'ai jamais su lui montrer ma tendresse... »

. . . .

Ses mains tremblaient. Pour vaincre cet ébranlement des nerfs qui la secouait jusqu'à l'extrémité de ses doigts, elle contractait en vain tous ses membres ; et elle s'appliquait de son mieux à lire, à lire tout, depuis le début :

. . . .

« Thérèse ! Ne pensez pas à moi sévèrement. Si vous saviez comme j'ai souffert avant d'en arriver là ! Quelle pitié j'ai de vous. Amie, toute la peine que je vous ai faite ! Vous si loyale, si bonne. J'ai honte, je n'ai su que vous rendre le mal pour le bien. Pourtant, je vous aimais, Amie. Si vous saviez. Je vous aime, je n'ai jamais aimé que vous. »

. . . .

Les mots dansaient devant ses yeux, qui restaient secs, brûlants, et qui, à tout instant, délaissaient le papier pour plonger dans la cage d'escalier un regard anxieux : elle ne pouvait penser qu'à la proximité de Jacques. Sa crainte de le voir réapparaître était si grande qu'elle ne parvenait pas à fixer son attention sur ces quelques lignes pathétiques, griffonnées au crayon en travers de la page, et où son père, à la minute suprême, avant d'accomplir le geste, avait pourtant laissé la trace de sa dernière pensée pour elle :

« ... Que ma Jenny me pardonne... »

Elle quêta des yeux un coin où se cacher, un abri. Rien... Une banquette, là-bas, dans un angle... Elle l'atteignit, chancelante, et s'assit. Elle ne cherchait pas à comprendre ce qu'elle éprouvait. Elle était trop lasse. Elle eût accepté de mourir là, à l'instant, pour en finir, pour être délivrée d'elle-même.

Mais elle n'était pas maîtresse de son cerveau. Le passé s'imposait à son souvenir, défilait devant ses yeux, comme un film déroulé à une vitesse de rêve... L'incompréhensible, pour elle, commençait à Maisons-Laffitte, dès la fin de cet été 1910. Alors qu'elle voyait Jacques plus épris chaque jour, plus obstiné à la conquérir ; alors que, elle-même, chaque jour, s'effrayait de se sentir plus troublée et plus consentante ; brusquement, sans qu'il l'eût prévenue, sans qu'il lui eût écrit, sans que rien atténuât l'offense d'un tel revirement, il avait cessé de venir... Puis, un soir, Antoine convoquait Daniel par téléphone : Jacques avait disparu!... Et, pour elle, la torture avait commencé. Pourquoi cette fuite? ou pire peut-être : ce suicide? Quel secret ce garçon sauvage avait-il emporté avec lui?... Jour par jour, en ce mois d'octobre 1910, sans que personne autour d'elle, pas même sa mère, pût soupçonner sa souffrance, elle avait suivi, avec angoisse, les recherches infructueuses d'Antoine et de Daniel pour retrouver la trace du fugitif... Et cela s'était prolongé des mois... Dans le silence et le désarroi, sans même avoir l'appui d'une vie religieuse véritable, elle s'était débattue, seule, dans cette étouffante atmosphère d'énigme. Elle s'entêtait, non seulement à cacher son désespoir, mais à taire aussi ses misères physiques, le délabrement de son organisme à la suite d'un tel choc... Enfin, après plus d'un an de lutte solitaire, de convalescences coupées de rechutes, la détente morale était venue. Restait à soigner le corps. Les médecins l'avaient envoyée tout un été dans la montagne ; et, dès les premiers froids, dans le midi... C'était en Provence, l'automne dernier, qu'elle avait appris, par une lettre de Daniel à sa mère, que Jacques était retrouvé, qu'il vivait en Suisse, qu'il était revenu à Paris pour les obsèques de M. Thibault. Elle avait eu alors quelques semaines d'un trouble profond ; mais qui s'était apaisé de lui-même, si vite, malgré tout, qu'elle avait, à ce moment-là, pris vraiment conscience de sa guérison : non, entre elle et Jacques, c'était bien fini, il n'y avait plus rien... Plus rien, croyait-elle! Et ce soir, à l'heure la plus dramatique de sa vie, voilà qu'il venait de surgir de nouveau, avec ses prunelles mobiles, avec son visage mauvais!

Elle restait assise, penchée en avant, les yeux craintivement tournés vers l'escalier. Sa pensée galopait... Qu'allait-elle devenir? Le hasard d'une rencontre, le choc de deux regards, était-ce assez pour remuer toute la lie d'autrefois, pour anéantir, en une heure, cet équilibre physique et moral qu'elle avait mis des années à conquérir?

Jacques, obéissant au signe de son frère, était demeuré dans le hall.

La dame en satin noir avait repris sa place à la caisse et lui jetait, de temps à autre, par-dessus son lorgnon, un éclair hostile. L'orchestre lointain, composé d'un piano et d'un aigre violon, s'évertuait à jouer un tango pour un unique couple de danseurs, que Jacques apercevait, par instants, derrière les vitres. Dans la salle à manger, des retardataires achevaient de dîner. On entendait tinter la vaisselle dans l'office. Des garçons allaient et venaient avec des plateaux. En passant devant la caissière, ils annonçaient, d'une voix discrète : « Une Évian au 3 », « L'addition du 10 », « Deux cafés au 27 ».

Une femme de chambre descendit en courant l'escalier. Du bout de son porte-plume, la dame en noir lui désigna Jacques.

Elle apportait un mot d'Antoine :

« Téléphone au docteur Héquet qu'il vienne d'urgence. Passy 09-13. »

Jacques se fit indiquer la cabine. Il reconnut au bout du fil la voix de Nicole, mais il ne se nomma pas.

Héquet était chez lui. Il vint à l'appareil :

— « Je pars. Je serai là-bas dans dix minutes. »

La caissière attendait à la porte de la cabine. Tout ce qui se rapportait à « cet imbécile du 9 » lui était suspect : un malade, c'est déjà, dans un hôtel, un client indésirable ; mais un suicidé !

— « Ces choses-là, vous comprenez, dans une maison comme la nôtre... Nous ne pouvons pas... absolument pas... Il faut immédiatement... »

Antoine venait d'apparaître dans l'escalier. Il était nu-tête et seul. Jacques se hâta vers lui.

— « Alors ? »

— « Il est dans le coma... Tu as téléphoné ? »

— « Héquet arrive. »

La dame en noir fonça résolument sur eux :

— « Vous êtes peut-être le médecin de la famille ? »

— « Oui. »

— « Nous ne pouvons pas le garder ici, vous comprenez... Dans un hôtel comme le nôtre... Il faut le faire transporter à l'hôpital... »

Antoine, sans plus s'occuper d'elle, emmena son frère à l'autre extrémité du hall.

— « Qu'est-ce qui est arrivé ? » questionna Jacques. « Pourquoi a-t-il voulu se tuer ? »

— « Je n'en sais rien. »

— « Il habite seul, ici ? »

— « Je crois. »

— « Tu remontes tout de suite ? »

— « Non. J'attends Héquet, pour lui parler... Asseyons-nous. »

Mais, à peine assis, il se releva :

— « Où est le téléphone ? » Il venait brusquement de songer à Anne. « Surveille l'entrée. Je reviens. »

Anne était étendue sur le divan, sans lumière, fenêtres ouvertes, stores baissés. De la sonnerie du téléphone, elle eut l'intuition qu'Antoine ne viendrait pas. Elle entendit ses explications, sans parvenir à écouter, sans bien saisir ce qu'il disait.

— « Vous comprenez? » fit-il, étonné de son silence.

Elle ne pouvait répondre. Une crampe lui serrait le gosier, l'étranglait. Elle fit un effort, et murmura :

— « ... pas vrai, Tony ? »

La voix était si basse, si changée, qu'il se contint une seconde, avant de céder à l'irritation :

— « Quoi, pas vrai? Puisque je vous dis... Il est dans le coma! J'attends le chirurgien! »

Elle crispait, de dépit, ses doigts sur le récepteur, et n'osait plus parler de peur d'éclater en sanglots.

Il attendait.

— « Où es-tu donc? » fit-elle enfin.

— « Dans un hôtel... Près de l'Étoile... »

Elle répéta, comme un faible écho :

— « L'Étoile?... » Puis, après une interminable hésitation : « Mais, c'est à côté... Tu es tout près de moi, Tony!... »

Il sourit :

— « Oui, ça n'est pas loin... »

Elle devina le sourire au son de la voix, et reprit brusquement espoir.

— « Je vois bien à quoi tu penses », dit-il, souriant toujours. « Mais, je te répète, je vais être retenu ici toute la nuit... Tu ferais mieux de rentrer sagement chez toi. »

— « Non! » cria-t-elle, vite et bas. « Non! je ne bouge pas! » Et, après une nouvelle hésitation, elle chuchota : « Je t'attends... »

Elle renversa le buste, écarta l'écouteur, et respira profondément. Ce fut de très loin qu'elle entendit l'appareil nasiller :

— « ... si je peux m'évader, oui... mais n'y compte pas trop... Bonsoir, chérie... »

Elle rapprocha vivement le téléphone de son oreille. Antoine avait raccroché.

Alors, elle se ré-allongea sur le divan, et resta, les yeux fixes, les jambes serrées, le corps tendu, pressant le récepteur contre sa joue.

— « Mme de Fontanin est décidément une femme admirable », dit Antoine, après être revenu silencieusement s'asseoir près de Jacques. Il se tut, et, après une pause : « Tu n'avais pas revu Jenny... depuis ? » Il venait soudain de se rappeler la disparition de son frère, *la Sorellina*, et tout ce qu'il avait flairé, jadis, de cette confuse histoire.

Jacques, assombri, secoua négativement la tête.

Une auto venait de s'arrêter devant l'hôtel. Héquet parut au bas des marches. Sa femme le suivait. Nicole n'avait jamais pardonné à l'oncle Jérôme : elle le rendait responsable de l'inconduite de sa mère, et cette fin scandaleuse lui paraissait le châtiment de Dieu. Mais, en ces heures d'angoisse, elle n'avait pas voulu laisser seules sa tante Thérèse et Jenny.

Héquet s'arrêta une seconde sur le seuil. Son regard fin, derrière le lorgnon, fit le tour du hall. Il aperçut Antoine qui venait à eux. Il ne reconnut pas Jacques, resté volontairement à l'écart.

Antoine n'avait pas rencontré Nicole depuis cette soirée qui avait précédé la mort de la fillette. (Il savait que, peu après, Nicole avait accouché d'un enfant mort, dans des circonstances difficiles qui l'avaient laissée à jamais mutilée, corps et âme.) Elle avait maigri ; l'expression juvénile, confiante, de son visage, avait totalement disparu. Elle lui tendit la main. Leurs regards se croisèrent, et les traits de Nicole se contractèrent légèrement : le souvenir d'Antoine était lié à ses plus douloureux souvenirs, et voilà qu'elle le retrouvait, justement ce soir, dans l'atmosphère tragique de ce nouveau drame...

Antoine, tout en parlant à l'oreille du chirurgien, les conduisit vers l'ascenseur. Avant qu'ils eussent disparu dans la cage vitrée, Jacques, de loin, vit son frère poser un doigt sur un point précis de sa tempe, à la naissance des cheveux.

La dame en noir avait bondi de derrière sa caisse.

— « C'est un parent ? »

— « C'est le chirurgien. »

— « On ne va tout de même pas l'opérer ici, je présume ! »

Jacques lui tourna le dos.

La musique avait cessé. Dans la salle à manger, les lumières s'étaient éteintes. Un omnibus de gare amena un jeune couple, des Anglais sans doute, taciturnes, avec de beaux bagages neufs.

Une dizaine de minutes s'étaient écoulées, lorsque la femme de chambre reparut, avec un autre billet d'Antoine :

« Téléphone à la clinique Bertrand, Neuilly 54-03, de la part de Héquet. Qu'on envoie immédiatement ambulance pour malade couché. Qu'on prépare salle d'opération. »

Il téléphona aussitôt.

En sortant de la cabine, il heurta la caissière, debout contre la porte. Elle lui sourit, d'un air affable, soulagé.

Il aperçut Antoine et Héquet qui traversaient le hall. Le chirurgien remonta en voiture, seul.

Antoine revint vers Jacques.

— « Héquet va essayer d'extraire le projectile, cette nuit. C'est la seule chance... »

Jacques l'interrogeait du regard. Antoine fit la moue.

— « La boîte crânienne est profondément défoncée. Ce serait miracle qu'on l'en tire... Maintenant, écoute... », reprit-il, en se dirigeant vers la table de correspondance, qui se trouvait à l'entrée de la galerie. « Mme de Fontanin voudrait faire prévenir Daniel, à Lunéville. Il faut que tu portes une dépêche à un bureau ouvert la nuit ; celui de la Bourse, par exemple. »

— « Lui donnera-t-on une permission ? » objecta Jacques.

« Dans les circonstances actuelles », songeait-il, « et une garnison de frontière !... »

— « Naturellement... Pourquoi pas ? » fit Antoine, sans comprendre.

Il était déjà assis et commençait à rédiger le télégramme. Mais il se ravisa, et froissa le papier :

— « Non... Le plus sûr, c'est de s'adresser au colonel. »
Il prit une autre feuille et murmura, tout en écrivant :
« ... Vous prie... instamment... accorder d'urgence... per-
mission... maréchal des logis Fontanin... dont le père... »
Puis il se leva.

Jacques, docilement, prit le télégramme :

— « Je te retrouverai ensuite à la clinique ? Où
est-ce ? »

— « ... Si tu veux, 14, boulevard Bineau... Mais à
quoi bon ? » reprit-il, après réflexion. « Ce que tu as de
mieux à faire, vieux, c'est d'aller te coucher... » (Il fut
sur le point d'ajouter : « Où loges-tu ? Veux-tu t'installer rue de l'Université ? » Mais il n'en fit rien.) « Téléphone chez moi demain matin avant huit heures, je te
dirai ce qui se sera passé. »

Et comme Jacques s'éloignait, il le rappela :

— « Tu devrais, malgré tout, télégraphier aussi à
Daniel, en lui donnant l'adresse de la clinique. »

XIX

Minuit allait sonner lorsque Jacques sortit du bureau
de poste de la Bourse.

Il pensait à Daniel, il imaginait son ami décachetant
le télégramme qu'il venait d'expédier, et qu'il avait
signé : « Docteur Thibault. » Il resta une seconde au
bord du trottoir, perplexe, regardant sans la voir la
place éclairée et quasi vide. Ses membres lui faisaient
un peu mal, comme au début d'une fièvre ; la tête lui
tournait : « Qu'est-ce que j'ai ? » songea-t-il.

D'un coup de reins, il se redressa, et traversa la chaussée. L'air était plus fluide, mais la nuit restait chaude. Il
marcha devant lui, sans but. « Qu'est-ce que j'ai ? » se
demanda-t-il de nouveau. « Jenny ? » L'image de la
jeune fille, pâle et mince dans son tailleur bleu, telle
qu'elle lui était soudain apparue, après tant d'années,

se dressa devant lui. Une seconde seulement. Il la chassa aussitôt, et presque sans effort.

Il arriva par la rue Vivienne au boulevard Poissonnière, et s'arrêta. Les Boulevards, à peu près déserts jusque-là, par ce dimanche d'été, s'animaient pour une heure : les salles de spectacle se vidaient ; les terrasses des cafés s'étaient garnies. Des taxis découverts dévalaient en trombe vers l'Opéra. Sur les trottoirs, la foule aussi coulait vers l'ouest. Des filles, fringantes sous leurs larges chapeaux fleuris, montaient à contre-courant vers la porte Saint-Martin, dévisageant les hommes seuls.

Adossé contre une boutique, à l'angle de la rue, Jacques regardait défiler cette humanité inconsciente. L'aveuglement d'Antoine était bien général. Parmi ces passants rieurs, en était-il un qui se doutât des pièges où déjà l'Europe était prise?... Jamais Jacques n'avait compris de façon plus poignante que le sort de millions d'insouciants est aux mains de quelques hommes choisis presque au hasard, et auxquels, absurdement, les peuples confient le soin de leur sécurité.

Un vendeur de journaux, traînant la savate, criait sans conviction :

— « Deuxième édition... *La Liberté*... *La Presse*... »

Jacques acheta les feuilles, les parcourut à la lueur d'un réverbère : « *Procès Caillaux*... *Le voyage de M. Poincaré*... *La traversée de Paris à la nage*... *Les États-Unis et le Mexique*... *Drame de la jalousie*... *Le Tour de France cycliste*... *Le grand prix des ballons, aux Tuileries*... *Bulletin financier*... » Rien.

De nouveau, la pensée de Jenny l'effleura. Et, brusquement, il résolut d'avancer son départ de deux jours :

« Dès demain, je retourne à Genève. » Cette détermination lui fit un bien inattendu.

« Si je passais à *l'Huma*? » se dit-il. Et, presque allégrement, il gagna la rue du Croissant.

Le quartier où se fabriquaient, à cette heure, la plupart des journaux du lendemain grouillait de vie. Jacques se faufila dans cette fourmilière. Les bars, les cafés, éclairés a giorno, étaient pleins. Leur rumeur se répandait, par les baies ouvertes, jusqu'au milieu de la rue.

Devant *l'Humanité*, un petit rassemblement obstruait la porte. Jacques serra quelques mains. On commentait déjà une information que Larguest venait d'apporter au Patron : un dépôt exceptionnel de quatre milliards en or (ce qu'on nommait « la réserve de guerre ») aurait été fait, ces jours-ci, à la Banque de France.

Bientôt, le groupe se disloqua. Quelques-uns proposèrent d'aller finir la soirée au *Café du Progrès*, qui était à quelques minutes de là, rue du Sentier, et où les socialistes en quête de nouvelles étaient toujours sûrs de rencontrer plusieurs rédacteurs du journal. (Ceux qui ne fréquentaient pas le *Progrès* allaient au *Croissant*, rue Montmartre ; ou bien à *la Chope*, rue Feydeau.)

Jacques fut invité à venir prendre un bock au *Progrès*. Il avait déjà ses entrées dans ces lieux de réunion, et y retrouvait toujours des amis. On le savait venu de Suisse, en mission. On le traitait avec certains égards ; on cherchait, en le renseignant, à lui faciliter sa tâche ; cependant, malgré leur confiance et leur camaraderie, beaucoup de ces militants, sortis de la classe ouvrière, considéraient Jacques comme un « intellectuel », un « sympathisant » qui n'était pas, originellement, des leurs.

Au *Progrès*, ils avaient adopté une salle assez vaste, basse de plafond, située à l'entresol, et où le gérant, affilié au Parti, ne laissait monter que les habitués. Ce soir, une vingtaine d'hommes de tous âges y étaient réunis, autour des marbres poisseux, dans la fumée des cigarettes et l'odeur acidulée de la bière. On discutait l'article de Jaurès, paru le matin, sur le rôle de l'Internationale en cas de guerre.

Il y avait là Cadieux, Marc Levoir, Stefany, Berthet et Rabbe. Ils entouraient un géant barbu, rose et blond, le socialiste allemand Tatzler, que Jacques avait connu à Berlin. Tatzler affirmait que cet article serait reproduit et commenté par toute la presse germanique. Selon lui, le récent discours que Jaurès avait prononcé à la Chambre pour justifier le refus des socialistes français aux crédits du voyage présidentiel en Russie — et où Jaurès avait déclaré que la France ne se souciait pas d'être *jetée dans des aventures* — avait eu un profond retentissement outre-Rhin.

— « En France aussi », dit Rabbe, un ancien typo, barbu, dont le crâne était bizarrement bosselé. « C'est ça qui a décidé la Fédération de la Seine à voter cette motion sur la grève générale, en cas de menace de guerre. »

— « Vos travailleurs allemands », demanda Cadieux, « seraient-ils prêts, sont-ils assez disciplinés, pour faire la grève, sans discussion, si jamais votre social-démocratie en acceptait le principe... et en donnait l'ordre devant une menace de mobilisation ? »

— « Je te tourne la question », dit Tatzler, en riant de son bon rire confiant. « Le jour d'une mobilisation, serait-elle, votre classe ouvrière de France, assez disciplinée pour... ? »

— « Ça dépendrait beaucoup, je crois, de l'attitude du prolétariat allemand », remarqua Jacques.

— « Moi, je réponds : oui, sans aucun doute! » coupa Cadieux.

— « Pas sûr ! » dit Rabbe. « Moi, je répondrais plutôt : non. »

Cadieux haussa les épaules.

(Il était grand, maigre, dégingandé. On le rencontrait partout, dans les sections, dans les comités, à la Bourse du Travail, à la C. G. T., dans les salles de rédaction, dans les escaliers des ministères, toujours pressé, toujours courant, insaisissable. On le croisait généralement entre deux portes, et, dès qu'on le cherchait, il avait disparu : le type des gens qu'on reconnaît toujours trop tard, quand ils sont passés.)

— « Oui, non... », dit Tatzler, riant de toutes ses dents. « Eh bien, pour chez nous, *gerade so* [1]...! Savez-vous quoi ? » fit-il brusquement, en roulant de gros yeux :

_____

1. « Exactement la même chose! »

« En Allemagne, on s'inquiète beaucoup du Poincaré qui visite le tsar ! »

— « Parbleu ! » grogna Rabbe. « Ce n'était vraiment pas le moment ! Aux yeux du monde entier, nous avons l'air de vouloir donner au panslavisme un encouragement officiel ! »

Jacques remarqua :

— « Surtout quand on lit nos journaux : les commentaires que toute la presse française fait de ce voyage ont un ton de défi vraiment intolérable. »

— « Savez-vous quoi ? » poursuivit Tatzler. « C'est la présence de Viviani, ministre des Affaires étrangères, qui fait penser que, à Pétersbourg, on va parler diplomatiquement contre le *Germanismus*... Chez nous, on sait bien que c'est la Russie qui a forcé la France pour la loi du service de trois années. Pour quel but ? Le panslavisme, il menace l'Allemagne, et l'Autriche, toujours davantage ! »

— « Ça va pourtant mal en Russie », dit Milanof, qui venait d'entrer, et qui s'était assis près de Jacques. « Les journaux, ici, ne disent presque rien là-dessus. Mais Praznowski, lui, arrive de chez nous. Il apporte des renseignements. La grève est partie des usines Poutilof, et elle s'allonge vite. Avant-hier vendredi, déjà soixante-cinq mille grévistes, rien qu'à Pétersbourg ! Il y a eu guerre des rues ! La police a tiré, et tué beaucoup ! Même des femmes, des jeunes filles ! »

La silhouette de Jenny, dans son tailleur bleu, parut et disparut devant les yeux de Jacques. Pour parler, pour chasser la troublante image, il demanda au Russe :

— « Praznowski est ici ? »

— « Il est donc arrivé ce matin. Il est enfermé depuis une heure avec le Patron... Je l'attends... Tu veux l'attendre aussi ? »

— « Non », dit Jacques. Il se sentait fiévreux, repris par son malaise. Rester là immobile, dans cette tabagie, à ressasser toujours les mêmes questions, lui sembla tout à coup intolérable. « Il est tard, il faut que je m'en aille. »

Mais, dehors, la nuit, la solitude lui parurent plus

pénibles encore que la promiscuité des camarades. Pressant le pas, il partit dans la direction de son hôtel. Il habitait au coin de la rue des Bernardins et du quai de la Tournelle, de l'autre côté de la Seine, près de la place Maubert, dans une maison de chambres meublées que tenait un socialiste belge, un ancien ami de Vanheede. Il traversa, sans un regard d'attention, le tumulte nocturne des Halles ; puis la place de l'Hôtel-de-Ville, immense et silencieuse. L'horloge marquait deux heures moins le quart. C'était l'heure équivoque où les hommes et les femmes, attardés dans la nuit, se flairent comme chiens et chiennes, en croisant leurs pistes...

Il avait chaud et soif. Tous les bars étaient fermés. Tête basse, les pieds lourds, il longea les quais, se hâtant vers le sommeil et l'oubli. Là-bas, Jenny veillait sans doute au chevet de son père. Il se refusait à y penser.

« Demain », murmura-t-il, « à cette heure-ci, je serai loin ! »

Il monta l'escalier à tâtons, finit par trouver sa chambre, but une lampée tiède au pot à eau, se déshabilla sans prendre le temps d'allumer sa bougie, et, jeté en travers de son lit, réussit presque aussitôt à s'endormir.

XX

L'opération, faite en présence d'Antoine, n'avait pu être complète. Héquet avait débridé la plaie, relevé les os fracturés dont les esquilles s'enfonçaient profondément dans la substance cérébrale, et, même, il s'était décidé à tenter la trépanation. Mais, l'état du malade ne permettant pas de prolonger les recherches, les deux médecins avaient dû renoncer à trouver le projectile.

Ils se mirent d'accord pour en avertir Mme de Fontanin. Toutefois, ils eurent la charité d'affirmer — ce qui d'ailleurs n'était pas inexact — que l'opération avait donné au malade quelques chances de vie ; si les condi-

tions s'amélioraient, il deviendrait possible de rechercher
la balle et de l'extraire. (Ce qu'ils n'avouèrent pas, c'est
combien, pour eux, ces chances restaient douteuses.)

Il était deux heures quand Héquet et sa femme se
décidèrent à quitter la clinique. Mme de Fontanin avait
insisté pour que Nicole rentrât chez elle avec son mari.

Jérôme avait été transporté dans une chambre du
second étage ; une garde le veillait.

Pour ne pas laisser les deux femmes seules, Antoine
avait offert de passer la nuit. Ils avaient échoué, tous
trois, dans le petit salon, voisin de la chambre. Portes
et fenêtres étaient ouvertes. Autour d'eux régnait ce
louche silence nocturne des maisons de souffrance : on
devinait, derrière chaque cloison, un corps endolori
qui s'agite, et soupire, et compte les heures sans trouver
de répit.

Jenny s'était assise, à l'écart, sur le canapé qui occupait le fond de la pièce. Les mains croisées sur sa jupe,
le buste raide, la nuque appuyée, elle avait fermé les
yeux et paraissait dormir.

Mme de Fontanin avait approché son fauteuil de
celui d'Antoine. Elle ne l'avait pas revu depuis plus
d'un an. Pourtant, sa première pensée, en apprenant
le suicide, avait été de recourir au docteur Thibault.
Et il était venu. Au premier appel, il était là, toujours
égal à lui-même, énergique et fidèle.

— « Je ne vous ai pas rencontré depuis votre deuil »,
dit-elle soudain. « Vous avez passé de pénibles moments,
je sais... J'ai beaucoup pensé à vous. J'ai prié pour votre
père... » Elle se tut : elle se souvenait de son unique
visite à M. Thibault, au moment de la fugue des deux
enfants. Comme il s'était montré dur, injuste !... Elle
murmura : « Qu'il repose en paix dans l'Éternel... »

Antoine ne répondit pas. Il y eut un silence.

Le lustre, autour duquel voletaient des insectes, inondait d'une clarté impitoyable le faux luxe du mobilier,
les volutes dorées des sièges, la plante verte, anémique
et enrubannée, qui trônait au centre de la table, dans
un cache-pot de faïence bleue. Par instants, un timbre
assourdi tremblotait à l'extrémité du couloir. On enten-

dait alors le pas d'une infirmière glisser sur les dalles, puis une porte s'ouvrir et se fermer doucement ; parfois, l'on percevait un lointain gémissement, le tintement d'une porcelaine, et tout se taisait de nouveau.

Mme de Fontanin, inclinée vers Antoine, protégeait, de sa petite main potelée, ses yeux fatigués que la lumière brûlait.

A voix basse, elle s'était mise à parler de Jérôme, expliquant, en phrases décousues, ce qu'elle savait des affaires compliquées de son mari. Elle n'avait aucun effort à faire pour se laisser aller à penser tout haut : elle s'était toujours sentie en confiance auprès d'Antoine.

Penché lui aussi, il écoutait. De temps à autre, il levait le front. Ils échangeaient alors un regard d'entente, plein de gravité. « Comme elle est bien », se disait-il. Il lui savait gré de ce calme, de cette dignité dans la douleur, et aussi de cette séduction naturelle qui ne cessait de se mêler à ses mâles vertus. « Père n'était qu'un bourgeois », songeait-il. « Elle, c'est une patricienne. »

Cependant, il ne perdait pas un mot de ses paroles. Et, peu à peu, il reconstituait les étapes de ce chemin aventureux qui avait amené Fontanin jusqu'à la mort.

Jérôme, depuis dix-huit mois environ, était au service d'une société anglaise, dont le siège était à Londres, et qui exploitait des forêts en Hongrie. La société était sérieuse, et Mme de Fontanin avait pu croire, quelques mois, que son mari tenait enfin une situation stable. A vrai dire, elle n'avait jamais bien tiré au clair quelles étaient les attributions de Jérôme. La majeure partie de son temps se passait en sleeping, entre Vienne et Londres avec de courts arrêts à Paris. Il venait alors passer une soirée avenue de l'Observatoire, traînant avec lui une serviette bourrée de paperasses, l'air important, mais débordant de bonne grâce, d'enjouement, de coquetteries, et comblant les siens de prévenances qui les laissaient sous le charme. (Ce que la pauvre femme ne disait pas, c'est que, à divers indices, elle avait eu la certitude que son mari entretenait de coûteuses liaisons, l'une en Autriche, l'autre en Angleterre.)

En tout cas, il semblait gagner aisément sa vie. Il laissait même entendre que sa position s'améliorerait encore et qu'il pourrait bientôt subvenir largement aux besoins de sa femme et de sa fille. Car, depuis ces dernières années, Mme de Fontanin et Jenny vivaient entièrement à la charge de Daniel. (En faisant cet aveu, Mme de Fontanin luttait visiblement entre la honte d'accuser l'insouciance de son mari, et la fierté de révéler le dévouement de son fils.)

Celui-ci, par bonheur, tirait des appointements convenables de sa collaboration à la revue d'art de Ludwigson. Les choses avaient bien failli se gâter, au moment où Daniel avait dû partir au régiment. Mais Ludwigson, magnanime et prévoyant, afin de s'assurer le retour de son collaborateur lorsqu'il serait libéré du service, s'était engagé à lui verser, pendant son absence, des mensualités réduites, mais régulières. De sorte que, malgré tout, Mme de Fontanin et Jenny ne manquaient pas de strict nécessaire. Jérôme n'ignorait rien de tout cela. Il en parlait même beaucoup. Avec son insouciance accoutumée, il acceptait de laisser l'entretien de son foyer à la charge de son fils, mais il exigeait, avec des grâces de grand seigneur, qu'on lui remît le chiffre exact des sommes versées ; et il ne manquait pas une occasion d'en témoigner sa reconnaissance à Daniel. Il affectait d'ailleurs de considérer cette aide pécuniaire comme une avance, à lui consentie par son fils, et qu'il rembourserait dès que possible. Pour s'acquitter, il préférait attendre, disait-il, que ces sommes « fissent un chiffre rond » ; et, scrupuleusement, il tenait à jour un compte de cette dette, dont il remettait de temps à autre, à Thérèse et à Daniel, un relevé en deux exemplaires, tapé à la machine, où les intérêts composés étaient calculés à un taux généreux... A la façon ingénue et désenchantée dont Mme de Fontanin donnait ces détails, il était impossible de démêler si elle était dupe ou non de la mauvaise foi de Jérôme.

Antoine, levant à cet instant les yeux, croisa le regard de Jenny, fixé sur lui. Regard chargé de vie intérieure, regard si lourd de réserve et de solitude, qu'il ne s'y heurtait jamais sans une sorte de malaise. Il n'avait jamais oublié ce jour lointain où il était venu interroger Jenny enfant sur la fugue de son frère, et où, pour la première fois, il avait rencontré ce regard.

Brusquement, la jeune fille se leva.

— « J'étouffe », dit-elle à sa mère. Elle passa sur son front le petit mouchoir qu'elle tenait en tampon dans le creux de sa main. « Je vais au jardin, respirer un peu... »

Mme de Fontanin approuva de la tête, et la suivit des yeux, jusqu'à ce qu'elle eût disparu. Puis elle se tourna de nouveau vers Antoine. Elle n'était pas fâchée que Jenny les eût laissés seuls. Jusque-là, rien dans son récit ne légitimait la brusque tentative de suicide. Il lui fallait aborder maintenant des explications ardues et plus pénibles.

L'hiver précédent, Jérôme, qui s'était fait des rela- tions à Vienne, avait « imprudemment » prêté son nom — et son titre, car en Autriche, il se faisait appeler : comte Jérôme de Fontanin — à la présidence du conseil d'admi- nistration d'une affaire autrichienne, une manufacture de papiers peints, laquelle, après quelques mois d'exis- tence, venait de faire une faillite peu honorable. La liquidation des comptes était en cours, et la justice autrichienne s'employait à établir les responsabilités.

L'affaire se compliquait, en outre, d'un procès intenté par l'administration de l'Exposition de Trieste, où, ce printemps, la manufacture de papiers peints avait installé un stand tapageur, dont le loyer n'avait jamais été payé. Or Jérôme s'était particulièrement occupé de cette Exposition, et il avait même, en juin dernier, obtenu de sa société anglaise un mois de congé, qu'il avait joyeusement passé à Trieste. La manufacture lui avait versé, à plusieurs reprises, d'assez fortes sommes, dont, paraît-il, il ne parvenait pas à justifier l'emploi ; et le juge rapporteur accusait le comte de Fontanin d'avoir fait bombance à Trieste aux frais de la manu- facture sans payer le loyer du stand. De toute façon, Jérôme se trouvait mis en cause comme président du conseil d'administration d'une affaire en faillite. On le disait porteur d'un gros paquet d'actions qui lui auraient été « gracieusement » octroyées pour obtenir sa présidence.

Comment Mme de Fontanin avait-elle connu tous ces détails ? Jusqu'à ces dernières semaines, elle ne s'était doutée de rien. Puis elle avait reçu une lettre de Jérôme, lettre confuse et pressante, où il la suppliait de contracter pour lui un nouvel emprunt sur la villa de Maisons dont elle était seule propriétaire (et que déjà, pour lui, elle avait dû partiellement hypothéquer). Son notaire, consulté, avait alors fait faire une rapide enquête en Autriche, et c'est ainsi que Mme de Fontanin avait appris les poursuites judiciaires intentées contre son mari.

Que s'était-il passé, ces derniers jours ? Quels événements nouveaux avaient pu amener Jérôme à cet acte de désespoir ? Mme de Fontanin se perdait en conjectures. Elle savait que certains créanciers de Trieste outrageaient quotidiennement son mari dans une feuille locale. Leurs prétendues révélations étaient-elles fondées ? Jérôme devait sentir son avenir irrémédiablement compromis. Même s'il parvenait à échapper aux tribunaux autrichiens, il ne pouvait espérer, après ce scandale, conserver sa situation à la société anglaise... A bout d'expédients, traqué de toutes parts, sans doute n'avait-il trouvé d'autre issue que de disparaître ?

Mme de Fontanin s'était tue. Le regard interrogateur et vague, qu'elle fixait devant elle, semblait poser une question qu'elle ne formulait pas : « Ai-je fait pour lui tout ce que je devais ? En serait-il arrivé là, s'il m'avait sentie près de lui, comme autrefois ?... » Question lancinante, insoluble...

Elle fit un effort pour se ressaisir.

— « Et Jenny ? » dit-elle. « J'ai peur qu'elle ne prenne froid... qu'elle ne se soit endormie dehors. »

Antoine se leva :

— « Ne vous dérangez pas. Je vais voir. »

XXI

Jenny n'avait pas eu le courage de descendre dans le jardin. Elle avait seulement voulu s'évader de ce salon, fuir la présence d'Antoine.

S'appuyant d'une main au carrelage de la paroi, elle avait fait quelques pas au hasard, le long du couloir. Bien que toutes les croisées fussent ouvertes partout, l'atmosphère restait étouffante. De la salle d'opération, située au-dessous, d'écœurantes bouffées d'éther montaient par l'escalier et se mêlaient au courant chaud qui circulait du haut en bas de la maison.

La porte de la chambre de son père était entrouverte. La pièce était obscure, éclairée seulement par une lampe en veilleuse, derrière un paravent. La garde tricotait sur une chaise. On distinguait vaguement sous les draps le corps immobile. Les bras étaient allongés sur le lit. La tête reposait à plat sur l'oreiller. Un pansement cachait le front. La bouche, à demi ouverte, formait un trou noir d'où s'échappait un souffle sourd et rythmé.

Jenny, par l'entrebâillement de la porte, regardait cette bouche, écoutait ce râle, avec une lucidité calme, presque indifférente, qui l'épouvantait elle-même. Son père allait mourir. Elle le savait, elle se le répétait, sans parvenir à détacher cette idée terrible du fond confus de ses pensées : à l'envisager comme un événement précis réel, et qui la concernât. Elle se sentait nouée, durcie. Elle adorait son père, pourtant, malgré ses tares. Elle se souvint d'une autre époque de sa jeunesse, où elle s'était trouvée au chevet de son père, sérieusement malade, et où la vue de son masque défait, contracté par la souffrance, lui étreignait le cœur : Comment, aujourd'hui, pouvait-elle être aussi insensible ?... Elle s'imposait de rester là, debout, les bras ballants, les regards fixés sur le lit, apathique et coupable, scanda-lisée par sa sécheresse, luttant contre le désir de détourner les yeux, d'oublier ce drame... Comme si, jus-

tement ce soir, cette agonie intempestive lui eût fait
manquer quelque dernière chance d'être heureuse...

Enfin, cherchant un peu de fraîcheur, elle détacha
son épaule du chambranle et s'approcha de la fenêtre
du couloir. Une chaise était là. Elle s'assit, croisa les
bras sur la barre d'appui, et posa sur ses mains jointes
le fardeau de son front.

Elle haïssait Jacques! C'était un être vil, capricieux.
Un irresponsable, peut-être... Un fou...

Au-dessous d'elle, dans l'obscurité chaude, le jardin
dormait, sans un bruissement. Elle distinguait les masses
sombres des ombrages, les sinuosités pâles des allées
autour des pelouses. Un vernis du Japon empoisonnait
l'air de son relent tenace de droguerie orientale. Au-delà
des arbres, brillaient les réverbères espacés de l'avenue,
où défilaient, au pas, des voitures de maraîchers. Leur
interminable colonne brimbalait sur les pavés avec un
grincement de café qu'on moud. De temps à autre, le
ronflement d'une auto dominait le bruit des charrettes :
un bolide lumineux passait en trombe à travers le feuillage, et s'évanouissait dans la nuit.

— « Ne vous endormez pas là », murmura doucement
Antoine, à son oreille.

Elle tressaillit et retint un cri, comme s'il l'eût tou-
chée.

— « Voulez-vous, au moins, que je vous apporte
un fauteuil ? »

Elle fit un signe négatif, se leva avec raideur, et le
suivit vers le petit salon.

— « L'état n'empire pas », expliquait-il à mi-voix,
en marchant. « Le pouls est plutôt meilleur. Certains
symptômes semblent indiquer que le coma est moins
profond. »

Dans le salon, Mme de Fontanin était debout. Elle
vint au-devant d'eux.

— « J'y pense seulement », dit-elle, s'adressant à
Antoine, avec vivacité. « C'est James que j'aurais dû
prévenir!... Le pasteur Gregory, un ami... »

Avec une tendresse distraite, elle avait, tout en parlant, mis son bras autour des épaules de Jenny, et attiré la jeune fille contre elle. Leurs deux visages, empreints d'une différente tristesse, se touchaient.

Antoine avait fait signe qu'il se souvenait fort bien du pasteur. L'envie brusque lui vint de saisir ce prétexte inespéré d'évasion!... Sortir de cette clinique, ne fût-ce qu'une heure... Peut-être même courir avenue de Wagram?... L'image d'Anne s'imposa à lui : Anne, endormie sur sa chaise longue, dans son peignoir blanc...

— « C'est tout simple! » proposa-t-il ; et sa voix de gorge trahissait, malgré lui, une animation imprévue. « Donnez-moi l'adresse... J'y vais! »

Mme de Fontanin protesta :

— « C'est trop loin... Gare d'Austerlitz!... »

— « Puisque j'ai ma voiture en bas! La nuit, on file bon train... Et », ajouta-t-il, le plus naturellement du monde, « j'en profiterai pour faire un saut jusqu'à la maison, voir si aucun malade n'a téléphoné depuis hier soir... Dans une heure, je serai de retour. »

Il était déjà à mi-chemin de la porte, n'écoutant qu'à peine les indications de Mme de Fontanin et ses remerciements émus.

— « Qu'il est dévoué! quelle chance nous avons de l'avoir! » ne put-elle s'empêcher de dire, lorsqu'il eut disparu.

— « Je le déteste », murmura Jenny, après un silence.

Mme de Fontanin la regarda, sans surprise, et ne répondit pas.

Laissant la jeune fille dans le petit salon, elle gagna la chambre de Jérôme.

Le râle avait cessé. La respiration, plus faible d'heure en heure, s'échappait sans bruit de la bouche entrouverte.

Mme de Fontanin fit signe à la garde de ne pas bouger, et vint silencieusement s'asseoir au pied du lit.

Elle était sans espoir. Ses yeux ne quittaient pas la

pauvre tête bandée. Des larmes, qu'elle ne sentait pas, coulaient sur ses joues.

« Qu'il est beau », songeait-elle, sans déplacer son regard.

Sous ce turban de ouate et de linge, qui cachait les mèches argentées et accusait la finesse orientale du profil, ces traits figés, à la fois virils et gracieux, évoquaient le masque mortuaire de quelque jeune Pharaon. Car une imperceptible bouffissure des chairs avait effacé les flétrissures, les rides, et, dans la demi-obscurité de la chambre, la figure apparaissait miraculeusement rajeunie. Les joues lisses s'incurvaient sous la saillie des pommettes, jusqu'à la courbe ferme du menton. Le pansement tirait un peu la peau du front, et allongeait vers les tempes la ligne des paupières closes. Les lèvres, un peu brûlées par l'anesthésie, formaient un renflement voluptueux. Il était beau comme au temps de leur jeunesse, quand, le matin, éveillée la première et penchée vers lui, elle le regardait dormir.

Sans pouvoir rassasier son désespoir ni sa tendresse, elle contemplait, à travers ses larmes, ce qui restait encore de Jérôme : ce qui restait du grand, du seul amour de sa vie.

Jérôme, à trente ans... Il était debout devant elle, dans sa sveltesse féline, avec sa taille cambrée, son teint de bronze clair, son sourire, son regard câlin... « Mon prince hindou », disait-elle alors — si fière d'être aimée !... Elle entendait son rire, ces trois notes distinctes : « Ah! ah! ah!... » qu'il égrenait, en renversant la nuque... Sa gaieté, sa constante bonne humeur... Sa gaieté mensongère! Car il avait vécu dans le mensonge, comme dans un élément naturel : un mensonge amusé, insouciant, incorrigible...

Jérôme... Tout ce que sa vie de femme avait connu de l'amour était là, sur ce lit... Elle qui s'était dit, depuis tant d'années déjà, que sa vie amoureuse était révolue! Voici qu'elle comprenait soudain qu'elle n'avait jamais cessé d'espérer... C'était maintenant, c'était seulement cette nuit, que tout allait être fini, à jamais.

Elle cache son visage dans ses mains, elle invoque

l'Esprit. En vain. Son cœur est gonflé d'un émoi trop humain. Elle se sent abandonnée de Dieu, livrée au regret impur... Honteusement, sa pensée, vaincue, ressuscite malgré elle le dernier souvenir d'amour... A Maisons... Dans cette villa de Maisons-Laffitte où elle avait ramené Jérôme, d'Amsterdam, après la mort de Noémie... Une nuit, humblement, il s'était glissé dans sa chambre. Il demandait pardon. Il avait besoin de pitié, de caresse. Il se pelotonnait contre elle, dans le noir. Et elle l'avait pris dans ses bras, serré contre elle, comme un enfant. Une nuit d'été, semblable à celle-ci. La fenêtre ouverte sur la forêt... Et, ensuite, jusqu'au matin, veillant sur lui sans pouvoir s'assoupir, elle l'avait gardé contre elle, endormi, comme un enfant, comme un enfant... Une nuit d'été chaude, et douce, semblable à celle-ci...

Mᵐᵉ de Fontanin releva brusquement la tête. Un peu d'égarement se lisait dans son regard... Une farouche et folle envie : chasser cette garde, s'étendre là, auprès de lui, le tenir une dernière fois serré contre elle, blotti dans sa chaleur ; et, puisqu'il devait s'endormir à jamais, l'endormir elle-même, pour la dernière fois... « Comme un enfant... Comme mon enfant... »

Sur le drap, devant elle, reposait, semblable à un moulage, la main nerveuse, si belle de ligne, où la large sardoine de l'annulaire formait une tache sombre. La main droite, la main qui avait osé, qui avait soulevé l'arme... « Pourquoi n'étais-je pas près de toi ? » se dit-elle, désespérée. Peut-être l'avait-il appelée, dans son cœur, avant de lever cette main vers sa tempe ? Jamais il n'aurait fait ce geste, si, à cette heure de la défaillance, elle avait encore été à ses côtés, à cette place que Dieu lui avait assignée pour toute sa vie terrestre, et qu'aucun ressentiment n'aurait jamais dû l'autoriser à déserter...

Elle ferma les yeux. Quelques minutes passèrent. Elle retrouvait insensiblement le climat de son âme. En chassant les souvenirs, le remords avait amené en elle le calme religieux. De nouveau, elle sentait s'établir cette communion avec les Forces universelles, qui était devenue pour elle un constant, un indispensable réconfort. Elle envisageait différemment déjà cette épreuve voulue par Dieu. Au-delà du malheur qui venait de fondre sur elle et la tenait encore courbée sous le choc, elle cherchait maintenant à reconnaître la Nécessité supérieure et secrète, la loi du Plan divin ; et elle sentit qu'elle approchait enfin des régions sereines... de cette Paix dans le renoncement et la résignation, qui est le terme de toute souffrance pour les créatures élues.

— « Que Ta volonté soit faite », murmura-t-elle, en joignant les mains.

XXII

L'auto, toutes glaces baissées, roulait à vive allure à travers une ville dépeuplée et sonore, où la courte nuit d'été cédait à la poussée du jour.

Antoine, assis au milieu de la banquette, jambes et bras écartés, la cigarette aux lèvres, réfléchissait. Comme toujours, la fatigue de l'insomnie, loin de l'abattre, développait en lui une fébrilité joyeuse.

« Trois heures et demie », murmura-t-il, en passant devant l'horloge de la place Pereire. « A quatre, j'aurai réveillé mon énergumène de pasteur, je l'aurai expédié à la clinique, et je serai libre... *L'autre*, évidemment, peut claquer pendant mon absence... Mais il y a bien des chances pour que ça traîne encore vingt-quatre heures... » Il avait la conscience en paix : « Tout le possible a été tenté », se dit-il, en se remémorant les diverses phases de l'opération. Puis, entraîné par ce retour en arrière, il se rappela l'arrivée de Jenny, la soirée avec Jacques. Après ces quelques heures d'activité professionnelle, les discussions avec son frère lui paraissaient plus vaines encore.

« Je suis médecin, moi : j'ai une besogne à faire, et je la fais. Qu'est-ce qu'*ils* veulent de plus ? »

Ils, c'était Jacques, qui ne faisait rien, lui, aucune besogne, rien que de s'agiter, de parler, dans le vide ; et c'était aussi, derrière Jacques, cette horde d'excitateurs révolutionnaires, dont il lui avait semblé, hier soir, entendre déjà les vociférations d'émeute.

« L'inégalité, l'injustice?... Bien sûr! Qu'est-ce qu'ils croient donc avoir inventé?... Qu'y peut-on?... La civilisation actuelle, c'est une donnée, nom de Dieu! *Une donnée*. Eh bien, partons de là. Pourquoi tout remettre en question?... Leur révolution », reprit-il à mi-voix, « un joli pétrin qu'ils nous préparent! Tout foutre par terre, pour tout recommencer, comme font les gosses qui jouent aux cubes! Idiots! Faites donc votre besogne, tout simplement!... Au lieu de vous lamenter sur les imperfections de la société, et de lui refuser votre collaboration, vous feriez beaucoup mieux de vous cramponner, au contraire, à ce qui existe, à votre milieu, à votre temps, tels qu'ils sont, et de travailler courageusement comme nous! Et, au lieu de conspirer à des cataclysmes dont le bienfait reste problématique, d'employer votre brève vie d'homme à faire, relativement, utilement, dans votre modeste rayon, la meilleure tâche possible! »

Il était satisfait de cette tirade. Il ajouta, comme on plaque un accord final : « Voilà, Messieurs! »

« C'est comme cette question d'héritage », reprit-il avec un surcroît soudain de courroux. « Maintenant, avoir de la fortune, c'est avoir une vie " qui repose sur l'exploitation d'autrui "!... Imbécile!... Je ne défends pas le principe de la transmission héréditaire... Non, certes, je ne le défends pas... Je sais, aussi bien que toi, ce qu'on peut en dire... Mais, sacrebleu, puisque, pour le moment, c'est ainsi! puisque ce sont les conditions de vie qui nous sont faites! qu'est-ce qu'on y peut? »

« Contre quoi vais-je maintenant rompre des lances? » songea-t-il, en souriant de lui-même. « J'ai presque l'air de m'insurger contre ce que je veux défendre... »

Mais il rebondit aussitôt, comme s'il eût eu à convaincre quelque interlocuteur :

« Je soutiens d'ailleurs que, souvent, les résultats de l'héritage sont excellents... J'ai cent fois constaté que c'est la fortune héréditaire qui rend possible, neuf fois sur dix, la réalisation d'une belle existence... — je veux dire : une existence utile, profitable à la communauté humaine... »

« Est-ce que ça va être un crime, maintenant, de ne pas être pauvre ? » fit-il, en croisant brusquement les bras.

Il eut confusément l'impression qu'il trichait un peu. La question précise que sa conscience se posait en ce moment était plutôt celle-ci : « Est-ce un crime d'être riche, sans avoir soi-même acquis la fortune par son travail ?... » Mais il ne s'arrêta pas à ces nuances, et, d'un sursaut d'épaules, secoua, comme pour la désarçonner, cette petite pensée perfide.

« Quand il m'écrivait, cet hiver : " Je ne veux pas profiter de cet héritage... " Imbécile! " Profiter! " Va-t-on me reprocher maintenant d'en avoir " profité ", moi ? Et qui donc, en fin de compte, va " profiter " de la réorganisation de ma vie professionnelle, de nos travaux ? Est-ce moi ?... Oui, c'est moi », concéda-t-il honnêtement. « Mais je veux dire : serai-je seul à en " profiter " ? ... Et puis, à tout prendre, quand on est ce que je suis, est-ce que ce n'est pas en servant *aussi* son intérêt personnel, qu'on travaille le mieux à l'intérêt général ? »

L'auto traversait la Seine. Le fleuve, les quais, la perspective des ponts baignaient dans une vapeur rosée. Il jeta son mégot par la portière, et alluma une autre cigarette :

« Tu me ressembles plus que tu ne crois, nigaud », reprit-il avec un petit rire satisfait. « Tu es né bourgeois, mon petit, comme tu es né rouquin! Ta mèche a bruni, mais les reflets restent roux, tu n'y peux rien... Tes instincts révolutionnaires? Je n'y crois qu'à moitié... Ton atavisme, ton éducation, et même tes goûts profonds, t'enchaînent ailleurs... Attends un peu : à quarante ans, tu seras peut-être plus bourgeois que moi!... »

L'auto venait de ralentir. Victor penchait le buste pour essayer de lire les numéros. Enfin, la voiture stoppa devant une grille.

« Et malgré tout, même tel qu'il est, je l'aime bien », songea Antoine, en ouvrant la portière.

Il se reprochait maintenant de n'avoir pas mieux laissé voir, par son accueil, le plaisir que lui avait causé la visite de son frère.

XXIII

Le pasteur Gregory logeait, depuis un an, dans une misérable pension du quartier Jeanne-d'Arc, au fond d'une cité presque uniquement habitée par des manœuvres arméniens, qu'il évangélisait.

Antoine eut fort à faire pour éveiller le gardien de nuit, un Levantin pouilleux, qui couchait, tout habillé, sur une banquette, dans le couloir d'accès.

« — Vui, moussi... Pasteur Grigory, vui. Venez monter avec moi, moussi... »

La mansarde occupée par le saint homme était au quatrième. Juillet faisait fermenter, dans ce taudis surpeuplé, une puanteur de poubelle et de suint, qui rappelait l'âcre relent des ruelles arabes.

Au timide coup frappé à la porte par le veilleur, Gregory sauta du lit.

« Sommeil d'une légèreté toute spirituelle », constata Antoine *in petto*.

Le loquet glissa de sa gâche, et le pasteur apparut, tenant un fumeron d'essence à la main.

Le spectacle était inattendu. Gregory couchait vêtu d'une décente chemise qui lui tombait jusqu'aux pieds ; et, comme il ne parvenait à dormir qu'en se comprimant le foie, il sanglait étroitement ses reins d'une bande de flanelle brune, qui faisait bouffer le bas de la chemise comme une jupe. Pieds nus, avec son teint de spectre, sa maigreur, ses cheveux hirsutes, son regard surnaturel, il faisait penser à un sorcier des *Mille et une Nuits*.

Dès les premiers mots d'Antoine — qu'il n'avait pas reconnu d'abord — il comprit tout. Sans répondre, sans perdre une minute, tandis qu'Antoine, debout sur le seuil, achevait de le mettre au courant, il avait noué le bout de sa ceinture au fer de son lit, et, pour dérouler ses quatre mètres de flanelle, il s'était mis à tourner sur lui-même, comme une toupie, d'une allure de plus en plus rapide.

Antoine, tenant à grand-peine son sérieux, expliquait l'intervention du chirurgien, la difficulté d'extraire le projectile.

— « Ho!... ho!... » protesta, d'une voix essoufflée, le derviche tourneur : « Oubliez ce pistolet!... Laissez, laissez la balle!... C'est le vouloir-vivre... qu'il faut... resurexciter! »

Il gesticulait, et roulait des regards mécontents. Enfin, dépiauté, il approcha du visage d'Antoine son masque anguleux, asymétrique, dont les sourcils étaient sans cesse tiraillés par des tics nerveux. Puis il éclata d'un rire silencieux, intérieur :

— « Pauvre cher docteur, autrefois barbu! » s'écriat-il, sur un ton de tendre compassion. « Tu crois guérir, et c'est vous qui créez la maladie, blasphémateurs, parce que vous prophétisez que la maladie existe!... *No!...* Je vous dis : *Il faut laisser entrer la Lumière!* Christ est le seul docteur! Qui a guéri Lazare? Pourrais-tu guérir Lazare, toi, pauvre docteur ténébreux? »

Antoine s'amusait, mais demeurait impassible. Sans doute, l'autre aperçut-il cependant une involontaire lueur de malice dans le regard du médecin, car il fronça les sourcils et lui tourna brusquement le dos. Torse nu, la chemise en bourrelet autour des hanches, il allait et venait d'un coin à l'autre de la mansarde, cherchant son linge de jour, ses vêtements.

Antoine, debout, attendait en silence.

— « L'homme est divin! » grommela Gregory, adossé à la cloison, le buste penché pour enfiler ses chaussettes. « Christ savait dans son cœur qu'il était divin! Et moi de même! Et ainsi de nous tous! L'homme est divin! » Il entra ses pieds dans de gros souliers noirs, qui étaient restés lacés. « Mais celui qui avait dit : *La loi tue*, il a été tué par la loi! Christ est tué par la loi. L'homme a seulement gardé dans son esprit la lettre de la loi. Pas une seule Église existe, réellement fondée sur le vrai principe de Christ. Toutes les Églises sont seulement fondées sur la parabole du Christ! »

Sans interrompre son monologue, il se démenait en tous sens, avec l'agilité excessive et maladroite des grands nerveux :

— « Dieu est Tout en Tout!... Dieu! Suprême Radiateur de Lumière et Chaleur! » D'un geste vindicatif, il décrocha son pantalon pendu à l'espagnolette. Chacun de ses mouvements avait l'impétuosité d'une décharge électrique. « Dieu est Tout! » répéta-t-il — haussant la voix, car il s'était tourné vers le mur pour boutonner sa braguette.

Dès qu'il eut terminé, il pivota sur place pour lancer vers Antoine un regard de sombre défi :

— « Dieu est Tout, et pas de mal en Dieu! » dit-il sévèrement. « Et je dis, *poor dear Doctor*, pas une seule petite atome de mal ni de malice dans le Tout universel! »

Il endossa sa jaquette d'alpaga noir, se coiffa d'un comique petit feutre à bords roulés et, sur un ton imprévu, presque guilleret, comme s'il eût été tout joyeux de se sentir vêtu, il lança vers le plafond, en touchant poliment son chapeau :

— « *Glory to God!* »

Puis, baissant sur Antoine un regard absent, il murmura soudain :

— « Pauvre, pauvre chère dame Thérèse... » Des larmes brillaient dans ses yeux. Il semblait seulement prendre conscience du drame de famille qui avait amené Antoine chez lui. « Pauvre cher Jérôme », soupira-t-il. « Pauvre cœur paresseux, tu es donc vaincu?...Tu as donc cédé? Tu n'as pas su écarter de toi le Négatif?... O Christ, donne-lui la force de rejeter les œuvres de Ténèbres et de revêtir les armes de la Lumière!... Je viens à toi, Pécheur! Je marche vers toi!... Venez », dit-il en s'approchant d'Antoine, « conduisez-moi vers lui! »

Avant de souffler sa lampe, il y alluma un rat de cave qu'il avait tiré des basques de sa jaquette. Puis il ouvrit la porte du palier :

— « Passe! »

Antoine obéit. Pour éclairer les marches, Gregory levait la flamme au bout de son bras tendu :

— « Christ a dit : " *Mettez haut la chandelle sur le support pour qu'elle donne Lumière à tous !* " C'est Christ qui allume en nous la chandelle! Pauvre chandelle, si souvent qui brûle bas, et qui tremble, et qui jette une choquante fumée... Misérable, misérable matière! Pauvres nous!... Prions Christ, pour que la flamme soit demeurée étroite et luminante, pour qu'elle chasse la matière dans les ténèbres des ténèbres! »

Et, tandis qu'Antoine, accroché à la rampe, descendait les étages de l'étroit escalier, le pasteur continuait à marmonner, sur un ton d'exorcisme, d'une voix de moins en moins intelligible, des phrases où les mots « matière » et « ténèbres » revenaient avec une irritation hargneuse.

— « J'ai ma voiture », expliqua Antoine, lorsqu'ils furent dans la cour. « Elle va vous conduire à la clinique... Moi », ajouta-t-il, « je vous rejoindrai... dans une heure... »

Gregory n'objecta rien. Mais, avant de monter dans l'auto, il darda sur son compagnon un regard tellement précis, un regard qui semblait tellement perspicace, qu'Antoine se sentit rougir.

« Il ne peut pourtant pas savoir où je vais », se dit-il.

Ce fut avec un indicible soulagement qu'il suivit des yeux la voiture, qui s'éloignait dans les pâleurs de l'aube.

Au coin des rues s'élevait une brise légère ; il avait dû pleuvoir quelque part. Joyeux comme un collégien qui sort de retenue, Antoine courut presque jusqu'à la place Valhubert et sauta dans un taxi.

— « Avenue de Wagram! »

Dans la voiture, il s'aperçut soudain qu'il était las, mais de cette fatigue énervante qui fouette le désir.

Il fit arrêter le chauffeur à cinquante mètres de la maison, mit vivement pied à terre, gagna l'impasse et ouvrit sans bruit la porte.

Dès le seuil, ses traits s'éclairèrent : Le parfum d'Anne... Un parfum provocant, plus résineux que floral, stagnant et dense, qui pénétrait jusque dans la gorge; plus qu'un parfum : une nourriture aromatique — qu'il aimait.

« Je suis voué aux odeurs capiteuses », se dit-il, songeant avec une crispation subite au collier d'ambre gris que portait Rachel.

Avec une circonspection de cambrioleur, il pénétra dans la salle de bains, que le jour naissant emplissait d'une clarté laiteuse. Là, il se dévêtit hâtivement ; et, debout dans la baignoire, avec une large éponge qu'il pressait sur sa nuque, il s'inonda de fraîcheur. L'eau, sur son corps fumant, s'évaporait comme sur du métal chauffé. Toute sa fatigue coulait de lui, délicieusement. Il se pencha et but, à même le jet glacé. Puis, à pas de chat, il entra dans la chambre.

Un mélodieux et très léger bâillement, venu du sol, lui rappela la présence de Fellow. Il sentit contre ses chevilles la caresse d'un museau frais, d'une oreille soyeuse.

Les rideaux étaient tirés. La lampe de chevet répandait dans la pièce une lumière d'aurore, de ce même rose vaporeux qu'Antoine admirait, l'heure d'avant, en franchissant les ponts. Dans le grand lit, Anne, tournée vers le mur, dormait, la tête abandonnée au creux de son bras nu. Des journaux de mode jonchaient le tapis. Sur la petite table, un cendrier était plein de cigarettes à demi fumées.

Immobile au bord du lit, Antoine contemplait l'épaisse chevelure, la nuque, l'épaule, et la ligne des jambes fuselées, allongées sous le drap. « Pour une fois sans défense », songea-t-il. C'était rare qu'Anne éveillât en lui cette émotion tendre et pitoyable : le plus souvent, il ne faisait qu'accepter, avec un entrain sportif, la passion fougueuse, jamais apaisée qu'elle avait de lui. Pendant une longue minute, il prolongea cette attente voluptueuse, retardant le plaisir qu'il sentait là, tout proche, et que maintenant ni Jacques, ni Jérôme, ni Gregory, ni personne au monde, ne pouvaient plus lui dérober. Puis le besoin d'enfoncer son visage dans ces cheveux, d'attirer contre sa poitrine ce dos élastique et tiède, de mouler son corps contre l'autre corps, devint si impérieux, que son sourire se figea. Avec précaution, retenant son souffle, il souleva le bord du drap et, d'un mouvement onduleux et fort, il se glissa lentement le long d'elle. Elle étouffa un cri bref, un cri rauque et, se retournant d'un coup de reins, elle sortit du sommeil pour s'éveiller entre ses bras.

XXIV

A son réveil, de bon matin, Jacques s'était cru dispos. « Si je veux prendre le train de cinq heures, ce soir, pas de temps à perdre », se dit-il, en sautant du lit. Mais, à peine debout, il s'aperçut qu'il n'avait pas l'esprit libre ; les événements de la veille l'obsédaient.

Il s'habilla rapidement et descendit téléphoner à Antoine.

Fontanin n'était pas mort ; le coma pouvait se prolonger vingt-quatre heures, davantage peut-être. Aucun espoir n'était permis.

Jacques avertit son frère qu'ils ne se reverraient pas, car il regagnait la Suisse le jour même. Puis il revint payer sa chambre, et partit déposer son sac à la consigne de la gare de Lyon.

Toute la journée, il précipita les démarches qu'il avait encore à faire avant son départ : une demi-douzaine de visites, des « types à voir », dont Richardley lui avait donné les adresses.

Un vaste mouvement se préparait, dans tous les milieux de gauche, pour barrer la route aux menaces de guerre. L'union entre les divers partis semblait chose faite. A cet égard, les nouvelles étaient plus que rassurantes.

Pourtant, son angoisse ne le quittait pas, et s'emparait de lui, sournoisement, dès qu'il se retrouvait seul.

Il éprouvait comme une inexplicable impression de
déchéance. Fébrile, en nage, il courait à travers Paris,
changeant sans cesse d'avis, de direction, écourtant les
entretiens, renonçant au dernier moment à une visite
pour laquelle il avait fait une demi-heure de trajet. Les
rues, les maisons, les passants, ses camarades eux-mêmes
— tout lui paraissait défiguré, hostile. Il lui semblait se
heurter à des barreaux, comme une bête emprisonnée.
Plusieurs fois, même, il fut saisi à l'improviste d'une
indisposition physique : pendant quelques secondes,
étourdi, les mains moites, la poitrine serrée dans un étau,
il eut à lutter contre un subit et incompréhensif sentiment de peur, qui lui coupait le souffle...

« Qu'est-ce que j'ai donc ? » se demandait-il.

A quatre heures, cependant, le plus urgent était
fait : il pouvait partir. Il était impatient d'arriver à
Genève ; et en même temps, il éprouvait une bizarre
appréhension à quitter Paris.

« Si j'attendais le train de nuit », se dit-il soudain,
« j'aurais le temps de passer à *l'Huma*, au *Croissant*, au
Progrès, d'aller avenue de Clichy et de réunir quelques
renseignements sur cette histoire des arsenaux... »

(A six heures, en effet, se tenait, dans un bar de
l'avenue de Clichy, une réunion organisée par la Fédération des Syndicats maritimes, et Jacques savait y
rencontrer les meneurs qui devaient se rendre, le lendemain, dans certains ports de l'Ouest, où des grèves se
préparaient. Jacques n'aurait pas été fâché de recueillir,
à ce sujet, quelques précisions.)

Une autre pensée le lancinait depuis le matin : l'arrivée de Daniel. Évidemment, il pouvait repartir sans
lui avoir serré la main. Mais Daniel apprendrait, sans
aucun doute, la présence de Jacques à Paris. « Si seulement j'avais pu le rencontrer sans aller à la clinique... »
Brusquement, il se décida : « Je vais attendre l'express
de nuit. En me présentant à Neuilly après le dîner, je
verrai Daniel ; et, à cette heure, j'ai peu de chance de
la rencontrer, *elle*... »

A huit heures et demie, fidèle à son plan, il sortait du *Progrès*. Il y était venu à tout hasard, après la réunion de l'avenue de Clichy, et il avait eu la bonne fortune d'y retrouver Burot, le rédacteur qui centralisait pour *l'Humanité* tous les renseignements relatifs aux arsenaux de l'Ouest.

Restait à faire cette visite à Neuilly. « Demain, je serai à Genève », songea-t-il, pour s'affermir.

Il descendait le petit escalier en colimaçon qui faisait communiquer l'entresol avec la salle du café, lorsqu'une main s'abattit sur son épaule :

— « Tu es donc à Paris, gamin ? »

On reconnaissait Mourlan, même dans la pénombre, à sa voix basse et à son accent faubourien. C'était un vieux Christ noir, aux cheveux trop longs, vêtu, hiver comme été, d'une blouse de typo.

Mourlan, aux jours héroïques de l'Affaire, avait fondé un bulletin de combat, tiré à la polycopie, et qu'on se passait, alors, chaque semaine, de main en main. Par la suite, l'*Étendard* était devenu un petit organe révolutionnaire, que Mourlan continuait à diriger, avec l'aide de quelques collaborateurs bénévoles. Jacques, de temps à autre, lui envoyait un compte rendu, une traduction d'article étranger. L'esprit de la revue était d'une intransigeance logique qui ne déplaisait pas à Jacques. Mourlan, au nom d'une doctrine socialiste intransigeante, attaquait les officiels du Parti, et particulièrement le groupe de Jaurès : « les socialo-opportunistes », comme il les appelait.

Il s'était pris d'amitié pour Jacques. Il aimait les jeunes, les « gamins », pour leur ferveur et leur inflexibilité. Sans grande culture, mais doué d'une intelligence paradoxale et bavarde, dont son accent de vieil ouvrier parisien soulignait l'humour, il luttait, depuis des années, seul ou presque, pour faire vivre sa revue. On le craignait : solidement retranché derrière son orthodoxie, et fort d'une vie de militant pauvre, entièrement vouée à la cause révolutionnaire, il harcelait sans pitié les politiciens du Parti, dénonçant leurs moindres faux pas, étalant au jour leurs compromissions, et ses flèches

portaient toujours. Ceux qu'il étrillait se vengeaient en
faisant courir sur son compte les bruits les plus fâcheux.
Il avait tenu, quelque temps, une échoppe de littérature socialiste dans le faubourg Saint-Antoine ; et ses
ennemis l'accusaient d'y avoir surtout vendu des brochures licencieuses. La chose n'était pas impossible. Sa
vie privée restait sujette à caution. Dans le petit logement de la Roquette, où siégeait le pur *Étendard*, il y
avait toujours un va-et-vient de filles douteuses, qui
paraissaient venir, en voisines, des bouges de la rue de
Lappe. Elles lui apportaient des sucreries, dont il était
friand. Elles parlaient haut, se querellaient : parfois
elles en venaient aux coups. Alors, le Christ se levait,
posait sa pipe, empoignait chacune des furies par un
bras, les jetait dans l'escalier, et reprenait la conversation au point où il l'avait interrompue.

Aujourd'hui, il semblait soucieux. Il accompagna
Jacques jusqu'au trottoir.

— « Plus un sou en caisse », expliqua-t-il, en retournant d'un coup les deux poches de sa blouse noire. « Si
je ne trouve pas, d'ici jeudi, les quelques billets qu'il
me faut, le prochain numéro va rester dans le tiroir. »

— « Pourtant », dit Jacques, « j'ai vu que vous aug-
mentiez votre tirage. »

— « Les abonnés affluent, gamin ! Seulement, ils ne
paient pas... Leur supprimer l'envoi ? Je n'hésiterais
pas, si je dirigeais une entreprise commerciale. Mais
qu'est-ce que je vise ? La propagande. Alors ?... Que
faire ? Réduire les frais ? Je fais tout moi-même ! Au
début, je m'étais octroyé cent francs par mois, sur la
caisse. Je n'ai jamais osé les toucher qu'une fois, mes
cent balles... Je vis de croûtes, comme un romanichel.
Je suis cousu de dettes. Et voilà dix-huit ans que ça
dure... Mais parlons sérieux », reprit-il. « Qu'est-ce qu'on
pense en Suisse de tous ces mauvais bruits ?... Moi, je
suis trop vieux renard, rien m'étonne... J'ai déjà tout
vu... Ça me rappelle 83... J'avais que vingt ans, mais je
lisais déjà *la Révolte*, la première, celle qui paraissait en
Suisse... T'as pas connu ça, toi, *la Révolte* ?... Tu sais
même pas peut-être qu'en 83, l'Angleterre, l'Allemagne,

l'Autriche et la Roumanie, ces quatre belles garces,
elles ont voulu profiter de l'isolement de la France pour
déchaîner une guerre européenne contre la Russie ?...
S'en est fallu d'un poil de grenouille... Rien n'a changé !...
C'est toujours les mêmes trucs... On disait déjà : patrie,
honneur national... Mais, dessous, quoi ? Rivalités
industrielles, droits d'exportation, combines de la haute
finance... Rien n'a changé, sauf un point : nous n'avons
plus de Kropotkine... En 83, Kropotkine s'est démené
comme un démon... Il a pris à partie les grandes usines
de guerre — Anzin, Krupp, Armstrong et toute la clique
— qui soudoyaient la grande presse d'Europe, pour
réussir leur coup... Qu'est-ce qu'il leur a passé !... J'ai
recherché ses articles... Rien n'a changé ! J'en publie
trois dans mon prochain numéro... Kropotkine !... Tu
liras ça, gamin : vous pourrez tous en prendre de la
graine !... »

Il avait l'œil brillant et son rictus de vieux lutteur.
Il ne se souvenait déjà plus que, pour faire imprimer ce
prochain numéro, il lui fallait trois cent quatre-vingts
francs, dont il n'avait pas le premier centime.

Jacques s'esquiva.

« Il faudrait faire entrer *l'Étendard* dans le plan d'action générale contre la guerre », se dit-il. Il se promit
d'en parler à Genève et, si possible, de faire envoyer
quelques subsides à Mourlan.

Il n'avait pas dîné. Avant d'aller prendre à la Bourse
le métro de Champerret, il entra manger un sandwich
au *Café du Croissant*. Beaucoup de rédacteurs de *l'Humanité*, suivant l'exemple de leur Patron, avait adopté
ce café-restaurant, à l'angle de la rue Montmartre.

Jaurès, dans son coin habituel, près de la fenêtre,
dînait avec trois amis. Jacques, au passage, esquissa un
geste de salut. Mais le Patron, penché sur son assiette,
ne voyait rien : sombre, le cou enfoncé jusqu'à la barbe
dans ses épaules rondes, il laissait parler ses voisins et
mangeait avec une gloutonnerie distraite sa portion de
gigot aux flageolets. Sa serviette, la grosse serviette

bourrée de dossiers et qu'il emportait partout, trônait, à portée de sa main, au bout de la table ; et, sur la serviette, s'empilaient encore des journaux, des brochures, un in-8º broché. Jacques savait que Jaurès était un infatigable liseur. Il se souvint d'une anecdote, contée l'avant-veille devant lui par Stephany, qui la tenait de Marius Moutet. Celui-ci, voyageant dernièrement avec Jaurès, s'était étonné de le voir plongé dans la lecture... d'une grammaire russe! Et Jaurès lui avait dit, comme une chose naturelle « : Mais oui, il faut se dépêcher d'apprendre le russe. La Russie est peut-être à la veille de jouer un rôle considérable en Europe! »

Jacques, assis à contre-jour, l'observait de loin. « Écoute-t-il seulement ce que les autres disent ? » se demanda-t-il. C'était une question qu'il s'était plusieurs fois posée en présence de Jaurès. Ses silences de ruminant — lorsque, par hasard, il se taisait — semblaient n'être attentifs qu'aux accords d'une musique intérieure. Tout à coup, Jacques le vit redresser la tête, bomber le thorax, passer rapidement sa serviette sur ses lèvres, et prendre la parole. Le regard, tapi sous le front bas, allait et venait, avec une mobilité aiguë. Dans la barbe, le creux de la bouche ouverte, aux coins abaissés, faisait songer au pavillon d'un porte-voix ; et aussi au trou noir des masques de la tragédie antique. Il ne paraissait pas s'adresser à tel ou tel des convives, mais penser tout haut et parler contre quelqu'un, en homme pour qui controverse et pensée sont intimement solidaires, pour qui la discussion seule donne à l'esprit son élan. On ne distinguait pas les mots, car Jaurès parlait bas — aussi bas, du moins, que le lui permettait son coffre d'orateur, sonore comme un tambour — mais Jacques percevait très bien, à travers le brouhaha de la salle, le timbre si particulier de cette voix : ce bourdonnement, cette vibration en sourdine, analogue à la résonance d'une fosse d'orchestre, qui soutenait, comme un accompagnement, l'envolée chantante des phrases. Et ces sonorités connues réveillaient en lui mille souvenirs : fièvres de meetings, joutes oratoires, péroraisons pathétiques, ovations d'une foule délirante... Emporté par

son improvisation, Jaurès avait repoussé devant lui son
assiette à demi pleine, et, penché en avant, il faisait
front comme un buffle qui va foncer. Pour ponctuer le
rythme des phrases, ses mains fermées, posées sur le
bord de la table, se soulevaient et retombaient, sans
violence, mais avec une cadence de marteau-pilon. Et,
quand Jacques, pressé par l'heure, quitta la salle, Jaurès,
martelant le marbre de ses poings, parlait toujours.

Cette vision stimulante avait relevé son courage ; et
l'effet tonique s'en faisait encore sentir lorsqu'il arriva
devant la grille du boulevard Bineau.

Clinique Bertrand. C'était là...

Il faisait nuit. Jacques traversa le jardin sans ralentir
son pas, mais sans oser lever les yeux sur la façade.

La vieille concierge lui confia, d'une voix chevrotante, que le pauvre monsieur vivait encore, et que le
fils était arrivé à la fin de l'après-midi. Jacques la pria
d'aller chercher Daniel. Mais la vieille, qui, à cette
heure, était seule dans la loge, ne pouvait s'absenter.

— « La garde de l'étage ira le prévenir », dit-elle.
« Vous n'avez qu'à monter au second. »

Il dut s'y résoudre, après une courte hésitation.

Sur le palier du premier, personne : une longue galerie
blanche, doucement éclairée, silencieuse. Au second,
même silence, même galerie pleine de reflets, interminable et déserte. Il fallait trouver la garde. Il attendit
quelques minutes, puis s'engagea dans le couloir. Il
éprouvait, non plus de l'angoisse, mais, au contraire,
une certaine curiosité qui le poussait hardiment vers
le risque.

Il n'avait pas aperçu, dissimulée dans l'encoignure
d'une fenêtre, une ombre assise. Comme il approchait,
elle se retourna et se leva vivement. C'était Jenny.

Attendait-il cette rencontre ? « Nous y voilà », se dit-il
sans surprise. Et, aussitôt, il remarqua : « Elle est
nu-tête, aujourd'hui... Comme autrefois... »

Le premier geste de la jeune fille avait été de porter
la main à ses cheveux qu'elle savait en désordre. Son

front dégagé, franchement offert, éveillait une idée de pureté, sinon de douceur.

Deux secondes, ils restèrent l'un devant l'autre, le cœur battant. Il articula enfin, d'une voix que l'émotion rendit brusque :

— « Je m'excuse... La concierge m'avait dit... »

Il était frappé de sa pâleur, de ses lèvres blanches, de ses narines pincées. Elle fixait sur lui un regard tendu et inexpressif, où se lisait seulement la volonté de ne pas faiblir, de ne pas détourner les yeux.

— « Je venais prendre des nouvelles... »

Jenny esquissa un geste qui signifiait : « Aucun espoir. »

— « ... et voir Daniel », ajouta-t-il.

Elle fit un effort, comme pour avaler un cachet, murmura deux ou trois mots inintelligibles, et se dirigea précipitamment vers le salon de l'étage. Jacques avait fait quelques pas pour la suivre, et s'était arrêté au milieu du couloir. Elle ouvrit la porte. Il pensait qu'elle allait appeler Daniel. Mais elle tenait le battant ouvert ; et, à demi tournée vers lui, les yeux baissés, les traits durs, elle ne bougeait pas.

— « Je ne voudrais pas... déranger... », balbutia Jacques, en approchant d'un pas.

Elle ne répondit rien, ne leva pas les paupières. Elle avait l'air d'attendre, avec une impatience contenue, qu'il entrât. Et, dès qu'il eut franchi le seuil, elle laissa retomber la porte derrière lui.

Mme de Fontanin était assise sur le canapé du fond, auprès du jeune soldat. Par terre, il y avait un casque, un ceinturon, un sabre.

— « Toi! »

Daniel s'était levé. Une surprise joyeuse éclairait son visage. Immobile, il regardait, sans bien le reconnaître, ce Jacques aux épaules trapues, à la mâchoire saillante, qui ressemblait si peu à son compagnon d'autrefois. Et Jacques aussi, un instant immobile, contemplait ce grand sous-officier au teint cuivré, aux cheveux ras, qui se décidait enfin à venir à lui, gauchement, avec un bruit inattendu d'éperons et de bottes.

Daniel avait pris son ami par le bras et l'entraînait vers sa mère. Sans marquer ni étonnement ni contra-riété, Mme de Fontanin, levant sur Jacques son regard fatigué, lui tendit la main ; et ce fut d'une voix calme, aussi indifférente que son regard, qu'elle articula, comme si elle l'avait rencontré la veille :

— « Bonjour, Jacques. »

Avec cette grâce familière et un peu cérémonieuse qu'il tenait de son père, Daniel s'était penché vers Mme de Fontanin.

— « Excuse-moi, maman... Je vais descendre un instant avec Jacques... Tu veux bien ? »

Jacques tressaillit. Maintenant, il reconnaissait Daniel, tout entier, à sa voix, à ce demi-sourire un peu gêné qui relevait l'angle gauche de la bouche, à cette façon tendre, respectueuse, qu'il avait toujours eue de prononcer : « Ma-man », en détachant les syllabes...

Mme de Fontanin enveloppa les deux jeunes gens d'un coup d'œil affable, et inclina doucement la tête :

— « Mais oui, mon grand, va... Je n'ai besoin de rien. »

— « Allons au jardin », proposa Daniel, dont la main ne quittait pas l'épaule de Jacques.

Il avait retrouvé, sans y penser, ce geste de son enfance, que leur différence de taille justifiait autant que jadis : car il avait toujours été plus élancé que Jacques ; et l'uniforme semblait encore le grandir. La souplesse du torse sanglé dans la tunique sombre à col blanc contrastait avec l'empâtement des jambes, perdues dans les plis de la culotte rouge et alourdies par les hou-seaux de cuir. Les semelles cloutées patinaient sur le dallage des couloirs. Ce pas de soldat profanait le silence de la maison déjà endormie. Il en avait conscience, et se taisait, gêné, s'appuyant sur son ami pour ne pas glisser.

« Et Jenny ? » se demanda Jacques. De nouveau, il eut à la poitrine ce spasme qui ressemblait à l'étreinte de la peur. Il marchait, la nuque raide, le regard à terre. Lorsqu'ils arrivèrent à l'escalier, il se retourna malgré lui, pour fouiller des yeux le couloir vide ; et une déception, nuancée de rancune, s'empara sournoisement de lui.

Daniel s'était arrêté devant la première marche :

— « Tu es donc à Paris ? »

Le ton joyeux accentuait la tristesse du visage.

« Jenny ne lui a pas parlé de moi », pensa Jacques.

— « Je devrais être parti », fit-il vivement. « Je reprends le train tout à l'heure. » Le désappointement de Daniel fut si visible qu'il ajouta aussitôt : « J'ai même retardé mon départ pour te voir... Je dois être à Genève demain. »

Daniel le dévisageait avec un regard pensif et timide, chargé d'interrogation. A Genève ?... La vie de Jacques restait pour lui mystérieuse, irritante. Il n'osait pas encore questionner. La réserve de son ami l'intimidait. Sans insister, il retira sa main, saisit la rampe et commença à descendre... Son plaisir, soudain, s'était évanoui. A quoi bon cette visite imprévue, qui venait d'éveiller en lui une si grande soif d'échange, si Jacques repartait, s'il fallait le perdre encore une fois ?

Le jardin, qu'on venait d'arroser, était désert et frais, éclairé çà et là par des globes électriques disséminés dans les arbres.

— « Tu fumes ? » fit Daniel.

Il avait tiré une cigarette de sa poche et l'allumait avec avidité. La flamme, un instant, illumina son visage. Ce qui le changeait surtout, c'était d'avoir perdu, au grand air des Vosges, ce teint pâle et mat, qui naguère formait une si particulière opposition avec le noir des prunelles, des cheveux, du fin liséré de moustache qui courait sur la lèvre.

Côte à côte, en silence, ils s'aventurèrent dans une allée tournante, au bout de laquelle des sièges blancs étaient disposés en rond !

— « Là, veux-tu ? » proposa Daniel. Et, sans attendre la réponse, il s'assit lourdement. « Je suis éreinté. Atroce voyage... » Quelques secondes, il resta obsédé par le souvenir de cette journée dans le wagon cahoteux, surchauffé, où il était resté, sans changer de place, fumant cigarette sur cigarette, les yeux sur le paysage

mouvant, l'imagination prisonnière de trois ou quatre
hypothèses également angoissantes, tandis que les
choses imprévisibles s'accomplissaient au loin. Il répéta :
« Atroce... » Puis, levant le feu de sa cigarette vers la
fenêtre où son père agonisait, il ajouta sombrement :
« Ça devait bien finir comme ça, un jour... »

Le terreau mouillé des corbeilles s'évaporait dans la
nuit avec une senteur saine ; et, par bouffées, un souffle,
doux comme une respiration, portait jusque vers eux
une odeur amère et faussement sucrée, une odeur de
sirop pharmaceutique, qui ne venait pas des officines de
la clinique, mais d'un petit vernis du Japon, perdu au
loin dans un massif.

Jacques, que les menaces de guerre hantaient davantage auprès de cet uniforme, demanda :

— « Tu as eu facilement ta permission ? »

— « Très facilement. Pourquoi ? » Comme Jacques
se taisait, il ajouta avec sécurité : « Ils m'ont donné
quatre jours, avec prolongation possible. Mais ça ne
sera pas nécessaire... Ton frère, qui était là quand je
suis arrivé, m'a dit franchement qu'il n'y avait aucun
espoir. »

Il se tut, puis reprit brusquement :

— « Et ça vaut mieux. » De nouveau, il souleva la
main vers la maison : « C'est affreux, mais au point où
en sont les choses, personne ne peut souhaiter qu'il vive.
Je sais bien que sa mort ne répare rien », continua-t-il
durement. « En tout cas, elle interrompt net une affaire...
dont les suites auraient été terribles... pour maman...
— pour lui... — pour nous... » Il tourna légèrement son
visage vers Jacques : « Mon père était à la veille d'être
arrêté », fit-il, avec une sorte de sanglot, sec et agressif.
Il ferma les yeux et renversa légèrement la nuque. A
travers les feuilles, la lumière d'une ampoule fit briller
un instant son beau front, dont la ligne supérieure formait deux quarts de cercle séparés par la pointe médiane
des cheveux.

Jacques aurait voulu dire quelque chose, mais sa vie
solitaire, les camaraderies politiques, l'avaient désha-
bitué des épanchements. Il fit un geste vers Daniel, et

lui toucha le bras. Sous sa paume, il sentit le drap rêche de la tunique. Un relent bizarre, de laine, de cuir chaud et graissé, de tabac, de cheval, émanait de Daniel, et, dès qu'il faisait un mouvement, se mêlait aux parfums nocturnes du jardin.

Jacques n'avait pas revu son ami depuis quatre ans. Malgré les lettres échangées après la mort de M. Thibault, malgré les invites réitérées de Daniel, il ne s'était jamais décidé à faire le voyage de Lunéville. Il redoutait la confrontation. Une correspondance affectueuse, mais espacée, lui semblait être le seul climat qui convînt à ce que leur amitié était devenue. Cette amitié, bien enracinée, restait vive en son fond : Daniel était bien, avec Antoine, le seul attachement que Jacques eût jamais eu. Mais, c'était un fragment du passé : ce passé dont Jacques s'était volontairement détaché, et dont il tolérait mal les reprises.

— « On ne parle pas de la guerre, à Lunéville ? » demanda-t-il, pour rompre le silence.

Daniel ne parut pas autrement surpris.

— « Si, bien sûr ! Les officiers parlent tous les jours de la guerre... C'est leur raison d'être, à ces gens... Surtout dans l'Est ! » Il sourit : « Moi, je compte 73... 72, même... 71, demain... Le reste m'est égal. Fin septembre, je serai libre. »

Un nouveau reflet de lumière caressait à ce moment son visage. Non, Daniel n'avait pas tellement changé. Dans ce masque d'un ovale si pur, où la régularité des traits mettait une sorte de solennité (surtout quand la fatigue et la tristesse l'assombrissaient comme ce soir), le sourire avait bien gardé son rayonnement de jadis : sourire lent, venu de loin, qui relevait de biais la lèvre supérieure, jusqu'à découvrir la claire rangée de dents... Sourire timide et pourtant effronté... Autrefois, Jacques, enfant, ne pouvait s'empêcher de guetter amoureusement sur les lèvres de son ami ce sourire agaçant et irrésistible ; et, maintenant encore, il sentit une douce chaleur l'envahir.

— « Ce que tu dois souffrir de cette vie de caserne ! » dit-il, évasivement.

— « Non... Pas trop... »

Les pauvres phrases qu'ils jetaient entre eux et qui tombaient dans le silence faisaient songer à ces amarres que les marins se lancent d'une barque à l'autre et qui retombent dix fois à l'eau avant d'être saisies au vol...

Après une pause assez longue, Daniel répéta :

— « Pas trop... Au début, oui : la corvée de fumier, la corvée de latrines, la corvée de crachoir... Maintenant, je suis sous-off', ça va... J'ai même de bons amis là-bas : les canassons, les camarades... Et, tout compte fait, je suis content d'avoir passé par là. »

Jacques le considérait fixement, avec un regard si étranger, si méprisant, que Daniel fut sur le point de céder à un mouvement d'humeur. L'attitude rétive de Jacques, ses silences, ses questions même, marquaient une sorte de supériorité distante qui blessait Daniel, profondément. Son affection, néanmoins, reprit le dessus. Ce qui le séparait de son ami, non, ce n'était pas cette mésentente superficielle qu'une longue interruption d'amitié suffisait à expliquer ; c'était bien plutôt tout ce qu'il ignorait de Jacques, tout ce qui, dans le passé du fugitif, lui demeurait incompréhensible... Retrouver sa confiance... Il se pencha soudain, et, d'une voix changée, d'une voix tendre, persuasive, qui semblait vraiment requérir toute l'affection disponible, il murmura :

— « Jacques... »

Sans doute espérait-il déjà une réponse, un élan, un mot du cœur, ne fût-ce qu'un geste d'encouragement... Mais Jacques, d'instinct, avait reculé le buste, comme pour s'écarter.

Daniel risqua le tout pour le tout :

— « Explique-moi, enfin! Qu'est-ce qui s'est passé, il y a quatre ans ? »

— « Tu le sais bien. »

— « Non! Je n'ai jamais compris. Pourquoi es-tu parti? Comment ne m'as-tu pas prévenu, moi? fût-ce en me demandant le secret... Comment m'as-tu laissé des années sans nouvelles? »

Jacques avait rentré la tête dans les épaules. Il regar-

dait vers Daniel, avec un air buté. Il esquissa un geste
de lassitude :

— « A quoi bon revenir sur tout ça ?... »

Daniel lui mit la main sur le poignet :

— « Jacques ! »

— « Non. »

— « Quoi ? Est-ce vraiment *non* ? Est-ce que, vraiment, je ne saurai jamais ce qui t'a poussé... à faire une
chose pareille ? »

— « Ah ! laisse », fit Jacques, en dégageant son bras.

Daniel se tut, et, lentement se redressa.

— « Plus tard, plus tard... », grommela Jacques, avec
une apathie qui semblait invincible, et qui rendit plus
surprenant l'éclat soudain de sa voix, lorsqu'il reprit
rageur : « *Une chose pareille !* Ne dirait-on pas, ma parole,
que j'ai commis un crime !... » Il continua tout d'un
trait : « Et, d'abord, y a-t-il tant besoin d'explications ?
Est-ce que, véritablement, ça te paraît incompréhensible qu'un homme veuille, un beau jour, rompre avec
tout ? Partir, sans autre complice que lui seul ?... Tu ne
comprends pas ça, toi ? Qu'on ne consente pas à se
laisser museler, mutiner, indéfiniment ? Qu'on ait, une
fois dans la vie, le courage d'être soi-même ! Le courage
de plonger tout au fond de soi, pour y découvrir ce qui
jusqu'alors a été le plus méconnu, le plus méprisé, et
de dire enfin : " Voilà ce qui est essentiellement moi ! "
Le courage de crier à tous les autres : " Je me passe de
vous !... " Non ? Tu ne peux vraiment pas comprendre
ça, toi ? »

— « Si, si, je comprends bien... », murmura Daniel.

Il avait d'abord écouté, sans pouvoir se défendre
d'une délectation subtile, cette voix appuyée, douloureuse, excessive, où il retrouvait son Jacques de toujours. Mais, bientôt, sous cette brusquerie, il avait dé-
mêlé avec certitude quelque chose de factice : cette
explosion c'était, avant tout, une échappatoire... Alors,
il avait compris que jamais Jacques n'aborderait avec
lui la franche explication qui les eût tous deux délivrés.
Il fallait renoncer à savoir. Et, du même coup, c'était
à leur amitié, à cette amitié unique dont il avait été si

fier, qu'il fallait renoncer aussi. De cela, il eut l'intuition nette et son cœur se serra. Mais il avait ce soir tant d'autres sujets de tristesse...

Pendant quelques minutes, ils demeurèrent l'un en face de l'autre, sans un mot, sans un geste, sans même se regarder. Enfin, Daniel rapprocha ses jambes qu'il avait allongées devant lui, et passa la main sur son front :

— « Il faut tout de même que je retourne là-haut », murmura-t-il. Sa voix avait perdu son timbre.

— « Oui », fit Jacques en se levant aussitôt. « Moi aussi, il faut que je m'en aille. »

Daniel, à son tour, se mit debout :

— « Je te remercie d'être venu. »

— « Excuse-moi auprès de ta mère de t'avoir retenu si longtemps... »

Ils attendaient tous deux que l'autre fît un premier pas.

— « A quelle heure, ton train ? »

— « Vingt-trois heures cinquante. »

— « P.-L.-M. ? »

— « Oui. »

— « Vas-tu trouver une voiture ? »

— « Pas besoin... Le tram qui passe là me... »

Ils se turent, honteux de ce qu'ils arrivaient à se dire.

— « Je t'accompagne jusqu'à la porte », dit Daniel, en s'engageant dans l'allée.

Ils traversèrent tout le jardin sans échanger d'autre parole.

Comme ils atteignaient le boulevard, une auto s'arrêta devant la grille. Une jeune femme, nu-tête, puis un monsieur âgé sautèrent de la voiture. Leurs visages étaient bouleversés. Ils passèrent précipitamment devant les deux jeunes gens, qui les suivirent un instant des yeux : par contenance, plutôt que par curiosité.

Jacques, brusquant la séparation, tendit la main ; Daniel la serra en silence. Ils se regardèrent une seconde, tandis que leurs mains s'étreignaient. Daniel eut même un sourire timide, auquel Jacques eut à peine la force de répondre. Vivement, il franchit la grille et traversa

le large trottoir éclairé. Mais, avant de s'engager sur la
chaussée, il se retourna. Daniel était resté à la même
place. Jacques le vit soulever la main, tourner sur lui-
même et disparaître dans l'obscurité des arbres.

On distinguait, au loin, à travers le feuillage, les fenêtres éclairées de la maison... Jenny...

Alors, sans attendre le tramway, Jacques s'élança
vers Paris — vers son train, vers Genève — courant
presque — comme s'il eût à sauver sa vie.

XXV

Dans le grand salon aux paravents de laque (Antoine
avait, une fois pour toutes, interdit à Léon d'introduire
qui que ce fût dans son petit bureau), Mme de Battaincourt était assise et bâillait.

Les fenêtres étaient ouvertes. La journée s'achevait,
sans un souffle d'air. Anne secoua le buste pour faire
tomber sur le dossier du fauteuil son léger manteau du
soir.

— « Il nous fait attendre, mon pauvre Fellow », dit-
elle à mi-voix.

Les oreilles du pékinois, paresseusement échoué sur
le tapis, eurent un faible frémissement. Anne avait
acheté cette boule de soie blonde à l'Exposition de 1900,
et elle s'obstinait à traîner partout avec elle cette merveille décrépite, aux dents gâtées, et au caractère gro-
gnon.

Soudain, Fellow souleva la tête, et Anne se redressa :
ils avaient reconnu ensemble le pas rapide d'Antoine,
sa manière brusque d'ouvrir et de fermer les portes.

C'était lui, en effet. Il avait son visage soucieux de
médecin.

Le baiser dont il effleura les cheveux d'Anne glissa
jusqu'à la nuque, et la fit tressaillir. Elle leva le bras,
et promena lentement ses doigts sur le beau front carré,
le bourrelet volontaire des sourcils, les tempes, la joue.

Puis, un instant, elle garda, dans le creux de sa paume, la mâchoire, cette forte mâchoire des Thibault, qu'elle aimait et craignait à la fois. Enfin, elle redressa la tête, se leva et sourit :

— « Regardez-moi donc, Tony!... Non : vos yeux sont posés sur moi, mais votre regard est ailleurs... Je déteste quand vous avez votre figure de grand homme! »

Il l'avait prise par les épaules, et la tenait devant lui, palpant de ses deux mains la saillie des omoplates. Il s'écarta légèrement, sans retirer ses mains, et la contempla, de haut en bas, en possesseur. Ce qui l'avait le plus fortement attaché à Anne, ce n'était pas tant qu'elle fût encore belle, mais qu'elle parût si manifestement construite pour l'amour.

Elle s'abandonnait à l'examen, fixant sur lui ses yeux pleins de vie et de joie.

— « Le temps de me changer, je suis à vous », fit-il, en la faisant doucement reculer, et en la forçant à se rasseoir.

Il se mettait maintenant si souvent en smoking, le soir, qu'il ne lui fallait guère plus de cinq minutes, pour passer sous la douche, se raser, enfiler la chemise glacée, le gilet blanc, les effets préparés d'avance, que Léon lui passait, pièce à pièce, les yeux baissés, avec des gestes godiches d'officiant.

— « Chapeau de paille et gants d'auto », fit-il à mi-voix.

Avant de quitter la pièce, il jeta vers la glace un bref regard d'ensemble, et tira ses manchettes. Il avait appris, depuis peu, à ne pas négliger ce surcroît d'aisance et de bonne humeur que confèrent une lingerie fine, un col ajusté, un vêtement de bonne coupe. Après la tâche quotidienne, s'offrir une soirée oisive et dispendieuse lui semblait maintenant légitime, voire hygiénique ; et il était heureux de partager ce délassement avec Anne — bien qu'il fût parfaitement capable, comme il lui arrivait à l'occasion, d'en jouir égoïstement, tout seul.

— « Où m'emmenez-vous dîner, Tony ? » demanda-t-elle, tandis qu'Antoine l'aidait à remettre son manteau, et déposait un rapide baiser sur le cou nu. « Pas dans Paris... Il fait si chaud... Si nous allions jusqu'à Marly, chez Prat ? ou plutôt : si nous allions au *Coq* ? Ce serait plus gai. »

— « C'est loin... »

— « Qu'importe ? Et puis, après Versailles, la route vient d'être refaite. »

Elle avait une façon à elle de moduler : « Si nous faisions ceci ? » « Si nous allions là ? » sur un ton désabusé, avec un regard câlin, un peu las ; et elle proposait ingénument les escapades les plus saugrenues, sans jamais tenir compte de la distance, de l'heure, de la fatigue ou des goûts d'Antoine, non plus que des dépenses qu'entraînaient ces fantaisies.

— « Eh bien, va pour *le Coq* ! » fit Antoine gaiement. « Debout, Fellow ! » Il se pencha, prit le chien sous son bras, ouvrit la porte, et s'effaça pour laisser passer Anne.

Elle s'était arrêtée. Le bleu nocturne du manteau, le ton crème de la robe, la laque noire du paravent faisaient resplendir d'un éclat sourd sa peau de brune. Tournée vers lui, elle le couvait d'un regard sans retenue. Elle murmura : « Mon Tony... », si bas qu'elle ne semblait pas avoir parlé pour lui.

— « Allons ! » dit-il.

— « Allons... », soupira-t-elle, comme si le choix de ce restaurant à quarante-cinq kilomètres de Paris n'était qu'une concession de plus aux caprices d'un despote. Et, toute bruissante dans ses volants de taffetas, tête haute, le pas élastique, elle franchit allégrement le seuil.

— « Quand tu marches », lui glissa Antoine à l'oreille, « tu ressembles à une belle frégate qui prend la mer... »

Bien que la voiture fût puissante, amusante à mener, Antoine n'éprouvait plus guère de plaisir à conduire ; mais il savait qu'Anne n'aimait rien tant que ces randonnées avec lui, sans chauffeur.

Le soleil était couché. La soirée restait chaude. Pour traverser le Bois, Antoine choisit de petites routes peu fréquentées, sous la futaie. Par les fenêtres ouvertes, un air tiède et qui sentait le sous-bois entrait dans l'auto.

Anne bavardait. A propos de son récent voyage à Berck, elle parla de son mari, ce qu'elle faisait rarement.

— « Figure-toi qu'il ne voulait pas me laisser partir ! Il m'a priée, menacée ; il a été odieux ! Pourtant il m'a conduite à la gare. Mais il avait son air de martyr. Et, sur le quai, au moment du départ, il a eu l'aplomb de me dire : " Vous ne changerez donc jamais ? " Alors, du haut du wagon, je lui ai jeté un de ces : " Non ! " Un " non " qui voulait dire des choses terribles !... Et c'est vrai, je ne changerai pas : je l'exècre ; il n'y a rien à faire ! »

Antoine souriait. Il ne détestait pas la voir en colère. Il lui disait parfois : « J'aime bien quand tu fais ton œil de pirate ! » Il se rappelait Simon de Battaincourt, l'ami de Daniel et de Jacques, avec son nez de chevreau, ses cheveux couleur de ficelle, son air doux, un peu cafard ; assez antipathique, en somme.

— « Dire que j'ai eu un vrai béguin pour cet imbécile », continua Anne. « Et peut-être justement à cause de ça... »

— « A cause de quoi ? »

— « Eh bien, de sa bêtise... De ce qu'il avait eu si peu d'aventures dans sa vie... Ça me paraissait rafraîchissant ; ça me changeait. C'était comme une occasion de recommencer mon existence... Hein, ce qu'on peut être idiote ! »

Elle se souvint de la résolution qu'elle avait prise de parler plus souvent d'elle, de son passé ; c'était l'occasion ou jamais. Elle s'installa commodément, appuya la tête contre l'épaule d'Antoine, et, les yeux sur la route, s'abandonna à des souvenirs :

— « Je le rencontrais quelquefois en Touraine, aux chasses. J'avais bien remarqué qu'il me regardait, mais il ne m'adressait pas la parole. Un soir, je rentrais, je l'ai croisé, en forêt. Il était à pied, je ne sais plus pourquoi. J'étais seule. J'ai fait arrêter l'auto, et je lui ai offert de le rentrer à Tours. Il est devenu cramoisi. Il est monté. Il ne disait rien. La nuit tombait. Et, brusquement, un peu avant l'octroi... »

Antoine écoutait distraitement, l'attention requise par la route, le rythme du moteur.

Anne... Après lui, elle en aimerait d'autres ; elle suivrait son destin. Il ne s'illusionnait pas sur la durée de leur liaison. « Curieux », songeait-il, « cet attrait que j'ai toujours eu pour ces émancipées au sang chaud... » Il s'était parfois demandé si ce compagnonnage amoureux dont il se contentait avec ses maîtresses n'était pas une forme assez incomplète de l'amour. Assez indigente, peut-être. « Tu confonds l'amour avec la concupiscence », lui avait dit Studler, l'autre jour. Incomplète ou non, cette forme était la sienne, et il s'en trouvait bien. Elle lui laissait intacte sa force d'homme laborieux, qui se veut libre pour se consacrer sans marchandage à sa vocation. Sa récente conversation avec Studler lui revint à l'esprit. Le Calife lui avait cité le mot d'un jeune écrivain de sa connaissance, un nommé Péguy : *Aimer, c'est donner raison à l'être aimé qui a tort.* La formule avait violemment choqué Antoine. Sous cette forme dévorante, éperdue, abêtissante, l'amour lui inspirait toujours de la stupeur, de l'effroi, et même une sorte de répugnance...

L'auto s'engageait sur le pont, franchissait la Seine, attaquait gaillardement le coteau de Suresnes.

— « Il y a là un petit caboulot où l'on mange des fritures », dit Anne, soudain, en tendant le bras.

(C'était là que, naguère, Delorme l'emmenait toujours — Delorme, un ancien étudiant en médecine, qui était devenu pharmacien à Boulogne, et qui, pendant plusieurs années, jusqu'à cet hiver, jusqu'à ce qu'Anne fût enfin délivrée de la drogue, avait payé les faveurs de cette maîtresse inespérée en l'approvisionnant de morphine.)

Redoutant une question d'Antoine, elle se contraignit à rire :

— « La patronne vaut le déplacement! Une grosse mémère à bigoudis avec des bas roulés sur les chevilles... Moi, j'aimerais mieux aller pieds nus que d'avoir des bas qui tire-bouchonnent! Pas toi? »

— « Nous irons un dimanche », proposa Antoine.

— « Non, pas un dimanche, Tu sais bien que j'ai horreur du dimanche. Tous ces gens qui encombrent les rues, sous prétexte de se reposer ! »

— « En somme, c'est une chance qu'il y ait six jours sur sept où les autres travaillent », fit Antoine, moqueur.

Elle ne sentit pas le reproche, et se mit à rire.

— « Bigoudi ! J'adore ce mot-là. Ça fait un bruit de castagnettes dans la bouche. Quand j'aurai un autre chien, je l'appellerai Bigoudi... Mais je n'aurai jamais un autre chien », reprit-elle, gravement. « Quand Fellow sera vieux, je l'empoisonnerai. Et je ne le remplacerai pas. »

Le jeune homme sourit, sans tourner la tête :

— « Vous auriez le courage d'empoisonner Fellow ? »

— « Oui », fit-elle, d'un ton net. « Mais seulement quand il sera devenu tout à fait vieux et infirme. »

Il lui jeta un bref coup d'œil. Il se rappelait quels bruits étranges avaient couru, à la mort de Goupillot. Il y pensait de temps à autre. Pour en rire, le plus souvent. Parfois, pourtant, Anne l'effrayait. « Elle est capable de tout », pensa-t-il. « De tout, même d'empoisonner un mari *devenu tout à fait vieux et infirme...* »

Il demanda :

— « Et, peut-on savoir ? Strychnine ? Cyanure ? »

— « Non ; un barbiturique... Le meilleur de tous, c'est le didial. Mais il est inscrit au tableau B, il faut une ordonnance... Nous nous contenterons du simple dial ! N'est-ce pas, Fellow ? »

Antoine eut un rire un peu forcé :

— « Pas si facile que ça, à doser juste !... Un ou deux grammes de plus ou de moins, et tout est raté... »

— « Un ou deux grammes ? Pour un chien qui ne pèse pas trois kilos ? Vous n'y entendez rien, docteur !... » Elle fit un bref calcul, et déclara posément : « — Non : pour Fellow, avec vingt-cinq centigrammes de dial, vingt-huit au maximum, il aurait son compte... »

Elle se tut. Lui aussi. Songeaient-ils aux mêmes choses ? Non, car elle murmura :

— « Je ne remplacerai jamais Fellow... Jamais... Ça t'étonne ? » Elle se serra de nouveau contre lui : « C'est que je suis capable d'être fidèle, Tony, tu sais... Très fidèle... »

La voiture ralentit pour prendre un virage et franchir un passage à niveau.

Anne, les yeux sur la route, souriait distraitement.

— « Au fond, Tony, j'étais née pour être la femme d'un grand, d'un unique amour... Ce n'est pas ma faute si j'ai eu cette existence-là... Tout de même », reprit-elle avec force, « une chose que je peux dire : je ne me suis jamais abaissée... » (Elle était de bonne foi : elle avait oublié Delorme.) « Je ne regrette rien », conclut-elle.

Une minute encore, elle demeura silencieuse, la tempe appuyée à l'épaule d'Antoine, regardant les sous-bois obscurcis, les nuées dansantes de moucherons que fendait l'auto.

— « C'est étrange », reprit-elle. « Moi, plus je suis heureuse, et plus je me sens bonne... Il y a des jours où j'aimerais tant pouvoir me dévouer, à quelque chose, à quelqu'un! »

Il fut frappé par la résonance nostalgique de sa voix. Il savait qu'elle était sincère : que son luxe, sa situation mondaine — objectifs de quinze ans de calculs et de manœuvres — ne lui avaient donné ni apaisement ni bonheur.

Elle soupira :

— « L'hiver prochain, tu sais, je suis décidée à me faire une autre vie... une vie sérieuse... une vie utile... Il faudra m'aider, Tony. Tu promets ? »

C'était un projet qui revenait fréquemment dans ses propos. Antoine, d'ailleurs, ne la jugeait pas incapable de changer d'existence. Elle avait de grandes qualités, malgré ses travers : elle était douée d'une intelligence pratique assez vive, d'une ténacité à toute épreuve. Mais, pour réussir et pour persévérer, il eût fallu qu'elle eût auprès d'elle quelqu'un qui la guidât, et rendît inoffensifs ses défauts ; quelqu'un comme lui. Il avait pu mesurer, cet hiver, son ascendant sur elle, lorsqu'il s'était mis en tête de lui faire abandonner la morphine : il avait obtenu d'elle qu'elle se soumît pendant huit semaines à une douloureuse cure de désintoxication

dans une clinique de Saint-Germain, d'où elle était
revenue épuisée, mais radicalement guérie ; et, depuis,
elle ne se piquait plus. Nul doute qu'il eût pu, s'il s'en
était donné la peine, orienter vers des occupations
sérieuses cette énergie inemployée. Un signe de lui, et
tout l'avenir d'Anne pouvait être transformé... Ce signe,
pourtant, il était bien résolu à ne pas le faire. Il imaginait trop bien ce qu'un tel « sauvetage » impliquerait
pour lui de charges nouvelles, accaparantes. Tous les
gestes engagent ; surtout les gestes généreux... Or, il
avait sa propre vie à conduire, sa liberté à sauvegarder.
Là-dessus, il ne transigeait pas. Mais, chaque fois qu'il
y pensait, c'était avec émotion, avec mélancolie :
comme s'il détournait la tête, pour ne pas voir se tendre
vers lui, à la surface de l'eau, une main de noyée...

Par extraordinaire, *le Coq d'Argent* était à peu près
vide, ce soir-là.

A l'arrêt de l'auto, maître d'hôtel, garçons et som-
meliers s'empressèrent au-devant de ces clients tardifs,
et leur firent cérémonieusement conduite, de bosquet
en bosquet. Un petit orchestre à cordes, dissimulé dans
la verdure, commença à jouer, en sourdine. Tous avaient
l'air de se conformer à une mise en scène bien réglée ;
et Antoine lui-même, marchant derrière Anne, s'avançait avec le naturel assuré d'un acteur qui fait son
entrée, dans un rôle à succès qu'il possède bien.

Les tables étaient discrètement isolées les unes des
autres par des massifs de troènes et des jardinières de
fleurs. Anne finit par choisir une place ; et son premier
soin fut d'installer son chien sur le coussin que le gérant
disposait aimablement sur le gravier. (Un coussin de
cretonne rose : car tout était rose, au *Coq*, depuis les
plates-bandes de petits bégonias, jusqu'aux nappes, aux
parasols, et aux lampions accrochés dans les branches.)

Anne, debout, épluchait avec méthode la carte. Elle
se donnait volontiers des airs gourmands. Le maître
d'hôtel, entouré des garçons, se taisait, attentif, le
crayon sur la lèvre. Antoine attendait qu'elle s'assît.

Anne se tourna vers lui, et, de sa main dégantée, désigna différents plats sur la carte. Elle s'imaginait — et cela n'était pas totalement inexact — qu'il était jaloux de toutes ses prérogatives, et n'aimait pas qu'elle s'adressât directement aux gens de service.

Antoine transmit la commande sur le ton ferme et familier qu'il employait dans ces cas-là. Le maître d'hôtel écrivait, avec des signes respectueux et approbateurs. Antoine le regardait faire. L'obséquiosité du personnel lui était agréable. Il n'était pas loin, tant la chose lui semblait naturelle, de croire ingénument qu'on l'aimait.

— « Oh! l'adorable *pussy*! » s'écria Anne en tendant le bras vers un diablotin noir, qui venait de bondir sur la desserte, et que déjà les garçons scandalisés chassaient à coups de serviette. C'était un chaton de six semaines, tout noir, d'une maigreur famélique, avec un abdomen ballonné et d'étranges yeux verts, enchâssés dans une tête énorme.

Anne le prit à deux mains et le souleva en riant jusqu'à sa joue.

Antoine souriait un peu agacé :

— « Laissez donc ce nid à puces, Anne... Vous allez vous faire griffer. »

— « Non, tu n'es pas un nid à puces... Non, tu es un amour de *pussy* », protestait Anne, en serrant la petite bête crasseuse contre sa poitrine, et en lui caressant le crâne avec la pointe de son menton. « Ce ventre qu'il a! Est-il assez " commode Louis XV "! Et sa grosse tête! Il ressemble à un oignon qui germe... Vous n'avez pas remarqué, Tony, comme les oignons qui germent font une drôle de figure? »

Antoine avait pris le parti de rire : un rire un peu forcé. Cela lui arrivait rarement ; lui-même s'écouta, surpris ; et, brusquement, il perçut le son particulier de ce rire. « Tiens », se dit-il, avec un bizarre serrement de cœur, « je viens de rire exactement comme Père... » De sa vie, Antoine n'avait prêté attention au rire de M. Thibault ; et voici qu'il découvrait ce rire, ce soir, tout à coup, et dans sa propre bouche.

Anne voulait obliger l'affreux animal à demeurer sur ses genoux, au grand dommage du taffetas crème.

— « Oh! le vilain! » fit-elle, ravie. « Faites ronron, Monsieur Belzébuth!... Voilà... Il comprend tout. Je suis sûre qu'il a une âme », fit-elle sérieusement. « Il faut me l'acheter, Tony... Ce sera notre fétiche! Tant qu'il sera avec nous, je sens que rien ne pourra nous arriver de mal! »

— « Je vous y prends », dit Antoine, moqueur. « Et vous soutiendrez encore que vous n'êtes pas superstitieuse! »

Il l'avait déjà taquinée à ce sujet. Elle lui avait avoué que, souvent, le soir, quand elle tournait dans sa chambre, seule, sans se décider à se mettre au lit parce qu'elle croyait avoir le pressentiment d'un malheur, elle allait prendre dans un tiroir, où elle conservait des reliques de son passé, un vieux recueil de cartomancie, et se tirait les cartes jusqu'au moment où elle tombait de sommeil.

— « Vous avez raison », dit-elle, tout à coup. « Je suis idiote. »

Elle laissa partir le chat, qui fit deux ou trois bonds en chancelant, et disparut dans le massif. Puis elle s'assura qu'ils étaient seuls, et, plongeant son regard dans les yeux d'Antoine, elle chuchota :

— « Sermonne-moi, j'adore ça... Je t'écouterai, tu verras... Je me corrigerai... Je deviendrai comme tu veux... »

Il eut la pensée qu'elle l'aimait peut-être plus qu'il n'eût voulu. Il sourit, et lui fit signe de manger son potage ; ce qu'elle fit, les yeux baissés, comme une enfant.

Puis elle se mit à parler de tout autre chose : des vacances qu'elle avait décidé de passer à Paris, pour ne pas s'éloigner d'Antoine ; puis du procès mi-politique, mi-passionnel, dont les détails remplissaient depuis plusieurs jours les colonnes de tous les journaux :

— « Quel cran! Comme j'aimerais faire une chose comme ça! Pour toi! Tuer quelqu'un qui te voudrait du mal! » Au loin, les deux violons, le violoncelle et l'alto attaquaient un air de menuet. Elle parut rêver quelques instants, et prononça, d'une voix caressante et grave : « Tuer par amour... »

— « Vous auriez assez le physique de ça », remarqua Antoine, en souriant.

Elle faillit répondre, mais le maître d'hôtel, avant de découper les pigeonneaux, lui présentait, comme un encensoir, le légumier d'argent, d'où s'échappait un fumet de salmis.

Antoine s'aperçut qu'elle avait des larmes brillantes au bord des cils. Il la questionna du regard. L'avait-il blessée involontairement ?

— « C'est peut-être plus vrai que vous ne croyez », soupira-t-elle alors, sans le regarder — et si bizarrement qu'il ne put s'empêcher, encore une fois, de penser à Goupillot.

— « Quoi, vrai ? ?» fit-il, avec curiosité.

Frappée par l'intonation, elle leva les yeux et saisit dans le regard d'Antoine un trouble que d'abord elle ne s'expliqua pas. Tout à coup, elle songea à leur conversation sur les toxiques, aux questions d'Antoine. Elle n'ignorait rien des accusations qu'on avait colportées sur son compte, après la mort de son mari : un journal de l'Oise s'était même permis de transparentes allusions, qui avaient définitivement consacré dans le pays la légende du vieux multimillionnaire, séquestré dans son château par une jeune aventurière épousée sur le tard, et qui était mort, une nuit, dans des circonstances restées mystérieuses.

Antoine assura mieux sa voix, et répéta :

— « Quoi, vrai ? »

— « Que j'ai le physique d'une héroïne de mélo », répondit-elle froidement, ne voulant pas lui laisser voir qu'elle l'avait deviné. Elle avait sorti un petit miroir de son sac, et s'y examinait distraitement : « Regardez... Est-ce que j'ai la tête de quelqu'un qui mourra bêtement dans son lit ? Non : je finirai d'une façon dramatique, vous verrez ! Un matin, on me trouvera, en travers de ma chambre, poignardée... Sur le tapis, toute nue... et poignardée !... D'ailleurs, j'ai remarqué : dans

les livres, celles qui s'appellent Anne, elles finissent
toujours poignardées... Vous savez », poursuivit-elle,
sans quitter des yeux le miroir, « j'ai une peur atroce
d'être laide quand je serai morte. Les lèvres blanches
des morts, c'est tellement horrible... Moi, je veux absolument qu'on me farde. Du reste, je l'ai marqué sur
mon testament. »

Elle parlait vite, plus vite que de coutume, et en
zézayant un peu, comme lorsqu'elle était intimidée.
Avec le coin de son mouchoir, elle étancha délicatement
les larmes restées entre les cils ; puis elle se donna un
coup de houppette, remit le tout dans son sac, et fit
claquer le fermoir.

— « Au fond », reprit-elle (et, pour cet aveu, sa belle
voix de contralto prit soudain un accent vulgaire), « je
ne déteste pas tellement que ça d'avoir la tête d'une
héroïne de mélo... »

Elle tourna enfin son visage vers lui, et s'aperçut
qu'il continuait à l'épier. Alors, elle sourit lentement,
et parut prendre un parti :

— « Mon physique m'a déjà joué quelques mauvais
tours », soupira-t-elle. « Vous savez que j'ai passé pour
une empoisonneuse ? »

Un quart de seconde, Antoine hésita. Ses paupières
battirent. Il déclara :

— « Je sais. »

Elle mit ses coudes sur la table, et, les yeux dans les
yeux de son amant, elle articula d'une voix traînante :

— « Tu me crois capable de ça ? »

Le ton crânait, mais le regard avait fui et se perdait
de nouveau dans le vague.

— « Pourquoi non ? » fit-il, mi-plaisant, mi-sérieux.

Elle demeura quelques instants silencieuse, les yeux
sur la nappe. La pensée que ce doute ajoutait peut-
être un certain piment aux sentiments qu'Antoine
éprouvait pour elle lui traversa l'esprit ; et la tentation
l'effleura de le laisser à son incertitude. Mais, lorsqu'elle
eut ramené sur lui son regard, la tentation s'évanouit.

— « Non », dit-elle alors, brutalement. « La réalité
n'est pas si... romanesque : le hasard a voulu que je sois

seule avec Goupillot, la nuit où il est mort ; c'est vrai.
Mais il est mort, à son heure, et sans que j'y sois pour
rien. »

Le silence d'Antoine, la façon dont il écoutait semblaient indiquer qu'il attendait de plus amples détails.
Elle repoussa son assiette devant elle sans y avoir
touché, et prit dans son sac une cigarette, qu'Antoine
lui laissa allumer sans faire un mouvement. Elle fumait
souvent de ces cigarettes de thé, qu'elle se procurait
à New York, et qui répandaient un relent d'herbes brûlées, âcre et entêtant. Elle tira quelques bouffées
qu'elle souffla longuement devant elle, puis elle
murmura, avec lassitude :

— « Ça vous intéresse, ces vieilles histoires ? »

— « Oui », fit-il, un peu plus précipitamment qu'il
n'eût voulu.

Elle sourit, et haussa les épaules, comme devant un
caprice sans conséquences.

Les pensées d'Antoine vagabondaient. Anne ne lui
avait-elle pas dit, un jour : « Pour me défendre dans la
vie, j'ai tellement pris l'habitude de mentir que, si
jamais tu t'aperçois que je te mens, à toi, il faudra me
le dire tout de suite — et ne pas m'en vouloir... »? Il
demeurait perplexe. Il se souvint, à l'improviste, de
l'étrange familiarité qu'il avait surprise, jadis, entre
Anne et Miss Mary, la gouvernante de la petite Huguette.
Il était bien certain de ne pas s'être trompé sur la nature
de cette intimité. Pourtant, lorsqu'il avait, plus tard,
en souriant, posé à sa maîtresse quelques questions
précises, non seulement Anne s'était dérobée à tout
aveu, mais elle avait protesté contre ce soupçon, avec
une indignation, une apparence de sincérité, déconcer-
tantes.

— « Non ! Jamais d'os, voyons ! Vous voulez l'étran-
gler ! »

Un garçon venait de déposer une écuelle de pâtée
devant le coussin de Fellow et, pour faire du zèle, s'appré-
tait à y ajouter les carcasses des pigeonneaux.

Le maître d'hôtel accourut :

— « Madame désire ?... »

— « Rien, rien », dit Antoine, agacé.

Le pékinois s'était dressé sur ses pattes et flairait l'écuelle. Il s'étira, secoua ses oreilles, renifla l'air à petits coups, et tourna désespérément vers sa maîtresse sa petite truffe aplatie.

— « Qu'est-ce qu'il y a donc, mon petit Fellow ? » fit Anne.

— « Qu'est-ce qu'il y a, petit *filou* ? » répéta, comme un écho, le maître d'hôtel.

— « Montrez-moi ça », dit Anne, au garçon. Elle toucha l'écuelle avec le dos de la main : « Parbleu, elle est toute refroidie, votre pâtée! Je vous ai dit : chaude... Et aucune graisse », ajouta-t-elle sévèrement, en pointant le doigt vers un fragment de gras. « Du riz, des carottes, et un peu de viande hachée fin. Ça n'est pourtant pas sorcier! »

— « Remportez ça! » ordonna le maître d'hôtel.

Le garçon ramassa l'écuelle, considéra un instant la pâtée ; puis, docilement, il repartit vers les cuisines. Mais, avant de s'éloigner, il leva une seconde les yeux vers la table, et Antoine croisa son regard glissant.

Dès qu'ils furent seuls :

— « Chérie », fit-il, avec un accent de reproche, « vous ne pensez pas que M. Fellow se montre un peu bien difficile... ? »

— « Ce garçon est idiot! » interrompit Anne, courroucée. « Vous l'avez vu ? Il restait là, planté devant cette terrine! »

Antoine dit, doucement :

— « Il pensait peut-être que, en ce moment, dans quelque soupente de banlieue, sa femme et ses gosses, eux, sont attablés devant... »

La main d'Anne, chaude et vibrante, se posa vivement sur la sienne :

— « Mon Tony, c'est vrai, c'est affreux, ce que vous dites là... Pourtant, voyons, vous ne voulez pas que Fellow tombe malade ? » Elle semblait en proie à une perplexité réelle. « Pourquoi riez-vous, maintenant ? Écoutez, Tony : il va falloir lui donner un pourboire,

à ce pauvre garçon... A lui, spécialement... Un gros
pourboire... De la part de Fellow... »

Elle rêva quelques secondes, et dit soudain :

— « Mon frère aussi, figurez-vous, il avait commencé
par être garçon de restaurant... Oui, garçon, dans un
bouillon de Vincennes. »

— « Je ne savais pas que vous aviez un frère », fit
Antoine. (L'accent, le jeu de physionomie semblaient
sous-entendre : « D'ailleurs, je sais si peu de chose de
vous... »)

— « Oh! il est loin... Si seulement il vit encore... Il
était parti en Indochine, il s'était engagé dans la coloniale... Il a dû se faire une vie là-bas. Je n'ai jamais eu
de ses nouvelles... » Elle avait baissé le ton, progressivement. Sa voix n'était jamais plus émouvante que
dans les notes graves. Elle dit encore : « C'est bête,
j'aurais pu l'aider... » Puis elle se tut.

— « Alors », attaqua Antoine, après être resté quelques instants silencieux, « il est mort, sans que vous
soyez là? »

— « Qui? » fit-elle, en battant des cils. Cette insistance l'étonnait. Toutefois, elle éprouvait une satisfaction à sentir l'attention d'Antoine si fortement accro-
chée.

Elle se mit soudain à rire, d'un rire inattendu, léger,
communicatif.

— « Le plus bête, figure-toi, c'est qu'on m'a accusée
de ce que je n'avais pas fait, de ce que je n'aurais peut-
être jamais eu le cran de faire : et personne n'a su ce
dont j'étais réellement coupable. Je vais te le dire : je
me méfiais tellement du testament que Goupillot avait
pu écrire ; alors, pendant les deux ans où il a été gâteux,
munie d'une procuration que je lui avais extorquée avec
l'aide d'un notaire de Beauvais, je me suis froidement
approprié une grande partie de sa fortune. Bien inutilement d'ailleurs : car le testament était tout en ma
faveur, et ne laissait à Huguette que sa part légale...
Mais j'estimais que, après ces sept années d'enfer,
j'avais bien le droit de me servir moi-même! »

Cessant de rire, elle ajouta, tendrement :

— « Et tu es le premier, mon Tony, à qui je raconte ça. »

Elle eut un brusque frisson.

— « Froid ? » dit Antoine, cherchant le manteau des yeux. La nuit devenait fraîche ; il se faisait tard.

— « Non : soif », fit-elle, en levant sa coupe vers le seau à champagne.

Elle but avidement le vin qu'il lui versa, ralluma une de ses âcres cigarettes, et se leva pour jeter son manteau sur ses épaules. En se rasseyant, elle rapprocha son fauteuil pour être tout près d'Antoine.

— « Tu entends ? » dit-elle.

Des papillons de nuit voletaient autour des lampions et criblaient de coups la toile du parasol. L'orchestre s'était tu. Dans l' « hostellerie », la plupart des fenêtres s'étaient éteintes.

— « On est bien ici, mais je sais un endroit où l'on serait encore mieux... », reprit-elle, avec un regard plein de promesses.

Comme il ne répondait pas, elle lui saisit le poignet, et lui posa la main, retournée, sur la nappe. Il crut qu'elle voulait lire son horoscope.

— « Non », fit-il, en cherchant à se dégager. (Rien ne l'agaçait autant que les prophéties : les plus belles lui paraissaient toujours si médiocres, auprès de l'avenir qu'il se destinait !)

— « Tu es bête! » lança-t-elle, en riant, sans lâcher le poignet. « Tiens, voilà ce que je veux... » Elle se pencha brusquement, colla sa bouche à l'intérieur de la main, et demeura une minute ainsi, sans bouger.

Lui, de sa main libre, caressait doucement la nuque ployée. Il comparait la sourde passion qu'elle avait pour lui, aux sentiments si mesurés qu'il éprouvait pour elle.

A ce moment, comme avertie par une intuition, Anne souleva légèrement la tête :

— « Je ne te demande pas de m'aimer comme je t'aime ; je te demande seulement de me laisser t'aimer... »

XXVI

Vanheede allait sortir, et il se confectionnait, comme chaque matin, une tasse de café sur son réchaud à pétrole, lorsque Jacques, sans avoir pris le temps d'aller déposer son bagage dans sa chambre, vint frapper à sa porte.

— « Quoi de nouveau à Genève? » fit-il joyeusement, en laissant choir son sac sur le carreau.

L'albinos, au fond de la pièce, plissait les yeux dans la direction du visiteur, qu'il reconnut à sa voix.

— « Baulthy! Déjà de retour? »

Il s'avançait vers Jacques, tendant vers lui ses petites mains d'enfant.

— « Bonne mine », fit-il en dévisageant de près le voyageur.

— « Oui », reconnut Jacques. « Ça va! »

C'était vrai. Contre toute attente, cette nuit de voyage avait été mieux que bonne : libératrice. Seul dans son compartiment, il avait pu s'allonger, s'endormir presque aussitôt ; et il ne s'était éveillé qu'à Culoz, reposé, plein d'ardeur, exceptionnellement heureux même, comme délivré d'il ne savait quoi. A la portière, en respirant à larges traits l'air matinal, tandis que le premier soleil achevait de dissiper au fond des vallées les ouates laissées par la nuit, il s'était penché sur lui-même, cherchant à s'expliquer cette joie intérieure, dont ce matin, il se trouvait comblé. « Fini », s'était-il dit, « de se débattre dans la confusion des idées, des doctrines ; un but précis s'offre enfin : l'action directe contre la guerre! » Certes, l'heure était grave ; décisive, sans doute. Mais, lorsqu'il faisait le bilan des impressions qu'il rapportait de Paris, la fermeté de la position du socialisme français, l'accord des chefs, réalisé autour de Jaurès et soutenu par sa combativité optimiste, la soudure qui semblait se faire entre l'activité des syndicats et celle du Parti, tout contribuait à accroître sa confiance dans la force invincible de l'Internationale.

— « Asseyez-vous là », dit Vanheede, en rabattant les draps sur le lit défait. (Il ne s'était jamais décidé à tutoyer Jacques.) « Nous allons partager le café... Tout a bien marché? Racontez! Qu'est-ce ça est qu'on dit là-bas? »

— « A Paris? Ça dépend... Dans le public, personne ne sait, personne ne s'inquiète. C'est effarant : les journaux ne s'occupent que du procès Caillaux, du voyage triomphal de M. Poincaré — et des vacances!... On dit, d'ailleurs, qu'un mot d'ordre a été donné à la presse française : ne pas attirer l'attention sur les affaires balkaniques, pour ne pas compliquer la tâche des diplomates... Mais, dans le Parti, on se démène! Et, ma foi, on a tout l'air de faire bonne besogne! Le problème de la grève générale est nettement remis au premier plan. Ce sera la plate-forme française au congrès de Vienne. Évidemment, le point d'interrogation, c'est la position que prendront les social-démocrates : ils sont d'accord, en principe, pour reprendre la question. Mais... »

— « Nouvelles d'Autriche? » questionna Vanheede, en posant sur la table de nuit, encombrée de livres, un verre à dents plein de café.

— « Oui. Nouvelles assez bonnes, si elles sont exactes. Hier soir, à *l'Huma*, on paraissait sûr que la note autrichienne à la Serbie n'aurait pas un caractère agressif. »

— « Baulthy », fit soudain Vanheede, « je suis content, ça me fait bon de vous voir. »

Il souriait pour excuser son interruption. Il reprit aussitôt :

— « Ici, Bühlmann est venu. Il a raconté une histoire qui vient des bureaux de la Chancellerie, à Vienne ; et ça prouverait, au contraire, que les desseins de l'Autriche sont diaboliques... et très prémédités... Tout est corrompu! » conclut-il sombrement.

— « Explique-moi ça, mon petit Vanheede », lança Jacques.

Le ton marquait moins de curiosité que de bonne humeur et d'affection. Vanheede dut le sentir, car il vint en souriant s'asseoir près de Jacques, sur le lit :

— « Ça est que, cet hiver, des médecins, appelés auprès de François-Joseph, ont diagnostiqué une affection des voies respiratoires... Une maladie incurable... Tellement grave, que l'empereur doit mourir avant la fin de l'année. »

— « Eh bien... *requiescat!* » murmura Jacques, qui, pour l'instant, n'avait aucune disposition à prendre les choses au sérieux. Il avait roulé son mouchoir autour du verre pour ne pas se brûler les doigts, et il buvait, à petites gorgées, le breuvage limoneux fabriqué par Vanheede. Par-dessus le verre, son regard incrédule et amical était fixé sur le visage pâle aux cheveux ébouriffés.

— « Attendez », repartit Vanheede. « Ça est maintenant que l'histoire se corse... Le résultat de la consultation aurait été aussitôt communiqué au Chancelier... Berchtold aurait alors convoqué, dans sa propriété, différents hommes d'État, pour un conciliabule secret, une sorte de conseil de la Couronne. »

— « Ho! ho! », fit Jacques, amusé.

— « Là, ces messieurs — parmi lesquels Tisza, Forgach, et le chef d'état-major Hötzendorf — auraient raisonné comme ça : la mort de l'empereur, vu l'état actuel des choses, va déclencher en Autriche de terribles difficultés intérieures. Même si le régime de la double monarchie reste debout, l'Autriche sera affaiblie pour longtemps ; l'Autriche devra, pour longtemps, renoncer à abattre la Serbie ; et il faut abattre la Serbie, pour l'avenir de l'Empire. Comment faire ? »

— « Hâter l'expédition contre la Serbie, avant la mort du vieux ? » dit Jacques, qui suivait plus attentivement.

— « Oui... Mais certains vont plus loin encore... »

Jacques regardait Vanheede parler, et, devant cette frimousse d'ange aveugle, il était frappé, une fois de plus, du contraste qu'offraient cette enveloppe frêle et la force têtue qu'on sentait, par instants, tel un noyau dur, au centre de cette pâte incolore. « Ce petit Vanheede », songea-t-il, en souriant. Il se rappelait que, le dimanche, au bord du lac, dans les auberges, il avait plusieurs fois

vu l'albinos, au milieu d'une discussion politique pas-
sionnée, quitter brusquement la table : — « Tout est vil,
tout est corrompu! » — pour aller seul, comme un gamin,
faire un tour de balançoire.

— « ... Certains vont plus loin encore », poursuivait
Vanheede, de sa voix flûtée. « Ils disent que l'attentat
de Sarajevo aurait été organisé par des agents provo-
cateurs à la solde de Berchtold, pour faire naître l'occasion attendue! Et ils disent que Berchtold aurait
ainsi fait deux coups avec la même pierre : d'abord, il
aurait débarrassé le trône d'un successeur inquiétant,
trop pacifiste, et, en même temps, il aurait rendu possible, avant la mort de l'empereur, une guerre contre
les Serbes. »

Jacques riait.

— « C'est un beau conte de brigands que tu me ra-
contes là... »

— « Vous, Baulthy, vous n'y croyez pas? »

— « Oh! » fit Jacques sérieusement, « je crois qu'on
peut s'attendre à tout, absolument à tout, d'un homme
ambitieux et déformé par la vie politique, dès l'instant
où cet homme se sent le pouvoir absolu entre les pattes!
L'histoire n'est qu'une longue illustration de ça... Mais,
ce que je crois aussi, mon petit Vanheede, c'est que les
plus machiavéliques desseins se briseront vite contre
la volonté pacifique des peuples! »

— « Croyez-vous que ça est aussi l'avis du Pilote? »
demanda Vanheede, en branlant la tête.

Jacques le considérait interrogativement.

— « Je veux dire... », reprit le Belge, avec hésitation.
« Le Pilote, il ne dit pas non... Mais il a toujours l'air de
ne pas vraiment croire à cette résistance, à cette volonté
des peuples... »

Les traits de Jacques s'assombrirent. Il savait bien
en quoi la position de Meynestrel différait de la sienne.
Mais cette pensée lui était pénible ; il l'écartait d'instinct.

— « Cette volonté, mon petit Vanheede, elle existe! »
reprit-il avec force. « Je reviens de Paris, et j'ai confiance.
Actuellement, non seulement en France, mais partout

en Europe, parmi les hommes mobilisables, on peut dire qu'il n'y en a pas dix, pas cinq, sur cent, qui accepteraient l'idée d'une guerre ! »

— « Mais les quatre-vingt-quinze autres, ça est des êtres passifs, Baulthy, des êtres résignés ! »

— « Je sais bien. Suppose pourtant que, sur ces quatre-vingt-quinze-là, il y en ait seulement une douzaine, une demi-douzaine même, qui comprennent le danger et qui s'insurgent : c'est une véritable armée de récalcitrants que les gouvernements trouveraient devant eux !... C'est cette demi-douzaine sur cent qu'il s'agit d'atteindre, de grouper pour la résistance. Ça n'a rien d'irréalisable. Et c'est à ça que travaillent, en ce moment, partout, les révolutionnaires d'Europe ! »

Il s'était levé.

— « Quelle heure ? » murmura-t-il, en jetant un coup d'œil à son poignet. « Il faut maintenant que j'aille voir Meynestrel. »

— « Pas ce matin », fit Vanheede. « Le Pilote est allé à Lausanne, en auto, avec Richardley. »

— « Zut... Tu es sûr ? »

— « Il y avait rendez-vous à neuf heures, là-bas, pour le congrès. Ils ne reviendront pas avant midi. »

Jacques parut contrarié.

— « Soit. J'attendrai midi... Qu'est-ce que tu fais, toi, ce matin ? »

— « J'allais à la Bibliothèque, mais... »

— « Viens avec moi chez Saffrio, nous causerons en route. J'ai une lettre à lui remettre. J'ai vu Negrotto, à Paris... » Il avait repris son sac, et se dirigeait vers la porte. « Dix minutes : le temps de me raser... Viens me prendre, en descendant. »

Saffrio occupait, seul, rue de la Pellisserie, dans le quartier de la cathédrale, une petite bicoque de deux étages, au rez-de-chaussée de laquelle il avait installé sa boutique.

On ne savait pas grand-chose du passé de Saffrio. On l'aimait pour sa bonne humeur, sa légendaire serviabi-

lité. Inscrit au parti italien bien avant de venir en
Suisse, il exerçait depuis sept ans son métier de dro-
guiste à Genève. Il avait quitté l'Italie après des malheurs conjugaux, auxquels il faisait des allusions fré-
quentes mais imprécises, et qui, au dire de certains,
l'auraient poussé jusqu'à une tentative de meurtre.

Le magasin, où Jacques et Vanheede pénétrèrent,
était vide. Au tintement du timbre de la porte, Saffrio
parut à l'entrée de l'arrière-boutique. Ses beaux yeux
noirs s'éclairèrent d'une lueur chaude.

— « *Buon giorno !* »

Il souriait, agitant la tête, arrondissant ses épaules
inégales, écartant les bras, avec les grâces empressées
d'un aubergiste italien.

— « J'ai là deux compatriotes », souffla-t-il à l'oreille
de Jacques. « Venez. »

Il était toujours prêt à donner refuge aux hors-la-loi
italiens dont le gouvernement suisse avait ordonné
l'expulsion. (La police de Genève, fort accommodante
en temps habituel, était prise périodiquement d'un
zèle d'épuration, intempestif et passager, et chassait du
territoire un certain nombre de révolutionnaires étrangers qui n'étaient pas en règle avec elle. Le coup de
balai durait une huitaine de jours, pendant lesquels
les insoumis se contentaient, en général, de quitter leur
garni, pour vivre, cachés, dans le taudis de quelque
camarade. Puis le calme revenait comme avant. Saffrio
était un spécialiste de ce genre d'hospitalité.)

Jacques et Vanheede le suivirent.

Derrière la boutique s'ouvrait un ancien cellier, séparé du magasin par une étroite cuisine. Cette salle
ressemblait fort à un cachot : elle était voûtée ; un soupirail à barreaux, donnant sur une cour déserte, l'éclairait de haut et mal. Mais la disposition des lieux en
faisait un asile discret ; et, comme on y pouvait tenir
nombreux, Meynestrel l'utilisait parfois pour de petites
réunions privées. Tout un côté de la muraille était
garni de planches, où s'entassaient de vieux ustensiles
de droguerie, des fioles, des bocaux vides, des mortiers
inutilisables. Sur le rayon supérieur, trônait une litho-

graphie de Karl Marx, dont le verre était fêlé et gris de
poussière.

Deux Italiens, en effet, se trouvaient là. L'un d'eux,
très jeune, déguenillé comme un clochard, était atta-
blé, seul, devant une assiettée de macaronis froids à la
tomate, qu'il piochait avec la pointe d'un couteau et
qu'il étalait sur du pain. Il leva sur les visiteurs un regard doux de bête blessée, et se remit à manger.

L'autre, plus âgé et mieux vêtu, était debout, des
papiers à la main. Il vint au-devant des arrivants.
C'était Remo Tutti, que Jacques avait connu à Berlin,
correspondant de journaux italiens. Il était petit, un
peu efféminé, l'œil vif, le regard intelligent.

Saffrio désigna Tutti du doigt :

— « Remo est arrivé hier de Livorno. »

— « Moi, je viens de Paris », dit Jacques à Saffrio, en
sortant une enveloppe de son portefeuille. « Et j'ai
rencontré quelqu'un — devine! — qui m'a remis cette
lettre pour toi. »

— « Negrotto! » s'écria l'Italien, en saisissant joyeusement l'enveloppe.

Jacques s'assit et se tourna vers Tutti :

— « Negrotto m'a dit qu'en Italie, depuis une quinzaine, sous prétexte de grandes manœuvres, on a convoqué et armé 80 000 réservistes. Est-ce vrai? »

— « En tout cas, 55 ou 60 000... *Si*... Mais ce que
Negrotto ne sait peut-être pas, c'est qu'il y a des troubles sérieux dans l'armée. Surtout dans les garnisons
du Nord. Des actes d'indiscipline, nombreux! Le commandement est débordé. Il a presque renoncé à sévir. »

La voix chantante de Vanheede s'éleva dans le silence :

— « Voilà! Par le refus! Par la douceur! et le meurtre
n'aura plus de place sur la terre... »

Il y eut un sourire général. Vanheede seul ne souriait
pas. Il rougit, croisa ses petites mains, et se tut.

— « Alors », dit Jacques, « chez vous, en cas de mobilisation, ça n'irait pas tout seul? »

— « Sois bien tranquille! » dit Tutti, avec force.

Saffrio leva le nez de la lettre qu'il lisait :

— « Chez nous, quand on essaie de faire du militarisme, tout le peuple, socialiste ou pas, il est contre! »

— « Nous avons, sur vous autres, la supériorité de l'expérience », expliqua Tutti, qui parlait un français très correct. « L'expédition de Tripoli, pour nous, c'était hier. Le peuple est renseigné : il sait ce qu'il en coûte de confier le pouvoir à des militaires!... Je ne parle pas seulement de la souffrance des malheureux qui se battent; mais de la pestilence qui étouffe aussitôt le pays : la falsification des nouvelles, la propagande nationaliste, la suppression des libertés, l'enchérissement de la vie, la cupidité des *profittori*... L'Italie vient de passer par cette route. Elle n'a rien oublié. Chez nous, devant une mobilisation, le Parti aurait facile d'organiser une nouvelle *Semaine rouge!* »

Saffrio repliait soigneusement sa lettre. Il glissa l'enveloppe entre sa chemise et sa poitrine, et, clignant de l'œil, il pencha vers Jacques son beau visage basané :

— « *Grazie* [1] ! »

Au fond de la salle, l'adolescent s'était levé. Saisissant sur la table une haute bouteille en terre poreuse où l'eau se conservait glacée, il la souleva des deux mains et but à pleine gorge, un long moment.

— « *Basta* [2] ! » dit Saffrio en riant. Il s'approcha du jeune homme, et le saisit amicalement par la nuque : « Maintenant, viens là-haut ; tu vas dormir, camarade. »

L'Italien le suivit docilement vers la cuisine. En passant, il fit aux autres un gracieux salut de la tête.

Avant de sortir, Saffrio se retourna vers Jacques :

— « Tu peux être sûr que les avertissements de notre Mussolini dans l'*Avanti* ont marqué les oreilles! Le roi et tout le gouvernement, ils ont bien compris maintenant que le peuple ne les suivra jamais plus dans une politique de bellicisme! »

On les entendit grimper le petit escalier de bois qui menait à l'étage.

1. « Merci! »
2. « Assez! »

Jacques réfléchissait. Il releva sa mèche et regarda Tutti.

— « C'est ça qu'il faudrait faire comprendre — je ne dis pas aux dirigeants, qui en savent là-dessus plus que nous — mais à certains milieux nationalistes allemands et autrichiens, qui comptent encore sur la Triplice, et qui poussent leurs gouvernements vers les aventures... Est-ce que tu travailles toujours à Berlin ? » demanda-t-il.

— « Non », fit Tutti, laconiquement. Le ton, le sourire mystérieux qui traversa son regard disaient clairement : « Inutile de questionner... Travail secret... »

Saffrio venait de rentrer. Il hochait la tête et riait :

— « Ces petits-là, sst !... » confia-t-il à Vanheede. « Ils sont si tellement crédules ! Encore un qui vient d'être attrapé par un agent provocateur... Heureusement pour lui, il avait des bonnes jambes de course... Et aussi l'adresse du papa Saffrio ! »

Il se tourna gaiement vers Jacques :

— « Alors, Thibault, tu viens de Paris avec une bonne impression de confiance ? »

Jacques sourit :

— « Mieux que bonne ! » fit-il avec feu.

Vanheede changea de chaise et vint s'asseoir à contre-jour, auprès de Jacques. Il souffrait comme un oiseau de nuit, dès qu'il se trouvait face à la lumière.

— « Je n'ai pas seulement rencontré des Français », poursuivit Jacques. « J'ai vu aussi des Belges, des Allemands, des Russes... Les milieux révolutionnaires sont alertés, partout. On a compris que la menace est grave. Partout, on se groupe, on cherche un programme d'ensemble. La résistance s'organise, prend corps. L'unanimité, l'extension du mouvement — en moins d'une semaine — c'est très réconfortant ! On voit quelles forces l'Internationale peut mettre en branle, quand elle le veut. Et ce qui s'est fait ces jours-ci, partiellement, séparément, dans toutes les capitales, ce n'est rien, en comparaison de ce qu'on projette ! La semaine prochaine, le Bureau international est convoqué à Bruxelles... »

— « *Si, si...* », dirent, en même temps, Tutti et Saffrio,

dont les regards chaleureux ne quittaient pas le visage
animé de Jacques.

L'albinos aussi, clignant des yeux, pliait le buste
pour regarder Jacques, assis à côté de lui. Il avait allongé
son bras sur le dossier de Jacques, et posé la main sur
l'épaule de son ami : si légèrement, d'ailleurs, que celui-
ci n'en sentait pas le poids.

— « Jaurès et son groupe », poursuivit Jacques,
« attachent la plus grande importance à cette réunion.
Les délégués de vingt-deux pays différents! Et ces
délégués représentent, non seulement les douze millions
de travailleurs inscrits, mais en fait, des millions d'autres,
tous les sympathisants, tous les hésitants, et, même
parmi nos adversaires, tous ceux qui, devant le danger
d'une guerre, sentent bien que, seule, l'Internationale
peut incarner et imposer la volonté de paix des masses...
Nous allons vivre à Bruxelles une semaine qui sera
historique. Pour la première fois dans l'histoire, la voix
populaire, la voix de la majorité réelle, va pouvoir se
faire entendre. Et se faire obéir! »

Saffrio se trémoussait sur sa chaise :

— « Bravo! Bravo! »

— « Et il faut voir plus loin encore », reprit Jacques,
qui cédait au plaisir d'assurer sa propre confiance, en
l'exprimant. « Si nous triomphons, ce ne sera pas seulement une grande bataille gagnée contre la guerre. C'est
plus que ça. C'est une victoire qui peut donner à l'Internationale... » A ce moment, Jacques s'aperçut que Vanheede s'appuyait à son épaule, parce que, brusquement,
la petite main s'était mise à trembler. Il se tourna vers
l'albinos, et lui frappa le genou : « Oui, mon petit Vanheede! Ce qui se prépare là, c'est peut-être, tout simplement, et sans violence inutile, le triomphe du socialisme
dans le monde!... Et maintenant », ajouta-t-il en se
levant d'un vif coup de reins, « allons voir si le Pilote
est de retour! »

Il était encore un peu tôt pour espérer que Meynestrel
fût rentré chez lui.

— « Viens avec moi t'asseoir un instant à *la Treille*... »,
proposa Jacques, en glissant son bras sous celui de l'albinos.

Mais Vanheede secoua la tête. Il avait assez flâné.

Depuis qu'il était installé à Genève, pour suivre
Jacques, il avait renoncé à la dactylographie, et s'était
spécialisé dans les recherches historiques. Travail moins
rémunéré ; mais il était son maître. Depuis deux mois,
il achevait de s'abîmer la vue en collationnant des
textes pour une publication de *Documents sur le Protestantisme*, qu'avait entreprise un éditeur de Leipzig.

Jacques l'accompagna jusqu'à la Bibliothèque. Puis,
resté seul, comme il passait devant le *Café Landolt* (qui,
avec le *Grüth*, se partageait les faveurs de la jeunesse
socialiste), il entra.

Il eut la surprise d'y trouver Paterson. L'Anglais, en
pantalon de tennis, s'occupait à accrocher des toiles,
pour une exposition que le cafetier l'avait autorisé à
faire dans son établissement.

Paterson semblait en verve. Il venait de refuser une
affaire magnifique. Un Américain veuf. Mr. Saxton
W. Clegg, séduit par ses natures mortes, lui avait offert
cinquante dollars pour exécuter, d'après une photo
décolorée, de la taille d'une carte de visite, un portrait
en pied, grandeur nature, de Mrs. Saxton W. Clegg, qui
avait trouvé la mort dans la catastrophe du mont Pelée.
Sur un seul point, le veuf inconsolé se montrait exigeant :
il voulait que la toilette de Mrs. Saxton W. Clegg fût
transformée selon les exigences des plus récentes modes
de Paris. Paterson brodait là-dessus avec humour.

« Pat' est le seul de nous tous qui ait de la gaieté, de
la vraie : spontanée, intérieure », songeait Jacques, en
regardant le jeune Anglais rire à belles dents.

— « Je t'accompagne un bout de chemin, cher », dit
Paterson, quand il sut que Jacques allait chez Meynestrel. « J'ai reçu ces jours-ci d'assez curieuses lettres
d'Angleterre. A Londres, on prétend que Haldane organise, sans tapage, un sérieux corps expéditionnaire. Il
veut être prêt à tout... Et la flotte reste mobilisée... A
propos de la flotte, tu as lu les journaux ? la revue de

Spithead? Tous les attachés des armées et des marines
d'Europe, solennellement invités à venir voir, pendant
six heures d'horloge, défiler sous leur nez des navires
de guerre battant pavillon britannique, les uns derrière
les autres, aussi rapprochés que possible, comme les
processions de chenilles, tu sais, au printemps... Véritablement attractive exhibition, n'est-ce pas vrai?...
Boast! Boast [1]*!* » fit-il en agitant les épaules.

Sous le sarcasme perçait, malgré tout, un reste de
fierté. Jacques, à part lui, s'en amusa : « Un Anglais,
même socialiste, ne pourra jamais demeurer insensible
devant une belle mise en scène navale », se dit-il.

— « Et notre portrait? » demanda Paterson, au
moment où il allait quitter Jacques. « Il y a un damné
sort, cher, sur ce portrait! Deux matins encore. Pas
plus. Sur l'honneur! Deux matins... Mais quand? »

Jacques connaissait la ténacité de l'Anglais. Mieux
valait céder, en finir le plus tôt possible.

— « Demain, si tu veux. Demain, onze heures? »

— « *All right!* Tu es un véritablement bon ami, Jack ! »

Alfreda était seule. Dans son kimono à grosses fleurs,
avec sa frange de laque noire et ses cils, elle ressemblait
trop à une poupée d'Extrême-Orient pour ne pas l'avoir
voulu. Autour d'elle, les mouches bourdonnaient dans
les rais de soleil qui traversaient les interstices des persiennes. Un chou-fleur, qui bouillottait bruyamment
dans la cuisine, emplissait le logement de son odeur
fétide.

Elle sembla tout heureuse de voir Jacques :

— « Oui, Pilote est revenu. Mais il vient de me faire
dire, par Monier, qu'il y avait du nouveau, et qu'il
s'enfermait au *Local* avec Richardley. Je dois le rejoindre
avec ma machine... Déjeune avec moi », proposa-t-elle,
le visage soudain sérieux. « Nous ferons la route ensemble... »

Elle le regardait de ses beaux yeux sauvages, et il

1. « Bluff! »

eut, très vaguement, l'impression que ce n'était pas
par gentillesse pure qu'elle s'était hasardée à cette invitation. Voulait-elle lui poser des questions? lui faire
une confidence?... Il ne se souciait guère d'un tête-
à-tête avec la jeune femme; et puis il avait hâte de
retrouver Meynestrel.

Il refusa.

Le Pilote travaillait avec Richardley dans son petit
bureau de *la Parlote*.

Les deux hommes étaient seuls. Meynestrel se tenait
debout, derrière Richardley, assis à la table ; et tous
deux se penchaient sur des documents étalés devant eux.

En apercevant Jacques, une lueur de surprise ami-
cale s'alluma au fond des yeux de Meynestrel. Puis son
regard aigu se fixa : une idée venait de lui traverser
l'esprit. Il se pencha d'un air interrogateur vers Richardley, et désigna Jacques d'un geste du menton :

— « Au fait, puisqu'il est revenu, pourquoi pas lui ? »

— « Évidemment », approuva Richardley.

— « Assieds-toi », dit Meynestrel. « Nous allons avoir
fini. » Et s'adressant à Richardley : « Écris... Ceci est
pour le parti suisse. »

De sa voix sèche, sans timbre, il dicta :

— « La question est mal posée. Le problème n'est
pas là. Marx et Engels, à leur époque, pouvaient prendre
parti pour telle ou telle nation. Nous, pas. Entre les
différents États d'Europe, nous, socialistes de 1914,
nous n'avons aucune distinction à faire. La guerre qui
menace est une guerre impérialiste. Elle n'aurait d'autre
but que les intérêts du capitalisme financier. Toutes
les nations, à cet égard, sont logées à la même enseigne.
Le seul objectif du prolétariat doit être la défaite de
tous les gouvernements impérialistes, indistinctement.
Mon avis est : *neutralité absolue*... — Souligné... — Par
cette guerre, les deux groupes des puissances capitalistes
vont se dévorer eux-mêmes. Notre tactique, c'est de
les laisser se dévorer. De les aider à se dévorer... — Non.
Efface cette dernière phrase... — ... d'utiliser les événe-

ments. Le dynamisme est à gauche. Aux minorités révolutionnaires, de travailler à accroître ce dynamisme pendant la période de crise, pour pouvoir, le moment venu, faire la brèche par où passera la révolution. »

Il se tut. Quelques instants passèrent.

— « Pourquoi Freda ne vient-elle pas ? » dit-il, très vite.

Il prit un bloc-notes qui était sur la table, et commença à griffonner de brèves annotations sur des bouts de papier qu'il passait à Richardley :

— « Ça, pour le Comité... Ça, pour Berne et Bâle... Ça, pour Zurich... »

Enfin il se leva et s'approcha de Jacques :

— « Alors, tu es revenu ? »

— « Vous m'aviez dit : " Si dimanche ou lundi, tu n'as rien reçu de moi... " »

— « C'est vrai. La piste que j'avais en vue n'a rien donné. Mais j'allais justement t'écrire de rester à Paris. »

Paris... Un trouble imprévu, et qu'il n'avait pas le loisir d'analyser, s'empara de Jacques. Avec une sorte d'abandon un peu lâche, comme s'il renonçait à quelque lutte, comme s'il se déchargeait sur autrui du poids d'une responsabilité, il pensa brusquement : « Ce sont eux qui l'auront voulu. »

Meynestrel poursuivait :

— « Ça peut être commode, en ce moment, d'avoir quelqu'un là-bas. Les fiches que tu envoies ne sont pas inutiles. Ça donne la température d'un milieu que je connais mal. Observe ce qu'on fait à *l'Huma*, plus encore qu'à la C. G. T. : pour la C. G. T., nous avons d'autres sources... Les relations de Jaurès avec la social-démo, par exemple ; et avec les Anglais. Son action, au Quai d'Orsay, pour les rapports entre France et Russie... Enfin, je t'ai déjà dit tout ça... Tu es arrivé ce matin ? Pas fatigué ? »

— « Non. »

— « Tu es homme à repartir ? »

— « Tout de suite ? »

— « Ce soir. »

— « Si c'est nécessaire. Pour Paris ? »

Meynestrel sourit :

— « Non. Un petit détour à faire : Bruxelles, Anvers... Richardley t'expliquera... » il ajouta, à mi-voix : « elle devait venir aussitôt après son repas ! »

Richardley ferma l'indicateur qu'il était en train de consulter, et leva vers Jacques son museau pointu :

— « Tu as un train, ce soir, à 19 h 15, qui te met à Bâle vers 2 heures du matin, et à Bruxelles, demain, pour midi. De là, tu gagneras Anvers. Il faut que tu y sois, demain, mercredi, avant 3 heures du soir... Une mission qui demande quelques précautions, parce qu'il s'agit de rencontrer Kniabrowski, et qu'il est assez surveillé... Tu le connais ? »

— « Kniabrowski ? Oui, très bien. »

Avant de le rencontrer, Jacques avait entendu parler de lui dans tous les milieux révolutionnaires. Vladimir Kniabrowski achevait alors de purger sa peine dans les prisons russes. A peine libéré, il avait repris son rôle d'agitateur. Jacques l'avait vu cet hiver à Genève ; et, avec l'aide de Zelawsky, il avait même traduit, pour des journaux suisses, des fragments du livre que Kniabrowski avait écrit pendant sa captivité.

— « Méfie-toi », dit Richardley : « il est complètement rasé, maintenant, et ça le change beaucoup, paraît-il. »

Debout, cambré, son perpétuel sourire sur ses lèvres minces, il enveloppait Jacques de son regard intelligent, trop assuré.

Meynestrel, les mains au dos, la mine soucieuse, allait et venait à travers l'étroite pièce, afin de rétablir la circulation dans sa jambe ankylosée. Brusquement, il se tourna vers Jacques :

— « A Paris, ils avaient follement confiance dans la modération de l'Autriche, n'est-ce pas ? »

— « Oui. Hier, à *l'Huma*, on annonçait que la note autrichienne ne prévoit même pas de délai... »

Meynestrel fit un pas vers la croisée, regarda dans la cour et, revenant sur Jacques :

— « C'est à voir !... »

— « Ah ?... » murmura Jacques. Un léger frisson lui

parcourut les membres, et un peu de sueur vint affleurer son front.

Richardley constata froidement :

— « Hosmer avait vu clair. Les événements se précipitent. »

Il y eut un bref silence. Le Pilote avait recommencé ses allées et venues. Visiblement, il était nerveux. « Est-ce l'Autriche ? » se demanda Jacques. « Ou l'absence d'Alfreda ? »

— « Vaillant et Jaurès ont raison », dit-il. « Il faut que les gouvernements abandonnent tout espoir de faire accepter par les masses leur politique de guerre. Il faut les forcer à un arbitrage ! Par la menace de grève générale ! Vous avez vu que la motion avait été votée, il y a huit jours, avec une forte majorité, au congrès français. Tout le monde, d'ailleurs, est d'accord sur le principe. Mais, à Paris, on cherche le moyen de convaincre les Allemands, et d'obtenir qu'ils se prononcent aussi catégoriquement que nous. »

Richardley secoua la tête :

— « Peine perdue... Ils refuseront toujours. Leur argument — le vieil argument de Plekhanov, celui de Liebknecht — est très fort : entre deux peuples inégalement socialisés, la grève mettrait la nation la plus socialisée à la merci de celle qui l'est le moins. C'est l'évidence. »

— « Les Allemands sont hypnotisés par le péril russe... »

— « Ça se comprend ! Ah ! dès que la Russie sera, socialement, assez évoluée pour qu'une grève simultanée soit possible dans les deux pays !... »

Jacques ne cédait pas :

— « D'abord, ce n'est plus tellement certain que la grève soit impossible en Russie : du moins, des grèves partielles, comme celles de Poutiloff, et qui, étendues à d'autres centres, pourraient tout de même gêner considérablement le parti militaire... Mais, laissons la Russie. Il y a un argument précis à opposer aux répugnances nationales des social-démocrates. C'est de leur dire : " L'ordre de grève générale, mécaniquement promulgué le jour de la mobilisation, serait un péril pour l'Allemagne. Soit. Mais la grève *préventive*? Celle que le socialisme déclencherait pendant la période de tension préliminaire, pendant la crise diplomatique, bien avant qu'il s'agisse de mobilisation? Or, la menace d'une telle perturbation dans la vie nationale, si cette menace était sérieuse, suffirait à obliger votre gouvernement à recourir à l'arbitrage... " Devant cet argument, les objections allemandes devraient tomber. Et c'est, je crois, la plate-forme que le parti français va adopter à la réunion du bureau, à Bruxelles. »

Debout devant sa table, la tête penchée vers ses paperasses, Meynestrel n'avait pas un instant paru s'intéresser au débat. Il se redressa et vint se planter entre Jacques et Richardley. Un malicieux sourire passa sur son visage :

— « Maintenant, mes enfants, décampez. J'ai du travail. Nous causerons après... Revenez tous les deux à quatre heures. » Il lança vers la fenêtre ouverte un regard presque anxieux : « Je ne comprends pas que Freda.. » Puis, s'adressant à Richardley : « *Primo* : donner à Jacques toutes les précisions nécessaires pour la rencontre de Kniabrowski. *Secundo* : régler avec lui la question argent, car il restera peut-être deux ou trois semaines absent... »

Tout en parlant, il les poussait vers la porte, qu'il ferma derrière eux.

XXVII

Sous l'écrasant soleil de ce bel après-midi, la ville d'Anvers grésillait comme une cité espagnole.

Avant de s'engager sur la chaussée, Jacques, clignant des paupières dans la fournaise, jeta un coup d'œil sur l'horloge de la gare : 3 h 10. Le train d'Amsterdam n'arrivait qu'à 3 h 23 ; mieux valait se montrer le moins possible à l'intérieur de la gare.

Tout en traversant l'avenue, il inspecta rapidement les gens attablés, en face, à la terrasse d'une brasserie. Rassuré sans doute, il avisa une table libre, à l'écart, et commanda de la bière. Malgré l'heure, la place était presque déserte. Les piétons, pour ne pas quitter le seul trottoir à l'ombre, faisaient tous le même détour, comme des fourmis. Des trams, venus de tous les points de la ville, traînant sous eux leur ombre noire, se croisaient au carrefour, et leurs roues brûlantes grinçaient sur la courbe des rails.

3 h 20. Jacques se leva et prit à gauche pour entrer dans la gare par la façade latérale. Peu de monde dans le hall. Un vieux Belge, débraillé, coiffé d'un képi, faisait, avec un arrosoir, des huit sur le dallage poussiéreux.

Là-haut, le train arrivait à quai.

Jacques, tout en lisant son journal, vint se placer au bas de l'escalier, à la sortie des voyageurs, et, sans dévisager personne, regarda distraitement les gens qui défilaient devant lui. Un homme d'une cinquantaine d'années, coiffé d'une casquette, passa ; il était vêtu de toile grise, et portait sous le bras un paquet de journaux. Le flot s'écoulait vite. Bientôt il ne resta plus que des retardataires : quelques vieilles femmes qui peinaient à descendre les marches.

Alors, comme si la personne qu'il attendait n'était pas arrivée, Jacques fit demi-tour, et, d'un pas nonchalant, sortit de la gare. Seul, un policier habile et prévenu eût remarqué le coup d'œil qu'il jeta, par-dessus son épaule, avant de quitter le trottoir.

Il reprit l'avenue de Keyser jusqu'à l'avenue de France, parut hésiter, comme un touriste qui cherche le vent, tourna sur la droite, passa devant le Théâtre Lyrique, dont, un instant, il examina l'affiche, et pénétra sans hâte dans un des petits squares qui sont devant le Palais de Justice. Là, avisant un banc vide, il s'y laissa tomber et s'épongea le front.

Dans l'allée, une bande de gamins, insouciants de la chaleur, jouaient à la balle. Jacques sortit de sa poche des journaux pliés qu'il déposa sur le banc, près de lui. Puis

il alluma une cigarette. Et, comme la balle avait roulé
à ses pieds, il la confisqua en riant. Les enfants l'entou-
rèrent avec des cris. Il leur lança la balle, et se mit à
jouer avec eux.

Quelques minutes après, à l'extrémité du banc, venait s'asseoir un autre promeneur. Il tenait à la main
plusieurs journaux mal repliés. Un étranger, à coup
sûr ; un Slave, sans doute. La casquette, enfoncée, cachait le front. Le soleil faisait deux taches claires sur
le méplat des pommettes. Le visage, imberbe, était d'un
homme âgé : visage raviné, dévasté, énergique. Le teint
hâlé, couleur de pain cuit, faisait une harmonie curieuse
avec les yeux, dont l'ombre empêchait de distinguer
la nuance exacte, mais qui étaient clairs, bleus ou gris,
étrangement lumineux.

L'homme sortit de sa poche un petit cigare, et, se
tournant vers Jacques, il toucha poliment sa visière.
Pour allumer son cigare à la cigarette de Jacques, il dut
se pencher, s'appuyer au banc avec la main qui tenait
le paquet de journaux. Leurs yeux se croisèrent.
L'homme se redressa, et remit les journaux sur ses genoux. Fort adroitement, il avait pris les journaux de son
voisin, et laissé les siens sur le banc, près de Jacques, qui,
négligemment, avait aussitôt posé la main dessus.

Les yeux au loin, sans remuer les lèvres, d'une voix
à peine perceptible — cette voix de bois, cette voix de
ventriloque, dont on apprend le secret dans les prisons
— l'homme murmura :

— « L'enveloppe est dans les journaux... Il y a aussi
les derniers numéros de la *Pravda*... »

Jacques n'avait pas bronché. Il continuait, le plus
naturellement du monde, à s'amuser avec les enfants.
Il jetait la balle au loin ; les enfants s'élançaient ;
c'était une mêlée, une lutte joyeuse ; le gagnant rapportait triomphalement la balle, et le jeu recommençait.

L'homme riait et paraissait, lui aussi, prendre plaisir
à ce divertissement. Bientôt, ce fut à lui que les enfants
donnaient la balle, parce qu'il la lançait plus fort que
Jacques. Et, dès que les deux hommes se trouvaient
seuls, Kniabrowski en profitait pour parler, sans desser-

rer les dents, par petites phrases hachées, avec une volu-
bilité véhémente et sourde :

— « A Pétersbourg... Lundi, cent quarante mille grévistes... Cent quarante mille... Dans plusieurs quartiers,
l'état de siège... Téléphones coupés, plus de tramways...
Cavalerie de la Garde... On a appelé quatre régiments
complets, avec mitrailleuses... Des régiments de Co-
saques, des détachements de... »

Les enfants revenaient en trombe et entouraient le
banc. Il escamota la fin de sa phrase dans un accès de
toux.

— « Mais la police, les généraux ne peuvent rien... »,
reprit-il, après avoir projeté la balle jusqu'au milieu
de la pelouse. « Émeutes après émeutes... Le gouvernement avait distribué, pour Poincaré, des drapeaux
français : les femmes en ont fait des drapeaux rouges.
Charges à cheval, fusillades... J'ai vu une bataille dans
le quartier Viborg... Terrible... Une autre, gare de Var-
sovie... Une autre, faubourg de Stagara-Derevnia...
Une autre, en pleine nuit, dans les... »

Il se tut de nouveau, à cause des enfants. Et tout à
coup, avec une sorte de tendresse avide, il saisit le plus
petit d'entre eux — un pâle blondin de quatre ou cinq
ans — le balança sur ses genoux, en riant, et lui planta
un gros baiser sur la bouche ; puis il reposa le bambin,
tout interloqué, prit la balle, et la jeta.

— « Les grévistes n'ont pas d'armes... Des pavés, des
bouteilles, des bidons de pétrole... Pour arrêter les charges ils foutent le feu aux maisons... J'ai vu brûler le
pont Semsonievsky... Toute la nuit, partout, ça brûle...
Des centaines de morts... Des centaines, des centaines
d'arrestations... Tout le monde suspect... Nos journaux
sont interdits depuis dimanche... Nos rédacteurs, en
prison... C'est la révolution... Il était temps : sans la
révolution, ce serait la guerre... Ton Poincaré, il a fait
du mal, chez nous, beaucoup de mal... »

Le visage tourné vers la pelouse où se bousculaient
les gamins, il croyait faire semblant de rire, mais il
n'obtenait de ses lèvres qu'un rictus farouche.

— « Maintenant, je vais! » fit-il sombrement. « Adieu .»

— « Oui », dit Jacques, dans un souffle. Bien que le lieu fût désert, il était inutile de prolonger la rencontre. Oppressé, il chuchota : « Tu retournes... là-bas ? »

Kniabrowski ne répondit pas tout de suite. Le buste incliné, les coudes sur les cuisses, les épaules lasses, il contemplait, entre ses chaussures, le sable de l'allée. Son corps détendu semblait céder à une défaillance. Jacques remarqua ces plis de résignation — plus exactement de patience — que la vie, à la longue, avait creusés de chaque côté de la bouche.

— « Oui, là-bas », fit-il, en soulevant le front. Son regard parcourut l'espace, le jardin, les façades lointaines, le ciel bleu, sans se poser nulle part, avec l'expression égarée et résolue d'un homme toujours prêt à toutes les folies. « Par mer... Hambourg... J'ai un moyen sûr de rentrer... Mais, là-bas, pour nous, tu sais, ça devient difficile... »

Il se mit debout, sans hâte :

— « Très difficile... »

Et, ramenant enfin son regard vers Jacques, il toucha poliment sa visière, comme un voisin de hasard qui prend congé. Leurs yeux échangèrent un adieu angoissé, fraternel.

— « *Vdobryi tchass* [1] ! » murmura-t-il, avant de s'éloigner.

Les gamins l'accompagnèrent, de leurs rires et de leurs cris, jusqu'à ce qu'il eût franchi la grille. Jacques l'avait suivi des yeux. Lorsque le Russe eut disparu, il glissa dans sa poche la liasse des journaux qui était restée sur le banc ; et, se levant à son tour, il reprit paisiblement sa promenade.

Le soir même, ayant cousu dans la doublure de son veston l'enveloppe confiée par Kniabrowski, il reprenait, à Bruxelles, le train pour Paris.

Et, le lendemain, jeudi, dès la première heure, les documents secrets étaient remis à Chenavon, qui devait être le soir à Genève.

---

1. « Bonne chance ! »

XXVIII

Ce jeudi-là, 23, de bonne heure, Jacques se réfugia au *Café du Progrès*, pour y lire les journaux ; il s'installa dans la salle du bas, afin d'éviter la « parlote » de l'entresol.

Le compte rendu du procès de Mme Caillaux remplissait intégralement la première page de presque tous les quotidiens.

En seconde ou en troisième page, quelques journaux se décidaient à annoncer, en bref, que des usines s'étaient mises en grève, à Pétersbourg, mais que l'agitation ouvrière avait été enrayée aussitôt par une intervention énergique de la police. En revanche, des colonnes entières étaient consacrées aux fêtes offertes par le tsar à M. Poincaré.

Quant au « différend » austro-serbe, la presse restait plutôt évasive. Une note, officielle sans doute et reproduite partout, précisait que, dans les sphères gouvernementales russes, on pensait généralement qu'une détente devait être assez vite obtenue par les voies diplomatiques ; et la plupart des journaux affirmaient avec courtoisie, leur confiance en l'Allemagne, qui, durant la crise balkanique, avait toujours su conseiller la modération à son alliée autrichienne.

Seule, *l'Action française* manifestait ouvertement son inquiétude. L'occasion était belle d'accuser, plus violemment que jamais, la faiblesse spécifique du gouvernement républicain en matière de politique extérieure, et de flétrir l'antipatriotisme des partis de gauche. Les socialistes étaient particulièrement visés. Non content de répéter, comme chaque jour depuis des années, que Jaurès était un traître à la solde de l'Allemagne, Charles Maurras, exaspéré par les vibrants appels au pacifisme international que multipliait *l'Humanité*, semblait presque, aujourd'hui, désigner Jaurès au poignard libérateur de quelque Charlotte Corday : *Nous ne voudrions déterminer personne à l'assassinat politique*, écrivait-il,

avec une prudente audace. *Mais que M. Jaurès soit pris
de tremblement ! Son article est capable de suggérer à quelque énergumène le désir de résoudre par la méthode ex-
périmentale la question de savoir si rien ne serait changé
à l'ordre invincible, dans le cas où le sort de M. Calmette
serait subi pár M. Jean Jaurès.* »

Cadieux, qui descendait, passa en coup de vent :

— « Tu ne montes pas ? Ça discute ferme, là-haut...
C'est intéressant : il y a un Autrichien, en mission, le
camarade Bœhm, qui arrive de Vienne... Il dit que la
note autrichienne sera remise ce soir à Belgrade... aussitôt que Poincaré aura quitté Pétersbourg. »

— « Bœhm est à Paris ? » fit Jacques, se levant aussitôt. Il était tout heureux à l'idée de revoir l'Autrichien.

Il monta le petit escalier en spirale, poussa la porte,
et aperçut, en effet, le camarade Bœhm, calmement
assis devant une chope de bière, son imperméable jaune
plié sur les genoux. Une quinzaine de militants l'entouraient, l'assaillaient de questions ; il leur répondait,
avec méthode, en mâchant son éternel bout de cigare.

Il accueillit Jacques par un amical clignement d'œil,
comme s'il l'eût quitté la veille.

Les nouvelles qu'il apportait sur les dispositions belliqueuses de Vienne et sur l'effervescence de l'opinion
austro-hongroise paraissaient avoir soulevé une indignation et une inquiétude générales. L'éventualité d'un
ultimatum agressif adressé à la Serbie par l'Autriche
semblait, dans les circonstances actuelles, devoir amener des complications d'autant plus sérieuses qu'une
note préventive venait d'être communiquée à toutes
les chancelleries d'Europe par le président du Conseil
serbe, Pachitch, pour avertir les puissances qu'elles
ne devaient pas compter sur une trop complète passivité de la Serbie, et que celle-ci était résolue à repousser
toute exigence qui porterait atteinte à sa dignité.

Sans vouloir justifier le moins du monde la politique
aventureuse de son pays, Bœhm essayait cependant
d'expliquer l'exaspération de l'Autriche contre la Serbie
(et contre la Russie), par suite des incessantes vexations
que ce petit voisin turbulent, soutenu et excité par le

colosse russe, infligeait à l'amour-propre national des Autrichiens :

— « Hosmer », dit-il, « m'a fait lecture d'une note diplomatique, confidentielle, qui a été écrite, il y a plusieurs années déjà, par Sazonov, le ministre de Pétersbourg, à son ambassadeur russe en Serbie. Sazonov fait mention, expressément, qu'un certain morceau du territoire d'Autriche a été promis aux Serbes par la Russie. C'est un document d'une grande importance », ajouta-t-il, « parce qu'il est la preuve comment la Serbie — et la Russie derrière — sont vraiment une menace perpétuelle contre la sécurité de l'*Œsterreich*! »

— « Toujours les méfaits de la politique capitaliste! » s'écria, au bout de la table, un vieil ouvrier, vêtu d'une cotte bleue. « Tous les gouvernements d'Europe, démocratiques ou non, avec leur diplomatie clandestine, sans contrôle populaire, sont les instruments de la finance internationale... Et, si, depuis quarante ans, l'Europe a évité la guerre générale, c'est simplement parce que les financiers préfèrent prolonger cette paix armée, dans laquelle les États s'endettent toujours davantage... Mais, le jour où la haute banque aura intérêt à ce que la guerre éclate!... »

Tous approuvèrent, bruyamment. Peu leur importait que cette interruption n'eût qu'un lointain rapport avec les questions précises traitées par Bœhm.

Un adolescent, que Jacques connaissait de vue, et dont il avait remarqué le regard attentif, fiévreux, le visage marqué par la tuberculose, sortit brusquement de son silence, pour crier, d'une voix creuse, un texte de Jaurès sur les dangers de la diplomatie secrète.

Profitant du brouhaha qui suivit, Jacques s'approcha de Bœhm, et prit rendez-vous pour déjeuner avec lui. Après quoi, il s'esquiva, laissant l'Autrichien revenir à son exposé, avec cette même obstination patiente qu'il mettait à mâcher son cigare.

Le déjeuner avec Bœhm, plusieurs entretiens dans les bureaux de *l'Humanité*, quelques démarches ur-

gentes que Richardley l'avait prié de faire dès son arrivée
à Paris ; puis, le soir, une réunion socialiste à Levallois,
en l'honneur de Bœhm — et où il eut l'occasion de prendre la parole pour dire ce qu'il savait des troubles de
Pétersbourg — occupèrent si bien l'esprit de Jacques
au cours de cette première journée, qu'il n'eut guère
le loisir de penser aux Fontanin. Deux ou trois fois, cependant, l'idée lui était venue de téléphoner à la clinique
du boulevard Bineau, pour demander si Jérôme vivait
toujours. Mais l'eût-on renseigné sans qu'il eût d'abord
à donner son nom ? Mieux valait s'abstenir. Il préférait ne
pas révéler sa présence à Paris. Pourtant, le soir, rentré
dans sa petite chambre du quai de la Tournelle, il dut
s'avouer, avant de s'endormir, que, loin de lui laisser
l'esprit libre, l'ignorance à laquelle il se condamnait l'ob-
sédait plus encore que n'eussent fait des nouvelles précises.

Et, le vendredi matin, en s'éveillant, la tentation le
prit de téléphoner à Antoine. « A quoi bon ? Que m'importe ? » se dit-il, tout en consultant sa montre. « Sept
heures vingt... Si je veux l'atteindre avant son hôpital,
je n'ai que le temps ! » Et, sans tergiverser davantage,
il sauta du lit.

Antoine fut tout surpris d'entendre la voix de son
frère. Il lui apprit que M. de Fontanin s'était enfin décidé
à mourir, cette nuit même, après trois jours d'agonie,
et sans avoir repris connaissance. « L'enterrement aura
lieu demain, samedi. Seras-tu encore à Paris ?... Daniel »,
ajouta-t-il, « ne quitte pas la clinique : tu es sûr de le
trouver à n'importe quel moment... » Antoine ne semblait pas mettre en doute que son frère eût le désir de
revoir Daniel.

— « Viens-tu déjeuner avec moi ? » proposa-t-il.

Jacques s'écarta de l'appareil avec un geste d'impatience, et raccrocha le récepteur.

Les journaux du 24 annonçaient la remise à la Serbie
d'une « note » autrichienne. La plupart, d'ailleurs — et
ce devait être un ordre — se contentaient de commentaires évasifs.

Jaurès avait consacré son article quotidien aux grèves russes. Le ton en était particulièrement grave :

Quel avertissement pour les puissances européennes! écrivait-il. *Partout, la révolution est à fleur de terre. Bien imprudent serait le tsar, s'il déchaînait ou laissait déchaîner une guerre européenne! Bien imprudente aussi serait la monarchie austro-hongroise, si, cédant aux aveugles fureurs de son parti clérical et militaire, elle créait entre elle et la Serbie de l'irréparable!... La collection des souvenirs de voyage de M. Poincaré s'est enrichie d'une page troublante, marquée, par le sang des ouvriers russes, d'un tragique avertissement!*

Dans les bureaux de *l'Humanité*, aucun doute ne subsistait sur le ton de la note : elle avait bien le caractère d'une sommation, et le pire était à redouter. On attendait avec une certaine nervosité le retour de Jaurès: le Patron s'était brusquement décidé, ce matin, à faire une démarche personnelle au Quai d'Orsay, auprès de M. Bienvenu-Martin, chargé de l'intérim en l'absence de M. Viviani.

Une certaine confusion régnait parmi les rédacteurs du journal. On se demandait anxieusement quelles allaient être les réactions européennes. Gallot, réellement pessimiste, prétendait que les nouvelles venues cette nuit d'Allemagne et d'Italie faisaient craindre que, dans ces deux pays, l'opinion moyenne, la presse, et même une certaine fraction des partis de gauche fussent plutôt favorables au geste autrichien. Stefany pensait, avec Jaurès, qu'à Berlin l'indignation des social-démocrates se manifesterait par des actes énergiques, appelés à avoir un grand retentissement, non seulement en Allemagne, mais hors des frontières allemandes.

A midi, les bureaux se vidèrent. C'était au tour de Stefany d'assurer la permanence, et Jacques proposa de lui tenir compagnie, pour pouvoir jeter un coup d'œil sur le dossier relatif à la convocation du Bureau international, qui devait se réunir la semaine suivante, à Bruxelles. Tous fondaient de grands espoirs sur cette assemblée exceptionnelle. Stefany savait que Vaillant, Keir-Hardie et plusieurs autres chefs du Parti, se proposaient de mettre à l'ordre du jour l'opportunité de la grève générale en cas de guerre. Quel accueil les socialistes étrangers, spécialement les Anglais et les Allemands, réservaient-ils à cette question fondamentale ?

A une heure, Jaurès n'avait pas reparu : Jacques descendit pour aller prendre quelque chose au *Café du Croissant*. Peut-être le Patron y déjeunait-il ?

Il n'y était pas.

Jacques cherchait un coin libre, lorsqu'il fut hélé par un jeune Allemand, Kirchenblatt, qu'il avait rencontré à Berlin et revu plusieurs fois à Genève. Kirchenblatt déjeunait avec un camarade, et insista pour que Jacques s'assît à leur table. Le camarade était aussi un Allemand, nommé Wachs ; Jacques ne le connaissait pas.

Les deux hommes différaient curieusement. « Ils symbolisent assez bien deux types caractéristiques de l'Allemagne de l'Est », songea Jacques : « le *chef*, et... *l'autre!* »

Wachs était un ancien ouvrier métallurgiste. Il pouvait avoir quarante ans ; des traits lourds, vaguement slaves, de larges pommettes, une bouche honnête, des yeux clairs pleins de persévérance et de solennité. Il tenait ses grandes mains ouvertes, comme des outils prêts à servir. Il écoutait, approuvait d'un signe, mais parlait peu. Tout, en lui, révélait une âme sans troubles, le courage calme, l'endurance, le goût de la discipline, l'instinct de la fidélité.

Kirchenblatt était beaucoup plus jeune. L'ossature de sa tête, petite et ronde, dressée sur un cou mince, faisait penser à un crâne d'oiseau. Ses pommettes, contrairement à celles de Wachs, ne s'étalaient pas en largeur, mais formaient sous les yeux deux saillies presque pointues. La physionomie, généralement sérieuse et attentive, s'animait parfois d'un sourire inquiétant : un sourire qui s'allongeait soudain aux coins des lèvres, bridant les paupières, plissant les tempes, retroussant les lèvres sur les dents ; une flamme de sensualité un peu cruelle s'allumait alors dans le regard. Certains chiens-loups découvrent ainsi leurs crocs, quand ils

jouent. Il était originaire de la Prusse orientale, fils
de professeur ; c'était un de ces Allemands cultivés,
nietzschéens, comme Jacques en avait beaucoup
approché dans les milieux politiques avancés d'Allemagne. Pour eux, les lois n'existaient pas. Un sentiment
particulier de l'honneur, un certain romantisme chevaleresque, le goût d'une vie affranchie et dangereuse, les
unissaient en une sorte de caste, très consciente de son
aristocratie. Révolté contre le régime social auquel il
devait cependant sa formation intellectuelle, Kirchenblatt vivait en bordure des partis révolutionnaires inter-
nationaux, trop anarchiste de tempérament pour adhérer
sans réserve au socialisme, et rebuté, d'instinct, par les
théories démocratiques et égalitaires, autant que par
les privilèges féodaux qui survivaient dans l'Allemagne
impériale.

L'entretien — en allemand, car Wachs comprenait
difficilement le français — s'orienta d'emblée vers la
position de Berlin à l'égard de la politique autrichienne.
Kirchenblatt paraissait bien renseigné sur l'état d'esprit
des hauts fonctionnaires de l'Empire. Il venait d'apprendre que le frère du Kaiser, le prince Henri, avait
été dépêché à Londres en mission particulière auprès
du roi d'Angleterre : démarche officieuse qui, en un
pareil moment, semblait indiquer chez Guillaume II un
souci personnel de faire partager à George V ses vues
sur le différend austro-serbe.

— « Quelles vues ? » dit Jacques. « C'est toute la question... Quelle est la proportion du chantage, dans l'attitude du gouvernement impérial ? Trauttenbach, que
j'ai vu à Genève, prétend tenir de bonne source que,
personnellement, le Kaiser se refuse à envisager l'éventualité d'une guerre. Pourtant, il paraît impossible que
Vienne agisse avec tant d'audace sans s'être assuré le
soutien de l'Allemagne. »

— « Oui », dit Kirchenblatt. « Il est bien probable
pour moi, que le Kaiser a accepté et approuvé le principe
des revendications autrichiennes. Et même qu'il pousse
Vienne à agir le plus vite possible, pour mettre au plus
tôt l'Europe devant un fait accompli... Ce qui est, en

somme, de l'excellent pacifisme... » Il sourit malicieusement : « Mais oui! Puisque c'est le meilleur moyen
d'éviter une réaction russe! Précipiter la guerre austro-
serbe, pour sauver la paix européenne!... » Brusquement,
il redevint sérieux : « Mais il est évident aussi que le
Kaiser, conseillé comme il l'est, a soupesé le risque : le
risque d'un veto russe, le risque d'une guerre générale.
Seulement, voilà : il doit évaluer ce risque à presque
rien. A-t-il raison? Tout est là... » Les traits de son
visage se crispèrent de nouveau en un sourire méphisto-
phélique : « Je me représente en ce moment le Kaiser
comme un joueur qui aurait un beau jeu en main, et,
devant lui, des partenaires timides. Bien sûr, l'idée lui
est venue qu'il pourrait perdre par un coup de déveine.
On peut toujours perdre... Mais, ma foi, les cartes sont
bonnes : et comment pourrait-on craindre la déveine
au point de renoncer à une belle partie? »

On sentait, au mordant de la voix, à la hardiesse du
sourire, que Kirchenblatt savait, par expérience, ce
que c'est que d'avoir un beau jeu en main, et de courir
crânement sa chance.

XXIX

La mise en bière de Jérôme de Fontanin avait eu lieu
au lever du jour, comme il était d'usage à la clinique ;
et, aussitôt après, le cercueil avait été transporté au
fond du jardin, dans le pavillon où l'administration
autorisait les malades morts à attendre leurs obsèques,
aussi loin que possible des malades vivants.

Mme de Fontanin, qui, durant la longue agonie de
son mari, n'avait presque pas quitté la chambre, s'était
installée dans l'étroite cellule en sous-sol où l'on avait
déposé le corps. Elle y était seule. Jenny venait de sortir :
sa mère l'avait chargée d'aller prendre, avenue de l'Observatoire, les vêtements noirs dont elles avaient l'une
et l'autre besoin pour la cérémonie du lendemain ; et

Daniel, qui avait accompagné sa sœur jusqu'à la grille, s'attardait à fumer une cigarette dans le jardin.

Assise à contre-jour sur une chaise de paille, au-dessous du soupirail qui éclairait le caveau, elle s'apprêtait à passer là cette dernière journée. Ses yeux étaient fixés sur la bière, qui reposait, nue, sur deux tréteaux noirs, au centre de la pièce. La personnalité du défunt n'avait plus d'autre signe extérieur que le cartouche de cuivre gravé, où l'on pouvait lire :

JÉROME-ÉLIE DE FONTANIN

11 mai 1857 – 23 juillet 1914

Elle se sentait assurée et calme : sous la vigilance de Dieu. La crise du premier soir, cet instant de défaillance qu'excusait la soudaineté du drame, était passée. Il ne demeurait plus en elle qu'un chagrin réfléchi et sans aiguillon. Elle était habituée à vivre en contact confiant avec la Force qui règle la Vie universelle, avec ce Tout, dans lequel chacun de nous doit résorber, un jour, sa forme éphémère ; et, devant la mort, elle n'éprouvait aucun effroi. Même jeune fille, devant le cadavre de son père, elle n'avait connu aucun sentiment d'horreur ; elle n'avait pas un instant douté que la présence spirituelle de ce guide qu'elle vénérait, lui serait conservée, après la destruction organique ; et jamais, en effet, cet appui ne lui avait manqué; jamais — elle en avait encore eu la preuve cette semaine — le pasteur n'avait cessé d'être intimement mêlé à sa vie, à ses luttes ; de présider à ses débats, d'inspirer ses résolutions...

Pareillement, aujourd'hui, elle ne pouvait concevoir la mort de Jérôme comme une fin. Rien ne meurt : tout se transforme, tout se renouvelle ; les saisons succèdent aux saisons. Devant cette bière, à jamais scellée sur la matière périssable, elle éprouvait une exaltation mystique, analogue au sentiment qui s'emparait d'elle, chaque automne, lorsqu'elle voyait, dans son jardin de Maisons, les feuilles qu'elle avait vues poindre au printemps, se détacher, une à une, à leur heure, sans que leur arrachement compromît en rien la force secrète du

tronc où résidait la sève, où se perpétuait l'Élan vital.
La mort restait pour elle un phénomène de vie ; et
c'était participer humblement à la puissance de Dieu,
que de considérer, sans terreur, cet inéluctable retour
aux germinations éternelles.

A la fraîcheur sépulcrale du lieu, se mêlait l'odeur
douce, un peu écœurante, des roses que Jenny avait
placées sur le cercueil. Machinalement, Mme de Fontanin frottait les ongles de sa main droite dans la paume
de sa main gauche. (Elle avait coutume, chaque matin,
lorsqu'elle avait terminé sa toilette, de s'asseoir quelques
minutes devant sa fenêtre, et, tout en polissant ses
ongles, de faire, au seuil de la journée nouvelle, une
courte méditation qu'elle appelait sa prière du matin ;
l'habitude avait créé en elle un lien réflexe entre le
polissage de ses ongles et l'invocation à l'Esprit.)

Tant que Jérôme avait vécu, même éloigné d'elle,
elle avait secrètement conservé l'espoir que ce grand
amour éprouvé trouverait un jour sa récompense humaine ; qu'un jour Jérôme lui reviendrait, repentant,
assagi ; et qu'il leur serait peut-être accordé, à tous
deux, de finir leur vie l'un près de l'autre, dans l'oubli
du passé. Vaine attente, dont elle prenait conscience au
moment même où il lui fallait y renoncer pour jamais.
Toutefois, le souvenir des souffrances endurées restait
trop vif pour qu'elle ne ressentît pas quelque soulagement d'être délivrée de ces épreuves. La mort venait
de tarir l'unique source d'amertume qui, depuis tant
d'années, empoisonnait son existence. C'était comme
un redressement involontaire après une longue servitude. Sentiment tout humain et bien légitime, dont elle
goûtait, sans s'en douter, la douceur. Elle en eût été
confuse. Mais l'aveuglement de sa foi l'empêchait de
plonger au fond de sa conscience un regard vraiment
lucide. Elle attribuait à la grâce spirituelle ce qui
était l'effet du plus instinctif égoïsme ; elle remerciait
Dieu de lui avoir accordé la résignation et la paix du
cœur ; et elle pouvait ainsi s'abandonner sans remords
à cet allégement.

Elle s'y abandonnait d'autant plus librement aujourd'hui, que ce jour de veillée funèbre n'était pour elle qu'un répit provisoire avant des jours de fatigue et de lutte : demain, samedi, l'enterrement, le retour chez elle, le départ de Daniel. Puis, dès dimanche, commencerait pour elle la tâche urgente, ardue : sauver du déshonneur le nom de ses enfants : aller sur place, à Trieste et à Vienne, tirer au clair les affaires de son mari. Elle n'avait encore averti ni Jenny ni Daniel. Prévoyant l'opposition de son fils, elle préférait retarder l'heure d'une discussion inutile ; car sa décision était prise. Son plan d'action lui avait été soufflé par l'Esprit. Elle n'en pouvait douter, rien qu'à sentir en elle, devant ce projet téméraire, une excitation psychique qu'elle connaissait bien, une sorte d'entrain surnaturel et impérieux, qui attestait la volonté divine... Dimanche si possible, lundi, au plus tard, elle partirait pour l'Autriche : elle y resterait quinze jours, trois semaines, tout le mois d'août si c'était nécessaire ; elle demanderait audience au juge rapporteur ; elle discuterait, pied à pied, avec les administrateurs de l'entreprise en faillite... Elle ne doutait pas de réussir : à condition d'aller là-bas, d'agir par sa présence, par son influence directe. (Et, en cela, son instinct ne la trompait pas : bien des fois déjà, en des circonstances difficiles, elle avait pu constater son pouvoir. Mais, naturellement, l'idée ne l'effleurait même pas d'attribuer ce pouvoir à une séduction personnelle ; elle n'y voyait rien d'autre qu'une merveilleuse action de Dieu : le rayonnement, à travers elle, d'un dessein providentiel.)

A Vienne, elle avait aussi une démarche délicate à faire : elle voulait connaître cette Wilhelmine dont elle avait trouvé, dans les valises de Jérôme, quelques lettres, puériles et tendres, qui l'avaient émue...

Ce n'est qu'après lui avoir fermé les yeux, qu'elle avait consenti à inventorier les bagages de Jérôme. Elle s'y était décidée la nuit précédente, choisissant l'heure où elle était sûre d'être seule, afin de dérober jusqu'au bout au contrôle des enfants les secrets de leur père. Le plus long avait été de rassembler les papiers : ils étaient dispersés au hasard, parmi les effets. Une heure durant, elle avait touché de ses mains ces objets intimes, luxueux et misérables, que Jérôme laissait derrière lui comme les épaves d'un naufrage ; ce linge de soie élimé, ces vêtements de bonne coupe, usés jusqu'à la trame, d'où s'élevait encore le parfum acidulé et frais — lavande, vétiver, citronnelle — auquel Jérôme était fidèle, depuis trente ans, et qui était pour elle aussi troublant qu'une caresse... Des factures non payées traînaient jusque dans le casier aux chaussures, jusque dans le sac de toilette : anciens relevés de comptes de banquiers et de confiseurs, de bottiers et de fleuristes, de bijoutiers et de médecins ; notes imprévues : celle d'un pédicure chinois de New Bond street ; celle d'un maroquinier de la rue de la Paix, pour un nécessaire en vermeil qui n'avait jamais été réglé. Un reçu du Mont-de-Piété de Trieste témoignait du dépôt, pour un prix dérisoire, d'une perle de cravate et d'une pelisse à col de loutre. Dans un portefeuille chiffré d'une couronne de comte, les photographies [de Mme de Fontanin, de Daniel, de Jenny, voisinaient avec celles, dédicacées, d'une chanteuse viennoise. Enfin, parmi des brochures allemandes, illustrées de gravures licencieuses, Mme de Fontanin avait eu la surprise de découvrir une bible de poche, sur papier pelure, et fort usagée... Elle ne voulait se souvenir que de cette petite bible... Combien de fois, au cours d'une de ces « explications » déchirantes, où Jérôme excellait à excuser son inconduite, s'était-il écrié : « Vous me jugez trop sévèrement, Amie... Je ne suis pas si mauvais que vous pensez !... » C'était vrai. L'Esprit seul connaît le secret de chaque être. L'Esprit seul sait à travers quels détours, et pour quelles fins nécessaires, les créatures cheminent vers leur perfection...

Le regard de Mme de Fontanin, embué de larmes, demeurait fixé sur la bière, où déjà s'effeuillaient les roses.

« Non », disait-elle, du fond de son cœur, « non, tu n'étais pas foncièrement livré au mal... »

Elle fut tirée de sa méditation par l'entrée de Nicole Héquet, accompagnée de Daniel.

Nicole était éblouissante ; sa robe de deuil avivait encore sa carnation. L'éclat de ses yeux, ses sourcils levés, son visage naturellement tendu en avant lui donnaient toujours l'air d'accourir, d'apporter sa jeunesse en offrande. Elle se pencha pour embrasser sa tante ; et Mme de Fontanin lui fut reconnaissante de ne pas troubler le silence par des paroles conventionnelles. Puis Nicole s'approcha du cercueil. Quelques minutes, elle se tint droite, les bras allongés, les doigts joints. Mme de Fontanin l'observa. Priait-elle ? Évoquait-elle les souvenirs de son passé, ce passé d'enfant honteuse, où l'oncle Jérôme avait tenu tant de place ?... Enfin, après quelques instants de cette immobilité énigmatique, la jeune femme revint vers sa tante, l'embrassa de nouveau sur le front, et sortit de la pièce, suivie de Daniel, qui, tout ce temps, était demeuré debout derrière sa mère.

Quand ils furent dans le couloir, Nicole s'arrêta pour demander :

— « A quelle heure, demain ? »

— « Nous partirons d'ici à onze heures. Le convoi ira directement au cimetière. »

Ils se trouvaient seuls, à l'entrée du pavillon, dans l'ombre du vestibule. Devant eux s'étendait le jardin ensoleillé, peuplé de convalescents en peignoirs clairs, étendus au bord des pelouses. L'après-midi était chaud, glorieux ; dans l'air immobile, l'été semblait installé, pour toujours.

Daniel expliquait :

— « Le pasteur Gregory fera une courte prière sur la tombe. Maman n'a voulu aucun service. »

Nicole écoutait, songeuse.

— « Comme elle est bien, tante Thérèse », murmurat-elle. « Si courageuse, si calme... Parfaite, comme toujours... »

Il la remercia d'un sourire amical. Elle n'avait plus ses yeux d'enfant ; mais ses prunelles bleues avaient gardé leur exceptionnelle limpidité, et cette expression de douceur indolente qui le bouleversait jadis.

— « Depuis si longtemps que je ne t'ai vue! » dit-il.
« Au moins, Nico, es-tu heureuse? »

Le regard de la jeune femme, posé au loin sur les ver-
dures, eut tout un voyage à faire pour revenir jusqu'à
Daniel; ses traits prirent une expression douloureuse;
il crut qu'elle allait fondre en larmes.

— « Je sais... », balbutia-t-il. « Toi aussi, ma pauvre
Nico, tu es eu ta part de chagrins... »

Il remarqua seulement alors combien elle avait
changé. Le bas du visage s'était épaissi. Sous le fard
discret, sous la roseur factice des joues, transparaissait
un masque légèrement défraîchi, usé.

— « Pourtant, Nico, tu es jeune, tu as la vie devant
toi! Il faut que tu sois heureuse! »

— « Heureuse? » répéta-t-elle, avec un mouvement
d'épaules incertain.

Il la regarda, étonné.

— « Mais oui, heureuse. Pourquoi non? »

Le regard de la jeune femme se perdait de nouveau
dans la lumière du jardin. Elle dit, après un bref silence,
sans tourner les yeux :

— « C'est étrange, la vie... Tu ne trouves pas? A
vingt-cinq ans, je me sens déjà si vieille... » Elle hésita :
« ... si seule... »

— « Si seule? »

— « Oui », fit-elle, le regard toujours au loin. « Ma
mère, le passé, ma jeunesse, tout ça est loin, loin... Pas
d'enfant... Et jamais plus, c'est fini : jamais je ne pourrai avoir d'enfant... »

L'accent était doux, sans désespoir.

— « Tu as ton mari... », hasarda Daniel.

— « Mon mari, oui... Nous nous aimons d'une affection profonde, solide... Il est intelligent, il est bon... Il
fait tout ce qu'il peut pour me rendre la vie bonne. »

Daniel se taisait.

Elle fit un pas pour atteindre la muraille, s'y adosser;
et elle reprit, sans élever le ton, avec un léger redressement de la nuque, comme si elle se décidait à tout dire,
simplement, sans avoir peur des mots :

— « Mais quoi? Malgré tout, tu sais, nous n'avons

pas grand-chose de commun, Félix et moi... Il est de
treize ans mon aîné ; il ne m'a jamais traitée en égale...
D'ailleurs, il a pour toutes les femmes ce sentiment
paternel, un peu condescendant, qu'il a pour ses malades... »

Le souvenir de Héquet se dressa devant Daniel :
Héquet, avec ses tempes grises, striées de petites rides,
son regard fin de myope, ses manières discrètes, précises, inflexibles. Pourquoi avait-il épousé Nicole ?
Comme on cueille au passage un fruit savoureux ? Ou
plutôt, pour mettre dans sa vie laborieuse un peu de
cette jeunesse, de cette grâce naturelle, dont sans doute
il avait toujours été privé ?

— « Et puis », continuait Nicole, « il a sa vie, sa vie
de chirurgien. Tu sais ce que c'est : il appartient aux
autres, du matin au soir... La plupart du temps, il ne
prend pas ses repas aux mêmes heures que moi... D'ailleurs, ça vaut presque mieux : quand nous sommes
ensemble, nous n'avons pas grand-chose à nous dire,
rien à partager, pas un goût qui soit le même, pas un
souvenir d'autrefois, rien... Oh! jamais de discussion,
jamais la moindre mésentente!... » Elle rit : « D'abord,
moi, dès qu'il exprime un désir, n'importe lequel, je
dis oui... Je veux d'avance tout ce qu'il veut ... » Elle
ne riait plus. Elle prononça, avec une étrange lenteur :
« Tout m'est tellement égal! »

Elle s'était insensiblement détachée du mur et mise
en marche. Elle descendait distraitement le petit
perron. Daniel la suivait sans rien dire. Elle se tourna
spontanément vers lui et sourit :

— « Que je te raconte! » fit-elle. « Cet hiver, il a fait
faire de nouvelles bibliothèques pour le petit salon, et
il a décidé de vendre un secrétaire d'acajou, qu'il ne
savait plus où mettre. C'était un meuble qui venait de
ma mère ; mais ça m'était indifférent : je n'ai rien à moi,
je ne tiens à rien. Seulement, ce secrétaire il a fallu le
vider. Il était plein de paperasses que je n'avais jamais
regardées : toute une correspondance de mes parents,
d'anciens livres de comptes, de vieilles lettres de grand-
mère, des faire-part, des lettres d'amis... Tout le passé,

la rue de Rennes, Royat, Biarritz... Un tas de vieilles
choses, de vieilles histoires oubliées, de vieilles gens qui
sont morts... J'ai tout lu, ligne à ligne, avant d'y mettre
le feu... J'ai pleuré quinze jours là-dessus... » Elle rit de
nouveau : « Quinze jours... délicieux!... Félix ne s'est
douté de rien. Il n'aurait pas compris. Il ignore tout
de moi, de mon enfance, de mes souvenirs... »

Ils avançaient sans hâte à travers le jardin. Elle
baissa la voix, en passant devant des malades :

— « Le présent, ça va encore... C'est l'avenir qui me
fait peur, quelquefois... Tu comprends, aujourd'hui,
chacun de nous a ses occupations : lui, il a son hôpital,
ses rendez-vous, sa clientèle ; moi, j'ai toujours des
courses, des visites à faire ; et puis, j'ai repris mon
violon, je fais un peu de musique avec des amies ; le
soir, nous dînons en ville, plusieurs fois par semaine :
dans la situation de Félix, il y a toute une vie mondaine
qu'il faut bien entretenir... Mais plus tard? Quand il
n'exercera plus? Quand nous ne sortirons plus le soir?
C'est ça qui me fait peur... Qu'est-ce que nous devien-
drons, quand nous serons un vieux ménage, et qu'il
faudra bien rester l'un en face de l'autre, des soirées
entières, au coin du feu? »

— « C'est affreux, ce que tu dis là, ma pauvre Nico »,
murmura Daniel.

Elle partit d'un vif éclat de rire, qui était comme un
réveil inattendu de sa jeunesse.

— « Tu es bête! » dit-elle. « Je ne me plains pas. C'est
la vie : voilà tout. Elle n'est pas meilleure pour les
autres. Au contraire. Je suis parmi les plus heureuses...
Seulement, voilà : quand on est petite, on s'imagine
des choses... on croit qu'on vivra un conte de fées... »

Ils approchaient de la grille.

— « Ça m'a fait plaisir de te voir », dit-elle. « Tu es
superbe, dans ton uniforme!... Quand auras-tu fini ton
service? »

— « En octobre. »

— « Déjà? »

Il rit :

— « Le temps t'a paru court, à toi! »

Elle s'était arrêtée. Des taches de soleil tremblaient sur sa chair, faisaient briller ses dents, et donnaient, par places, à ses cheveux, des transparences d'écaille blonde.

— « Au revoir », fit-elle, en lui tendant fraternellement la main. « Tu diras bien à Jenny que je suis navrée de ne pas l'avoir vue... Et puis, l'hiver prochain, quand tu seras réinstallé à Paris, il faudra de temps en temps venir me faire une visite... Une visite de charité... Nous bavarderons, nous jouerons aux vieux amis, nous remuerons des souvenirs... C'est curieux comme, en vieillissant, je me rattache à tout le passé... Tu viendras ? C'est promis ? »

Il plongea un instant son regard dans les beaux yeux, un peu trop grands, un peu trop ronds, mais d'une eau si pure :

— « C'est promis », dit-il presque gravement.

XXX

C'était la première fois, depuis dimanche, que Jenny mettait le pied hors de la clinique : à peine, chaque jour, avait-elle fait, avec Daniel, une brève promenade au jardin. Dans ce voisinage de la mort, si neuf pour elle, elle avait vécu ces quatre interminables journées comme une ombre parmi des vivants : tout ce qui se faisait autour d'elle lui paraissait incohérent, étranger. Aussi, dès que son frère l'eut mise en voiture, dès qu'elle se vit seule dans le boulevard ensoleillé, elle ne put se défendre d'un sentiment de délivrance. Mais cette impression ne dura qu'un instant. Avant même que l'auto eût atteint la porte Champerret, elle avait senti renaître ce trouble profond et vague qui la rongeait depuis quatre jours. Et même il lui parut que ce trouble, libéré de la contrainte que lui imposait, à la clinique,

la présence d'autrui, prenait dans cette solitude sou-
daine une redoutable intensité.

Il était une heure quand le taxi la déposa devant sa
porte.

Elle écouta autant qu'elle put les questions et les
condoléances de la concierge, et monta vite à l'appartement.

Tout y était en désordre. Les portes béaient, comme
après une fuite. Dans la chambre de Mme de Fontanin,
les vêtements sur le lit, les chaussures à terre, les tiroirs
ouverts éveillaient l'idée d'un cambriolage. Sur le guéridon où les deux femmes, privées depuis deux ans de
toute servante, prenaient leur rapide repas, s'étalaient
encore les restes du dîner interrompu. Il fallait ranger
tout cela ; il fallait que le lendemain, au retour du cimetière, sa mère n'eût pas la tristesse de retrouver, dans
ce sinistre chaos, un souvenir trop précis des atroces
minutes qu'elle avait vécues dimanche soir.

Oppressée, ne sachant par quoi commencer sa besogne,
Jenny gagna sa chambre. Sans doute avait-elle oublié,
en partant, de fermer la fenêtre, une averse, la veille,
avait trempé le parquet ; un coup de vent avait épar-
pillé les lettres sur le petit bureau, renversé un vase,
effeuillé des fleurs.

Debout, elle contemplait ce gâchis, et retirait lentement ses gants. Elle cherchait à se ressaisir. Sa mère
lui avait donné des instructions détaillées. Elle devait
prendre une clef dans un secrétaire, ouvrir, au fond de
l'appartement, la chambre de débarras, fouiller dans la
penderie, remuer des caisses, des malles, trouver un
certain carton vert, qui contenait deux châles de deuil
et des voiles de crêpe. Machinalement, elle décrocha la
blouse qui lui servait, le matin, à faire le ménage, et se
mit en tenue de travail. Mais ses forces la trahirent, et
elle dut s'asseoir au bord de son lit. Le silence de l'appartement s'appesantissait sur ses épaules.

« Qu'ai-je donc à être si fatiguée ? » se demanda-t-elle
hypocritement.

La semaine précédente, elle allait et venait, à travers
ces mêmes pièces, légèrement portée par la vie. Une

semaine — pas même : quatre jours — avaient-ils suffi
à détruire un équilibre si chèrement reconquis ?

Elle demeurait assise, tassée, un poids sur la nuque.
Pleurer l'eût soulagée. Mais ce remède des faibles lui
avait toujours été refusé. Même lorsqu'elle était encore
une enfant, ses chagrins étaient sans larmes, rétractés,
arides... Son regard sec, après avoir erré sur les papiers
épars, les meubles, les bibelots de la cheminée, s'était
fixé sur la glace, attiré, absorbé par le reflet aveuglant
du grand jour extérieur. Et, soudain, dans le miroite-
ment, surgit, une seconde, l'image de Jacques. Elle se
leva précipitamment, ferma les volets, la fenêtre, ramassa les lettres, les fleurs, et sortit dans le couloir.

L'atmosphère de la chambre de débarras était suffo-
cante. La chaleur y épaississait l'odeur recuite des lai-
nages, de la poussière, du camphre, des vieux journaux
rissolés par le soleil. Elle fit l'effort de grimper sur un
escabeau pour ouvrir la fenêtre. Avec l'air du dehors,
une lumière blessante inonda le réduit, accusant la
tristesse, la laideur des objets entassés là : bagages
vides, literies inutilisées, lampes à pétrole, livres de
classe, cartons couverts de flocons gris et de mouches
mortes. Pour dégager le coin où s'empilaient les malles,
elle dut saisir à bras-le-corps un mannequin rembourré
que coiffait un antique abat-jour, dont les volants
pailletés étaient retroussés par des bouquets de violettes
en étoffe ; et elle s'attendrit, une seconde, sur ce préten-
tieux édifice qu'elle avait vu, toute son enfance, trôner
sur le piano du salon. Puis elle se mit courageusement
à l'ouvrage, ouvrant les coffres, fouillant les casiers,
replaçant avec soin les sachets de naphtaline dont la
senteur poivrée lui brûlait les narines et lui tournait le
cœur. En nage, sans force, luttant néanmoins contre
cette langueur qui l'humiliait, elle s'appliquait, avec
une volonté têtue, à cette tâche qui, du moins, la délivrait de ses pensées.

Mais, à l'improviste, comme une flèche de lumière
qui perce la brume, une idée, précise sous sa formule
confuse, l'atteignit au point le plus sensible, et l'arrêta
net : « Rien n'est jamais perdu !... *Tout est toujours*

possible... » Oui, malgré tout, elle était jeune, elle avait devant elle une longue vie inconnue : une vie ! une source inépuisable de *possibilités* !...

Ce qu'elle découvrait, sous ces banalités, était si nouveau, si dangereux, qu'elle en demeura étourdie. Elle venait brusquement de comprendre que si, après l'abandon de Jacques, elle avait pu guérir et reprendre la maîtrise de soi, c'était seulement parce qu'elle avait eu la chance, en ce temps-là, de pouvoir écarter jusqu'au plus fugitif espoir.

« Recommencerais-je à *espérer* ? »

La réponse fut si affirmative, qu'elle se mit à trembler, et dut appuyer son épaule au montant de la penderie. Elle demeura plusieurs minutes immobile, les paupières baissées, dans un état de stupéfaction léthargique qui la rendait presque insensible. Des visions de rêve se succédaient dans son cerveau : Jacques, à Maisons, après la partie de tennis, assis auprès d'elle sur le banc ; et elle voyait distinctement les fines gouttelettes de sueur qui humectaient les tempes... Jacques, seul avec elle sur la route de la forêt, près du garage où ils venaient de voir écraser le vieux chien ; et elle entendait sa voix angoissée : « Vous pensez souvent à la mort ?... » Jacques, à la petite porte du jardin, lorsqu'il avait effleuré de ses lèvres l'ombre de Jenny sur le mur baigné de lune ; et elle entendait son pas fuir sur l'herbe, dans la nuit...

Elle restait debout, adossée, frissonnante, malgré la chaleur. Un incroyable silence s'était fait en elle. Les bruits de la ville, par la haute fenêtre, lui parvenaient de loin, d'un autre monde. Comment éteindre maintenant cette soif insensée d'être heureuse que la rencontre de Jacques avait, depuis quatre jours, rallumée ? C'était une nouvelle maladie qui commençait, et qui allait durer, durer, elle le sentait bien... Cette fois, elle ne parviendrait plus à guérir, parce qu'*elle ne désirerait plus la guérison*...

Le plus dur, c'était seule, toujours seule. Daniel ? Il avait été plein d'attentions pour elle, pendant ces jours de vie commune, à Neuilly. Ce matin encore, pendant le repas qu'ils prenaient ensemble à la table d'hôte de la clinique, frappé peut-être par l'air absent de Jenny, il lui avait pris la main, et il avait dit à mi-voix, sans sourire : « Quoi donc, petite sœur ? » elle avait secoué la tête, évasivement, et retiré sa main... Ah ! ç'avait été une souffrance, de l'aimer tant, ce grand frère, et de n'avoir jamais trouvé rien à lui dire, rien qui pût faire tomber une bonne fois ces cloisons que la vie, que leurs natures, que leur fraternité peut-être, élevaient entre eux ! Non. Elle n'avait personne à qui se confier. Personne, jamais, ne l'avait écoutée, comprise. Personne, jamais, ne pourrait la comprendre... Personne ? *Lui*, peut-être... Un jour ?...

Au fond d'elle, une voix tendre et secrète murmura : « Mon Jacques... » Son front s'empourpra.

Elle se sentait défaillante, courbatue. Un peu d'eau fraîche lui ferait du bien...

Avec des pas précautionneux d'aveugle, s'appuyant d'une main aux murs, elle regagna la cuisine. L'eau de l'évier lui parut glacée. Elle y trempa ses mains, se tamponna le front, les yeux. Ses forces revenaient. Encore un peu de patience... Elle ouvrit la croisée et posa ses coudes sur l'appui. Une buée ensoleillée, qui semblait faite d'une vibration de molécules, dansait sur les toits. Dans la gare du Luxembourg, une locomotive siffla éperdument. Que de fois, ces dernières semaines, par des après-midi pareils, tandis que chauffait l'eau du thé, elle s'était accoudée là, presque gaie, un refrain aux lèvres !... Elle eut alors vers la Jenny de ce dernier printemps, vers cette demi-sœur convalescente et apaisée, un élan nostalgique. « Où puiser le courage de vivre demain, après-demain, tous ces jours à venir ? » se demanda-t-elle, à mi-voix. Mais ces mots qui lui venaient à l'esprit n'exprimaient qu'une pensée conventionnelle, et ne traduisaient pas la vérité secrète de son cœur. Elle acceptait de souffrir, depuis qu'elle avait retrouvé l'espérance... Et, subitement, elle qui ne souriait jamais, elle sentit, elle vit aussi nettement que si elle eût été devant quelque miroir, un sourire hésitant se dessiner sur ses lèvres.

XXXI

A plusieurs reprises, au cours de la matinée, et même pendant son déjeuner avec les deux Allemands, Jacques s'était demandé : « Irai-je voir Daniel ? » Et, chaque fois, il s'était répondu : « Mais non. Pourquoi irai-je ? »

Cependant, vers trois heures, comme il sortait du restaurant avec Kirchenblatt, et traversait la place de la Bourse, brusquement, en passant devant le métro, il réfléchit : « La réunion de Vaugirard n'est qu'à cinq heures... *Si j'avais voulu* aller à Neuilly, ça serait bien le moment... » il s'était arrêté, perplexe : « Au moins, quand ce sera fait, je n'y penserai plus... » Et, sans hésiter, il quitta l'Allemand pour s'engouffrer dans l'escalier souterrain.

Boulevard Bineau, à la porte de la clinique, il reconnut Victor, le chauffeur de son frère, qui grillait une cigarette devant l'auto, au bord du trottoir. « J'aime autant ça », se dit-il, à la pensée qu'Antoine assisterait à l'entretien.

Mais comme il s'engageait dans le jardin, il vit son frère venir à lui.

— « Si tu étais arrivé plus tôt, je t'aurais ramené dans Paris. Mais je suis pressé... Veux-tu dîner avec moi, ce soir ? Non ? Quand ? »

Jacques éluda les questions :

— « Comment dois-je opérer pour voir Daniel ? pour le voir... seul. »

— « Très facile... Mme de Fontanin ne quitte pas le caveau, et Jenny est absente. »

— « Absente ? »

— « Tu vois ce toit gris, derrière les arbres ? C'est le pavillon où l'on dépose les morts. Daniel y est. Le gardien ira le prévenir. »

— « Jenny n'est pas à la clinique ? »

— « Non. Sa mère l'a envoyée chercher des choses, avenue de l'Observatoire... Es-tu pour longtemps à Paris ?... Alors, tu me téléphoneras ?... »

Il franchit la grille, et disparut dans l'auto.

Jacques continua sa route vers le pavillon. Soudain, son pas se ralentit. Un projet insensé venait de germer dans son cerveau... Il pivota sur lui-même, revint à la grille, et héla un taxi :

— « Vite », fit-il d'une voix rauque, « avenue de l'Observatoire ! »

Il regardait obstinément les arbres, les passants, les véhicules que sa voiture croisait. Il se refusait à penser. Il sentait bien que s'il s'accordait une minute de réflexion, il ne commettrait pas cet acte extravagant qu'une force secrète lui ordonnait d'accomplir, sans délai. Qu'allait-il faire là-bas ? Il n'en savait rien. *Se justifier !* Cesser d'être celui qui a tous les torts ! Il fallait en finir une bonne fois, par une explication !

Il se fit arrêter aux grilles du Luxembourg, et acheva le trajet à pied, presque courant, s'obligeant à ne pas lever les yeux vers ce balcon, vers ces fenêtres que, tant de fois, jadis, il était venu contempler, de loin. Il entra d'un saut dans la maison, et passa comme une flèche devant la loge, de peur de se heurter à une consigne donnée par Jenny.

Rien n'était changé. L'escalier, qu'il avait si souvent grimpé en bavardant avec Daniel... Daniel, en culotte, avec ses livres sous le bras... Le palier où Mme de Fontanin lui était apparue pour la première fois, le soir du retour de Marseille, lorsqu'elle s'était penchée, d'en haut, vers les deux fugitifs, sans autre reproche que son sourire grave... Rien n'était changé, rien, pas même le timbre de l'appartement, dont l'écho se répercuta jusqu'au fond de sa mémoire...

Elle allait apparaître. Qu'allait-il lui dire ?

Le poing crispé sur la rampe, le buste incliné, il écoutait... Aucun bruit derrière la porte ; aucun pas... Que faisait-elle ?

Il patienta quelques minutes et, de nouveau, plus timidement, il sonna.

Même silence.

Alors il redescendit avec précipitation jusqu'à la loge :

— « Mlle Jenny est chez elle, n'est-ce pas ? »

— « Non... Monsieur sait que le pauvre M. de Fontanin... »

— « Oui. Et je sais aussi que Mademoiselle est là-haut. J'ai un mot urgent pour elle... »

— « Mademoiselle est venue, en effet, après le déjeuner, mais elle est repartie. Il y a au moins un quart d'heure. »

— « Ah ! » fit-il. « Elle est repartie ? »

Hébété, il regardait la vieille femme, fixement. Il n'aurait su définir ce qu'il éprouvait : un grand soulagement ? une cuisante déception ?

La réunion de Vaugirard n'était qu'à cinq heures. Irait-il, seulement ? Il n'en avait plus aucune envie. Pour la première fois, quelque chose — quelque chose de personnel — s'interposait confusément entre lui et sa vie de militant.

Brusquement, il prit un parti. Il retournerait à Neuilly. Pour peu que Jenny eût des courses à faire, il arriverait avant elle, il l'attendrait devant la grille, et... Projet absurde, plein de risques... Mais tout, plutôt que de rester sur cette défaite !

Il avait compté sans le hasard. Comme il descendait du tram, devant la clinique, hésitant sur ce qu'il allait faire, quelqu'un, derrière lui, cria :

— « Jacques ! »

Daniel, qui attendait le tram sur l'autre trottoir, l'avait aperçu et traversait la chaussée, stupéfait.

— « Toi ? Tu es donc encore à Paris ? »

— « Revenu d'hier », balbutia Jacques. « Antoine m'a appris la nouvelle... »

— « Il est mort sans avoir repris connaissance », dit Daniel, brièvement.

Il semblait encore plus embarrassé que Jacques ; contrarié, même.

— « J'ai un rendez-vous que je ne peux absolument pas remettre », murmura-t-il. « J'ai offert à Ludwigson

de lui vendre quelques toiles, parce que nous avons
besoin d'argent ; et il doit venir aujourd'hui à mon
atelier... Si j'avais pu me douter que tu viendrais me
voir... Comment faire ? Est-ce que tu ne m'accompa-
gnerais pas ? Dans mon atelier, nous serions bien tranquilles pour causer, en attendant Ludwigson... »

— « Si tu veux », dit Jacques, renonçant d'un coup
à tout ce qu'il avait projeté.

Daniel eut un sourire de reconnaissance.

— « Nous pouvons faire un bout de chemin à pied.
Aux fortifs, nous prendrons un taxi. »

Le boulevard ouvrait devant eux sa large perspective, resplendissante de lumière. Le trottoir ombragé
se prêtait à la marche. Daniel était magnifique et ridicule, avec ce casque étincelant, et cette crinière flottante ;
son sabre lui battait les jambes, heurtait les éperons,
rythmait son pas d'un cliquetis martial. Jacques, hanté
par l'idée de la guerre, écoutait distraitement les explications de son ami. Il faillit l'interrompre, lui saisir le
bras, lui crier : « Mais, malheureux, tu ne vois donc pas
ce qu'on te prépare !... » Une idée atroce lui traversa
l'esprit et l'arrêta net : si, par impossible, la résistance
de l'Internationale ne parvenait pas à sauver la paix, ce
beau dragon, en avant-garde sur la frontière lorraine,
serait tué le premier jour... Son cœur se serra, et les mots
qu'il voulait dire lui restèrent dans la gorge.

Daniel continuait :

— « Ludwigson m'a dit : « Vers cinq heures. » Mais
j'ai besoin de faire un choix, avant qu'il arrive... Tu
comprends, il faut bien que je me débrouille : mon père
ne nous laisse que des dettes. »

Il rit bizarrement. Ce rire, sa loquacité, cette voix
tremblante et brusque — tout, en lui, témoignait d'une
nervosité qui ne lui était pas habituelle, et dont les
causes, ce soir, étaient multiples : la surprise de revoir
Jacques, le souvenir amer de leur première rencontre,
le besoin de retrouver le ton de leurs causeries d'autrefois, de ranimer par ces libres confidences la confiance
de son silencieux compagnon ; et aussi le plaisir d'être
dehors, la griserie de cette belle journée, de cette prome-

nade à deux, après ces quatre jours de claustration dans
l'attente de la mort.

Jacques avait si peu conscience de posséder quelque
part, à son nom, une fortune sans emploi, que pas une
seconde l'idée ne lui vint qu'il pourrait aider son ami.
L'autre, d'ailleurs, n'y avait pas songé davantage, sans
quoi il n'eût soufflé mot de ses difficultés.

— « Des dettes... Et un nom compromis », poursuivit Daniel, sombrement. « Jusqu'au bout, il aura empoisonné notre existence!... J'ai ouvert, ce matin, une
lettre d'Angleterre, à son adresse ; la lettre d'une femme
à laquelle il avait promis de l'argent. Il faisait la navette
entre Londres et Vienne, et il entretenait un ménage aux
deux bouts de la ligne, comme un garçon de sleeping...
Oh! » ajouta-t-il vivement, « ses frasques, je m'en fiche!
C'est tout le reste qui est abominable. »

Jacques hocha la tête, évasivement.

— « Ça t'étonne que je dise ça ? » reprit Daniel. « J'en
veux terriblement à mon père. Mais pas du tout pour
ses histoires de femmes. Non! Je dirais presque : au
contraire... C'est bizarre, n'est-ce pas ? Il est mort sans
que nous ayons eu ensemble le moindre abandon, le
moindre échange. Mais, si jamais quelque intimité avait
été possible entre nous, ç'aurait été sur cet unique ter-
rain-là : les femmes, l'amour... C'est peut-être parce que
je suis pareil à lui », reprit-il, sourdement. « Tout pareil :
incapable de résister à mes entraînements ; incapable
même d'en avoir du remords. » Il hésita, avant d'ajouter : « Tu n'es pas comme ça, toi ? »

Jacques aussi, depuis quatre ans, avait plus ou moins
cédé à ses « entraînements » ; mais jamais sans remords.
A son insu, dans un coin peut-être mal aéré de sa conscience, subsistait quelque chose de cette distinction
puérile entre le « pur » et l' « impur », qu'il faisait si souvent, jadis, au cours de ses discussions avec Daniel.

— « Non », dit-il. « Moi, je n'ai jamais eu ce courage...
Le courage de s'accepter tel qu'on est. »

— « Est-ce du courage? De la faiblesse peut-être...
Ou de la fatuité... Ou tout ce que tu voudras... Je crois
que, pour certaines natures, comme la mienne, courir

de désir en désir, c'est vraiment le régime normal, nécessaire, le rythme de vie qui leur est particulier. Ne
jamais se refuser à ce qui s'offre ! » formula-t-il, sur un ton
véhément, comme s'il répétait quelque serment intérieur.

« Il a de la chance d'être beau », se dit Jacques, en
caressant du regard le profil mâle, volontaire, qui se
découpait sous la visière du casque. « Pour parler du
désir avec cette assurance, il faut être " irrésistible ",
il faut avoir l'habitude d'éveiller soi-même le désir...
Peut-être aussi faut-il avoir d'autres expériences que
les miennes... » Il songea qu'il avait pris ses premières
leçons amoureuses entre les bras de la blonde Lisbeth,
la petite Alsacienne sentimentale, la nièce de la mère
Fruhling. Daniel, lui, avait eu, plus jeune, la révéla-
tion du plaisir, dans le lit de cette fille experte qui l'avait
recueilli, une nuit, à Marseille. Ces deux initiations, si
différentes, les avaient peut-être marqués pour toujours ?
« Est-on vraiment « orienté » par sa première aventure ? »
se demanda-t-il. « Ou bien, au contraire, cette première
aventure est-elle commandée par des lois secrètes, auxquelles on sera soumis toute sa vie ? »

Comme s'il avait deviné le tour des pensées de Jacques,
Daniel s'écria :

— « Nous avons une déplorable tendance à compliquer ces questions-là. L'amour ? Affaire de santé, mon
vieux : de santé physique et morale. Pour moi, j'accepte sans réserve la définition de Iago, tu te souviens ?
*It is merely a lust of the blood and a permission of the
will*... Oui, l'amour, c'est ça, et il ne faut pas en faire
autre chose que ça : une poussée de sève... Iago dit bien :
" Un bouillonnement du sang, avec consentement de la
volonté... " »

— « Tu as toujours ta manie de citer des textes anglais », observa Jacques en souriant. Il n'avait aucune
envie de disputer sur l'amour... Il regarda sa montre.
A *l'Humanité*, les dépêches des agences ne parvenaient
pas avant quatre heures et demie ou cinq heures...

Daniel vit le geste.

— « Oh ! nous avons le temps », dit-il, « mais nous
causerons mieux chez moi. »

Et il héla un taxi.

Dans la voiture, comme Daniel, pour entretenir la conversation, continuait à parler de lui, de ses bonnes fortunes à Lunéville, à Nancy, et vantait le charme des aventures sans lendemain :

— « Tu me regardes ?... » fit-il, gêné tout à coup. « Tu me laisses bavarder... A quoi penses-tu ? »

Jacques tressaillit. Il fut tenté, une fois de plus, d'aborder avec Daniel les questions qui l'obsédaient. Cependant, cette fois encore, il se déroba :

— « A quoi je pense ?... Mais... à tout ça ! »

Et, pendant le silence qui suivit, chacun d'eux, le cœur lourd, se demanda si l'image qu'il avait conservée de l'autre correspondait encore à une réalité.

— « Vous prendrez la rue de Seine ! » cria Daniel au chauffeur. Puis, se tournant vers Jacques : « J'y pense : tu ne connais pas mon installation ? »

Cet atelier, que Daniel avait loué l'année qui avait précédé son service (et dont Ludwigson payait le loyer, sous l'aimable prétexte que Daniel y conservait les archives de leur revue d'art), était au dernier étage d'un ancien immeuble à hautes fenêtres, dans le fond d'une cour pavée.

L'escalier de pierre était obscur, affaissé par endroits, odorant et vétuste ; mais large et orné d'une rampe de fer ouvragé. La porte de l'atelier, percée d'un guichet de prison, s'ouvrait à l'aide d'une clef pesante, que Daniel avait prise chez le concierge.

Jacques, suivant son ami, pénétra dans une vaste pièce mansardée qu'éclairait, à plein ciel, une verrière poussiéreuse. Tandis que Daniel s'affairait, Jacques, curieusement, examinait les aîtres. Les parois de l'atelier étaient d'un gris beige uniforme, sans aucune note de couleur. Deux réduits entresolés, cachés par des rideaux à demi tirés, trouaient le mur du fond : l'un, peint en blanc, était transformé en cabinet de toilette ; l'autre, tapissé de rouge pompéien, et entièrement occupé par un grand lit bas, formait alcôve. Dans un angle, des tréteaux portaient une table d'architecte, chargée de livres, d'albums, de revues empilées ; au-dessus, pendait un réflecteur vert. Sous des housses que Daniel retirait hâtivement, s'entassaient plusieurs che-valets à roulettes, et quelques sièges disparates. Contre le mur, dans de profonds casiers en bois blanc, se dissi-mulaient des châssis et des cartons, dont on n'aperce-vait que les tranches alignées.

Daniel fit rouler jusqu'à Jacques un fauteuil de cuir râpé.

— « Assieds-toi... Je me lave les mains. »

Jacques se laissa tomber sur les ressorts gémissants. Les yeux levés vers la baie, il regardait le paysage des toits, baignés de chaude lumière. Il reconnut la cou-pole de l'Institut, les flèches de Saint-Germain-des-Prés, les tours de Saint-Sulpice.

Il se retourna vers le cabinet de toilette, et aperçut Daniel dans l'entrebâillement des rideaux. Le jeune homme avait troqué sa tunique contre la veste bleutée d'un pyjama. Il était assis devant le miroir, et passait, avec un sourire attentif, ses paumes sur ses cheveux. Jacques fut surpris, comme s'il avait découvert un secret. Daniel était beau, mais il avait si peu l'air de le savoir, il portait son profil de médaille avec une sim-plicité si virile, que Jacques n'avait jamais imaginé son ami complaisamment attardé devant la glace. Brus-quement, comme Daniel revenait vers lui, il pensa à Jenny avec une émotion intense. Le frère et la sœur ne se ressemblaient pas ; cependant, ils tenaient tous deux de leur père une certaine finesse de structure, une même souplesse allongée, qui donnaient une indéniable parenté à leur démarche.

Il se leva vivement, et se dirigea vers les casiers où étaient les châssis :

— « Non », dit Daniel en s'approchant. « Ça, c'est le coin des vieilleries... 1911... Tout ce que j'ai peint cette année-là est fait de réminiscences... Tu connais ce mot terrible, qui est, je crois, de Whistler parlant de Burne-Jones : " Ça *ressemble* à quelque chose qui *serait* très bien... "? Regarde plutôt ça », fit-il, en tirant à lui

plusieurs toiles représentant toutes, à quelques détails
près, le même nu. « Ça, c'était juste avant mon service...
Ces études-là sont de celles qui m'ont le plus aidé à comprendre... »

Jacques crut que Daniel n'avait pas achevé sa phrase.

— « A comprendre quoi ? »

— « Eh bien, ça... Ce dos-là, ces épaules-là... Je crois
très important de choisir une chose solide, comme cette
épaule, ce dos, et de travailler dessus, jusqu'à ce qu'on
commence à entrevoir la vérité... cette vérité simple,
qui se dégage des choses solides, éternelles... Je crois
qu'un certain effort d'application, d'approfondissement,
finit par livrer un secret... la solution de tout... une
espèce de clef de l'univers... Ainsi, cette épaule, ce
dos... »

Cette épaule, ce dos... Jacques pensait à l'Europe, à
la guerre.

— « Tout ce que j'ai appris », poursuivit Daniel, « je
l'ai toujours tiré de l'étude tenace d'un même modèle...
Pourquoi changer ? On obtient bien davantage de soi,
quand on s'obstine à revenir sans cesse au même point
de départ ; quand il faut, chaque fois, recommencer,
et aller plus loin ; dans un même sens... Si j'avais été
romancier, je crois que, au lieu de changer de personnages
à chaque livre nouveau, je me serais accroché aux mêmes,
indéfiniment pour creuser... »

Jacques se taisait, hostile. Combien lui apparaissaient
artificiels, inutiles, inactuels, ces problèmes d'esthé-
tique !... Il ne parvenait plus à comprendre le but d'une
existence comme celle de Daniel. Il se demanda : « Comment le jugerait-on, à Genève ? » Il eut honte de son
ami.

Daniel soulevait ses toiles, une à une, les tournait
vers la lumière, leur jetait, à travers ses paupières plissées, un rapide coup d'œil, puis il les remettait en place.
De temps à autre, il en posait une, à l'écart, au pied
du chevalet le plus proche : « Pour Ludwigson. »

Il haussa les épaules et marmonna entre ses dents :

— « Au fond, le don, ça n'est presque rien — tout
en étant indispensable !... C'est le travail qui importe.

Sans travail, le talent n'est qu'un feu d'artifice ; ça éblouit un instant, mais il n'en reste rien. » Comme à regret, il mit coup sur coup trois châssis de côté, et soupira : « Il faudrait pouvoir ne rien *leur* vendre, jamais. Et toute sa vie, travailler, travailler. »

Jacques, qui continuait à l'observer, constata :

— « Tu aimes toujours aussi profondément ton art ? »

L'intonation marquait une surprise un peu dédaigneuse, que Daniel perçut.

— « Que veux-tu ? » fit-il sur un ton conciliant. « Tout le monde n'est pas doué pour l'action. »

Par prudence, il dissimulait sa véritable pensée. Il estimait qu'il y a déjà, par le monde, bien assez d'hommes d'action pour les bienfaits que l'humanité en tire ; et que, dans l'intérêt même de la collectivité, ceux qui, par chance, comme lui, comme Jacques, pouvaient cultiver leurs dons et devenir des artistes, devaient laisser le domaine de l'action à ceux qui n'en ont pas d'autre. A ses yeux, sans nul doute, Jacques avait trahi sa mission naturelle. Et, dans l'attitude réticente, irritée, de son compagnon de jeunesse, il croyait trouver une confirmation de son jugement : l'indice d'une secrète insatisfaction, le regret de ceux qui ont confusément conscience de ne pas accomplir leur destinée, et qui cachent orgueilleusement, sous des dehors de bravoure, de mépris, le sentiment inavoué de leur défection.

Les traits de Jacques étaient devenus durs.

— « Vois-tu, Daniel », reprit-il, en baissant la tête — ce qui étouffait sa voix — « tu vis enfermé dans ton œuvre, comme si tu ne savais rien des hommes... »

Daniel posa l'étude qu'il tenait à la main.

— « Des hommes ? »

— « Les hommes sont des bêtes malheureuses », poursuivit Jacques : « des bêtes martyrisées... Tant qu'on détourne les yeux de cette souffrance, peut-être que l'on peut continuer à vivre comme tu vis. Mais, quand une fois on a pris contact avec la misère universelle, alors, mener la vie d'un artiste, non, ça n'est plus, absolument plus, possible... Comprends-tu ? »

— « Oui », fit lentement Daniel. Et, s'approchant de

la verrière, il s'attarda quelques instants à contempler l'horizon des toits.

« Oui », songeait-il, « il a raison, bien sûr... La misère... Mais qu'y peut-on ? Tout est désespérant... Tout, sauf justement, l'art ! » Et, plus que jamais, il se sentait attaché à ce merveilleux refuge où il avait eu le privilège de pouvoir installer sa vie. « Pourquoi prendrais-je sur mon dos les péchés et les malheurs du monde ? Je paralyserais ma force créatrice, j'étoufferais mes dons, sans profit pour personne. Je ne suis pas né apôtre... Et puis — mettons que je sois un monstre — mais, moi j'ai toujours eu la ferme volonté d'*être heureux !* » C'était vrai. Depuis l'enfance, il s'appliquait à défendre son bonheur, envers et contre tous ; avec ce sentiment, peut-être naïf, mais très raisonné, que tel était le principal de ses devoirs envers lui-même. Devoir difficile, d'ailleurs, et qui exigeait une constante attention : pour peu que l'homme se laisse aller à la pente, c'est tout aussitôt du malheur qu'il fabrique... Or, la condition première de son bonheur, c'était son indépendance ; et il savait bien qu'on ne se donne pas à une cause collective, sans avoir d'abord à faire le sacrifice de sa liberté... Mais il ne pouvait faire cet aveu à Jacques. Il devait se taire, et accepter cette condamnation dédaigneuse qu'il venait de lire dans les yeux de son ami.

Il se retourna, et, s'approchant de Jacques, il le regarda quelques secondes avec une attention interrogative :

— « Tu as beau dire que tu es heureux », fit-il enfin (Jacques n'avait jamais rien dit de semblable), « comme, au contraire, tu parais... triste... tourmenté !... »

Jacques se redressa. Cette fois, il allait parler ! Il semblait avoir pris soudain une décision longtemps différée ; et l'expression de son regard était si grave que Daniel le considéra, interdit.

Un vigoureux coup de sonnette ébranla l'air et les fit sursauter.

— « Ludwigson », souffla Daniel.

« Tant mieux », pensa Jacques. « A quoi bon ?... »

— « Ce ne sera pas long ; reste ! » murmura Daniel. « Ensuite, je te reconduirai... »

Jacques refusa d'un signe de tête.

Daniel supplia :

— « Tu ne vas pas t'en aller ? »

— « Si. »

Son visage était de bois.

Daniel, une seconde, le regarda avec désespoir. Puis, sentant toute insistance vaine, il fit un geste découragé, et courut ouvrir la porte.

Ludwigson portait un complet de Côte d'Azur, très ajusté, en tussor crème, sur lequel la rosette tirait l'œil. Sa tête massive, qui semblait sculptée dans une pâte blafarde et gélatineuse, reposait sur le double pli du cou, très à l'aise dans un col bas. Le crâne était pointu ; les yeux, un peu bridés ; les pommettes plates. La bouche lippue et longue, faisait penser à un piège.

Il s'attendait évidemment à discuter les prix tête à tête, et s'étonna imperceptiblement de la présence d'un tiers. Cependant, il s'avança courtoisement vers Jacques, qu'il avait reconnu d'emblée bien qu'il ne l'eût rencontré qu'une fois.

— « Charr'mé », fit-il, en roulant l'*r*. « J'ai eu le plaisir de causer avec vous, il y a quatre ans, pendant un entracte, aux Ballets russes. N'est-ce pas ? Vous prépariez l'École Normale ? »

— « En effet », dit Jacques. « Vous avez une admirable mémoire. »

— « J'en conviens », dit Ludwigson. Il baissa ses paupières de batracien, et, comme il prenait plaisir à confirmer sur-le-champ l'éloge de Jacques, il se tourna vers Daniel : « C'est votre ami M. Thibault qui m'a appris que, dans l'ancienne Grèce — à Thèbes, si je me souviens bien — ceux qui voulaient obtenir une magistrature devaient n'avoir fait aucun négoce pendant dix ans au moins... Étrange, n'est-ce pas ? Je ne l'ai jamais oublié... Vous m'avez appris encore, ce soir-là », ajouta-t-il, en se tournant cette fois vers Jacques, « que, en France, sous notre ancien régime, pour avoir le droit de porter son titre, il fallait posséder, depuis au moins vingt ans, ses — comment disait-on? — ses quartiers nobles, n'est-ce pas?... » Il conclut, en s'inclinant avec grâce : « J'ai plaisir, infiniment, à converser avec les gens instruits... »

Jacques sourit. Puis, brusquant son départ, il prit congé de Ludwigson.

— « Alors », balbutia Daniel, en le suivant jusqu'à la porte, « bien vrai, tu ne veux pas attendre? »

— « Impossible. Je suis déjà en retard... »

Il évitait de regarder son ami. L'atroce vision lui étreignait de nouveau le cœur : Daniel en première ligne...

Gênés par la présence de Ludwigson, ils échangèrent une poignée de main machinale.

Jacques ouvrit lui-même la lourde porte, murmura : « Au revoir », et s'élança dans l'escalier obscur.

Sur le trottoir, il s'arrêta, respira un grand coup, et regarda l'heure. La réunion de Vaugirard était terminée depuis longtemps.

Il avait faim. Il entra dans une boulangerie, prit deux croissants, une tablette de chocolat, et partit à pied vers la Bourse.

XXXII

Ce soir-là, vendredi 24 juillet, à *l'Humanité*, dans les bureaux de Gallot et de Stefany, les conversations étaient pessimistes. Tous ceux qui avaient approché le Patron se montraient assez inquiets. En Bourse, une panique subite avait fait tomber le 3 % français à 80, et même, un moment, à 78 francs. Depuis 1871, jamais la rente n'avait connu un cours aussi bas. Et les dépêches allemandes annonçaient une panique parallèle à la Bourse de Berlin.

Jaurès était retourné, l'après-midi, au Quai d'Orsay. Il en était revenu fort soucieux. Il avait travaillé, sans voir personne, enfermé dans son bureau. Son article du lendemain était prêt ; on n'en connaissait encore que le titre, mais ce titre en disait long : *Suprême chance de paix*. Il avait dit à Stefany : « La note autrichienne est effroyablement dure. A se demander si Vienne n'a pas voulu, en brusquant l'attaque, rendre impossible toute action préventive des puissances... »

Tout, en effet, semblait avoir été diaboliquement combiné pour provoquer en Europe le pire désarroi. Les chefs responsables du gouvernement français étaient absents jusqu'au 31 ; ils avaient dû apprendre la nouvelle en mer, entre la Russie et la Suède, et ne pouvaient se concerter aisément, ni avec les autres ministres français, ni avec les gouvernements alliés. (Berchtold avait fait en sorte que le tsar ne prît connaissance de la note qu'après le départ du Président ; sans doute avait-il craint que les conseils de Poincaré ne fussent pas de conciliation.) Le Kaiser, lui aussi, était en mer ; et, gêné par son éloignement, ne pouvait pas, même s'il l'eût voulu, donner immédiatement à François-Joseph des avis de modération. D'autre part, les grèves russes, en pleine virulence, paralysaient la liberté d'action des dirigeants russes ; de même que la guerre civile en Irlande paralysait celle de l'Angleterre. Enfin le gouvernement serbe se trouvait, ces jours-ci, dans le branle-bas des élections : la plupart des ministres voyageaient en province pour leur campagne électorale ; Pachitch, le président du Conseil, n'était même pas à Belgrade lors de la remise de la note autrichienne.

Sur cette note, on commençait à avoir des précisions. Le texte, présenté la veille au gouvernement serbe, avait été communiqué aujourd'hui aux puissances. Malgré les assurances conciliantes données à plusieurs reprises par l'Autriche (Berchtold avait affirmé aux ambassadeurs russe et français que les réclamations seraient *des plus acceptables*), la note avait nettement le caractère d'un ultimatum, puisque le gouvernement de Vienne exigeait l'acceptation totale de ses conditions, et qu'il avait fixé un délai pour la réponse — délai invraisemblablement court : quarante-huit heures ! — pour empêcher sans doute une intervention des puissances en faveur de la Serbie. Un renseignement secret, recueilli au ministère des Affaires étrangères d'Autriche, et qu'un socialiste viennois, envoyé par Hosmer, avait apporté à Jaurès, légitimait toutes les inquiétudes : le baron de Giesl, l'ambassadeur autrichien à Belgrade, aurait d'ores et déjà reçu, en même temps que l'ordre de remettre la note, l'instruction formelle de rompre les relations diplomatiques et de quitter immédiatement la Serbie, au cas probable où, le lendemain, samedi, à six heures du soir, le gouvernement serbe n'aurait pas accepté, sans discussion, les exigences autrichiennes. Instruction qui laissait penser que l'ultimatum avait été volontairement rédigé sous une forme offensante, inacceptable, pour permettre à Vienne de précipiter la déclaration de guerre. D'autres informations confirmaient ces hypothèses pessimistes. Le chef d'état-major Hötzendorf avait, sur dépêche, interrompu ses vacances dans le Tyrol pour regagner précipitamment la capitale autrichienne. L'ambassadeur d'Allemagne en France, M. de Schœn, en congé à Berchtesgaden, venait de rentrer brusquement à Paris. Le comte Berchtold, après avoir conféré avec l'empereur à Ischl, avait fait un détour par Salzburg, pour y rencontrer le chancelier allemand Bethmann-Hollweg.

Tout concourait donc à donner l'impression d'une vaste machination, savamment réglée. Quelle part y avait prise l'Allemagne ? Les germanophiles rejetaient la faute sur les Russes, et expliquaient l'attitude des Allemands par ce fait que l'Allemagne avait soudainement appris les inquiétants desseins du panslavisme, et l'importance des préparatifs militaires déjà commencés en Russie. A Berlin, le mot d'ordre, dans les sphères gouvernementales, était de prétendre que, jusqu'à ce jour, les dirigeants allemands ignoraient tout des exigences autrichiennes, et n'en avaient eu connaissance que par la communication faite à toutes les autres puissances. Jagow, le secrétaire d'État à la Wilhelmstrasse l'avait affirmé, disait-on, à l'ambassadeur d'Angleterre. Mais on croyait savoir que le texte avait été communiqué à Berlin depuis au moins deux jours.

Fallait-il en conclure que l'Allemagne appuyait formellement l'Autriche, et désirait la guerre? Trauttenbach, qui venait de Berlin, et que Jacques avait retrouvé ce soir dans le bureau de Stefany, s'élevait contre cette déduction trop simpliste. L'attitude de l'Allemagne s'expliquait, selon lui, par ce fait que les milieux militaires de Berlin croyaient encore à l'impréparation russe. Si leur calcul était juste, si, par suite de la passivité forcée de la Russie, le risque d'un conflit général était nul, les empires germaniques pouvaient tout se permettre : ils gagnaient à coup sûr. Le tout était d'agir avec force et rapidité. Il fallait que les troupes autrichiennes fussent à Belgrade avant que les puissances de la Triple Entente eussent le temps d'intervenir, ou même de délibérer. L'Allemagne, alors, entrerait en scène : innocente de toute connivence, de toute préméditation, elle offrirait sa médiation pour localiser le conflit et le résoudre par des négociations dont elle prendrait l'initiative. L'Europe, afin de sauver la paix, s'empresserait d'accepter l'arbitrage allemand, et sacrifierait, sans grand débat, les intérêts de la Serbie. Grâce à l'Allemagne, tout rentrerait donc dans l'ordre, et la partie se solderait au profit des empires germaniques : le régime de la Double Monarchie se trouverait pour longtemps consolidé, et la Triplice enregistrerait un triomphe diplomatique sans précédent. Ces suppositions, relatives au plan secret de l'Allemagne, étaient confirmées par certaines confidences recueillies dans l'entourage de l'ambassade italienne à Berlin.

Stefany, ayant été appelé auprès du Patron, Jacques emmena Trauttenbach au *Progrès*.

La petite salle était houleuse. Les journaux du soir, les nouvelles apportées par les rédacteurs de *l'Humanité*, éveillaient des commentaires contradictoires et passionnés.

Vers neuf heures, un courant optimiste traversa l'atmosphère. Pagès venait de passer quelques minutes avec le Patron. Il l'avait trouvé moins inquiet. Jaurès lui avait dit : « A quelque chose malheur est bon... Le geste de l'Autriche va obliger les peuples d'Europe à secouer leur torpeur. » D'autre part, les dernières dépêches apportaient maintes preuves de l'activité de l'Internationale. Les partis belge, italien, allemand, autrichien, anglais, russe, étaient en liaison constante avec le parti français et s'apprêtaient à une manifestation générale de grande envergure. On venait justement de recevoir des précisions encourageantes, envoyées par le Parti socialiste allemand qui se portait en quelque sorte garant des intentions pacifiques de son gouvernement : ni Bethmann, ni Jagow, et moins encore le Kaiser, affirmaient les social-démocrates, n'accepteraient d'être entraînés dans une guerre : on pouvait donc compter sur une intervention énergique et efficace de l'Allemagne.

De Russie parvenaient aussi des nouvelles réconfortantes. Au reçu de la note autrichienne, un conseil des ministres, réuni en hâte sous la présidence du tsar, avait décidé une démarche immédiate et pressante auprès du gouvernement autrichien, pour obtenir une prolongation du délai imposé à la Serbie. Cette demande adroite, qui réservait le fond du procès et visait seulement la question secondaire du délai, ne semblait pas devoir être repoussée par Vienne. Or, une prolongation, fût-elle de deux ou trois jours, assurait aux diplomaties européennes le temps de se mettre d'accord pour une ligne d'action commune. Déjà, d'ailleurs, sans perdre de temps, les Affaires étrangères de Russie avaient entamé, avec les divers ambassadeurs accrédités à Pétersbourg, des conversations précises qui ne pouvaient manquer de porter fruit. Presque en même temps, un télégramme de Londres vint confirmer ces premières espérances. Sir Edward Grey, le ministre des Affaires étrangères, avait pris l'initiative d'appuyer de toute son autorité la démarche russe pour la prolongation du délai. De plus, il préparait en hâte un projet de médiation, auquel il voulait associer l'Allemagne, l'Italie, la France et l'Angleterre — les quatre grandes puissances non intéressées directement au conflit. Projet mesuré, qui ne risquait pas d'être rejeté, puisque, à la table de cette assemblée arbitrale, les partenaires se trouveraient en camps égaux : d'un côté l'Allemagne et l'Italie, pour défendre les intérêts autrichiens ; de l'autre, la France et l'Angleterre, pour représenter les intérêts serbes et slaves.

Mais, à partir de onze heures, de fâcheux présages assombrirent de nouveau l'horizon. Le bruit se répandit d'abord que, si l'Allemagne avait accepté le projet de sir Edward Grey, elle l'avait fait en termes fort réticents, qui semblaient annoncer qu'elle ne joindrait pas franchement son action médiatrice à celle des autres puissances. Puis, on apprit, non sans émoi, par Marc Levoir, qui revenait du Quai d'Orsay, que l'Autriche, contre toute attente, refusait net à la Russie la prolongation du délai : ce qui apparaissait soudain comme un aveu de sa volonté d'agression.

Vers une heure du matin, la plupart des militants étant partis, Jacques revint à *l'Humanité*.

Dans la salle d'entrée, Gallot reconduisait deux députés socialistes qui sortaient du bureau de Jaurès. Ils apportaient un renseignement confidentiel et inquiétant : aujourd'hui même, tandis que toutes les chancelleries comptaient sur l'intervention apaisante de Berlin, M. de Schœn, ambassadeur d'Allemagne, qui venait de rentrer à Paris, s'était présenté au Quai d'Orsay pour lire à M. Bienvenu-Martin, ministre intérimaire, une déclaration de son gouvernement ; et ce document inattendu avait la sécheresse d'un avertissement — voire d'une menace. L'Allemagne y déclarait cyniquement qu'elle « approuvait dans le *fond* et dans la *forme* » la note autrichienne ; elle laissait entendre que la diplomatie européenne n'avait pas à s'en occuper ; elle déclarait que le conflit devait demeurer localisé entre l'Autriche et la Serbie ; et qu' « aucune *tierce puissance* » ne devait intervenir dans le débat ; « sans quoi, il y aurait à redouter *les conséquences les plus graves* ». Ce qui signifiait nettement : « Nous sommes décidés à soutenir l'Autriche ; si la Russie intervenait en faveur de la Serbie, nous serions forcés de mobiliser ;

et, le système des alliances jouant automatiquement, France et Russie se trouveraient devant l'éventualité d'une guerre avec la Triplice. » Cette démarche de Schœn semblait révéler soudain, de la part de l'impérialisme allemand, une attitude partiale, agressive, et une volonté d'intimidation qui étaient certes de mauvais augure. Quelle allait être la réaction française devant cette semi-provocation ?

Gallot et Jacques étaient restés dans la salle d'entrée, et Jacques allait partir, lorsqu'une porte s'ouvrit brusquement. Jaurès parut, le front brillant de sueur, son canotier en arrière, les épaules rondes, l'œil tapi sous les sourcils. Son bras court serrait contre son flanc une serviette gonflée de paperasses. Il jeta sur les deux hommes un regard absent, répondit machinalement à leur salut, traversa la pièce d'un pas lourd, et disparut.

XXXIII

Mme de Fontanin et Daniel avaient passé la nuit sur deux chaises voisines, auprès du cercueil. Jenny, sur les instances de son frère, avait été prendre quelques heures de repos.

Lorsque, vers sept heures du matin, la jeune fille vint les rejoindre, Daniel s'approcha de sa mère et lui toucha doucement l'épaule :

— « Viens, maman... Jenny va rester là, pendant que nous irons prendre le thé. »

La voix était tendre mais ferme. Mme de Fontanin tourna vers Daniel son visage fatigué. Elle sentit que toute résistance serait vaine. « J'en profiterai », se dit-elle, « pour lui parler de mon voyage en Autriche. » Elle jeta un dernier regard vers la bière, se leva, et docilement, suivit son fils.

Le petit déjeuner leur fut servi dans la chambre de l'annexe, où Jenny avait passé la nuit. La fenêtre était grande ouverte sur le jardin. La vue de la théière bril-

lante, du beurre et du miel dans leurs coupes
de verre, éveilla sur les traits de Mme de Fontanin un
sourire involontaire et ingénu. De tout temps, le petit
déjeuner en compagnie de ses enfants avait été pour
elle, au début de la journée, une heure bénie, de trêve,
de joie, où se retrempait son optimisme naturel.

— « C'est vrai que j'ai faim », confessa-t-elle, en
s'approchant de la table. « Et toi, mon grand? »

Elle s'assit et commença machinalement à beurrer
des tartines. Daniel la regardait faire, en souriant,
attendri de revoir en pleine lumière les petites mains
blanches et charnues accomplir délicatement ces gestes
rituels, dont le souvenir était lié pour lui à tous les
matins de son enfance.

Devant ce plateau copieux, Mme de Fontanin, par
une association d'idées confuses, murmura :

— « J'ai tant de fois pensé à toi, mon grand, pendant ces manœuvres. Étiez-vous suffisamment nour-
ris?... Le soir, à l'idée que tu étais peut-être couché
dans la paille, avec des vêtements mouillés de pluie,
j'avais honte d'être dans mon lit, je ne pouvais pas
m'endormir. »

Il se pencha et appuya sa main sur le bras de sa mère :

— « Quelle idée, maman! Au contraire, après tant
de mois à la caserne, ç'a été une distraction, pour nous,
de jouer à la petite guerre... » Tout en parlant, incliné
vers elle, il tripotait la gourmette d'or qu'elle portait
au poignet. « Et puis, tu sais », ajouta-t-il, « un sous-
off' en manœuvres trouve toujours un lit chez l'habi-
tant! »

Il avait jeté cela un peu étourdiment. Le souvenir
de quelques bonnes fortunes, cueillies au hasard des
cantonnements, lui traversa l'esprit et lui causa un
furtif sentiment de gêne, que les antennes de Mme de
Fontanin enregistrèrent obscurément. Elle évita de
regarder son fils.

Il y eut un court silence ; puis, timidement, elle
demanda :

— « A quelle heure dois-tu repartir? »

— « Ce soir, à huit heures... Ma permission expire

à minuit, mais il suffira que je sois à l'appel demain matin. »

Elle réfléchit que l'enterrement ne serait pas terminé avant une heure et demie, qu'ils ne seraient pas de retour chez eux avant deux heures, que cette dernière journée avec Daniel serait bien courte...

Comme s'il pensait aux mêmes choses, il dit :

— « Et, cet après-midi, j'aurai à sortir : une course indispensable... »

Elle sentit, à l'accent de sa voix, qu'il lui dissimulait quelque chose. Mais elle se méprit sur la nature de ce secret. Car c'était exactement le ton évasif, un peu trop désinvolte, qu'il prenait autrefois, lorsque, après avoir passé une heure avec elle, le soir, devant la cheminée, il lui disait, en se levant : « Excuse-moi, maman, j'ai rendez-vous avec *des camarades*. »

Il flaira vaguement le soupçon, et voulut le dissiper aussitôt :

— « Un chèque à toucher... Un chèque de Ludwigson. »

C'était vrai. Il ne voulait pas quitter Paris sans laisser cet argent à sa mère.

Elle n'eut pas l'air d'entendre. Elle buvait son thé, comme elle faisait toujours, en se brûlant, à petites lampées silencieuses, sans reposer la tasse, les yeux légèrement embués. Elle songeait au départ de Daniel, et son cœur était lourd. Elle en oubliait momentanément la cérémonie de tout à l'heure. Pourtant, elle n'avait pas le droit de se plaindre : l'absence de son fils, dont elle avait tant souffert depuis des mois, tirait à sa fin. En octobre, il lui reviendrait. En octobre, ils recommenceraient leur vie à trois. A cette pensée, tout un avenir paisible se levait devant elle. Sans qu'elle se l'avouât, la disparition de Jérôme éclaircissait l'horizon. Dorénavant, elle serait seule et libre entre ses deux enfants...

Daniel la regardait avec une expression de sollicitude soucieuse :

— « Qu'est-ce que vous allez faire, toutes deux, à Paris, pendant ces mois d'été ? » demanda-t-il.

(Mme de Fontanin, par besoin d'argent, avait loué, pour toute la saison, à des étrangers, sa propriété de Maisons-Laffitte.)

« Voilà le moment de lui parler de mon voyage », songea-t-elle.

— « Ne t'inquiète pas, mon grand... D'abord, moi, je vais être fort occupée par la liquidation de toutes ces affaires... »

Il l'interrompit :

— « C'est pour Jenny que je m'inquiète, maman... »

Bien qu'il fût, de longue date, accoutumé à la taciturne réserve de sa sœur, il avait été frappé, ces derniers jours, par le visage défait de Jenny, par son regard fiévreux.

— « Elle n'est vraiment pas bien », déclara-t-il. « Elle aurait besoin de grand air. »

Mme de Fontanin remit sa tasse sur le plateau, sans répondre. Elle aussi avait remarqué quelque chose d'insolite dans l'aspect de sa fille : une expression d'égarement, d'envoûtement, que la mort de son père ne suffisait pas à expliquer. Mais elle avait sur Jenny d'autres vues que Daniel.

— « C'est une malheureuse nature », soupira-t-elle. Et, avec une naïveté touchante : « Elle ne sait pas avoir confiance... »

Puis, de ce ton légèrement cérémonieux, déférent, qu'elle prenait pour aborder certains problèmes, elle ajouta :

— « Vois-tu, chaque créature a son lot d'épreuves intérieures, de luttes... »

— « Oui », accorda Daniel, sans la laisser poursuivre. « Mais, tout de même, si Jenny avait pu faire cet été un séjour à la montagne, ou à la mer... »

— « Ni la mer ni la montagne ne peuvent rien pour elle », affirma Mme de Fontanin, en secouant la tête, avec cet entêtement des êtres doux que possède une certitude inébranlable. « Ce n'est pas dans sa santé que Jenny est atteinte. Personne ne peut rien pour elle, crois-moi... Chaque créature est seule pour mener son combat, comme elle sera seule, au jour fixé, pour

mourir sa mort... » Elle songeait à la fin solitaire de
Jérôme. Ses yeux s'emplirent de larmes. Elle fit une
courte pause et ajouta, bas, comme pour elle-même :
« Seule, avec l'Esprit. »

— « C'est avec ces principes-là...! » commença Daniel. Un peu d'agacement faisait vibrer sa voix. Il tira
une cigarette de son étui, et se tut.

— « Avec ces principes-là...? » demanda Mme de
Fontanin, surprise.

Elle le regardait fermer son étui d'un coup sec, et
tapoter la cigarette sur le dos de sa main, avant de la
glisser entre ses lèvres. « Exactement les gestes de son
père », pensa-t-elle. « Exactement les mêmes mains... »
L'identité était d'autant plus frappante que Daniel
portait maintenant à l'annulaire la bague que Mme de
Fontanin avait retirée elle-même des doigts de Jérôme,
avant de les croiser pour l'éternité ; et ce large camée
évoquait douloureusement pour elle ces mains fines
et viriles, qui n'étaient plus vivantes que dans son
souvenir. A la moindre évocation physique de Jérôme,
elle ne pouvait retenir son cœur de battre comme à
vingt ans... Mais, toujours, ces ressemblances du fils
avec le père lui causaient à la fois une émotion très
douce et une terrible anxiété.

— « Avec ces principes-là...? » répéta-t-elle.

— « Je voulais seulement dire... », fit-il. Il hésitait,
les sourcils froncés, cherchant ses mots : « C'est avec
ces principes-là, que tu as toujours laissé... *les autres...*
suivre seuls et librement leur destinée, sans intervenir
— même quand la voie qu'ils suivaient était manifestement mauvaise — même quand cette destinée ne
pouvait apporter que de la souffrance dans leur vie...
et dans la tienne! »

Elle eut un choc douloureux. Mais elle refusait de
comprendre et feignit de sourire :

— « Me reproches-tu maintenant de t'avoir laissé
trop de liberté? »

Daniel sourit à son tour, et, se penchant, mit sa
main sur celle de sa mère.

— « Je ne te reproche et ne te reprocherai jamais

rien, maman, tu le sais bien », dit-il avec un regard
câlin. Puis il ajouta, tenace malgré lui : « Et tu sais
bien aussi que ce n'est pas à moi que je pensais. »

— « Oh! mon grand », fit-elle, avec une brusque
révolte, « ce n'est pas bien!... » Elle était blessée au
vif. « Tu as toujours cherché les occasions d'accuser
ton père! »

Cette discussion, ce matin-là, à quelques heures de
l'enterrement, était particulièrement déplacée. Daniel
le sentait. Il regrettait déjà ses paroles. Mais le mécon-
tentement qu'il éprouvait de les avoir prononcées le
poussa sottement à les aggraver :

— « Et toi, ma pauvre maman, tu ne penses jamais
qu'à l'innocenter, et tu oublies tout, jusqu'aux inex-
tricables difficultés dans lesquelles il nous laisse! »

Certes, elle n'aurait eu que trop de raisons de penser
comme Daniel. Mais elle ne songeait plus qu'à protéger
la mémoire du père contre la sévérité du fils.

— « Ah! Daniel, que tu es injuste! » s'écria-t-elle,
avec un sanglot dans la voix. « Tu n'as jamais compris
la vraie nature de ton père! » Et, avec la fougue têtue
qu'on met à plaider les causes indéfendables, elle poursuivit : « On ne peut rien reprocher de grave à ton
père! Rien!... Il était trop chevaleresque, bien trop
généreux et confiant, pour réussir dans les affaires!
Voilà sa faute! Il a été victime de gens tarés, auxquels
il n'avait pas su fermer sa porte! Voilà sa faute, sa
seule faute! Je le prouverai! Il a commis des impru-
dences, peut-être : de « regrettables légèretés », comme
l'a dit devant moi Mr. Stelling. Voilà tout! De regrettables légèretés! »

Sans regarder sa mère, Daniel eut un tressaillement
des lèvres et un bref mouvement de l'épaule ; mais il
se contint, et ne répondit pas. Ainsi, malgré leur tendresse, malgré le désir qu'ils avaient de se parler à cœur
ouvert, ils ne le pouvaient pas : dès le premier contact,
leurs pensées secrètes se heurtaient ; et leurs anciens
ressentiments envenimaient jusqu'à leurs silences... Il
baissa la tête, et demeura immobile, les yeux au sol.

Mᵐᵉ de Fontanin s'était tue. A quoi bon poursuivre

un entretien qu'elle sentait faussé depuis le début ?
Elle avait eu l'intention de mettre son fils au courant
des compromettantes poursuites dirigées contre son
mari, afin que Daniel comprît combien il était urgent
qu'elle fît le voyage de Vienne. Mais, devant l'irritante
dureté de Daniel, elle n'avait plus eu qu'une pensée :
disculper Jérôme — ce qui diminuait d'autant la
validité des raisons qu'elle aurait pu donner pour
légitimer son départ. « Tant pis », se dit-elle. « Je lui
écrirai. »

Le pénible silence dura quelques minutes.

Daniel, tourné maintenant vers la fenêtre, contemplait le ciel matinal, les cimes des arbres, et fumait
avec une aisance factice, dont sa mère, pas plus que
lui-même, n'était dupe.

— « Huit heures », murmura Mme de Fontanin,
après avoir écouté sonner l'horloge de la clinique. Elle
ramassa le pain tombé sur sa robe, l'éparpilla, pour
les oiseaux, sur l'appui de la croisée, et ajouta, d'une
voix calme :

— « Je vais retourner là-bas. »

Daniel s'était levé. Il était honteux de lui-même, et
bourrelé de remords. Comme chaque fois qu'il consta-
tait le tendre aveuglement maternel, sa rancune envers
son père s'en trouvait accrue. Un sentiment qu'il n'aurait su nommer l'avait toujours poussé à blesser cet
amour trop indulgent... Il jeta sa cigarette, et s'approcha de sa mère avec un sourire gêné. Silencieusement,
il se pencha pour déposer, comme il faisait souvent,
un baiser au sommet du front, à la racine des cheveux,
prématurément blanchis. Ses lèvres connaissaient la
place ; ses narines, la tiède odeur de la peau. Elle renversa un peu la nuque, et lui saisit le visage entre ses
deux paumes. Elle ne dit rien, mais elle lui souriait,
et elle le regardait au fond des yeux, et ce regard, ce
sourire, où ne demeurait aucune arrière-pensée de
reproche, semblaient dire : « Tout est oublié. Par-
donne-moi d'avoir été nerveuse. Et n'aie pas de regret
de la peine que tu m'as faite. » Il comprit si bien ce
langage muet, que, par deux fois, il abaissa les pau-

pières, en signe d'accord. Et, comme elle se redressait, il l'aida à se mettre debout.

Sans rien dire, elle s'appuya sur son bras pour descendre jusqu'au sous-sol.

Il lui ouvrit la porte et la laissa entrer seule.

Elle reçut au visage, mêlé à la fraîche haleine du caveau, le parfum des roses qui se fanaient sur la bière.

Jenny était assise, immobile, les mains sur ses genoux.

Mme de Fontanin reprit sa place à côté de la jeune fille. Dans le sac à main qui pendait au dossier de sa chaise, elle prit sa bible et l'ouvrit au hasard. (Du moins, c'est ce qu'elle appelait « au hasard » ; en réalité, ce vieux livre au dos cassé lui offrait toujours l'un des passages dont elle s'était le plus assidûment nourrie.) Elle lut :

... Qui est-ce qui tirera le pur de l'impur ? Personne.

Les jours de l'homme sont déterminés, le nombre de ses mois est entre tes mains ; tu lui as prescrit ses limites, et il ne passera point au-delà.

Retire-toi de lui, afin qu'il ait du relâche, jusqu'à ce que, comme un mercenaire, il ait achevé sa journée...

Elle releva les yeux, rêva quelques instants, puis posa le livre au creux de sa jupe. Sa façon précautionneuse de toucher, d'ouvrir, de fermer sa bible, était à elle seule, un acte de piété, de gratitude.

Elle avait entièrement recouvré son calme.

XXXIV

Jacques, la veille au soir, après avoir vu Jaurès monter dans un taxi et disparaître dans la nuit, était venu se mêler au groupe des militants noctambules qui, souvent, s'attardaient jusqu'à une heure avancée à *la Chope*. La salle privée que le café de la rue Feydeau réservait aux socialistes possédait un accès par la cour, ce qui permettait de la laisser ouverte même après la fermeture du débit. Les discussions y avaient été si animées et s'étaient poursuivies si tard, qu'il n'en était sorti qu'à trois heures du matin. Sans courage, à cette heure tardive, pour regagner la place Maubert, il avait trouvé asile, près de la Bourse, dans un hôtel borgne ; et, à peine au lit, il avait sombré dans un sommeil épais, que les bruits matinaux de ce quartier populeux n'avaient pas réussi à troubler.

Lorsqu'il s'éveilla, il faisait grand soleil.

Après une toilette sommaire, il descendit dans la rue, acheta les journaux et courut les lire à la terrasse d'un café des boulevards.

La presse, cette fois, se décidait à sonner l'alarme. Le procès Caillaux se trouvait enfin relégué aux secondes pages, et tous les journaux annonçaient, avec de grosses manchettes, la gravité de la situation, traitant d' « ultimatum » la note autrichienne, et de « provocation éhontée » le geste de l'Autriche. *Le Figaro* lui-même, qui, depuis une semaine, consacrait son numéro quotidien au compte rendu *in extenso* des débats Caillaux, dénonçait aujourd'hui, dès la première page, en lettres d'affiche : « LA MENACE AUTRICHIENNE », et toute une feuille était réservée à la tension diplomatique sous ce titre inquiétant « EST-CE LA GUERRE ? ». *Le Matin*, journal semi-officiel, avait un ton belliqueux : *Le conflit austro-serbe a été envisagé au cours de la visite que le président de la République a faite en Russie. La double alliance ne sera pas prise au dépourvu...* Clemenceau, dans son *Homme libre*, écrivait : *Jamais, depuis 1870, l'Europe ne s'est trouvée si près d'un choc de guerre, dont on ne peut mesurer l'étendue.* *L'Écho de Paris* relatait la visite de M. de Schœn au Quai d'Orsay : *La sommation autrichienne est suivie de la menace allemande... ;* et il terminait, en dernière heure, par cet avertissement : *Si la Serbie ne cède pas, la guerre peut être déclarée ce soir.* Il ne s'agissait, bien entendu, que d'une guerre austro-serbe. Mais, qui pouvait assurer qu'on parviendrait à circonscrire l'incendie ?... Jaurès, dans son article de tête, ne cachait pas que la *suprême chance de paix*, c'était l'humiliation de la Serbie, et l'acceptation mortifiante des exigences autrichiennes. D'après les extraits de presse, les journaux étrangers n'étaient pas moins pessimistes. Ce matin-là, 25 juillet, douze heures à peine avant l'expiration du délai imposé à la Serbie, l'Europe entière (selon la prophétie du général autrichien, recueillie deux semaines plus tôt, par Jacques à Vienne), s'éveillait brusquement dans la panique.

Jacques, repoussant les feuilles qui encombraient la table, but son café refroidi. Cette lecture ne lui apprenait rien qu'il ne sût déjà ; mais l'unanimité de l'inquiétude rendait un son nouveau et dramatique. Il restait là, prostré, le regard errant sur la foule des travailleurs, des employés, qui descendaient d'autobus, et couraient, comme chaque jour, à leur besogne, avec un visage plus sérieux que de coutume, un journal déplié à la main. Il eut un moment de défaillance. Sa solitude lui pesait intolérablement. La pensée de Jenny, de Daniel, de l'enterrement qui avait lieu ce matin, l'effleura.

Il se leva vivement et partit dans la direction de Montmartre. L'idée lui était venue de monter jusqu'à la place Dancourt et de passer au *Libertaire*. Il avait hâte de se retrouver dans une atmosphère de combat.

Une dizaine d'hommes, en quête de nouvelles, se trouvaient déjà rue d'Orsel. On commentait passionnément les diverses attitudes des journaux de gauche. *Le Bonnet rouge* consacrait sa première page aux grèves russes. Pour la plupart des révolutionnaires, l'importance de l'agitation ouvrière à Pétersbourg était l'une des plus sûres garanties de la neutralité russe, c'est-à-dire de la localisation du conflit dans les Balkans. Et tous, au *Libertaire*, étaient d'accord pour critiquer la mollesse de l'Internationale, accuser les chefs de compromissions avec les gouvernements. N'était-ce pas le moment de frapper un grand coup ? de provoquer, par tous les moyens, d'autres grèves dans les autres pays, afin de paralyser en même temps tous les gouvernements d'Europe ? Occasion unique d'un soulèvement en masse, qui pouvait, non seulement écarter les menaces

actuelles, mais avancer de plusieurs dizaines d'années
la révolution!

Jacques écoutait les discussions, et il hésitait à donner
son avis. Pour lui, les grèves russes étaient une arme
à double tranchant : elles pouvaient, en effet, paralyser
les velléités belliqueuses de l'état-major ; mais elles
pouvaient aussi offrir à un gouvernement en mauvaise
posture la tentation de faire une diversion brutale : de
décréter l'état de siège, sous prétexte du danger de
guerre, et d'étouffer net l'insurrection populaire par
une répression implacable.

L'horloge marquait onze heures juste, quand il se
retrouva place Pigalle. « Qu'avais-je donc à faire, ce
matin, à onze heures? » se demanda-t-il. Il ne savait
plus. Samedi, onze heures... Inquiet soudain, il cherchait
à se souvenir. L'enterrement Fontanin? Mais jamais il
n'avait eu l'intention d'y assister... Il marchait, tête
baissée, perplexe. « Je ne suis guère présentable... Pas
rasé... C'est vrai que, perdu dans la foule... Je suis si
près du cimetière Montmartre... Si je me décidais, un
coiffeur, en cinq minutes... Je serrerais la main de Daniel ;
ça serait gentil... Ça serait gentil, et ça ne m'engagerait
à rien... »

Il cherchait déjà des yeux l'enseigne d'un coiffeur.

Lorsqu'il arriva au cimetière, le gardien de l'entrée
lui annonça que le convoi était déjà passé, et lui indiqua
la direction à suivre.

Bientôt, à travers les tombes, il aperçut un groupe
massé devant une étroite chapelle :

FAMILLE DE FONTANIN

Il reconnut, de dos, Daniel et Gregory.

La voix rauque du pasteur s'élevait dans le silence :

— « Dieu a dit à Moïse : *Je serai avec!* Ainsi, pécheur,
même quand tu marches dans la vallée d'ombre, ne
crains pas, car Dieu est avec! »

Jacques fit le tour pour voir les assistants de face. Le front nu de Daniel, en pleine lumière, dominait toutes les têtes. Près de lui, se tenaient trois femmes, pareillement cachées sous leurs voiles noirs. La première était Mᵐᵉ de Fontanin. Mais, des deux autres, laquelle était Jenny?

Le pasteur, debout, hirsute, l'œil extatique, le bras levé en un geste de menace, apostrophait le cercueil de bois jaune, qui reposait, sous la lumière crue, au seuil du caveau:

— « Pauvre, pauvre pécheur! Ton soleil s'est couché avant la fin du jour! Mais nous ne pleurons pas sur toi comme ceux qui sont vidés d'espérance! Tu as quitté le champ de la visibilité, mais ce qui a disparu pour nos yeux de matière, c'était seulement l'illusoire forme de ta matière détestable! Aujourd'hui tu resplendis, appelé auprès du Christ pour le grand glorieux Service! Et tu es arrivé avant nous dans la joie de l'Avènement!... Vous tous, frères, qui êtes ici, priant autour de moi, affermissez vos cœurs de patience! Car l'avènement de Christ est pareillement proche pour chacun!... Mon Père, je remets nos âmes entre Tes mains! *Amen.* »

Maintenant, des hommes soulevaient la bière, la basculaient, la laissaient descendre sans heurt au bout de leurs cordes. Mᵐᵉ de Fontanin, soutenue par Daniel, se penchait sur le trou béant. Derrière elle, Jenny, sans doute? Près de Nicole Héquet?... Puis les trois femmes, conduites par un employé des Pompes funèbres, gagnèrent discrètement une voiture de deuil qui attendait dans le chemin, et qui partit aussitôt, au pas.

Daniel se tenait, seul, à l'extrémité de la petite allée, son casque étincelant sous le bras. Il avait grand air. Élancé, gracieux, parfaitement à l'aise bien que toujours un peu solennel dans ses attitudes, il recevait les condoléances des assistants, dont le flot s'écoulait lentement devant lui.

Jacques l'observait; et rien qu'à le regarder ainsi, de loin, il éprouvait, comme au temps de jadis, une douce et pénétrante sensation de chaleur.

Daniel l'avait reconnu, et, tout en serrant des mains,

tournait de temps à autre les yeux vers lui, avec une expression de surprise affectueuse.

— « Merci d'être venu », dit-il. Il hésitait : « Je repars ce soir... J'aurais tant aimé te revoir encore une fois ! »

Devant son ami, Jacques pensait à la guerre, aux troupes de choc, aux premières victimes...

— « Tu as lu les journaux ? » demanda-t-il.

Daniel le considéra, sans bien comprendre.

— « Les journaux ? Non, pourquoi ? » Puis, d'une voix qui cherchait à ne pas être trop insistante : « Tu ne viendrais pas ce soir, me dire adieu, à la gare de l'Est ? »

— « A quelle heure ? »

Le visage de Daniel s'illumina.

— « Le train est à 9 h 30... Veux-tu que je t'attende, à la buvette, à 9 heures ? »

— « J'y serai. »

Ils se regardèrent une seconde, avant de se serrer la main.

— « Merci », murmura Daniel.

Jacques s'éloigna, sans se retourner.

XXXV

Plusieurs fois pendant la matinée, Jacques s'était demandé quelles pouvaient être les réactions d'Antoine devant l'aggravation de la situation politique. Il avait vaguement espéré rencontrer son frère à l'enterrement.

Il résolut de déjeuner rapidement, et de passer rue de l'Université.

— « Monsieur est encore à table », dit Léon, en menant Jacques vers la salle à manger. « Mais je viens de donner les fruits. »

Jacques fut dépité de voir, en entrant, Isaac Studler, Jousselin et le jeune Roy, attablés autour de son frère. Il ignorait qu'ils déjeunaient tous les jours là. (Antoine l'avait exigé : c'était pour lui un moyen sûr, entre la matinée à l'hôpital et l'après-midi accaparé par la clientèle, de prendre quotidiennement contact avec ses collaborateurs. Pour eux, d'ailleurs — tous trois célibataires — c'était une économie de temps, et un avantage pécuniaire appréciable.)

— « Tu viens déjeuner ? » dit Antoine.

— « Merci, c'est fait. »

Il fit le tour de la grande table, serra les mains qui se tendaient, et, avant de s'asseoir, il demanda, à la cantonade :

— « Vous avez lu les journaux ? »

Antoine dévisagea une seconde son frère avant de répondre ; et ce regard semblait avouer : « Peut-être que tu avais raison. »

— « Oui », fit-il, pensif. « Nous avons tous lu les journaux. »

— « Nous n'avons pas parlé d'autre chose depuis le début du repas », confessa Studler, en caressant sa barbe noire.

Antoine se surveillait pour ne pas trop laisser voir son inquiétude. Toute la matinée, il avait ressenti une sourde irritation. Il avait besoin, autour de lui, d'une société convenablement organisée, comme il avait besoin d'une maison bien réglée, où les questions matérielles fussent résolues, en dehors de lui et de façon satisfaisante, par un personnel consciencieux. Il voulait bien tolérer certains vices du régime, passer l'éponge sur certains scandales parlementaires, de même qu'il fermait les yeux sur les gaspillages de Léon et les petits profits de Clotilde. Mais, en aucun cas, le sort de la France ne devait lui donner plus de souci que le fonctionnement de l'office ou de la cuisine. Et il supportait mal l'idée que des perturbations politiques pussent venir entraver sa vie, menacer ses projets de travail.

— « Je ne crois pas », dit-il, « qu'il faille s'effrayer outre mesure. On en a vu d'autres... Il est évident, néanmoins, que la presse, ce matin, fait entendre un bruit de sabre assez inattendu... assez désagréable... »

Manuel Roy, au dernier mot, avait levé vers Antoine son jeune visage, aux yeux noirs :

— « Un bruit de sabre, Patron, qu'on entendra de l'autre côté des frontières. Et qui ne manquera pas, sans doute, d'intimider les voisins trop gourmands! »

Jousselin, penché sur son assiette, leva la tête pour considérer Roy. Puis il se remit à sa besogne : méticuleusement, du bout de la fourchette et du couteau, il pelait une pêche.

— « Rien n'est moins sûr », dit Studler.

— « Malgré tout, c'est probable », fit Antoine. « Et c'était peut-être nécessaire. »

— « Savoir! » dit Studler. « La politique d'intimidation est toujours périlleuse. Elle exaspère l'adversaire, plus souvent qu'elle ne le paralyse. Je pense surtout que le gouvernement commet une faute grave en laissant se propager à tous les échos votre... bruit de sabre! »

— « Il est bien difficile de se mettre à la place des hommes responsables », déclara Antoine, d'un ton pondéré.

— « Je demande aux hommes responsables d'être, avant tout, des hommes prudents », repartit Studler. « Adopter une attitude agressive est une première imprudence. Faire croire que cette attitude est devenue nécessaire, en est une seconde. Rien ne serait plus dangereux pour la paix que de laisser s'ancrer dans l'opinion l'idée qu'une guerre nous menace... Ou même qu'une guerre est possible! »

Jacques se taisait.

— « Pour moi », reprit Antoine, sans regarder son frère, « je comprends parfaitement qu'un ministre, même si, en tant qu'homme, il condamne la guerre, soit amené à prendre certaines mesures agressives. Et cela, par le seul fait qu'il est au pouvoir. Un homme qui a été mis à la tête d'un pays pour veiller à sa sécurité, s'il a le sens des faits, si la politique menaçante des États voisins lui apparaît comme une réalité... »

— « Sans compter », interrompit Roy, « qu'on ne conçoit pas un homme d'État qui serait décidé, par sensiblerie personnelle, à éviter coûte que coûte, la guerre! Être à la tête d'un pays qui tient une place sur

l'échiquier, d'un pays qui possède un territoire, un
empire colonial, ça oblige à une vision réaliste. Le plus
pacifiste des présidents du Conseil, dès qu'il est en fonctions, doit s'apercevoir très vite qu'un État ne peut pas
conserver ses richesses, soustraire ses propriétés à la
convoitise des voisins, sans avoir une armée forte, qui
impose le respect, et qui fasse, de temps à autre, sonner
son sabre, ne fût-ce que pour rappeler au reste du monde
qu'elle existe! »

« Conserver ses richesses », songeait Jacques. « Nous
y voilà! Conserver ce qu'on possède et s'approprier à
l'occasion ce que possède le voisin! C'est toute la politique capitaliste — qu'il s'agisse des particuliers ou des
nations... Les particuliers luttent pour s'assurer des
profits ; les nations pour conquérir des débouchés, des
territoires, des ports! Comme s'il n'y avait pas d'autre
loi à l'activité humaine, que la concurrence... »

— « Malheureusement », dit Studler, « quel que soit
le tour que prendront les choses demain, votre bruit
de sabre risque d'avoir les plus déplorables conséquences
sur la politique française, tant extérieure qu'intérieure...»

En parlant, il s'était penché vers Jacques, comme
pour lui demander son avis. Ses prunelles avaient un
éclat languide, troublant, qui forçait presque à détourner les yeux.

Jousselin leva de nouveau la tête pour regarder
Studler ; puis son regard passa les autres visages en
revue. Il avait une figure de blond, tout en finesse et
en douceur : un nez aquilin, assez long et triste ; une
bouche longue, fine, facilement souriante ; des yeux,
longs aussi, étranges, d'un gris doux.

— « Tout de même », murmura-t-il distraitement,
« vous paraissez trop oublier que, la guerre, personne
n'en veut! Personne! »

— « En êtes-vous sûr ? » dit Studler.

— « Quelques vieillards », concéda Antoine.

— « Quelques dangereux vieillards qui se garga-
risent de belles formules héroïques », reprit Studler,
« et qui savent bien que, au cours d'une guerre, ils

pourraient se gargariser tout à loisir, sans risque aucun, à l'arrière... »

— « Le danger », insinua Jacques, avec une prudence qu'Antoine remarqua, « c'est que, presque partout en Europe, les postes de commande sont aux mains de ces vieillards-là... »

Roy regarda Studler en riant :

— « Vous, Calife, qui ne craignez pas les idées neuves, vous pourriez préventivement lancer cette idée-là : en cas de mobilisation, toutes les vieilles classes d'abord ! tous les vieux en première ligne ! »

— « Ça ne serait déjà pas si bête », murmura Studler.

Il y eut un silence, tandis que Léon servait le café.

— « Il existe pourtant un moyen, un seul, d'éviter presque à coup sûr les guerres », déclara Studler, sombrement. « Un moyen radical, et parfaitement réalisable en Europe. »

— « Et c'est ? »

— « D'exiger le référendum populaire ! »

Jacques fut le seul à approuver d'un signe de tête. Studler, encouragé, poursuivit :

— « N'est-ce pas illogique, n'est-ce pas absurde, que, dans nos démocraties de suffrage universel, l'acte de déclarer la guerre soit laissé à l'initiative des gouvernements ?... Jousselin dit : « Personne ne veut la guerre. » Eh bien, aucun gouvernement, dans aucun pays, ne devrait plus avoir le droit de décider, ou même d'accepter une guerre, contre la volonté formelle de la majorité des citoyens ! Quand il y va de la vie ou de la mort des peuples, le moins qu'on puisse dire, c'est que la consultation des peuples eux-mêmes est légitime. Et elle devrait être obligatoire. »

Dès qu'il s'animait, les narines de son nez busqué commençaient à frémir, des taches assombrissaient ses pommettes, et le blanc de son grand œil chevalin s'injectait d'un peu de sang.

— « Ça n'a rien de chimérique », reprit-il. « Il suffirait que chaque peuple oblige ses gouvernants à ajouter trois lignes d'amendement à la Constitution : *La mobilisation ne pourra être décrétée, une guerre ne pourra*

*être déclarée, qu'après un plébiscite, et à la majorité
de 75 p. 100*. Réfléchissez-y. C'est le seul moyen légal,
et à peu près infaillible, d'empêcher à jamais de nouvelles guerres... En temps de paix — nous l'avons
vu en France — on trouve, à la rigueur, une majorité
pour élire au gouvernement l'homme d'une politique
cocardière : il y a toujours des imprudents pour jouer
avec le feu. Mais, à la veille d'une mobilisation, cet
homme-là, s'il était obligé de consulter ceux qui l'ont
mis au pouvoir, ne trouverait plus personne pour lui
consentir le droit de déclarer la guerre! »

Roy riait silencieusement.

Antoine, qui s'était levé, lui toucha l'épaule :

— « Donnez-moi une allumette, mon petit Manuel...
Qu'est-ce que vous dites de tout ça, vous? Et qu'en
dirait votre journal? »

Roy leva sur Antoine son regard lisse de bon élève ;
il continuait à rire, avec un petit air de défi.

— « Manuel », expliqua Antoine en se tournant
vers son frère, « est un lecteur de *l'Action française*. »

— « Je la lis, moi aussi, tous les jours », déclara
Jacques, en examinant le jeune médecin, qui, pareillement, le dévisageait. « Il y a là une remarquable équipe
de dialecticiens, qui construisent des raisonnements
assez souvent impeccables. Malheureusement — à mon
avis, du moins — c'est presque toujours sur des données
fausses. »

— « Croyez-vous ? », nasilla Roy.

Il ne cessait pas de sourire, avec crânerie et suffi-
sance. Il semblait ne pas vouloir condescendre à discuter, avec des profanes, de choses qui lui tenaient
au cœur. Il faisait penser à un enfant qui veut garder
un secret. Dans son regard, cependant, passait par
instants une lueur insolente. Et, comme si le jugement
de Jacques l'avait décidé, malgré tout, à sortir de sa
réserve, il fit un pas vers Antoine et lança, brutalement :

— « Moi, Patron, je vous avoue que j'en ai assez du
problème franco-allemand! Voilà quarante ans que
nous traînons ce boulet-là, nos pères et nous. Ça suffit.

S'il faut une guerre pour en finir, eh bien, soit, allons-y !
Puisqu'il faudra bien en arriver là ! Pourquoi attendre ?
A quoi bon retarder l'inévitable ? »

— « Retardons toujours », dit Antoine en souriant.
« Une guerre indéfiniment différée, ça ressemble beaucoup à la paix ! »

— « Moi, je préfère en finir, une bonne fois. Car,
une chose au moins est certaine : c'est que, après une
guerre — que nous soyons vainqueurs, comme il est
probable, ou même que nous soyons vaincus — la
question se trouvera enfin réglée définitivement, dans
un sens ou dans l'autre ; et il n'y aura plus de problème
franco-allemand !... Sans compter », ajouta-t-il, avec
un visage devenu sérieux, « tout le bienfait qu'une
bonne saignée pourrait nous faire, au point où nous
en sommes. Quarante ans de paix croupissante n'arrangent pas le moral d'un pays ! Si le redressement
spirituel de la France n'est possible qu'au prix d'une
guerre, nous sommes, Dieu merci, quelques-uns qui
sacrifieraient sans marchander leur peau ! »

Il n'y avait pas trace de forfanterie dans l'accent de
ces paroles. La sincérité de Roy était manifeste. Tous
le sentirent. Ils avaient devant eux un homme convaincu,
prêt à donner sa vie pour ce qu'il croyait être la vérité.

Antoine avait écouté, debout, la cigarette aux lèvres,
les paupières plissées. Sans répondre, il enveloppa le
jeune homme d'un regard affectueux et grave, nuancé
de mélancolie ; le courage lui plaisait toujours. Puis,
fixement, il considéra quelques secondes le bout em-
brasé de sa cigarette.

Jousselin s'était approché de Studler. De son index,
que terminait une corne jaunâtre, rongé par les acides,
il toucha plusieurs fois la poitrine du Calife :

— « Voyez-vous, on en revient toujours à la distinction fondamentale : les *syntones* et les *schizoïdes* :
ceux qui acceptent la vie, et ceux qui la refusent... »

Roy, gaiement, éclata de rire :

— « Alors, moi, je suis un *syntone* ? »

— « Oui. Et le Calife, lui, c'est un *schizoïde*. Vous
ne changerez jamais, ni l'un ni l'autre. »

Antoine s'était tourné vers Jacques ; et il souriait, en consultant sa montre :

— « Tu n'es pas pressé, *Schizoïde*!... Viens un instant dans ma turne... »

— « J'aime beaucoup le petit Roy », dit-il en ouvrant la porte de son petit bureau, et en s'effaçant devant son frère. « C'est une nature saine et généreuse... Un esprit droit... Limité, j'en conviens », ajouta-t-il, devant le silence réticent de Jacques. « Assieds-toi. Une cigarette ?... Je suis sûr qu'il t'a un peu agacé ? Il faut le connaître, le comprendre. C'est un tempérament essentiellement sportif. Il a le goût d'affirmer. Il accepte toujours joyeusement, crânement, les réalités, les faits. Il se refuse aux complaisances de l'analyse, bien qu'il ne manque pas d'esprit critique — dans son travail du moins. Mais il repousse, d'instinct, le doute, qui paralyse. Peut-être n'a-t-il pas tort... Pour lui, la vie ne doit pas être une discussion intellectuelle. Il ne dit jamais : " Qu'est-ce qu'il faut penser ? " Il dit : " Qu'est-ce qu'il faut faire ? Comment agir utilement ? " Ses travers, je les vois bien ; mais ce sont surtout des défauts de jeunesse. Ça passera. Tu as remarqué sa voix ? Par moments, elle mue encore, comme celle d'un gosse ; alors, il force le ton, pour atteindre les notes graves, celles des grandes personnes... »

Jacques s'était assis. Il écoutait sans approuver.

— « Je préfère les deux autres », avoua-t-il. « Ton Jousselin, notamment, me paraît assez sympathique. »

— « Ah! » dit Antoine en riant, « celui-là, c'est un type qui vit dans un conte de fées perpétuel. Un vrai tempérament d'inventeur. Il a passé sa vie à rêver de choses qui sont à la frontière du possible et de l'impossible, dans ce domaine à demi réel où les esprits comme le sien réussissent quelquefois à faire des découvertes. Et il en a fait, le bougre. Il en a même fait d'importantes. Je pourrai t'expliquer ça, quand nous aurons le temps... Roy est très amusant quand il parle de lui. Il dit : " Jousselin n'a voulu voir que des veaux à trois

pattes. Le jour où il consentira à regarder un veau
normal, il croira avoir découvert un prodige, et il criera
partout : Vous savez, il y a aussi des veaux à quatre
pattes ! " »

Il allongea ses jambes sur le divan et croisa les mains
sous sa nuque.

— « Tu vois, c'est une assez bonne équipe que je
me suis constituée là... Tous trois fort différents, mais
des esprits qui se complètent bien... Tu connaissais
déjà le Calife ? Il me rend d'immenses services. Une
puissance de travail peu commune. Il est extraordi-
nairement doué, l'animal ! Je dirais même que c'est ce
qui le caractérise : d'être doué. A la fois, sa force et sa
limite. Il comprend tout, sans effort ; et chaque acqui-
sition nouvelle vient aussitôt prendre sa place dans les
cadres de son cerveau, dans des casiers qu'on dirait
préétablis : de sorte qu'il n'y a jamais aucun désordre
dans sa caboche. Mais j'ai toujours senti en lui quelque
chose d'étranger, d'indéfinissable — qui vient de la
race, sans doute... Je ne sais comment dire... Jamais
ses idées n'ont tout à fait l'air de sortir de lui, de faire
vraiment corps avec lui-même. C'est extrêmement
curieux. Il ne se sert pas de son cerveau comme d'un
organe qui lui appartient, mais plutôt comme d'un
outil... un outil venu d'ailleurs, et qu'on lui aurait
prêté... »

Tout en discourant, il avait regardé l'heure, et retirait paresseusement ses jambes du divan.

« Il a pourtant lu les journaux », se disait Jacques.
« Il n'a donc pas compris la gravité de la menace ? Ou
bien parle-t-il pour éviter le dialogue ? »

— « De quel côté vas-tu ? » questionna Antoine, en
se levant. « Veux-tu que je te dépose quelque part,
avec l'auto ?... Moi, je vais au ministère... au Quai
d'Orsay. »

— « Ah ? » fit Jacques, intrigué, sans chercher à
masquer sa surprise.

— « J'ai à voir Rumelles », expliqua Antoine, sans
se faire prier. « Oh! ce n'est pas pour parler politique...
J'ai, en ce moment, une piqûre à lui faire, tous les

deux jours. D'habitude, il vient ici, mais il m'a fait téléphoner qu'il était surchargé de besogne, et ne pourrait quitter son bureau. »

— « Qu'est-ce qu'il pense des événements ? » hasarda Jacques.

— « Je ne sais pas. J'ai l'intention de l'interroger un peu... Repasse ce soir, je te raconterai... Ou bien, veux-tu m'accompagner ? J'en ai pour dix minutes avec lui : tu m'attendras dans la voiture. »

Jacques, tenté, réfléchit une seconde, et accepta d'un signe de tête.

Antoine, avant de sortir, fermait à clef les tiroirs de son bureau.

— « Sais-tu », murmura-t-il, « ce que j'ai fait, tout à l'heure, en rentrant ? J'ai cherché mon livret militaire pour lire mon feuillet de mobilisation... » Il ne souriait pas. Il annonça, calmement : « Compiègne... Et le *premier* jour !... »

Les deux frères échangèrent un regard en silence. Après une hésitation, Jacques dit, gravement :

— « Je suis sûr que, depuis ce matin, il y a des milliers de types, en Europe, qui ont fait comme toi... »

— « Ce pauvre Rumelles », reprit Antoine, tandis qu'ils descendaient l'escalier. « Il était très surmené par son hiver. Il devait partir en congé ces jours-ci. Et puis — à cause de toutes ces histoires, sans doute — Berthelot lui a demandé de renoncer à ses vacances. Alors, il est venu me trouver, pour que je l'aide à tenir le coup. J'ai commencé un traitement. J'espère réussir. »

Jacques n'écoutait pas. Il était en train de constater que, aujourd'hui, sans qu'il s'expliquât pourquoi, il se sentait repris pour Antoine d'une affection fraternelle, pleine de chaleur, mais aussi d'exigence et d'insatisfaction.

— « Ah ! Antoine », fit-il spontanément, « si seulement tu connaissais mieux les hommes, la masse, le peuple qui peine — comme tu serais... différent ! » (L'accent disait : « Comme tu serais meilleur... Comme tu serais plus près de moi... Comme ce serait bon de pouvoir t'aimer... »)

Antoine, qui marchait devant, se retourna, vexé :
— « Crois-tu que je ne les connaisse pas ? Après
quinze années d'hôpital ! Tu oublies que, depuis quinze
ans, chaque matin, pendant trois heures, je ne fais rien
d'autre que de voir des hommes... Des hommes de tous
les milieux, des ouvriers d'usine, la population des
faubourgs... Et moi, médecin, c'est l'homme à nu que
je vois : l'homme dépouillé de tous les faux-semblants
par la souffrance ! Si tu crois que cette expérience-là ne
vaut pas la tienne ! »

« Non », pensait Jacques, avec une irritation têtue.
« Non, ce n'est pas la même chose. »

Vingt minutes plus tard, lorsque Antoine, sortant
du ministère, revint vers l'auto où Jacques l'attendait,
son visage était soucieux.

— « Ça chauffe là-dedans », grommela-t-il. « C'est
un va-et-vient affolé entre tous les services... Des dépêches qui arrivent de toutes les ambassades... Ils
attendent avec anxiété le texte de la réponse que la
Serbie doit remettre, ce soir... » Et, sans répondre à
l'interrogation muette de son frère, il demanda : « Où
vas-tu maintenant ? »

Jacques fut sur le point de dire : « A *l'Huma.* » Il se
contenta de répondre :

— « Dans le quartier de la Bourse. »

— « Je ne peux pas te conduire, je serais en retard.
Mais, si tu veux, je te déposerai place de l'Opéra. »

Aussitôt assis, Antoine reprit la parole :

— « Rumelles a l'air embêté... Ce matin, on faisait
grand état, au cabinet du ministre, d'une note officieuse
de l'ambassade d'Allemagne, déclarant que la note
autrichienne n'était pas un ultimatum, mais seulement
une « demande de réponse, à court délai ». Ce qui,
paraît-il, dans le jargon diplomatique, signifiait un tas
de choses : d'une part, que l'Allemagne se préoccupait
d'atténuer la gravité du geste autrichien ; d'autre part,
que l'Autriche ne refuserait pas de négocier avec la
Serbie... »

— « On en est là ? » dit Jacques. « On en est à s'accrocher à de pareilles arguties ? »

— « Par ailleurs, comme la Serbie semblait prête à capituler presque sans discussion, somme toute, ce matin, on avait assez bon espoir. »

— « Mais ?... » fit Jacques, impatiemment.

— « Mais, tout à l'heure, on vient d'apprendre que la Serbie mobilisait trois cent mille hommes ; et que le gouvernement serbe, craignant de rester à Belgrade, trop proche de la frontière, s'apprêtait ce soir à quitter la capitale, pour se réfugier au centre du pays. D'où l'on est enclin à conclure que la réponse serbe ne sera pas une capitulation, comme on l'espérait ; et que la Serbie a des raisons de prévoir une attaque brutale... »

— « Et la France ? A-t-elle l'intention d'agir, de prendre une initiative quelconque ? »

— « Rumelles, naturellement, ne peut pas tout dire. Mais, d'après ce que j'ai cru comprendre, l'opinion qui prévaut aujourd'hui parmi les membres du gouvernement est qu'il faut se montrer très ferme : au besoin, multiplier ouvertement les préparatifs de guerre. »

— « Toujours la politique de l'intimidation ! »

— « Rumelles dit — et l'on sent bien que c'est le mot d'ordre du jour : " Au point où en sont les choses, la France et la Russie n'ont de chance de retenir les Empires centraux qu'en se montrant résolues à tout. " Il dit : " Si l'un de nous recule, c'est la guerre. " »

— « Et ils ont tous, naturellement, cette arrière-pensée : « Si, malgré notre attitude menaçante, la guerre éclatait, nos préparatifs nous donneraient l'avantage ! »

— « Sans doute. Et ça me paraît très juste. »

— « Mais », s'écria Jacques, « les Empires centraux doivent raisonner de même ! Alors, où va-t-on ?... Studler a raison : cette politique belliqueuse est la plus dangereuse de toutes ! »

— « Il faut s'en rapporter aux gens du métier », trancha Antoine, nerveux. « Ils doivent savoir mieux que nous ce qu'il convient de faire. »

Jacques haussa les épaules, et se tut.

L'auto approchait de l'Opéra.

— « Quand te reverrai-je ? » demanda Antoine. « Est-ce que tu restes à Paris ? »

Jacques fit un geste vague :

— « Je ne sais pas... »

Il ouvrait déjà la portière. Antoine lui toucha le bras :

— « Écoute... » Il hésitait, cherchait ses mots : « Tu sais — ou tu ne sais pas — que, maintenant, tous les quinze jours, le dimanche après-midi, je reçois quelques amis... Demain, Rumelles doit venir, à trois heures, pour sa piqûre, et il m'a promis de rester, ne fût-ce qu'un instant, à la réunion. Si ça t'intéresse de le voir, tu seras le bienvenu. Étant donné les circonstances, sa conversation pourra être instructive. »

— « Demain, trois heures ? » fit Jacques, évasif. « Peut-être, oui... Je tâcherai... Merci. »

XXXVI

A *l'Humanité*, on ne savait rien de plus que ce que Jacques avait appris par Antoine et Rumelles.

Jaurès était parti pour vingt-quatre heures dans le Rhône, afin d'appuyer la campagne électorale de son ami Marius Moutet. Bien que l'absence du Patron, en ces heures graves, causât un certain désarroi parmi les rédacteurs, le vent était plutôt à l'optimisme. On attendait sans trop d'inquiétude la réponse à l'ultimatum. On croyait savoir que la Serbie, sous la pression des grandes puissances, se montrerait assez conciliante pour que l'Autriche n'eût plus aucun prétexte à se dire offensée. On attachait surtout un grand prix aux assurances répétées que le Parti socialiste d'Allemagne prodiguait aux socialistes français : l'entente, en face du danger commun, semblait vraiment totale. En outre, les renseignements les plus encourageants sur l'extension du mouvement pacifiste international, ne cessaient d'affluer. De toutes parts, s'intensifiaient les manifestations contre la menace de guerre. Les divers partis socialistes d'Europe échangeaient activement leurs vues pour une action concertée et énergique ; l'idée d'une grève générale préventive semblait de plus en plus prendre corps.

Comme il sortait du bureau de Stefany, Jacques croisa Mourlan, qui venait aux nouvelles. Après quelques mots sur les événements, le vieux révolutionnaire poussa Jacques dans une encoignure :

— « Où loges-tu, gamin ? Tu sais que, en ce moment, la police des garnis fourre son nez partout... Gervais vient d'avoir des embêtements. Crabol aussi. »

Jacques n'ignorait pas que son logeur du quai de la Tournelle était suspect ; et, bien que ses papiers fussent en règle, il ne se souciait guère de prendre contact avec la police.

— « Crois-moi », conseilla Mourlan, « n'attends pas ! Déménage ce soir. »

— « Ce soir ? »

La chose était faisable. Sept heures et demie venaient de sonner, et le rendez-vous avec Daniel n'était qu'à neuf. Mais où aller ?

Mourlan eut une idée. Un camarade de *l'Étendard*, voyageur de commerce, s'absentait justement pour une semaine. Sa chambre, qu'il louait à l'année, était située au dernier étage d'un immeuble de la rue du Jour, aux Halles, devant le portail de Saint-Eustache : une vieille bâtisse paisible, qui n'avait aucune raison d'être sur les listes policières.

— « Allons jusque-là », dit Mourlan. « C'est à deux pas. »

Le camarade était chez lui. La question fut réglée sur-le-champ. Et moins d'une heure après, Jacques venait apporter son léger bagage.

L'horloge marquait neuf heures et quelques minutes lorsqu'il arriva devant la gare de l'Est.

Daniel attendait dehors, devant l'entrée de la buvette. Dès qu'il vit Jacques, il vint à lui, l'air gêné.

— « Jenny est là », dit-il presque aussitôt.

Le front de Jacques s'empourpra. Ses lèvres s'entrouvrirent par un « Ah !... » imperceptible. En une seconde, plusieurs projets contradictoires lui vinrent à l'esprit. Il détourna la tête afin de dissimuler son trouble.

Daniel crut qu'il cherchait la jeune fille des yeux :

— « Elle est sur le quai », expliqua-t-il. Puis, comme pour s'excuser : « Elle a voulu m'accompagner jusqu'au train... Ça n'aurait pas été gentil de lui parler de notre rendez-vous : elle n'aurait pas osé venir. Je ne l'ai avertie qu'à l'instant. »

Jacques s'était ressaisi :

— « Je vais vous laisser », dit-il vivement. « Je voulais te serrer la main... » Il sourit : « C'est fait. Je me sauve. »

— « Ah! non! » fit Daniel. « J'ai tant de choses à te dire... » Et tout de suite, il ajouta : « J'ai lu les journaux. »

Jacques leva les yeux, mais ne répondit rien.

— « Toi », demanda Daniel, « s'il y avait une guerre, qu'est-ce que tu ferais ? »

— « Moi ? » (Son balancement de tête semblait dire : « Ce serait trop long à expliquer. »)

Il se tut quelques secondes.

— « Il n'y aura pas la guerre », affirma-t-il, enfin, de toute la force de son espoir.

Daniel le dévisageait attentivement.

— « Je ne peux pas te mettre au courant de tout ce qui se prépare », reprit Jacques. « Mais, crois-moi. Je sais ce que je dis. Il y a déjà, dans tous les milieux populaires d'Europe, un tel soulèvement d'opinion, un tel rassemblement des forces socialistes, qu'aucun gouvernement ne peut plus être assez sûr de son autorité pour jeter son peuple dans une guerre. »

— « Oui ? » murmura Daniel, visiblement incrédule.

Jacques baissa les yeux une seconde. L'ensemble de la situation se présenta brusquement à son esprit. Il aperçut, avec une netteté schématique, les deux courants qui, dans tous les pays, divisaient les partis socialistes : la gauche, farouchement hostile aux gouvernements, cherchant de plus en plus à agir sur les masses pour des fins insurrectionnelles ; la droite, les réformistes, croyant à l'efficacité des chancelleries, et s'efforçant de collaborer avec les gouvernements... Il eut peur, tout à coup : un doute l'effleura. Mais, déjà, il relevait les paupières ; et, avec une conviction qui, malgré tout, ébranla Daniel, il répéta :

— « Oui!... Tu n'as aucune idée, je crois, de la puissance actuelle de l'Internationale ouvrière! Tout est prévu. Tout est préparé pour une résistance opiniâtre. Partout, en France, en Allemagne, en Belgique, en Italie... La moindre tentative de guerre serait le signal d'une insurrection générale! »

— « Peut-être que ce serait plus horrible encore que la guerre », émit timidement Daniel.

Le visage de Jacques s'assombrit.

— « Je n'ai jamais été partisan de la violence », avoua-t-il, après une pause. « Néanmoins, entre l'éventualité d'une guerre européenne et celle d'une insurrection préventive, comment hésiter ?... S'il fallait quelques milliers de morts sur des barricades, pour empêcher l'absurde massacre de plusieurs millions d'hommes, il y a, en Europe, bon nombre de socialistes qui n'hésiteraient pas plus que moi... »

— « Que fait Jenny ? », se demandait-il. « Si son frère tarde trop, elle va venir... »

— « Jacques », s'écria soudain Daniel, « promets-moi... » Il se tut, n'osant formuler sa pensée. « J'ai peur pour toi », balbutia-t-il.

« Il est cent fois plus exposé que moi ; et, pas un instant, il ne songe à lui-même », pensa Jacques très ému. Il s'efforça de sourire :

— « Je te le répète : il n'y aura pas de guerre!... Seulement, l'alerte sera peut-être chaude, et j'espère que, cette fois, les peuples auront compris l'avertissement... Nous recauserons de tout ça, un jour, si tu veux... Maintenant, je te laisse... Au revoir. »

— « Non! Ne pars pas encore. Pourquoi ? »

— « *On*... t'attend », murmura Jacques avec effort ; et, de la main, il indiquait vaguement l'intérieur de la gare.

— « Conduis-moi au moins jusqu'au wagon », dit Daniel, tristement. « Tu diras bonjour à Jenny. »

Jacques tressaillit. Pris au dépourvu, il regardait son ami, stupidement.

— « Allons, viens », fit Daniel, en lui saisissant affectueusement le bras. Il sortit un ticket du parement de sa manche. « J'ai pris pour toi un billet de quai... »

« J'ai tort de me laisser entraîner », se disait Jacques. « C'est idiot... Il faut refuser, il faut fuir... » Et cependant au fond de lui, une louche complaisance le faisait suivre son ami.

Le hall était encombré de soldats, de voyageurs, de chariots. C'était un samedi soir, et, pour beaucoup, le début des vacances. Une foule joyeuse, bruyante, se pressait aux guichets. Ils arrivèrent aux grilles des quais. Sous l'immense verrière, l'atmosphère, plus sombre, était fumeuse, bourdonnante. Des gens se hâtaient, en tous sens, dans un vacarme assourdissant.

— « Devant Jenny, pas un mot sur la guerre », cria Daniel à l'oreille de Jacques.

La jeune fille les avait aperçus de loin, et s'était précipitamment détournée, feignant de ne pas les avoir vus. La gorge sèche, la nuque raide, elle les sentait approcher. Enfin, son frère lui toucha l'épaule. Elle eut la force de pivoter sur ses talons, de simuler la surprise. Daniel fut frappé de sa pâleur. La fatigue, l'émotion de la séparation, sans doute ? et peut-être aussi le contraste avec ses vêtements noirs ?

Sans regarder Jacques, elle esquissa un salut de la tête ; mais, devant son frère, elle n'osa pas ne pas tendre la main. Elle annonça, d'une voix saccadée :

— « Je vais vous laisser ensemble. »

— « Non, pas du tout ! » fit Jacques vivement. « C'est moi qui... D'ailleurs, je ne peux pas rester... Il faut que je sois, avant dix heures à... très loin... sur la rive gauche... »

A côté d'eux, sous un wagon, fusait un jet strident qui empêchait de s'entendre ; un nuage de vapeur fade les enveloppa.

— « Alors, au revoir, mon vieux », dit Jacques, en touchant le bras de son ami.

Les lèvres de Daniel remuèrent. Avait-il répondu ?

Un demi-sourire grimaçant retroussait un coin de sa bouche ; ses yeux, à l'ombre du casque, étaient très brillants ; son regard désespéré. Il tenait la main de Jacques serrée entre les siennes. Puis, se penchant tout à coup, il étreignit gauchement le buste de son ami, et l'embrassa. C'était la première fois de leur vie.

— « Au revoir », répéta Jacques. Sans bien savoir ce qu'il faisait, il se dégagea, jeta vers Jenny un regard d'adieu, inclina la tête, sourit tristement à Daniel, et s'enfuit.

Mais, lorsqu'il eut traversé la gare, une force secrète l'arrêta au bord du trottoir.

Dans le faux jour du crépuscule, la place, piquée de globes électriques, sillonnée de véhicules, s'étendait devant lui : zone de démarcation entre deux univers. Au-delà, sa vie de militant l'attendait, toute prête à le reprendre ; sa solitude, aussi. Tant qu'il s'attardait en deçà, dans la gare, d'autres choses restaient possibles. Quoi ? Il ne savait pas, ne voulait pas préciser. Il lui semblait seulement que franchir cette place, c'était presque refuser une offre du destin, renoncer pour toujours à quelque chance merveilleuse.

Lâchement, les jambes molles, il ne cherchait qu'à retarder la décision. Plusieurs chariots de bagages, vides, étaient rangés le long du mur. Il en choisit un, et s'y assit. Pour réfléchir ? Non. Il en était incapable ; à la fois trop apathique et trop anxieux. Le dos plié, les bras ballants, entre les genoux, le chapeau sur la nuque, les yeux au sol, il respirait bruyamment et ne songeait à rien.

Sans doute — si le hasard ne s'en était pas mêlé — serait-il demeuré longtemps là, immobile ; puis, enfin reposé, il se serait ressaisi ; et, cédant de nouveau au rythme fiévreux de sa vie, il aurait couru à *l'Humanité* pour connaître le texte de la réponse serbe... Alors, tout un monde de possibilités se fût sans doute à jamais fermé devant lui... Mais le hasard intervint : un homme d'équipe avait besoin des chariots. Jacques se leva, regarda l'homme, puis sa montre, et sourit bizarrement.

Presque à regret, comme obéissant à une impulsion

fortuite, il rentra sans hâte dans la gare, reprit un ticket, traversa le hall, et se trouva devant le quai de départ.

- XXXVII

L'express de Strasbourg n'avait pas démarré. A l'arrière, les trois lanternes du fourgon brillaient, immobiles. Daniel et Jenny, perdus dans la foule, étaient invisibles.

Neuf heures vingt-huit. Neuf heures trente. Sur le quai, un remous agita la fourmilière. Les dernières portières claquaient. La locomotive siffla. Dans la lumière blafarde des lampes à arc, d'épaisses bouffées blanches montaient vers la verrière. L'enfilade des wagons éclairés tressaillit. Il y eut des grincements, quelques heurts sourds. Jacques, arrêté, fixait des yeux le fourgon de queue qui ne bougeait pas encore ; qui, enfin, s'ébranla. Les trois feux rouges, s'éloignant, démasquèrent les rails de la voie ; lentement, le train qui emportait Daniel s'enfonça dans les ténèbres.

« Et maintenant ? » se dit Jacques, croyant de bonne foi qu'il hésitait encore sur ce qu'il allait faire.

Il s'était avancé jusqu'au commencement du quai. Il regardait venir à lui le flot des gens qui, après le départ de l'express, gagnaient la sortie. En passant sous les globes électriques, les figures, un instant, prenaient vie avant de se perdre de nouveau dans la pénombre.

Jenny...

Lorsqu'il la reconnut, de loin, son premier mouvement fut de fuir, de se cacher. Mais la honte ne fut pas la plus forte : il se rapprocha, au contraire, pour se trouver sur son chemin.

Elle venait droit vers lui. Son visage portait encore la trace de la séparation. Elle marchait vite, sans rien voir.

Brusquement, à deux mètres, elle l'aperçut. Jacques vit ses traits se crisper sous le choc, et, comme l'autre soir chez Antoine, une brève lueur d'effroi dilater ses prunelles.

Tout d'abord, elle n'eut pas l'idée qu'il avait eu le front de l'attendre : elle crut qu'il se trouvait là, attardé par hasard. Son unique pensée fut de détourner les yeux, d'éviter la rencontre. Mais elle était prise dans le courant, obligée de passer devant lui. Elle sentit qu'il la regardait fixement, et comprit alors qu'il s'était posté là, pour elle. Quand elle fut à son niveau, il souleva machinalement son chapeau. Elle ne répondit pas à son salut, et, tête baissée, trébuchant un peu, se glissant à travers les voyageurs qui la précédaient, elle piqua droit vers la sortie. Elle se retenait de courir. Elle n'avait qu'un seul but : être le plus vite possible hors d'atteinte ; se fondre dans la foule, gagner le métro, s'y terrer.

Jacques s'était retourné pour la suivre des yeux, mais il restait rivé à sa place. « Et maintenant ? » se dit-il de nouveau. Il fallait prendre un parti. La minute était décisive... « Avant tout, ne pas la perdre ! »

Il se jeta dans son sillage.

Les voyageurs, les porteurs, les chariots, encombraient le chemin. Il dut contourner une famille accroupie sur des bagages ; il buta contre une roue de bicyclette. Quand il chercha Jenny des yeux, elle avait disparu. Il fit quelques zigzags, en courant. Il se soulevait sur la pointe des pieds pour fouiller d'un œil hagard cette agglomération de dos mouvants. Enfin, par miracle, dans le troupeau qui se pressait vers la sortie, il reconnut le voile noir, les épaules étroites... Ne plus la perdre... la tenir harponnée au bout de son regard !

Mais elle avait de l'avance. Tandis qu'il piétinait sur place, bloqué par la foule, il la vit franchir le guichet, traverser le hall, tourner à droite vers le métro. Fou d'impatience, il joua des coudes, bouscula des gens, parvint au guichet, s'engouffra dans l'escalier du souterrain. Où était-elle ? Il l'aperçut soudain au bas des marches. En quelques bonds, il rattrapa la distance.

« Et maintenant ? » se dit-il encore une fois.

Il était tout près. L'aborder ? Il fit encore un pas, se trouva juste derrière elle. Alors, d'une voix essoufflée, il prononça son nom :

— « Jenny... »

Elle se croyait sauvée. Cet appel, brutal comme un coup entre les épaules, la fit chanceler.

Il répéta :

— « Jenny! »

Elle ne parut pas entendre, et partit comme une flèche. La terreur l'éperonnait. Mais son cœur était devenu si pesant qu'il lui semblait pareil à ces fardeaux intransportables qu'on traîne dans les rêves, et qui paralysent les fuites...

Au bout de la galerie, un escalier plongeait devant elle, presque désert. Elle s'y rua, sans s'occuper de la direction. Une rampe rétrécissait de moitié la largeur des marches. Tout en bas, elle apercevait le portillon d'accès au quai, et l'employé qui poinçonnait les billets. D'une main fébrile, elle fouillait dans son sac. Jacques vit le geste. Elle avait des tickets ; lui, non! Sans billet, on ne le laisserait pas franchir le tourniquet ; si elle atteignait le portillon, il ne la rattraperait pas! Sans hésiter, il prit son élan, la rejoignit, passa devant elle, et, se retournant, lui barra brutalement le passage.

Elle comprit qu'elle était prise. Ses jambes vacillèrent. Mais elle fit front, et le dévisagea.

Il était là, en travers du chemin, le chapeau sur la tête, rouge, les traits gonflés, l'œil effronté et fixe : il avait l'air d'un malfaiteur ou d'un aliéné...

— « Je veux vous parler! »

— « Non! »

— « Si! »

Elle le regardait, sans rien laisser paraître de sa peur ; ses prunelles pâles, dilatées, n'exprimaient que rage et dédain.

— « Allez-vous-en! » cria-t-elle d'une voix basse, essoufflée et rauque.

Quelques secondes, ils s'immobilisèrent, face à face, grisés par leur violence, croisant leurs regards haineux.

Mais ils obstruaient l'étroit passage : des voyageurs, pressés, se faufilaient entre eux en bougonnant et se retournaient ensuite, intrigués. Jenny s'en aperçut. Aussitôt, elle perdit tous ses moyens. Plutôt céder que de prolonger ce scandale... Il était le plus fort ; elle ne se déroberait pas à une explication. Du moins, pas là, pas sous l'œil des curieux!

Elle fit un brusque demi-tour, et, rebroussant chemin, remonta précipitamment les marches.

Il la suivit.

Ils se trouvèrent tout à coup hors de la gare.

« Qu'elle arrête un taxi, ou qu'elle saute dans un tram, j'y monte avec elle », se dit Jacques.

La place était très éclairée. Jenny, hardiment, se jeta au milieu des voitures. Lui aussi. Il évita de justesse un autobus, et entendit les injures du chauffeur. L'œil rivé sur la silhouette fuyante, il se moquait du danger. Jamais il ne s'était senti si sûr de lui.

Elle atteignit enfin le tottoir, et se retourna. Il était là, à quelques mètres. Elle ne lui échapperait pas ; elle en avait pris son parti. Maintenant, même, elle souhaitait presque de pouvoir lui crier son mépris, pour en finir. Mais où ? Pas dans cette cohue...

Elle connaissait mal ce quartier. Un boulevard montait vers la droite. Il était grouillant. Elle s'y engagea cependant, au hasard.

« Où va-t-elle ? » se demandait Jacques. « C'est idiot... »

Ses sentiments avaient changé ; à la mauvaise excitation qui le possédait tout à l'heure se substituaient la confusion et la pitié.

Soudain, elle hésita. A gauche s'ouvrait un bout de rue étroite, déserte, que la masse d'un édifice emplissait d'ombre. Délibérément, elle s'y jeta.

Qu'allait-il faire ? Elle le sentit se rapprocher. Il allait parler... L'oreille tendue, les nerfs à vif, elle s'apprêta : au premier mot, elle se retournerait, et donnerait enfin libre cours à sa colère.

— « Jenny... Je vous demande pardon... »

La seule parole qu'elle n'attendait pas!... Cette voix humble et pathétique... Elle crut défaillir.

Elle s'arrêta et appuya sa main au mur. Un long moment elle demeura immobile, sans souffle, les yeux clos.

Il n'avançait pas. Il s'était découvert.

— « Si vous l'exigez, je vous laisse... Je m'en vais,
tout de suite, sans ajouter un mot. Je vous le promets... »

Elle ne saisissait le sens des paroles que quelques
secondes après les avoir entendues.

— « Voulez-vous que je m'en aille ? » reprit-il à mi-
voix.

Elle pensa : « Non ! » et, tout à coup, demeura interdite
devant elle-même.

Sans attendre qu'elle eût répondu, il répéta, plusieurs
fois, tout bas : « Jenny... » Et l'inflexion était si douce,
si compatissante, si timide, qu'elle équivalait au plus
tendre aveu.

Elle ne s'y trompa pas. Dans l'ombre, elle leva un
furtif regard sur ce visage anxieux et volontaire. Une
bouffée de bonheur lui contracta la gorge.

Il demanda de nouveau :

— « Voulez-vous que je vous laisse ? »

Mais l'intonation était toute différente : il était sûr
maintenant qu'elle ne le chasserait pas sans l'avoir
écouté.

Elle eut un bref haussement d'épaules, et, d'instinct,
ses traits prirent une froideur méprisante : le seul
masque qui pût, quelques instants encore, sauvegarder
sa fierté.

— « Jenny, laissez-moi vous parler... Il le faut... Je
vous en prie... Après, je m'en irai... Venez jusqu'au
square qui est devant l'église... Là, au moins, vous
pourrez vous asseoir... Voulez-vous ? »

Elle sentit passer sur elle un regard insistant, qui la
troubla plus encore que la voix. Comme il paraissait
résolu à déchiffrer ses secrets !

Elle n'avait pas eu la force de répondre. Mais, d'un
geste raide, comme si elle ne cédait encore qu'à la
contrainte, elle s'était détachée du mur, et, le buste
droit, les yeux fixés devant elle, elle avait repris sa
marche, d'un pas de somnambule.

Il se tenait à son côté, silencieux, légèrement en retrait. Du sillage de la jeune fille se dégageait, par instants, un parfum frais, à peine perceptible, qu'il respi-

rait avec l'air tiède de la nuit. L'émotion, le remords,
lui faisaient monter les larmes aux yeux.

Ce soir, seulement, il consentait à s'avouer à lui-
même quelle humilité repentante, quel besoin de pardon et d'amour, le tenaillaient en secret depuis que
Jenny lui était réapparue. Le lui dirait-il ? Elle ne le
croirait pas. Il n'avait su lui montrer que violence et
grossièreté... Rien, jamais, ne pourrait effacer l'offense
de cette inconvenante poursuite !

XXXVIII

Ils pénétrèrent par en haut dans le petit square en
terrasse, aménagé devant le porche de l'église Saint-
Vincent-de-Paul. Sur la place La Fayette, en contrebas,
ne passaient plus que de rares véhicules. L'endroit était
totalement désert, mais baigné d'une paisible lumière
qui lui enlevait tout caractère clandestin.

Jacques orienta leur marche vers le banc le plus
éclairé. Elle se laissa conduire ; et elle s'assit d'elle-
même, avec décision — une aisance qui était feinte,
car ses jambes ne la soutenaient plus. Malgré la rumeur
que faisait la ville autour d'eux, elle se sentait envelop-
pée de ce silence opaque, chargé de foudre, qui précède
les orages : quelque chose de grave, de terrible, planait :
quelque chose qui ne dépendait pas d'elle, qui peut-être
même ne dépendait pas de lui, et qui allait éclater soudain...

— « Jenny... »

Cette voix humaine lui parut une délivrance. Elle
était calme, cette voix : douce, presque bienfaisante.

Il avait jeté son chapeau sur le banc : il se tenait
debout, à quelque distance d'elle. Et il parlait. Que
disait-il ?

— « ... Je n'ai jamais pu vous oublier ! »

Un mot monta aux lèvres de Jenny : « Menteur ! »
Mais elle se tut, les yeux au sol.

Il répéta avec force :

— « Jamais. » Puis, après une pause qui sembla très longue, il ajouta, plus bas : « Et vous non plus! »

Cette fois, elle ne peut réprimer un geste de protestation.

Il poursuivit tristement :

— « Non!... Vous m'avez détesté, oui, c'est possible. Et je me déteste moi-même pour ce que j'ai fait! Mais *oublié*, non : nous n'avons pas cessé, en secret, de nous défendre l'un de l'autre. »

Elle ne pouvait pas articuler un son. Pour que, du moins, il ne se méprît pas sur son silence, avec toute l'énergie qui lui restait, elle secoua négativement la tête.

Il se rapprocha brusquement :

— « Vous ne me pardonnerez sans doute jamais. Je ne l'espère pas. Je vous demande seulement de me comprendre. De me croire, si je vous dis, les yeux dans les yeux : Quand je suis parti, voici quatre ans, *il le fallait!* Vis-à-vis de moi-même, je ne pouvais pas faire autrement! »

Il avait mis, malgré lui, dans ces derniers mots, le frémissement de l'évasion, de la liberté.

Elle ne bougeait pas, et fixait un regard dur sur le gravier.

— « Ce que je suis devenu, pendant toutes ces années... », commença-t-il, avec un geste évasif. « Oh! ce n'est pas que je cherche à vous rien cacher, à vous. Non! Mon plus profond désir, au contraire, serait de pouvoir tout vous dire, tout... »

— « Je ne vous demande rien! » s'écria-t-elle, retrouvant, avec la parole, ce ton coupant qui la rendait inaccessible.

Un silence.

— « Comme je vous sens loin de moi, en ce moment », soupira-t-il. Et, après une nouvelle pause, avec une désarmante simplicité, il confessa : « Je me sens, moi, si près, si près de vous... »

La voix, de nouveau, avait pris cette intonation chaude, prenante... Jenny fut soudain ressaisie par la peur. Elle se vit, seule avec Jacques, dans ce lieu écarté, nocturne. Elle ébaucha un mouvement pour se lever, pour fuir.

— « Non », dit-il, en faisant un geste autoritaire de la main. « Non, écoutez-moi. Jamais je n'aurais osé aller vers vous, après ce que j'ai fait. Mais, vous voici. Vous êtes là. Le hasard, depuis huit jours, nous a remis face à face... Ah! si vous pouviez lire au fond de moi, ce soir! Ça compte si peu, pour moi, en ce moment, mon départ, et ces quatre années, et même... — c'est monstrueux, ce que je vais dire —, et même toute la peine que j'ai pu vous faire! Oui, tout ça compte si peu, auprès de ce que j'éprouve... Tout ça, pour moi, ce n'est plus rien, Jenny, plus rien, puisque vous êtes là, et que je vous parle enfin! Vous ne pouvez pas deviner ce qui s'est passé en moi, l'autre jour, chez mon frère, quand je vous ai revue... »

« Et en moi! » songea-t-elle involontairement. Mais, en cet instant, elle ne pensait à son trouble de ces derniers jours que pour condamner sa faiblesse, et la renier.

— « Tenez », dit-il, « je ne veux pas vous mentir, je vous parle comme à moi-même : il y a une semaine, je n'aurais sans doute pas osé dire que, pendant ces quatre ans, je n'avais pas cessé de penser à vous. Peut-être que je ne le savais pas. Je le sais maintenant. Maintenant, je comprends ce que je traînais en moi de si douloureux, toujours et partout : une nostalgie profonde, une blessure. C'était... C'était votre absence, mon regret de vous. C'était la mutilation que je m'étais faite, et que rien ne pouvait cicatriser. Je vois clair, maintenant, grâce à cette lumière qui s'est faite en moi, tout d'un coup, depuis que vous avez repris votre place dans ma vie! »

Elle écoutait mal. Elle était tout étourdie. Le battement de ses artères faisait dans sa tête un bruit assourdissant. Autour d'elle, tout était flou et chancelait, les arbres, les façades des maisons. Mais, lorsqu'elle levait le front une seconde, et que ses yeux croisaient ceux de Jacques, elle parvenait à braver son regard, sans faiblir et son silence, son expression, son port de tête, semblaient dire : « Quand cesserez-vous de me faire tout ce mal ? »

Il continuait à parler, dans le silence sonore :

— « Vous vous taisez. Je ne devine pas vos pensées. Mais ça m'est égal. Oui, c'est vrai : ça m'est presque égal ce que vous pensez de moi ! tellement je sens que, si vous m'écoutez, je pourrai vous convaincre ! Est-ce qu'on peut nier l'évidence ? Tôt ou tard, tôt ou tard, vous comprendrez. Je me sens la force, la patience de vous reconquérir... Pendant toute mon enfance, mon univers a tourné autour de vous : je ne pouvais imaginer mon avenir que mêlé au vôtre — fût-ce malgré vous. Malgré vous, comme ce soir. Car vous avez toujours été un peu... sévère pour moi, Jenny ! Mon caractère, mon éducation, mes brusqueries, tout, en moi, vous déplaisait. Pendant des années, vous avez opposé à mes avances une espèce d'antipathie, qui me rendait plus gauche, plus antipathique encore ! Est-ce vrai ? »

« C'est vrai », songea-t-elle.

— « Mais, déjà en ce temps-là, ça m'était presque égal, votre antipathie... Comme ce soir... Est-ce que ça pouvait compter auprès de ce que j'éprouvais, moi ? auprès de ce sentiment si fort, si obstiné... et si naturel, si central, que, pendant bien longtemps je n'ai même pas su, ou pas osé, lui donner son vrai nom ? » Sa voix tremblait et devint haletante : « Rappelez-vous... Ce bel été... Notre dernier été à Maisons !... Est-ce que vous n'avez pas compris, cet été-là, qu'il y a une fatalité sur nous ? Et que nous ne lui échapperons pas ? »

Chaque souvenir réveillé en faisait lever d'autres, et la troublait si profondément qu'elle eut de nouveau la tentation de fuir, pour ne plus l'entendre. Et, cependant, elle écoutait, sans perdre une syllabe. Elle était aussi haletante que lui, et concentrait son énergie à maîtriser son souffle, pour ne pas se trahir.

— « Quand il y a eu, entre deux êtres, ce qu'il y a eu entre nous, Jenny — cette attraction, cette promesse, cet immense espoir — quatre ans, dix ans peuvent passer, qu'importe ? Ça ne s'efface pas... Non, ça ne s'efface pas », reprit-il brusquement. Et, plus bas, comme une confidence : « Ça ne fait que croître et s'enraciner, sans même qu'on le sache! »

Elle se sentit atteinte au plus intime, comme s'il venait de dénuder une place douloureuse, une plaie cachée, à peine connue d'elle-même. Elle renversa un peu la tête, et appuya sa main au banc, le bras raidi pour garder le buste droit.

— « Et vous êtes toujours la Jenny de cet été-là. Je le sens, je ne me trompe pas. La même! Seule, comme autrefois. » Il hésita : « Pas heureuse... comme autrefois!... Et moi aussi je suis le même. Seul ; aussi seul qu'autrefois... Ah! ces deux solitudes, Jenny! Ces deux solitudes qui, chacune de leur côté, depuis quatre ans, s'enfoncent désespérément dans le noir! Et qui, tout à coup, se retrouvent! Et qui pourraient si bien, maintenant... »

Il s'interrompit une seconde. Puis, violemment :

— « Rappelez-vous ce dernier jour de septembre, quand j'ai rassemblé tout mon courage pour vous dire, comme ce soir : « Il faut que je vous parle. » Vous vous rappelez? Cette fin de matinée, sur la berge de la Seine, avec nos bicyclettes dans l'herbe, devant nous?... Comme ce soir, c'est moi qui parlais... Comme ce soir, vous ne répondiez pas... Mais vous étiez venue. Et vous m'écoutiez, comme ce soir... Je vous devinais consentante... Nous avions les yeux pleins de larmes... Et, quand je me suis tu, nous nous sommes séparés tout de suite, sans pouvoir nous regarder... Ah! quelle gravité, dans ce silence! Quelle tristesse! Mais une tristesse rayonnante — rayonnante d'espoir! »

Cette fois, un brusque haut-le-corps la redressa :

— « Oui... », s'écria-t-elle. « Et trois semaines après!... »

La phrase s'acheva dans un hoquet étouffé. Mais inconsciemment, elle se servait de sa colère pour se masquer à ses propres yeux le vertige qui la gagnait.

Tout ce qui, jusque-là, subsistait en Jacques de crainte ou d'incertitude, venait d'être balayé d'un coup par ce cri de reproche, chargé d'aveu! Une joie intense le souleva :

— « Ah! Jenny », reprit-il, d'une voix qui tremblait, « cela aussi, ce brusque départ, il faudra bien
que je vous l'explique... Oh! je ne veux pas me chercher
d'excuses. J'ai cédé à un coup de folie. Mais, j'étais si
misérable! Mes études, ma vie de famille, mon père!...
Et autre chose aussi... »

Il pensait à Gise. Pouvait-il, dès ce soir?... Il lui
sembla qu'il avançait en tâtonnant le long d'un pré-
cipice.

Il répéta, très bas :

— « Autre chose, aussi... Je vous expliquerai tout.
Je veux être sincère avec vous. Totalement sincère.
C'est si difficile! Quand on parle de soi, on a beau
faire, on ne dit jamais toute la vérité... Ces fugues, ce
besoin de me libérer en brisant tout, c'est une chose
terrible, c'est comme une maladie... J'ai aspiré, toute
ma vie, au calme, à la sérénité! Je m'imagine toujours
que je suis la proie des autres ; que, si je leur échappais,
si je parvenais à recommencer ailleurs, loin d'eux,
une vie entièrement neuve, je l'atteindrais enfin, cette
sérénité! Mais, écoutez-moi, Jenny : je suis sûr, aujourd'hui, qu'il existe au monde un être qui pourrait
me guérir, me fixer... — c'est vous! »

Elle se tourna, une seconde fois, avec la même violence :

— « Est-ce que je vous ai retenu, il y a quatre ans ? »

Il eut le sentiment qu'il se heurtait à quelque chose
de dur, qui était en elle, qui y demeurerait toujours.
Jadis aussi, même aux heures si rares où leurs natures
disparates semblaient un instant s'accorder, il butait
sans cesse contre cette dureté secrète.

— « C'est vrai... Mais... » Il hésita : « Laissez-moi
oser dire ce que je pense : qu'aviez-vous fait, jusqu'alors, pour me retenir ? »

« Ah! » songea-t-elle tout d'un trait, « j'aurais sûrement tenté quelque chose, si j'avais su qu'il voulait
partir ! »

— « Comprenez bien : je ne cherche pas à atténuer
ma faute! Non. Je veux seulement... » (Son demi-
sourire, la douceur de sa voix, semblaient d'avance,

demander pardon de ce qu'il allait dire :) « Qu'avais-je obtenu de vous ? Si peu !... De temps en temps, un regard moins sévère, une attitude moins fuyante, moins réservée. Parfois, une parole qui trahissait un peu de confiance. C'est tout... Parmi combien de réticences, et de reprises, et de refus ! Est-ce vrai ? M'aviez-vous jamais donné le moindre encouragement, capable de contrebalancer cet élan maladif qui me poussait vers l'inconnu ? »

Elle était trop loyale pour ne pas reconnaître la justesse de ce reproche. Au point que, à cette minute, elle eût été soulagée de pouvoir s'accuser à son tour. Mais il venait de s'asseoir auprès d'elle ; et elle se raidit brusquement.

— « Je ne vous ai pas encore dit toute la vérité... »

Il avait murmuré ces derniers mots, d'une voix différente, angoissée, si grave, et en même temps si résolue, qu'elle se mit à trembler.

— « Comment vous expliquer une chose aussi... Pourtant, je ne veux rien, rien garder de secret, aujourd'hui... Il y avait, à ce moment-là, dans ma vie, quelqu'un d'autre. Un être délicat, charmant... Gise... »

Elle sentit une pointe aiguë lui entrer dans le cœur. Toutefois, la spontanéité de cet aveu — *qu'il aurait pu ne pas faire* — l'émut si fort, qu'elle en oublia presque sa douleur. Il ne lui cachait rien, elle pouvait s'abandonner à la confiance ! Une sorte d'allégresse s'empara d'elle. Elle eut l'intuition qu'elle touchait à la délivrance, qu'elle allait enfin pouvoir renoncer à cette résistance inhumaine qui l'étouffait.

Lui, au moment où le nom de Gise était venu sur ses lèvres, il avait dû refouler un appel étrange, une poussée de cette double tendresse qu'il croyait depuis longtemps éteinte en lui. Cela ne dura qu'une seconde : la dernière flamme d'un feu sous la cendre, qui avait peut-être attendu ce soir pour achever de mourir.

Il poursuivit :

— « Ce que j'éprouvais pour Gise, comment l'expliquer ? Les mots dénaturent... Un attrait, un attrait inconscient, superficiel, fait surtout de souvenirs d'enfance... Non, ce n'est pas assez dire, je ne veux rien renier, je ne dois pas être injuste pour ce qui a été... Sa présence était ma seule joie à la maison. C'est une exquise nature, vous savez... Un petit cœur chaud, plein d'abandon... Elle aurait dû être pour moi comme une sœur... Mais », reprit-il, d'une voix qui s'étranglait à chaque fin de phrase, « je vous dois la vérité, Jenny : ce que je ressentais pour elle n'avait plus rien de... fraternel. Plus rien de... pur! » Il se tut, puis ajouta, très bas : « C'est vous que j'aimais d'un amour fraternel, d'un amour *pur*. C'est vous que j'aimais comme une sœur... Comme une sœur! »

Ces souvenirs étaient si poignants à évoquer, ce soir, que, brusquement, ses nerfs le trahirent. Un sanglot, qu'il n'avait su ni prévoir ni étouffer, lui laboura la gorge. Il baissa la tête, et cacha son visage dans ses mains.

Jenny, subitement, s'était mise debout, et elle s'était écartée d'un pas. Cette faiblesse inattendue la choquait, mais la bouleversait aussi. Et, pour la première fois, elle se demanda si elle ne s'était pas méprise, jusqu'ici, dans ses griefs contre Jacques.

Il ne l'avait pas vue se lever. Lorsqu'il s'aperçut qu'elle avait quitté le banc, il crut qu'elle lui échappait, qu'elle allait partir. Pourtant, il ne fit pas un geste ; ployé sur lui-même, il continuait à pleurer. Eut-il, à ce moment-là, dans un dédoublement semi-conscient, semi-perfide, l'intuition du parti qu'il pouvait tirer de ces larmes ?

Elle ne s'éloignait pas. Elle restait là, interdite. Figée dans sa pudeur, dans son orgueil, mais frémissante de compassion et de tendresse, elle luttait désespérément contre elle-même. Elle parvint enfin à faire le pas qui la séparait de Jacques. Elle distinguait, à la hauteur de ses genoux, la tête penchée, enfouie dans les mains. Alors, avec gaucherie, elle avança le bras, et ses doigts effleurèrent une épaule qui tressaillit. Avant qu'elle eût pu faire un mouvement de retrait, il avait saisi sa main, et retenu la jeune fille devant lui. Doucement, il appuya son front contre la robe. Ce contact la brûlait. Une voix intérieure, à peine perceptible, l'avertit, une dernière fois, qu'elle sombrait dans un gouffre redoutable ; qu'elle avait tort d'aimer, tort d'aimer justement celui-là... Elle se crispa, elle se raidit, mais elle ne recula pas. Avec frayeur, avec délice, elle consentit à l'inévitable, à son destin. Plus rien maintenant ne la délivrerait.

Il avança les bras comme pour l'étreindre, mais se contenta de saisir entre les siennes les deux mains gantées de noir. Et, par ces mains qu'elle consentait maintenant à lui abandonner, il l'attira vers le banc, il la força à se rasseoir.

— « Vous seule... Vous seule pouviez me donner cet apaisement intérieur que je n'ai jamais connu, et que je trouve, ce soir, auprès de vous... »

« Moi aussi », se dit-elle. « Moi aussi... »

— « Peut-être quelqu'un, déjà, vous a-t-il dit qu'il vous aimait », reprit-il, d'une voix qui sonnait mat, et qui parut à Jenny avoir juste assez de résonance pour l'atteindre, descendre en elle, y faire un trouble et délicieux ravage. « Mais, ce dont je suis sûr, c'est que personne ne pourra vous apporter un sentiment pareil au mien, aussi profond, aussi ancien, resté aussi vivace, en dépit de tout! »

Elle ne répondit pas. Elle était épuisée d'émotion. Elle sentait, de seconde en seconde, qu'il s'emparait d'elle davantage : et, réciproquement, qu'il lui appartenait davantage, dans la mesure même où elle cédait à son amour.

Il répéta :

— « Peut-être avez-vous aimé quelqu'un d'autre ? Je ne sais rien de votre vie. »

Elle leva alors sur lui ses yeux pâles, étonnés, si limpides, qu'il eût donné tout au monde, à cette minute, pour effacer jusqu'au souvenir de sa question.

Simplement, sur le ton ferme et naïf, dont il aurait constaté un phénomène physique indiscutable, il déclara:

— « Aucun être n'a jamais été aimé comme vous l'êtes par moi... » Puis, après une pause : « Je sens que toute ma vie n'a été que l'attente de ce soir! »

Elle ne répondit pas tout de suite. Enfin, d'une voix

saccadée, d'une voix de gorge qu'il ne lui connaissait pas, elle murmura :

— « Moi aussi, Jacques. »

Elle s'appuya au dossier du banc, et s'immobilisa, la nuque un peu renversée, les yeux ouverts sur la nuit. En une heure, elle avait plus changé qu'en dix ans : la certitude d'être aimée lui forgeait une âme neuve.

Chacun d'eux sentait contre son épaule, contre son bras, la vivante chaleur de l'autre. Oppressés, les cils battants, le cœur plein de tumulte, ils se taisaient, effrayés de leur isolement, de ce silence, de la nuit ; effrayés de leur bonheur, comme si ce bonheur n'était pas une conquête, mais une capitulation devant d'obscures forces.

Tout à coup, au-dessus d'eux, dans le temps suspendu, l'horloge de l'église emplit l'espace de ses coups martelés, insistants.

Jenny fit un effort pour se redresser.

— « Onze heures ! »

— « Vous n'allez pas me quitter, Jenny ! »

— « Maman doit être inquiète », dit-elle, désespérée.

Il n'essaya pas de la retenir. Il éprouva même un étrange et nouveau plaisir à renoncer pour elle à ce qu'il eût souhaité le plus : la garder contre lui.

Côte à côte, sans parler, ils descendirent les degrés, jusqu'à la place La Fayette. Comme ils atteignaient le trottoir, un taxi, en maraude, vint s'arrêter devant eux.

— « Au moins », dit-il, « laissez-moi vous reconduire ? »

— « Non... »

L'accent était triste, tendre et ferme à la fois. Et tout à coup, comme pour s'excuser, elle lui sourit. C'était la première fois, depuis bien longtemps, qu'il la voyait sourire.

— « J'ai besoin d'être un peu seule, avant de revoir maman... »

Il se dit : « Peu importe », et fut surpris lui-même que cette séparation leur fût possible, sans plus d'effort.

Elle avait cessé de sourire. Sur ses traits fins se lisait même une expression d'angoisse, comme si la griffe

ancienne de la souffrance restait plantée dans ce bonheur trop neuf.

Timidement, elle proposa :

— « Demain ? »

— « Où ? »

Elle répondit, sans hésiter :

— « A la maison. Je ne bougerai pas. Je vous attendrai. »

Il était un peu étonné, malgré tout. Et, aussitôt, il
pensa, avec un sentiment d'orgueil, qu'ils n'avaient pas
à se cacher,

— « Chez vous, oui... Demain... »

Elle dégagea doucement ses doigts, qu'il serrait trop
fort. Elle inclina la tête, et disparut dans l'ombre de
la voiture, qui démarra.

Et, brusquement, il pensa :

« La guerre... »

L'univers, soudain, avait changé de lumière, de température. Les bras ballants, les yeux fixés sur l'auto
que déjà il perdait de vue, il lutta un instant contre
une mortelle sensation de peur ; l'anxiété qui pesait ce
soir-là sur l'Europe semblait avoir attendu, pour s'emparer de lui qu'il fût de nouveau vacant, et seul.

— « Non, pas la guerre ! » murmura-t-il, en crispant
les poings. « Mais la révolution ! »

Pour cet amour, qui engageait toute sa vie, il avait
plus que jamais besoin d'un monde nouveau, de justice
et de pureté.

XXXIX

Jacques s'éveilla en sursaut. Cette chambre minable...
Hébété, il clignait des yeux dans la lumière, attendant que la mémoire lui revînt.

Jenny... Le square de l'église... Les Tuileries... Ce
petit hôtel de voyageurs où il avait échoué, au petit
jour, derrière la gare d'Orsay...

Il bâilla, jeta les yeux vers sa montre : « Déjà neuf heures!... » Il se sentait las. Cependant, il sauta du lit, but un verre d'eau, examina dans la glace ses traits fatigués, ses yeux brillants, et sourit.

Il avait passé la nuit dehors. Vers minuit, il s'était trouvé, sans trop savoir comment, devant *l'Humanité*. Il était même entré, il avait gravi quelques marches. Mais, à mi-étage, il avait fait demi-tour. Les dépêches des journaux du soir, parcourues sous un réverbère après le départ de Jenny, l'avaient mis au courant des nouvelles de la dernière heure. Le courage lui manquait pour affronter les commentaires politiques des camarades. Rompre la trêve qu'il s'était accordée, laisser le tragique des événements saccager cette joyeuse confiance qui, ce soir, lui rendait la vie si belle... Non!... Alors, il était parti, au hasard, dans la nuit chaude, la tête sonore, l'âme en fête. L'idée que, dans ce grand Paris nocturne, personne d'autre que Jenny ne connaissait le secret de son bonheur l'exaltait. Pour la première fois, peut-être, il se sentait délivré du fardeau de solitude qu'il traînait partout, depuis toujours. Il allait devant lui, d'un pas rapide, allégé, dansant, comme si le rythme de la course pouvait seul exprimer son allégresse. La pensée de Jenny ne le quittait pas. Il se répétait ses paroles, il vibrait tout entier à leur écho, il entendait encore les moindres inflexions de sa voix. Ce n'était pas assez dire que cette présence ne le quittait pas : elle vivait en lui; il en était accaparé; au point qu'il était dépossédé de lui-même; au point que l'aspect des choses, le sens même de l'univers, s'en trouvaient transformés, spiritualisés... Beaucoup plus tard, il était arrivé près du pavillon de Marsan, dans cette partie des Tuileries qui reste ouverte le soir. Les jardins, complètement déserts, à cette heure, s'offraient comme un asile. Il s'était allongé sur un banc. Des pelouses, des bassins, s'élevait une senteur fraîche que traversait, par effluves, l'odeur des pétunias, des géraniums. Il redoutait de s'endormir, il ne voulait pas cesser de savourer sa joie. Et il était demeuré là, très longtemps, jusqu'aux premières lueurs de l'aube, sans pensée précise, les yeux ouverts sur le ciel où pâlissaient peu à peu les étoiles, pénétré d'un sentiment de grandeur et de paix, si pur, si vaste, qu'il ne se souvenait pas d'avoir jamais rien éprouvé de pareil.

A peine sorti de l'hôtel, il chercha un kiosque de journaux. Toute la presse de ce dimanche 26 juillet reproduisait, sous des titres indignés, la dépêche Havas relative à la réponse serbe, et protestait, avec une unanimité qui trahissait un mot d'ordre gouvernemental, contre la démarche menaçante faite au Quai d'Orsay par M. de Schœn.

La seule vue des manchettes, l'odeur d'encre que répandaient ces feuilles encore humides, réveilla en lui le militant. Il bondit dans un autobus pour arriver plus vite à *l'Humanité*.

Malgré l'heure matinale, une animation inaccoutumée régnait dans les bureaux. Gallot, Pagès, Stefany, étaient déjà à leurs postes.

On venait de recevoir des précisions déroutantes sur les événements balkaniques. La veille, à l'heure fixée pour le délai de l'ultimatum, Pachitch, le président du Conseil, avait porté la réponse serbe au baron Giesl, le ministre d'Autriche à Belgrade. Cette réponse n'était pas seulement conciliante : c'était une capitulation. La Serbie consentait à tout : elle acceptait de condamner publiquement la propagande serbe contre la monarchie austro-hongroise, et à insérer cette condamnation dans son *Journal officiel* ; elle s'engageait à dissoudre la société nationaliste *Norodna Obrana*, et même à rayer des cadres de l'armée les officiers jugés suspects d'une action anti-autrichienne. Elle sollicitait seulement un supplément d'information sur la forme littérale à donner au texte du *Journal officiel*, et sur la composition du tribunal chargé de désigner les officiers suspects. Réserves infimes, qui ne pouvaient pas donner matière à grief. Cependant, comme si la légation autrichienne avait reçu l'ordre de rompre coûte que coûte les relations diplomatiques afin de rendre inévitable une sanction par les armes, à peine Pachitch avait-il eu le temps de regagner son ministère, qu'il recevait de Giesl l'avis stupéfiant que « la réponse serbe était jugée insuffisante », et que la légation autrichienne, au complet, quittait le soir même le territoire serbe. Aussitôt, le gouvernement serbe qui, par prudence, avait procédé dans l'après-midi à des préparatifs de mobilisation, s'était hâté d'évacuer Belgrade et de transporter ses services à Kragouyevatz.

La gravité de ces faits sautait aux yeux. Plus de doute : l'Autriche voulait la guerre.

La menace du danger, loin d'ébranler la confiance des socialistes réunis à *l'Humanité*, semblait même renforcer leur foi dans la victoire finale de la paix. Les renseignements précis que centralisait Gallot sur l'activité de l'Internationale, légitimaient d'ailleurs ces espoirs. La résistance prolétarienne ne cessait de faire des progrès. Les anarchistes eux-mêmes se joignaient à la lutte : leur congrès se tenait dans une huitaine, à Londres ; et la discussion des événements d'Europe, inscrite à l'ordre du jour, devait y précéder tout autre débat. A Paris, la Confédération Générale du Travail projetait une manifestation massive, pour un jour prochain, dans les salles de l'avenue de Wagram. Son organe officieux, *la Bataille syndicaliste*, venait de rappeler, en gros caractères, les décisions formellement prises par les congrès confédéraux sur l'attitude de la classe ouvrière en cas de guerre : *A toute déclaration de guerre, les travailleurs doivent, sans délai, répondre par la grève générale révolutionnaire.* Enfin, par d'incessants échanges de vues, les grands leaders européens de l'Internationale, convoqués d'urgence, cette semaine, à la Maison du Peuple de Bruxelles, préparaient activement la réunion de leur Bureau — réunion dont le but précis était d'unifier la résistance dans tous les États d'Europe, et de prendre des mesures collectives efficaces, afin de donner sans retard aux peuples menacés un moyen d'opposer leur veto radical à la politique périlleuse des gouvernements.

Tout cela semblait de bon augure.

Dans les pays germaniques, la résistance pacifiste

était particulièrement significative. Les derniers numéros
des journaux d'opposition autrichiens et allemands, qui
étaient arrivés ce matin même, circulaient de main en
main, et Gallot les traduisait, avec des commentaires
réconfortants. L'*Arbeiterzeitung* de Vienne donnait le
texte d'un manifeste solennel que le parti socialiste autrichien venait de lancer pour condamner sans réserve l'ultimatum, et réclamer, au nom de tous les travailleurs,
des négociations pacifiques : *La paix ne tient plus qu'à
un fil... Nous ne pouvons pas accepter la responsabilité
de cette guerre que nous repoussons de toutes nos forces!...*

En Allemagne aussi, les partis de gauche s'insur-
geaient. La *Leipziger Volkszeitung* et le *Vorwärts*, en
des articles violents, sommaient le gouvernement allemand de désavouer ouvertement les agissements de
l'Autriche. La social-démocratie organisait, à Berlin
pour le mardi 28, un meeting de grande envergure.
Dans une protestation très ferme, adressée à tous les
citoyens, elle déclarait crûment que, même si le conflit
éclatait dans les Balkans, l'Allemagne devait demeurer
strictement neutre. Gallot attachait une importance très
grande au manifeste lancé la veille, par le comité directeur. Il en traduisit à haute voix les passages : *La furie
guerrière, déchaînée par l'impérialisme autrichien, se
prépare à répandre la mort et la ruine sur toute l'Europe.
Si nous condamnons les menées des nationalistes pan-
serbes, la provocation du gouvernement austro-hongrois
mérite, d'autre part, les protestations les plus véhémentes.
Ses demandes sont d'une brutalité telle qu'il n'en a jamais
été fait de semblables à un État indépendant. Elles ne
peuvent avoir été calculées qu'avec l'intention de provoquer
directement à la guerre. Le prolétariat conscient d'Allemagne, au nom de l'humanité et de la civilisation, élève
une ardente protestation contre les menées criminelles des
fauteurs de guerre. Il exige impérieusement que le gouvernement exerce son influence sur l'Autriche pour le
maintien de la paix.* Cette lecture provoqua dans le
petit groupe une explosion d'enthousiasme.

Jacques ne partageait pas l'approbation sans réserve
de ses amis. Ce manifeste lui paraissait encore trop

mesuré. Il regrettait que les socialistes allemands
n'eussent pas osé faire une allusion ouverte à la complicité des deux gouvernements germaniques. Il pensait
que, en rendant public le soupçon qu'on avait d'une
action concertée entre les chanceliers Berchtold et Bethmann-Hollweg, la social-démocratie eût soulevé contre
le gouvernement l'opinion de toutes les classes de l'Allemagne. Il défendit son point de vue avec conviction, et
critiqua assez âprement la position trop prudente que
le socialisme allemand lui semblait prendre. (Sans le
dire, à travers le socialisme allemand, il visait aussi le
socialisme français, et spécialement le groupe parlementaire, les socialistes de *l'Humanité*, dont l'attitude, ces
derniers jours, lui avait souvent paru timorée, trop
gouvernementale et diplomatique, trop nationale.) Gallot
lui opposa l'avis de Jaurès, qui ne mettait pas en doute
la fermeté des social-démocrates et l'efficacité de leur
opposition. Cependant, sur une question que lui posa
Jacques, Gallot dut convenir que, d'après des renseignements qu'on tenait de Berlin, la plupart des chefs
officiels de la social-démocratie, reconnaissant qu'une
action militaire de l'Autriche en Serbie était devenue
quasi inévitable, semblaient prêts à soutenir la thèse
de la Wilhelmstrasse : nécessité de *localiser* la guerre
sur la frontière austro-serbe.

— « Etant donné l'attitude actuelle de l'Autriche »,
dit-il, « et la façon dont elle se trouve déjà engagée dans
l'action — ce dont il faut bien, malgré tout, tenir compte
— la thèse de la *localisation* est rationnelle et réaliste :
faire la part du feu ; se borner à empêcher l'extension
du conflit. »

Jacques n'était pas de cet avis :

— « S'en tenir à la localisation du conflit, ça implique
l'aveu qu'on accepte — pour ne pas dire plus — la
guerre austro-serbe ; ça implique, par suite, le refus
plus ou moins tacite de participer à l'action médiatrice
des puissances. C'est déjà grave. Ce n'est pas tout. Une
guerre, même localisée, met la Russie devant cette al-
ternative : ou bien de baisser pavillon, de consentir à
l'écrasement des Serbes ; ou bien de se battre pour eux

contre l'Autriche. Or, il y a beaucoup de chances pour
que l'impérialisme russe saisisse cette occasion attendue
d'affirmer son prestige, et se trouve autorisé à mobiliser
contre l'Autriche. Vous voyez où ça nous mènerait :
par le jeu automatique des alliances, la mobilisation russe,
ce serait la guerre générale... Donc, sciemment ou non,
en s'obstinant à localiser le conflit, l'Allemagne pousse
la Russie à la guerre! L'unique chance de paix, semble-
t-il, serait, au contraire, comme le demande l'Angleterre,
de *ne pas localiser le conflit*, d'en faire un problème diplomatique *européen*, auquel toutes les puissances seraient directement intéressées, et que toutes les chancelleries s'appliqueraient à résoudre... »

On l'avait écouté sans l'interrompre, mais, dès qu'il
se tut, les objections jaillirent. Chacun affirmait, d'un
ton sans réplique : « L'Allemagne veut... », « La Russie
est bien décidée à... », comme si tous eussent été dans la
confidence des conseils de la Couronne.

La discussion devenait de plus en plus confuse, lorsque Cadieux parut. Il venait du Rhône ; il avait accompagné Jaurès et Moutet à Vaise ; il débarquait à l'instant du train.

Gallot s'était levé :

— « Le Patron est revenu ? »

— « Non. Il rentrera dans l'après-midi. Il s'est arrêté
à Lyon, où il avait rendez-vous avec un *soyeux*... »
Cadieux sourit : « Oh! je ne pense pas commettre une
indiscrétion... Ce *soyeux* est un industriel socialiste —
il y en a — et pacifiste... Un type colossalement riche,
paraît-il... Et il offre de verser immédiatement une
partie de sa fortune aux caisses du Bureau international, pour la propagande! Ça mérite considération... »

— « Si tous les socialistes qui ont de la galette en
faisaient autant!... » grommela Jumelin.

Jacques tressaillit. Son regard, fixé sur Jumelin, se
figea.

Au centre de la pièce, Cadieux continuait à parler.
Il s'était lancé dans un récit émouvant de son voyage,
de la soirée de la veille. « Le Patron s'est surpassé! »
affirmait-il. Il conta que Jaurès, une demi-heure avant

la réunion, avait appris, coup sur coup, la capitulation
serbe, le refus de l'Autriche, puis la rupture diplomatique, et la mobilisation des deux armées. Il était monté
à la tribune, bouleversé. « C'est le seul discours pessimiste qu'il ait jamais prononcé! » disait Cadieux. Jaurès,
soulevé par une inspiration subite, avait improvisé un
saisissant tableau d'histoire contemporaine. D'une voix
vengeresse, il avait stigmatisé tour à tour les responsabilités de tous les gouvernements européens. Responsabilité de l'Autriche, dont les audaces répétées
avaient, plusieurs fois déjà, risqué de mettre le feu à
l'Europe ; dont la préméditation, aujourd'hui, était
évidente ; et qui n'avait d'autre but, en cherchant cette
querelle à la Serbie, que de consolider par un nouveau
coup de force sa monarchie chancelante. Responsabilité de l'Allemagne, qui, pendant ces semaines prélimi-
naires, avait paru soutenir les ambitions belliqueuses de
l'Autriche, au lieu de la modérer et de la retenir! Responsabilité de la Russie, qui poursuivait obstinément
son extension vers le Sud ; et qui, depuis des années,
souhaitait une guerre balkanique, où, sous prétexte de
défendre son prestige, elle pût intervenir sans trop de
risques, s'avancer vers Constantinople, s'emparer enfin
des Détroits! Responsabilité de la France, enfin ; de
la France, qui, par sa politique coloniale et surtout sa
conquête du Maroc, s'était mise dans l'impossibilité de
protester contre les annexions des autres, et de défendre
avec autorité la cause de la paix. Responsabilité de tous
les hommes d'État européens, de toutes les chancelleries,
qui, depuis trente ans, travaillaient dans l'ombre à ces
traités secrets dont dépendait la vie des peuples, à ces
alliances dangereuses qui ne servaient aux États qu'à
perpétrer leur œuvre de guerre et d'expéditions impérialistes! « Nous avons contre nous, contre la paix, des
chances terribles... », s'était-il écrié. « Il n'y a plus qu'une
chance pour le maintien de la paix : c'est que le prolétariat rassemble toutes ses forces... Je dis ces choses
avec une sorte de désespoir... »

Jacques écoutait d'une oreille inattentive ; et, dès que
Cadieux eut terminé, il se leva.

Un homme maigre et long, d'apparence souffreteuse, à la barbe et les cheveux gris, cravaté d'une lavallière et coiffé d'un feutre à grands bords, venait d'entrer. C'était Jules Guesde.

Les conversations s'étaient tues. La présence de Guesde, l'expression désabusée, un peu aigrie, de son visage d'ascète, créaient toujours un instant de gêne.

Jacques demeura quelques minutes encore, le dos au mur ; tout à coup, il parut prendre une décision, regarda l'heure, fit un petit signe d'adieu à Gallot, et gagna la porte.

Dans l'escalier, des militants montaient et descendaient, par petits groupes, occupés d'eux-mêmes, poursuivant des discussions bruyantes. En bas, un vieil ouvrier en cotte bleue, les mains dans les poches, seul, appuyé au chambranle de l'entrée, regardait d'un œil rêveur le va-et-vient de la rue, et fredonnait d'une voix creuse la vieille chanson des anarchos (celle que Ravachol avait entonnée au pied de l'échafaud) :

> Si tu veux être heureux,
> Nom de Dieu,
> Pends ton propriétaire...

Jacques, au passage, contempla un instant l'homme immobile. Ce visage tanné, raviné, ce grand front chauve, ce mélange de noblesse et de vulgarité, d'énergie et d'usure, ne lui était pas inconnu. Ce fut seulement dans la rue qu'il se souvint : il l'avait rencontré, un soir de l'hiver dernier, rue de la Roquette, à *l'Etendard*, et Mourlan lui avait dit que le vieux sortait de prison pour avoir distribué des tracts antimilitaristes à la porte des casernes.

Onze heures. Un soleil brumeux faisait peser sur la ville une chaleur orageuse. L'image de Jenny, dont la pensée, fidèle comme l'ombre, l'accompagnait depuis son réveil, se précisa : la fine silhouette, la courbe frêle des épaules, la nuque claire sous les plis du voile... Un sourire heureux lui vint aux lèvres. Sûrement, elle approuverait la résolution qu'il venait de prendre.

Place de la Bourse, une troupe joyeuse passa devant

lui : de jeunes cyclistes, chargés de provisions, qui s'en
allaient sans doute déjeuner à la fraîche, dans les bois.
Il les suivit des yeux, un instant, et prit la direction de
la Seine. Il n'était pas pressé. Il voulait voir Antoine,
mais il savait que son frère ne rentrait guère avant midi.
Les rues étaient silencieuses et vides. L'asphalte arrosé
sentait fort. Il marchait, tête basse, fredonnant, sans
y penser :

> Si tu veux être heureux,
> Nom de Dieu...

— « Le docteur n'est pas encore de retour », lui dit
la concierge, lorsqu'il arriva rue de l'Université.

Il décida qu'il attendrait dehors, en faisant les cent
pas. Il reconnut l'auto de loin. Antoine conduisait ; il
était seul et paraissait soucieux. Avant de stopper, il
regarda son frère, et branla plusieurs fois la tête.

— « Qu'est-ce que tu dis de tout ça, ce matin ? » demanda-t-il, dès que Jacques se fut approché de la portière. Du doigt, il désignait, sur les coussins, une demi-
douzaine de journaux.

Jacques fit la grimace, sans répondre.

— « Tu montes déjeuner ? » proposa Antoine.

— « Non. J'ai seulement un mot à te dire. »

— « Là, sur le trottoir ? »

— « Oui. »

— « Entre au moins dans la voiture. »

Jacques s'assit à côté de son frère.

— « Je viens te parler argent », déclara-t-il aussitôt,
d'une voix un peu oppressée.

— « D'argent ? » L'espace d'une seconde, Antoine
avait paru surpris. Tout de suite, il s'écria : « Mais, naturellement ! Ce que tu voudras. »

Jacques l'arrêta d'un geste courroucé :

— « Il ne s'agit pas de ça !... Je voudrais te parler de
la lettre, tu sais, après la mort de Père... Au sujet de... »

— « De l'héritage ? »

— « Oui. »

Il était naïvement soulagé de n'avoir pas eu à prononcer le mot.

— « ... Tu... Tu as changé d'avis ? » demanda Antoine, prudemment.

— « Peut-être. »

— « Bon ! »

Antoine souriait. Il avait pris cet air qui exaspérait Jacques ; cet air de devin qui voit clair dans la pensée d'autrui.

— « Sans reproche », commença-t-il, « ce que tu m'avais répondu, à cette époque-là... »

Jacques lui coupa la parole :

— « Je voudrais simplement savoir... »

— « Ce qu'est devenue ta part ? »

— « Oui. »

— « Elle t'attend. »

— « Si je voulais... toucher à cette part, est-ce que ça serait compliqué ? Long ? »

—« Rien de plus simple. Une démarche à l'étude de Beynaud, le notaire, pour qu'il te rende compte de sa gestion. Et une autre à la charge de Jonquoy, notre agent de change, où sont déposés les titres — pour que tu lui donnes tes instructions. »

— « Et ça pourrait se faire... dès demain ? »

— « A la rigueur... Tu es si pressé ? »

— « Oui. »

— « Eh bien », fit Antoine, sans se risquer à poser d'autres questions, « il n'y a qu'à prévenir le notaire de ta visite... Tu ne viendras pas chez moi, cet après-midi, pour voir Rumelles ? »

— « Peut-être... Oui... »

— « Alors, ça va tout seul : je te remettrai une lettre que tu pourras porter toi-même à Beynaud, demain. »

— « Entendu », dit Jacques, en ouvrant la portière. « Je file. Merci. Je reviendrai chercher la lettre tout à l'heure. »

Antoine, en retirant ses gants le regarda s'éloigner : « Quel original ! Il n'a même pas demandé à combien elle se monte, sa part ! »

Il ramassa le paquet de journaux, et, laissant la voiture au bord du trottoir, rentra chez lui, songeur.

— « *On* a téléphoné », lui annonça Léon, sans lever

les yeux. C'était la formule évasive qu'il avait, une fois pour toutes, adoptée afin de n'avoir pas à prononcer le nom de Mme de Battaincourt ; et Antoine ne s'était jamais décidé à lui faire une observation à ce sujet.

— « *On* a bien recommandé que Monsieur rappelle, en rentrant. »

Antoine fronça les sourcils. Cette manie qu'avait Anne de le relancer sans cesse au téléphone !... Néanmoins, il alla droit dans son petit bureau, et s'approcha de l'appareil. Le canotier sur la nuque, la main en suspens, il demeura quelques secondes devant le récepteur, sans décrocher. Il regardait, d'un œil absent, les journaux qu'il venait de jeter sur la table. Brusquement, il tourna les talons.

— « Et puis, zut ! » fit-il, à mi-voix.

Vraiment, aujourd'hui, il avait d'autres choses en tête.

Jacques, rasséréné par sa conversation avec Antoine, ne pensait plus qu'à revoir Jenny. Mais, à cause de Mme de Fontanin, il n'osait pas se présenter avenue de l'Observatoire avant une heure et demie ou deux heures.

« Qu'aura-t-elle dit à sa mère ? » se demandait-il. « Quel accueil m'attend ? »

Il entra dans un bouillon d'étudiants, près de l'Odéon, et déjeuna sans hâte. Puis, pour tuer le temps, il gagna le Luxembourg.

De lourdes nuées, venant de l'ouest, cachaient par moments le soleil.

« D'abord l'Angleterre ne marcherait pas », se dit-il, songeant à l'article cocardier qu'il avait lu dans *l'Action française*. « L'Angleterre resterait neutre, et compterait les coups, en attendant l'heure d'arbitrer... La Russie mettrait deux mois à entrer en campagne... La France serait vite battue... Donc, même pour un nationaliste, la paix est la seule solution raisonnable !... De pareils articles sont criminels ; quoi qu'en dise Stefany, leur puissance suggestive est indéniable... Heureusement qu'il y a aussi, dans les masses, un instinct de

conservation, très fort ; et, malgré tout, un sens éton-
nant des réalités... »

Le grand jardin était plein de rayons et d'ombres,
de verdure, de fleurs, de jeux d'enfants. Un banc vide
le tenta, au tournant d'un massif. Il s'y laissa choir.
Tourmenté par son impatience, incapable de fixer son
esprit, il pensait à mille choses, à l'Europe, à Jenny,
à Meynestrel, à Jaurès, à Antoine, à l'argent paternel.
Il entendit sonner le quart, puis la demie, à l'horloge
du Palais. Il se contraignit à attendre dix minutes encore. Enfin, n'y tenant plus, il se leva et partit à grands
pas.

Jenny n'était pas chez elle.

C'était la seule chose qu'il n'eût pas prévue. N'avait-
elle pas dit : « Je ne bougerai pas de la journée » ?

Complètement désemparé, il se fit répéter plusieurs
fois les mêmes explications : Madame était partie en
voyage pour quelques jours... Mademoiselle l'avait
accompagnée au train, et n'avait pas dit à quelle heure
elle serait de retour.

Enfin, il consentit à quitter la loge, et se retrouva
dehors, tout étourdi. Son désarroi était tel qu'il alla
jusqu'à se demander, un moment, s'il n'y avait pas
quelque rapport entre le brusque départ de Mme de
Fontanin et les confidences que Jenny avait sans doute
faites à sa mère, la veille au soir, en rentrant. Absurde
hypothèse... Non, il fallait renoncer à comprendre, avant
d'avoir revu Jenny. Il se rappela les mots de la concierge : « ... Madame est partie en voyage pour quelques
jours. » Ainsi, pendant quelques jours, Jenny allait se
trouver seule à Paris ? Cette perspective favorable atténuait un peu sa déception.

Mais, pour l'instant, que faire ? Il s'était réservé
l'après-midi, jusqu'à huit heures et quart — heure où
Stefany devait le mettre en rapport avec deux militants
particulièrement actifs d'une section de la Glacière.
Jusque-là, il était libre.

L'invitation d'Antoine lui revint à l'esprit. Il résolut
d'aller attendre, chez son frère, l'heure de revenir chez
Jenny.

TABLE

L'ÉTÉ 1914

DU MÊME AUTEUR

nrf

ŒUVRES ROMANESQUES

ŒUVRES THÉATRALES

ESSAIS

COLLECTION FOLIO

Déjà parus

*Cet ouvrage
a été achevé d'imprimer
sur les presses de l'Imprimerie Bussière
à Saint-Amand (Cher), le 24 juillet 1972.
Dépôt légal : 3ᵉ trimestre 1972.
Nᵒ d'édition : 17023.
Imprimé en France.
(630)*